元華文創
頂尖文庫 EA041

臺灣政經史系列叢書07 陳天授主編

TAIWAN

治理系說 卷一
臺灣的地方法制

將臺灣的治理成就進行多層面分析，
呈現地方治理的多樣性，深層理解地方治理的學術意義和價值。

紀俊臣 —— 著

治理正當時

一、治理本質

　　從事社會科學研究，就是以「人」為主軸的研究，卻因人的角色各有不同，過去社會科學在傳統研究上，比較重視人的制度性和機制設計研究，或稱是人的結構性研究。唯現今的實證研究，則將人視為可量化的實體，甚至在質化研究時，即將人視為可深入追蹤事件來龍去脈的客體。這些社會科學研究，將傳統在公法或制度的豐碩研究成果顛覆；尤其認為純屬邏輯推理的社會科學研究，將不能深入了解社會問題的核心。因之，唯有實證研究(empirical study)始能了解實境，從而了解問題的核心，希望擬定解決方案，以達致「藥到病除」的診治效果。

　　社會科學以從事類似動物研究的方法，以掌握人的行為取向和價值，並且判斷人的可量化行為意義。這些假定人類如同一般動物的研究方法，祇是因為人在研究過程中，比較容易受到各自的情緒影響，以致肯認研究人的論文，不僅論述要能價值中立，而且重視研究過程的中性化；亦即，在研究過程中，不受主觀價值的實境情緒刺激，希望人們都能保持客觀的、無性的，就如同一般動物一樣進行研究。

　　社會科學不僅在研究方法上，儘量將人的研究量化；近些年來，又有更大的進展，就是數位化，甚至已應用人工智慧、大數據，乃至 VR、AR、SR 和 MR 等的研究工具，以進行顛覆傳統的研究。這將是二十一世紀的社會科學研究新氣象。

　　事實上，社會科學在研究方法上固然有很大的進展，但真正改變的，卻是它的研究內容；尤其新冠肺炎病毒(COVID-19)肆虐全球後，社會科學的研究理

論，必然有劃時代的變革。儘管變革的內容尚在醞釀和詮釋，但有一個主軸卻不僅不會消失，而且會擴大形成。此即是「治理」(governance)這個概念。在二十世紀七〇年代以來，已經成為社會科學研究不可忽視的課題；直至二十一世紀，其理論形成已在社會科學占有極重要的地位。這是社會科學以人為量化研究外，更進一步發現人的結合力量，已不僅在於政治菁英的權力作用或民間的協力作用，更在於深植國家動力的根基。面對二十一世紀不可逆的氣候變遷所肇致的災難，以及人類不輕易所造次的人禍，可能遠比核子戰爭更加危難和損害。在在需要凝聚全民的力量，並在國家威權領導下，始可有效克服和減緩災難。

所謂「治理」，依 Christopher Ansell 和 Jacob Torfing 在 2016 年編著的《治理理論手冊》(*Handbook on Theories of Governance*)中，經整理各類型治理模式後，曾為治理下一定義，簡言之，是：「**經由集體行動和依循共同目標所為引領社會和經濟的過程**」(Governance as the process of steering society and the economy through collective action and in accordance with common goals.)；詳言之，「治理就是引領社會和經濟邁向集體協議目標的互動過程」(Governance as the interactive processes through with society and the economy are steering toward collectively negotiated objectives.)(Ansell &Torfing 2016：4)。

此項治理定義，簡淺易懂，至少包含下列五項意涵：

一、涉及行動者不限於政府部門的人員，尚包括：民間團體、學校等私部門人員，甚至個人的互動過程。

二、重視過程遠甚於目標的達成。其針對既定目標的策進，旨在顯示行動間的互動或稱協力，以達致共同想望目標之實現。

三、所重視的是社會和經濟的民生議題，絕不宜建構在政治權力的爭奪，因之所為者皆屬人們所共同關切的事項。

四、引領係趨向的設定和激勵，所涉社會和經濟範圍廣泛，如能在共同目標下，引領大家集體作為，始可以經濟方法解決社會所關注的議題。

　　五、強化互動作為，始能化解客觀條件下不對等的爭議，並且展現公部門與私部門共同辦理公眾事務的建設性處理作為。

　　上揭定義，係 Ansell 和 Torfing 研究各項治理模式所歸納的定義。他們認為治理最大的期待，就是公共事務之處理完善。因之，良善治理(good governance)，就是治理的最終目標；而治理起初乃來自民間企業的經營模式之變革，是即「公司治理」(corporate governance)，旨在鼓勵各該股東在公司經營上的參與。再說公眾事務的處理，因事物的性質、權責的分工，須要分層負責，以致「多層次治理」(multi-level governance)，乃成為強化治理經濟的必要過程。這些觀念的興起，直接衝擊公共管理的管理範疇，導致「新治理」(new governance)正成為「新公共管理」(new public management)學科的主要內涵。

二、治理的理論形式

　　社會科學固然不如自然科學係依據事實狀態或稱自然法則，經由不斷實驗和歸納，以形成可持續驗證的定律(law)，但社會科學亦已不是法律學乃本諸既定的法則，再由不斷的演繹，以建構具法哲學的主義和原則；復以所獲致的各該法主義或原則，用以論斷事實存在的是非善惡總價值。當今的社會科學，須經由實證的方法與分析，以釐清各該行為狀態；復以行為狀態參酌論理法則、經驗法則，而形塑理性的行為準則，是即理論形成；再經由不斷的驗證，終致建構出具有持續分析效果的學術理論，以為驗證各該學術領域相關的行為準據。理論(theory)在社會科學已成為論斷的佐證依據，以及發展歸屬理性行為的準則。

　　治理本是公共事務處理的途徑(approach)或模式(pattern)，但經過將近30~40 年的發展，治理已不僅是學術研究領域的一部分，而且已在管理領域上取得一席之地，並有其堅固的理論基礎。

依 Ansell 與 Torfing 的長期研究，認為「**治理理論的分析建構，係發展自經驗觀察、演繹理性和諸多的想像力和創新性的累積。**」(Theories of governance are analytical constructs that are developed through empirical observations, deduction reasoning and a good of imagination and creativity.)(Ansell &Torfing 2016：4)。彼等認為治理的原則和論證，有裨於針對現代統治社會之取向、事件和共業的了解和解釋；其規範性的論斷是基於特定的準則，以及經驗性的通則係奠基於歸納和演繹的方法。事實上，治理理論係一種簡則(abstract)，旨在針對現代統治社會所發生事件的前因後果之理性界定、了解和解釋。

就當前治理理論的形成，Ansell 和 Torfing 在書中，曾特別指出四種策進或稱強化的命題：

(一)治理不離多元的智慧訓練

由於當今的社會問題複雜而多變，如何掌握問題的核心，需要借用不同學科的訓練，並且善用現代之研究科技。該等研究科技之學習應用技巧，是在推動治理作為的同時，不可缺少的多元文化人類智能之啟發和應用。

(二)治理不脫既有概念的再省思

由於既有或稱傳統的概念，已深入學者的認知範疇，如要針對問題重新思考可行的處理模式，實有必要對既有的概念重新檢視，甚至拋棄成見重新界定；亦即再概念化，或許會在有限的時間和空間下，即可找到解決的方案，以致常有得來全不費工夫之感覺。

(三)治理不拒不同學科和理論傳統的整合

現代社會所引發的問題，既然複雜而多元，其所能解決的途徑必然至為繁複，甚至有重疊的現象，需要具有應用治理理論的整合能力；亦即本諸科際整合的社會科學應用方法，以釐清治理的多元模式，而採取適宜的治理策略和方案。

(四)治理不損合成前本質原意和應用所為的再概念化

治理因字首或形容詞的增列，如經濟治理、法規治理、協力治理、網絡治理，往往滋生不同的概念認知。此種說法實有其不妥之處，蓋正確的領會各該治理意涵，就是對該字首或形容詞有其本質性的概念認知，從而領會該類多元治理合成後的新型概念化意旨。

治理的理論基礎受到下列基本理論的影響：

1.集體行動理論(collective action theory)

2.組織理論(organization theory)

3.公共管理理論(public management theory)

4.計畫理論(planning theory)

5.國家理論(state theory)

6.民主理論(democratic theory)

7.公法和法規理論(public law and regulatory theory)

8.發展理論(development theory)

9.國際關係理論(international relations theory)

治理涉及理論基本概念，包含：

1.層級(hierarchy)

2.網絡(network)

3.公共參與(public participation)

4.代表(representation)

5.審議(deliberation)

6.權力(power)

7.正當性(legitimacy)

8.課責(accountability)

9.透明化(transparency)

10.學習(learning)

11.創新(innovation)

12.風險(risk)

13.領航(steering)

14.軟體和硬體治理工具(soft and hard governing tools)

治理應用的分析理論模式，包括：

1.基本資訊治理理論(information-based governance theory)

2.論述理論(discourse theory)

3.制度理論(institutional theory)

4.公共選擇理論(public choice theory)

5.經濟理論(economic theory)

6.治理性理論(governmentality theory)

7.複雜理論與制度分析(complexity theory and systems analysis)

8.敘事和述說理論(narrative and interpretive theory)

9.實用主義(pragmatism)

10.規範理論(normative theory)

治理態樣(forms of governance)，可分為：

1.民主網絡治理(democratic network governance)

2.法規治理(regulatory governance)

3.網絡治理(network governance)

4.協力治理(collaborative governance)

5.私治理(private governance)

6.都市和區域治理(urban and regional governance)

7.多層次治理(multi-level governance)

8.歐盟和超國治理(EU and supranational governance)

9.跨國經濟治理(transnational economic theory)

10.元治理(metagovernance)

11.適應治理(adaptive governance)

三、治理的實務成就

　　就臺灣近二十年來，對於「治理事務」的經驗，發現在公共衛生和食品安全領域成就最為顯著。就公共衛生而言，2003 年 3 月發生的 SARS 事件，在春夏之間肆虐全球，臺灣也屬受害嚴重的疫區，但在政府與民眾充分建立夥伴的合作關係下，本諸「發燒不上班、不上學」全民防疫原則，配合「戴口罩、勤洗手」的全民運動，終在不到三個月的時間內，即完全控制疫情，並且未發生秋冬再起的疫情危機。這是一項全民治理成就「健康國家」的典範。2020 年 1 月，COVID-19 又是一項有如 SARS 的新冠肺炎病毒疫情，而且肆虐全球的慘狀與 SARS 比較，竟有過之而無不及。臺灣由於一方面有早年 SARS 防治的經驗，另一方面因為主管部的衛生福利部及其所屬疾病管制署(CDC)，能及早超前部署各項防疫措施；尤其中央與地方形成夥伴關係，以及全民多能遵守防疫各項指引，在「戴口罩、勤洗手」最高防疫策略下，有效排除境外新冠肺炎病毒的侵入，國內本土確診少，而成為世界衛生組織非會員國防疫成功的典範。此外，在食品安全方面，臺灣雖然不道德、不衛生的食品，時有所聞，而且規模越來越大，可說防不勝防，卻因吹哨者的勇於檢舉或主辦人員任勞任怨的檢驗，始能將不肖廠商繩之於法。其不肖劣質性產品多能一一緝獲，無所遁形。這應是廣大的使用者有所戒心，而社會記者也願意出頭報導揭露，發揮了最大的治理效果。

　　設若上揭公共衛生事件，皆全賴政府的防治，該等 SARS、COVID-19 重大事件絕不可能在短時間內，即將其防杜於境外，致使臺灣成為當今世界衛生組織都不得不來函，請益防疫策略的新典範。

　　本書係以「治理」的基本意含為準則，分析治理個案並且加以論述。本卷：「臺灣的地方法制」下分為自治法制，國土計畫及區域治理等三篇；每篇再以章節分析，計有 16 章的論文。說明如下：

(一)自治法制

由於法規治理(regulatory governance)係治理的重要樣態之一，本書乃就司法院釋字第 738 號解釋，所釋示的自治治理意含加以申述，並且引用法國立法例，以驗證該號解釋的建設性意義。從而由正面以針對地方自治下的地方治理分析，以理解和應用治理的核心價值；復由負面以剖析促進轉型正義條例的規制缺失，並就立法正義有所陳述，以呈現法規治理下的法治國原則。

食品安全係治理的風險治理之重要內涵，本研究特別就檢疫的績效；尤其對於已被緝獲的事件之處理經驗，以了解風險治理在食品安全課題上的必要性和對策思維。治理上一旦涉及中央與地方的事權爭議，其解決機制功能如何？需要策進的作為如何，皆有所分析。

此外，對於自治治理的財政自主性，一向是學界較少著力之處，卻是關鍵所在，乃為文分析，希望有助於識者對財政自主性的關注和了解。

(二)國土計畫

計畫理論係治理基本概念形成的重要理論之一，本書係以臺灣正在推動的國土計畫進行分析；尤其重視行政區劃的區劃理性與區域治理的治理價值，並就城市治理的落實方法和作為策略，孫中山早年的國家經建發展計畫，乃至烏石坑住民在國土計畫規劃過程中的困境，所呈現的計畫理性本旨多所分析，以供應用之參考。

(三)區域治理

鑑於都市及區域治理是治理的理論樣態之一，本書除總體性的探索臺灣近些年來的地方治理經驗，並且就區域治理可能出現的府際關係建構，乃至基層治理與社區參與的相關性等，研議適當的整合機制。此外，對於新生直轄市在區域治理的核心角色，乃至對臺灣的國家競爭力定位，皆試圖進行量化或質化的探討和分析。

紀 俊 臣

銘傳大學公共事務學系客座教授
2020 年 6 月 4 日寫於永和自強書房

參考書目

行政院衛生署疾病管制局(2004)，《抗 SARS 關鍵紀錄：公衛紮根，防疫奠基》
　　臺北：疾病管制局。
衛生福利部疾病管制署(2004)〈嚴重急性呼吸道症候群 SARS〉簡報。
衛生福利部疾病管制署(2020)《嚴重特殊傳染性肺炎(COVID-19)》資料彙編。
紀俊臣(2020)〈新冠肺炎疫情防治措施的檢視與策進〉，《中國地方自治》，
　　73(8):1-30。
Ansell, Christopher, and Jacob Torfing (2016), eds. *Handbook on Theories of
　　Governance.* Cheltenham, UK: Edward Elgar Publishing.
Colebatch, H.K, & Robert Hoppe(2018), eds. *Handbook on Policy, Process and
　　Governing.* Cheltenham, UK: Edward Elgar Publishing.

目　次

國土計畫篇

區域治理篇

自治法制篇

壹、從法國地方立法權的強化過程分析司法院 738 號解釋對臺灣地方立法權的建構模式

紀俊臣　銘傳大學公共事務學系客座教授

紀和均　銘傳大學公共事務學系助理教授

摘要

　　本研究旨在探討大陸法系國家；尤指「行政法母國」之稱的法國，其地方立法權的發展過程。以比較分析了解臺灣現行地方制度法所設計的地方立法權行使；尤其在 2016 年 6 月 24 日，司法院公布釋字第 738 號解釋後，臺灣地方立法權已多所強化。就其解釋意旨言之，似已超越法國地方立法權的新近發展能量。

　　既然釋字 738 號解釋，已賦予地方自治團體顯著增強地方立法權之「立法能量」，在臺灣的中華民國各級地方自治團體允宜善加利用此一立法權能，通盤檢討地方法制，並基於發展地方特色，增強地方競爭力之本旨，建構具有發展性的地方立法。自係該號解釋所呈現的立法發展圖像所在。

　　關鍵詞：中央立法、地方立法、司法解釋

一、前言：大陸法系國家儘管是單一國體制，仍以漸進式強化地方立法權

　　立法權(legislative powers)形式上是議會(parliament or council)的職權，實質上是涉及到多元的體系設計。單一國家的議會在中央集權的體制設計下，地方立法權的行使範圍很受限制；即使是歐洲大陸的權力合一體制下，亦復如此。反之，在聯邦國家的議會，在地方分權的體制設計下，地方立法權的行使範圍，即可相對擴充；尤其是亞洲、美國力主權力分立制地方自治體者，議會所行使的地方立法權，殆多享有相當完整的權能。此外，立法權的行使，就臺灣的經驗，行政機關因可提出法案、預算案，甚至參與朝野協商，以及執政黨團的政策協調，而有實質上的立法職權，則是研究地方立法權者，所須多所認知之所在。

　　本研究基於臺灣法制係源自於歐陸法系，而且過去研究大多以德國法制的分析為主；本研究另以行政法之母國法國法制探討之。除上揭研究考量外，尚基於法國是典型的單一國家，與在臺灣的中華民國有「國體」(form of state)和「政體」(form of government)上的相同之處。在「中央集權」(centralization)的憲政主義基礎上，其地方立法權本受到相對限縮，究竟如何發展地方立法權，以因應地方發展上的法制需求？法國是否一如臺灣採取「漸進主義」模式(incrementalism)，以發展地方立法權？則是本研究所期望追尋的研究成果。地方立法權設若有效擴張地方自治體權能，如何制約現行的機制運作，以呈現適合地方發展需要之地方立法權作為模式，司法院大法官釋字 738 號解釋似有值得參考之處。

　　臺灣法制係以歐陸法系為主要參考架構，但就地方立法權部分似未有較為明顯的參考痕跡。此係因地方立法權的行使，長久以來，即由於地方自治之未能法制化，而以命令式實施地方自治。既然地方自治未能法制化，即無以衍生自憲法所賦予之制度性保障，用以強化地方立法權。1994 年 7 月 29 日，省縣自治法、直轄市自治法(合稱自治二法)同日公布施行，開啟臺灣地方自治法制

化史頁。但對於地方立法權仍以自治體自我制約的方式,除將地方立法權的合憲化提升,規制於法制化後四年的過渡期外,學界尚多認為地方立法本身仍欠缺罰則的「法律保留」定位。1999 年 1 月 25 日,政府因應精省政治改革,另行制定地方制度法以取代自治二法,其不僅賦予地方立法的強制性規制效力;而且將地方自治團體所制定之自治條例設定為地方性法律,此在新近公布施行的行政罰法、公民投票法及納稅者權利保護法皆有此法制發展傾向。此項創制性規制發展,促使地方立法權得以提升,甚至因司法院大法官釋字第 738 號之解釋,而得大幅賦予地方立法權合憲性的「立法權」地位。

上揭事涉臺灣地方立法權的司法院大法官第 738 號解釋,雖已經過將近 3 年時間,但國內探討論述仍極為少見,更遑論可供資參考之法學論述。本研究乃基於數十年來從事地方自治研究;尤其近些年來筆耕地方制度法相關議題的些許心得,再參考歐陸法系之一的「法國」制度,以進一步澄清或了解臺灣地方立法權的基本定位,並為該立法權的發展制約,提供較為深入的分析或了解立論,以為各級地方自治團體在行使地方立法權規制上參考。

二、法國地方立法權的強化過程檢視

(一)地方立法權係地方自治體的建構條件

傳統的憲法學理,針對國體的介紹中都會提及單一國與聯邦國的區分。所謂中央集權國家,又可稱為單一國(l'État unique),係指單一國家主權與單一憲法,僅得由國會通過形式意義的法律,而且法律是普遍施行於全部領土之上;祇有國家才享司法權[1],不承認有其他的司法系統;國家權力的統一性可以自三個面向觀察:第一,法規範的統一性,法位階植基於憲法;第二,法規範適用於全部領土及全體國民;第三、執行法規範的組織統一性,地方性組織接續於

---

[1]　M.VERPEAUX, *Droit des colléctivités territoriales*, 1er édition, PUF, Paris ：2005, p.89.

中央組織[2]。各次級統治團體為國家的一部分，無論形式上或實質上，都僅為行政組織的一種模式[3]，不享有主權。雖然各次級統治團體具有憲法上保障，但其權限依然繫屬於立法者的授權，本身並不具有固有的統治權限。換言之，憲法委由立法者以形塑次級統治團體的權限範圍，在權限內處理地方事務，國家事務則由中央政府全權管理[4]。至地方性規範制定權，性質上並不視為立法權，僅認定為行政立法模式。理論上，中央集權國家中的次級統治團體，亦享有一定程度的自治權，特別是採納地方分權制度下的次級統治團體，更會被擴大其地方事務之管轄權，但是無論如何擴大，仍然不具有主權地位，不得被稱為國家。

　　法國長期以來的國家特徵之一，即是中央集權國家，即使地方領域團體為有別於國家之外的公法人，他們依然不可以被視為逸脫於國家的掌握。這是因為國家有權規制、組織各該地方領域團體的存在。因之，其並非是聯邦制國家的類型[5]。第四共和國憲法第 1 條及第五共和國憲法第 1 條均肯認法國是不可分裂的共和國。其法理依據在於國家主權理論，國家主權屬於全體法國人民[6]，任何團體及個人均不得自由行使之。如同法儒 Raymond Carré de Malberg 所說，民族或人民全體是一個統一的整體；換言之，一個共同實體（l'entité collective）[7]。立法者可以設立新型態的地方領域團體，例如法國第五共和國憲法第 1 條第 1 項第 1 句明文：「法國是一個不可分割、世俗性、民主及社會共和國（La France est une République indivisible, laïque, démocratique et sociale）」。據上述憲法條文，法國憲法委員會(le conseil constitutionnel)在 1982 年 2 月 25 日決定中，就法律創造特殊地位的地方自治團體是否有違法國第五共和國憲法第 72 條第一項第二句明文：「其他類型的地方自治團體由法律創造（Toute autre

---

[2] J.CHEVALLIER, *L'État*, édition Dalloz, Dalloz, Paris：1999, p.61.

[3] L.FAVOREU, P.GAÏA, R.GHEVONTIAN,et al., *Droit des libertés fondamentales*, 6ᵉ édition, Dalloz Paris：2012,p.485.

[4] P.-L. FRIER et J.PETIT, *Droit administratif*, 10ᵉ édition, L.G.D.J., Paris：2015-2016, p.167.

[5] Idem,p.93.

[6] 第五共和國憲法第 3 條

[7] G.MARCOU, «Le principe d'indivisiblité de la République », Pouvoir n°100,2011, p47.

collectivité territoriale est créée par la loi)」時，明確提及巴黎市是特殊法律地位的地方自治團體[8](les collectivités à statut particulier)，其次，憲法委員會強調：系爭法律沒有違反共和國不得分割與國家領土完整性的特性[9]。

(二)地方立法權係法律保留原則的發展前提

　　1982 年法國國會接連通過兩部「地方分權(décentralisation)」的法律之後，地方領域團體的功能及法律地位逐步上升，特別是 2003 年修憲後，更是賦予地方領域團體廣泛的管轄權，其性質不是整體管轄，而是領域管轄。地方分權意謂著，地方領域團體自行經營、處理本身的事務；亦可稱自治行政(auto-administration)[10]。但是地方領域團體行政管轄權的分配標準與執行條件，則是國會的權限[11]。尚且可發現一件非常矛盾的現象；即使地方分權原則，自1982 年即成為法國地方制度發展的基本主軸，但是在法國第五共和憲法中卻直到 2003 年修改憲法第 1 條，將國家體制的分類加上地方分權，以回應法國平政院曾在 2002 年的報告[12]中批評：「一方面，(地方分權)是屬於國家行政組織變革過程的一部分，卻在憲法第一條中很難找到它的位置；另一方面，地方分權對我們來說，似乎是地方分權的單一國對比聯邦國，憲法本文的沉默無疑是更好的包含一些海外領地享有超過一個地方分權自治團體更多的特權的現狀。」

　　地方領域團體共三級，市鎮、省、區域，不同於臺灣地方制度法下的地方自治團體之間，享有上下監督的關係，三級地方領域團體彼此是平等[13]，第五共和國憲法第 72 條第 5 項明文，無任何一個地方領域團體對於其他地方領域團體享有監督權限。更具體的描述是，「在市鎮、省、區域的權限劃分，不能

---

[8]　Décisions n°82-138 DC du 25 février 1982.

[9]　Idem.

[10]　Y.GAUDEMET, *Droit administratif*, 21ᵉ édition ,L.G.D.J., Paris ：2015, p.203.

[11]　CC n° 91-291 DC du 6 mai 1991

[12]　Conseil d'État, *Rapport public 2002*, EDCE, Paris ：2003, n°54 ,p.55.

[13]　O.GOHIN, *Institution administrative*, L.G.D.J., Paris ：2005, p.383.

允許任何一個地方領域團體，建立或執行在其他地方領域團體的權限內的監督權[14]」。憲法委員會在解釋該條項時，曾經依照第五共和國憲法第 34 條：立法者有權制定地方領域團體的行政管轄時，否定數個地方領域團體諦結行政契約，委由其中一個領導地方領域團體，代其他成員執行其相關行政管轄權的做法[15]。2003 年修憲時，修憲者曾暗示反對憲法委員會見解，於第五共和國憲第 72 條第 5 項第 2 句話，賦予立法者可以允許領導地方領域團體代其他地方領域團體執行其管轄權限[16]。

地方領域團體的自治行政，最早出現於憲法委員會針對新喀里多尼亞的選舉法制的違憲審查案中，憲法委員會肯認「只有立法者能行使其權限去確立他所制定的法律的執行條件，（這種做法）既沒有違反權力分立原則，亦沒有侵害憲法條文中保障地方領域團體的自由行政(la libre administration)的權限[17]。(le législateur n'a donc fait qu'user des pouvoirs qui lui appartiennent de fixer les conditions de mise en vigueur des règles qu'il édicte ; que, dès lors, il n'a méconnu ni le principe de la séparation des pouvoirs, ni les dispositions constitutionnelles qui le mettent en oeuvre ou qui consacrent la libre administration des collectivités territoriales)」

然而，自由行政原則與地方分權原則是否相容，其實是有爭議的。因為在地方分權原則尚未明文化之前，憲法委員會及平政院均認為，基於憲法上有明文，自由行政原則可以拘束立法權與命令制定權；相反地，地方分權卻沒有明確憲法依據，因此不能具有相同的拘束力[18]。學界亦爭論不休，直至 2003 年修憲後，地方分權原則成為自由行政原則的上位階概念，地方分權原則已經突破制憲者原則就地方自治僅為單純的行政概念的設定。

[14] Article L 1111-3 du Code général des collécivités territoriales

[15] CC,n°94-358 DC du 26 janvier 1995

[16] O.GOHIN, op.cit, p.385

[17] CC.n°79-104 DC du 23 mai 1979

[18] D.M.DESGRÉES du LOÛ, *Institutions administratives*, 1er éditon, PUF, Paris ：2011, p.156.

　　理論上，若單一國體制下賦予地方分權團體完全的執行權特質，隱含著地方自治團體與國家政治機構之間存在一定的分隔。對於地方自治團體而言，其權限與義務全來自於憲法的規定[19]。地方自治團體僅是國家行政組織的一環，它不享有原始的規範制定權。原則上，法國第五共和憲法只設立單一層級的原始規範制定權者；只有國會享有立法權(憲法第 34 條)，只有共和國總統與總理分享命令制定權(憲法第 13 條與 21 條)。地方自治團體按憲法第 72 條的規定，僅能在法律規定的條件下，去執行法律。但是為了配合地方分權原則的不斷擴大，嚴格地禁止地方自治團體被授權部分的立法權，並不符合國家發展與人民期望。因此，法國建立兩種制度：一是直接授權地方自治團體行使部分立法權；一是授權地方自治團體自行決定是否要適用個別法律或行政命令。直接授權地方自治團體行使部分立法權的範疇中。首先要說明，憲法委員會曾於 1982 年的裁決認定，合法性原則同時要求尊重立法者權限的與最高位階的憲法權限分配，(憲法)是出自於法國人民已宣稱的不可分割共和國，確認領土完整性與公共權力組織的確立[20]。換言之，憲法委員會否定立法者授權地方自治團體代為履行憲法上權限：原始的規範制定權。稍後，憲法委員會又就科西嘉治理組織的權限案，再次重申科西嘉議會與科西嘉行政機關均不得被授權立法者的職權[21]。唯法國制憲者與修憲者考慮到一些地方自治團體的特殊性，有給予特別的安排。首先是針對海外領地(les territoires d'outre-mer,TOM)的部分，自 1959 年制憲者於第五共和憲法第 74 條就規定，海外領地應有特別的組織。憲法委員會闡釋規定時表示，海外領地的特別組織可以不受憲法第 34 條國會權限範圍的拘束[22]。申言之，海外領地的特殊地位可以被授與法國本土國會的權限[23]。其次是 1998 年修憲時，賦予新喀里尼西亞非常特別的權限；一方面，新喀里

[19] Idem,p.158.

[20] CC.n°82-137 DC du 25 février 1982

[21] CC.n°91-490 DC du 9 mai 1991

[22] CC.n°65-34 DC du 2 juillet 1965

[23] D.M.DESGRÉES du LOÛ, op.cit, p.161.

尼落西亞本身就是海外領地之一，享有一般海外領地的權限，可以行使部分的立法權；另一方面是指，新喀里尼落西亞的區域法在公布前，要受到憲法委員會事前審查，2008 年修憲後，亦得成為違憲先決問題審查的客體。總而言之，新喀里尼落西亞的特殊立法權，已經超出原先自由行政，僅具有執行權特色的設定。法國國會曾經試圖將新喀里尼西亞模式複制到科西嘉議會，但是憲法委員會於裁定中，又一次明白拒絕科西嘉島的特殊性足以正當化模式複制可能性[24]。

　　地方自治團體自行決定是否要適用個別法律或行政命令類型，可以認為是間接授權地方自治團體自行認定要如何落實個別法律或行政命令。2003 年修憲後，第五共和國憲法第 72 條增加第四項，建立「實驗性立法(l'expérimentation législative)」，授權立法者可以在明定立法目標、實驗期限之後，各地方自治團體或其參加的協力團體可以實驗為名，於違背法律或行政命令的情況下，執行自己的管轄權。如此的設計，學說稱讚是中央政府與地方自治團體真正的對話[25]。實際上，憲法委員會就實驗性立法設有三項條件：

1. 不得排除實施人民公共自由(la liberté publique)與憲法上保障權利(le droit constitutionnel garanti)的基本規定。憲法委員會於 1985 年的私校教師教學自由案的決定中，否定立法者授權地方自治團體去限制或剝奪私校教師的教學自由或良知自由[26]。因此，2003 年修憲者將憲法委員會的意旨，正式明文化成憲法條文。

2. 遵守平等適用法律原則。申言之，由於法律具有抽象性與與一般性，因此，立法者在落實 2003 年新條文時，不得任意限制參與實驗性立法的地方自治團體的範圍，避免有違法律之前人人平等的基本法理[27]。

3. 明確目的與適用條件。由於實驗性立法或多或少有違平等原則，所以立法者

---

[24] CC.n°2001-454 DC du 17 janvier 2002

[25] M.VERPEAUX, op.cit, p.109.

[26] CC.n° 84-185 DC du 18 janvier 1985

[27] C.n°2003-278 DC du 30 juillet 2003

有義務要明確規定實驗目的與地方自治團體適用的條件，同時不得忽略其他憲法原則[28]。

　　法國立法者於符合上述三項條件下，增加地方自治團體法典，明定可以參與實驗性立法的地方自治團體的法律性質與類型、實驗期限不得超過五年、與實驗目的相關的地方自治團體均有權要求參與實驗性立法及被授權參與的地方自治團體名單由平政院以敕令(décret)公布。

　　學說上在闡述自由行政的概念時，主要放在三個面向：第一點，各地方領域團體的治理模式，必須完全交由市鎮議會、省議會及區域議會來管理本身事務；第二點，地方領域團體選舉參議員，代表各該選區參與國家公共事務；第三，國家或中央政府應該遵守「輔助性原則(le principe de subsidiarité)」，即讓地方領域團體自行解決自身事務，中央政府僅在地方領域團體無法妥適處理時，才有介入的空間。憲法委員會的見解是，修憲者讓立法者與其將權限分配給國家，還不如分配給地方領域團體，是基於由某一個地方領域團體以行使管轄權，更能實現相關的利益[29]。

　　依第五共和國憲法第 72 條之 2 第 4 項規定，當國家將權限移轉給地方領域團體時，需要同時移轉足以執行該權限的財源。任何權限的創設與擴張，會增加地方領域團體的支出時，法律都必須伴隨著已確定的財源。此為「財政填補原則(le principe de la compensation financière)」。若是發覺原先移轉的財源恐有減少的時候，國家有義務維持相等的財源，提供給地方領域團體支應相關的事務處理[30]。這也是為了維護地方領域團體的自由行政的穩定[31]。

----

[28]　CC.n°2004-503 DC du 12 août 2004

[29]　CC.n°2005-516 DC du 7 juillet 2005 « il résulte de la généralité des termes retenus par le constituant que le choix du législateur d'attribuer une compétence à l'Etat plutôt qu'à une collectivité territoriale ne pourrait être remis en cause, sur le fondement de cette disposition, que s'il était manifeste qu'eu égard à ses caractéristiques et aux intérêts concernés, cette compétence pouvait être mieux exercée par une collectivité territoriale »

[30]　CC.n°2004-511 du 11 janvier 2005

[31]　O.GOHIN et al. *Droit des collectivités territoriales*, édition cujas, Paris ：2011, p.136.

　　此外，法國國會於 2001 年通過的 2001 年 8 月 1 日財務組織法[32](Loi organique n° 2001-692 du 1 août 2001 relative aux lois de finances)，簡稱為 LOLF 法。LOLF 法的精神在於，用 LOLF 法取代過去預算編列僅在關心金額分配的邏輯，轉變成如同企業經營哲學的結果導向邏輯，一開始就考慮到要達成的目的[33]。至於採用理由，一方面乃是擴大國會對預算編列的審查權與參與機會；另一方面是期待國家在運用預算時，能以結果達成為最重要的編列預算目的。援用私人企業的經營精神，並且強化公部門對於更好地去管理公共支出[34](dépense publique)。依照 LOLF 法第一條規定[35]，僅是規範國家預算，本不涉及地方自治團體層級，可是法國政府相當鼓勵各地方領域團體能夠採用相同的概念去編列，以強化預算目的之實現。因此，各級地方領域團體均半自願地採用相同的概念去編列預算，以增加透明性。

(三)地方立法權的強化係因應地方發展的法制配套

　　地方分權雖然重新塑造國家與地方領域團體之間的關係，進一步使地方領

---

[32] 必須要加以說明的是，法國法制中的 Loi organique，雖按直譯可謂為組織法，卻與我國習用的組織法，在法的概念上不同。法國法制上的組織法是所謂相關領域的法令制定的基礎，類似基準法；反之，我國的組織法似僅有某國家機關成立的架構設計與職權安排的規定。

[33] A.BARILARI et M.BOUVIER, *La LOLF et la nouvelle gouvernance financière de l'État*, 3ᵉ édition, L.G.D.J, Paris ： 2010, p.10.

[34] A.BARILARI et M.BOUVIER, op.cit, p.17.

[35] Article 1de la Loi organique n° 2001-692 du 1 août 2001 relative aux lois de finances

Dans les conditions et sous les réserves prévues par la présente loi organique, les lois de finances déterminent, pour un exercice, la nature, le montant et l'affectation des ressources et des charges de l'Etat, ainsi que l'équilibre budgétaire et financier qui en résulte. Elles tiennent compte d'un équilibre économique défini, ainsi que des objectifs et des résultats des programmes qu'elles déterminent.

L'exercice s'étend sur une année civile.

Ont le caractère de lois de finances ：

1° La loi de finances de l'année et les lois de finances rectificatives ;

2° La loi de règlement ;

3° Les lois prévues à l'article 45.

域團體更有權有錢，去處理自身事務，以回應地方住民的需求，實現地方公益，但是地方領域團體並非是無限制的行使其權限，國家雖退居第二線，卻被賦予監督地方領域團體是否適法執行任務的義務。這也是中央集權國家體制下，國家必須持續堅持的責任，以免造成地方領域團體尾大不掉，變成另類的「國中有國」。具體執行監督地方領域團體的行政機關，就是省長與區域行政長官[36]。其存在的憲法上依據，係第五共和國憲法第 72 條第 6 項，國家得委派國家代表，外駐於地方領域團體的行政區中，其責任係為行政監督地方領域團體遵守法律，以維護國家公益。有別於前述的「監護管控制度」，省長與區域行政長官的權限，僅限於合法性監督。事實上，省長與區域行政長官，實為我國學埋中的「派出機關」，外駐各省或區域，實為政府權限的整體執行代表。

省長的前身，可上追至拿破崙一世時代的總督，代表中央政府統治各省區，是政府的代表，在國民公會時期，於各省創設省議會與警務會議，但是兩委員會僅為在財政與各種(行政)訴訟案件襄助省長解決，並不享有廣泛的權限[37]。現行的省長制度創設於 1964 年 7 月 29 日敕令，給予省長特殊公務員的資格，具有高階公務員的身分，同時負三種特殊的義務，第一，是忠誠義務，其政治、哲學及宗教言論都必須記錄於公務員檔案中；第二、罷工自由、結社自由均被限制，不得行使，其個人利益的維護，則是交由警察總署協會來確保；第三、居住限制，即省長必須居住於駐派地，未經內政部長同意，不得任意遷居[38]。

省長與區域行政長官的權限，主要是針對國家權限的分散或在地化執行與警察權，其次，行政監督省或區域的職務執行適法性及財政行使。若發覺省議會或區域議會的決策有違反法律的情況，省長或區域行政長官得以國家的名義，向地方行政法庭起訴，請求受訴法庭撤銷省議會的決定，以遵守法律。換言之，當省長質疑地方領域團體的行政行為有合法性問題時，應於兩個月期限

---

[36] 至於市鎮並無特別的政府外派代表，主要有省長監督市長的權限行使。

[37] R.CHAPUS, op.cit, p.235.

[38] O.GOHIN,op.cit,pp.210-211.

內，向地方行政法庭起訴，以維護公益。2010 年以來，法國政府推行國家(任務)區域化政策，透過區域級地方領域團體來執行跨省區域治理。因之，2010 年 2 月 16 日敕命，在不涉及地方領域團體事務外確立省長需服從區域行政長官的上下級關係，同時強化區域行政長官的權限，使他們擁有命令權與召回權，例如公共安全、外國人居留、庇護權的同意等職責，區域行政長官有權向其轄下的省長移交案件，由他自己決定或取代省長另行決定[39]。

　　法國從高度中央集權國家，配合著社會思潮與歐洲聯盟的整合腳步，逐步朝地方分權的方向橫移，2010 年更為改善巴黎市的國際經濟競爭力，法國國會於 2010 年 7 月 5 日，正式通過二〇一〇年七月五日，大巴黎法(LOI n° 2010-597 du 3 juin 2010 relative au Grand Paris)。該法第一條第一項就明文：這是一個國家經濟、社會的都市計畫，用它來統一法蘭西島區域的大型土地策略，且推動經濟永續與社會連帶發展，以及創造首都區域的工作機會。由於這並非過去所施行過的法國地方制度上的策略。因此，可以推論出，大巴黎計畫也是在實驗一種新型態的土地開發的方式[40]。2014 年更是大幅度擴增區域的行政管轄權，希望透過區域治理的方式，以改善當前積弱不振的法國經濟。國家任務區域化的結果，可能會重新形塑法國的中央與地方權限劃分的基準。

三、司法院738號解釋影響臺灣地方立法權的擴張

(一)地方制度法所設計的地方立法權

　　1998 年 12 月 20 日，政府依憲法增修條文精省後，在研擬地方制度法草案時，即就發展「地方法制」，進行全面的法體系建造。依地方制度法第二十五條規定：直轄市、縣(市)、鄉(鎮、市)得就其自治事項或依法律及上級法規之授

---

[39] P.-L. FRIER et J.PETIT,op.cit,p.164.

[40] G.MARCOU, « La loi sur le Grand Paris ：le retour de l'État aménageur ? », AJDA, 2010, p.1868.

權，制定自治法規。自治法規經地方立法機關通過，並由各該行政機關公布者，稱自治條例；自治法規由地方行政機關訂定，並發布或下達者，稱自治規則。

　　此說明無論直轄市、縣(市)、鄉(鎮、市)依各該自治事項或法律及上級法規授權，所為之地方立法，統稱「自治法規」。至謂「自治法規」係源自於憲法增修條文所未凍結的憲法本文用語，並非謂「自治法規」即是「自治命令[41]」。此項誤解，由「中央法規標準法」之謂「法規」，係包括「法律」與「命令」，可為之澄清。是以該自治法規，實包括：地方自治法律和地方自治命令二類。所謂「自治命令」或稱「自治法規」；即是地方制度法的第二十五條所謂地方自治法規。其可包含具地方法律特質的自治條例和不具地方法律特質的自治規則。此外，依該法第二十九條訂定之「委辦規則」，第三十一條訂定之「自律規則」；甚至依行政程序法第一百五十九條訂定之「地方行政規則」。分別說明如下：

1. 自治條例

　　地方制度法第二十八條規定，制定自治條例之狀況，乃「自治條例保留」者，包括：

(1) 法律或自治條例規定應經地方立法機關議決者，有謂之「議會保留」。

(2) 創設、剝奪或限制地方自治團體居民之權利義務者，謂之「干涉保留」。

(3) 關於地方自治團體及所營事業機構之組織者，謂之「組織保留」或稱「制度保留」。

(4) 其他重要事項，經地方立法機關議決，應以自治條例定之者，謂之「重要保留」或稱「社會保留」。

　　是以，地方自治法規中，經地方立法機關通過，且由地方行政機關(實即地方自治團體代表人)公布之「自治條例」。其所以謂之具有地方法律特質，理由為：

---

[41] 本研究在查閱司法院釋字第 738 號解釋文件時，發現釋憲大法官竟仍認為地方法規，包括具有地方法律性質的「自治條例」，係「命令」而非「法律」；亦即大法官將法律外之其他規制性機制皆視為「命令」。因之，地方自治法規即是「地方自治命令」。

(1) 制定形式上係依法律形式設定：依地制法第二十五條，自治條例須經地方立法機關三讀通過，正如同法律須經國會三讀通過。

(2) 公布形式上係依法律形式設定：依地制法第二十五條，自治條例須經地方行政機關公布，正如同法律須經國家元首公布一般。

(3) 規制效力係依法律效力制定：依地制法第二十六條，自治條例可設定「罰則」，以強化其強制力，就如同法律可設定制裁性效力。祇是自治條例僅有新臺幣十萬元以下罰鍰，以及其他定有時限之不利益處分，通稱「行政罰」；而無如法律，除行政罰外，尚有刑罰或其他具有強制力之不利益處罰。

(4) 設定施行效力程序如同法律程序：依地制法第二十六條，自治條例的公布施行，係自公布日起算第三日生效，或自特定日生效，此正如法律之生效機制。

　　基於自治條例的制定狀況，參酌憲法、法律所謂「規律保留」之理論，本研究提出自治條例保留。上揭法制保留機制與行政保留形成如圖 1-1 之行政權力管轄機制。唯自治條例所設定之「行政罰」，僅限於直轄市和縣(市)，始有此「行政罰」之權限；至鄉(鎮、市)、直轄市山地原住民區等，尚無賦予行政罰之權限。

憲法保留
法律保留
自治條例保留
行政保留

圖 1-1　國家政治權力之管轄機制

資料來源：本研究繪製

2. 自治規則

依地制法第二十七條及第八十三條之二規定，直轄市政府、縣(市)政府、鄉(鎮、市)公所或直轄市山地原住民區公所，就其自治事項，尚可依其法定職權或法律、基於法律授權之法規、自治條例之授權，訂定自治規則；唯其定名須為「規程、規則、細則、辦法、綱要、標準或準則」。所稱「基於法律授權之法規」，即行政程序法第一百五十條之「法規命令」，並不涉行政程序法第一百五十九條之「行政規則」。至謂「自治規則」，係因地制法第二十七條所涉之法制，基本上係基於地方制度法係行政程序法之特別法(special law)地位，所為有異於該法第一百五十條法規命令之設計；質言之，自治規則係將地方本屬法規命令與行政規則之行政命令，在定名為規程、規則、細則、辦法、綱要、標準或準則之「行政命令」，賦予等同行政程序法第一百五十條法規命令之效力位階，得對外發生規制效力，卻無自治條例所得賦予之罰則效力。至其他自治條例之規制作用，則須視個案而定[42]。

3. 自律規則

依地制法第三十一條規定，地方立法機關得訂定自律規則，但其定名雖無規定須為規程、規則、細則、辦法、綱要、標準或準則，但立法例似多以上揭定名為之。此項自律規則以往都以議會「內規」視之，如議事規則、程序委員會組織規程。此次制定地制法，即依司法院釋字第 342 號解釋，將立法院議事規範定名為「自律規則」之立法例，定名為自律規則，應有裨於該等法制的效力設定與認知。

4. 委辦規則

---

[42] 地方制度法尚無如中央法規標準法第六條：「應以法律規定事項，不得以命令定之」規定；即無「應以自治條例規定事項，不得以自治規則定之」限制規定。唯近些年來，地方立法機關已深切了解地方立法權不宜輕易放棄的公權力價值，遂將原本可以自治規則訂定的法制，改為由各該立法機關制定之自治條例；即如將都市計畫法所授權訂定施行細則，已改為自治條例制定。如：都市計畫法臺北市施行細則，本由地方政府訂定，現已改為「臺北市都市計畫施行自治條例」，由臺北市議會通過；即在強化市議會之「地方立法權」。至地方制度法第六十二條所規制之組織類「自治規則」尚有直轄市竟改為「自治條例」制定之立法例；其他尚無不可以自治規則，取代自治條例之限制情形。

依地制法第二十九條規定，地方行政機關為辦理上級機關委辦事項，得依其法定職權或基於法律、中央法規之授權，訂定委辦規則，而其法制定名則準用自治規則之規定；質言之，定名為規程、規則、細則、辦法、綱要、標準或準則。

5. 地方行政規則

固然自治規則係地方行政機關之「立法權」行使，但地方政府為便於行政管理，尚有各該地方首長採取「權宜措施」，而非以上揭規程、規則、細則、辦法、綱要、標準或準則之定名，如改採要點、須知、方案、計畫、注意事項、補充規定等多元化的「非典定名」。其效力位階雖係最低，卻可在短期間內即如期完成立法準備。

總體分析，臺灣在地方制度法施行後，所稱「地方立法」，就狹義言之，係以「自治條例」為其主要類型；司法院釋字第 738 號解釋，亦僅就「自治條例」之效力所為「有條件之解釋」。至以廣義言之，除自治條例外，尚有自治規則、自律規則、委辦規則及地方行政規則。此即地制法所規制之「地方自治法規」的類型。

(二)司法院 738 號解釋所建構的自治條例保留原則

司法院於 2016 年 6 月 24 日發布院台大二字第 1050016544 號令；此即該院發布「司法院大法官議決釋字第七三八號解釋」令。解釋文為：

電子遊戲場業申請核發電子遊戲場業營業級別證作業要點第二點第一款第一目規定電子遊戲場業之營業場所應符合自治條例之規定，尚無牴觸法律保留原則。臺北市電子遊戲場業設置管理自治條例第五條第一項第二款規定：「電子遊戲場業之營業場所應符合下列規定：……二 限制級：……應距離幼稚園、國民中、小學、高中、職校、醫院、圖書館 一千公尺以上。」臺北縣電子遊戲場業設置自治條例第四條第一項規定：「前條營業場所（按指電子遊戲場業營業場所，包括普通級與限制級），應距

離國民中、小學、高中、職校、醫院九百九十公尺以上。」（已失效）及桃園縣電子遊戲場業設置自治條例（於中華民國一〇三年十二月二十五日公告自同日起繼續適用）第四條第一項規定：「電子遊戲場業之營業場所，應距離國民中、小學、高中、職校、醫院八百公尺以上。」皆未違反憲法中央與地方權限劃分原則、法律保留原則及比例原則。惟各地方自治團體就電子遊戲場業營業場所距離限制之規定，允宜配合客觀環境及規範效果之變遷，隨時檢討而為合理之調整，以免產生實質阻絕之效果，併此指明。

經由上揭解釋文，可有下列之解析：

1. 地方立法如與中央立法競合，其效力如何須依憲法對中央與地方權限劃分原則、法律保留原則及比例原則為準據加以衡平考量。
2. 所稱地方立法係指依地方制度法制定之「自治條例」；其他自治法規並不具聲請解釋之要件。
3. 所稱中央立法係指依中央法規標準法制定之法律，不涉其他法令。
4. 自治條例因本次解釋，已確立法制地位；即：中央法律、地方自治條例，係臺灣法制的二大主要標的，而涉有立法競合時，亦以自治條例和法律之效力位階為解釋之對象。
5. 對立法競合時，其效力位階之判斷基準，應以考量憲法所規制之中央與地方權限劃分原則，乃至法律保留原則及比例原則。
6. 所稱「地方立法」尚無牴觸法律保留原則，係指地方立法或稱「自治條例保留」與法律保留原則，係各有其「權力行使空間」，不涉下位法牴觸上位法爭議。
7. 此項「權力行使空間」，如以人民言之，即是「權利行使空間」；質言之，地方自治條例保留幾已為該號司法解釋所肯認。
8. 地方立法如涉及人民基本權之行使，應以「隨時檢討而為合理之調整」動態思維邏輯，檢討既有法制，以避免實質阻絕所涉妨礙人民基本權之行使。
9. 對於地方立法效力位階的認定，如尚有不足之處，似可參考該號解釋理由書，

以及不同意意見書及協同意見書。

　　茲就該號解釋之「**解釋理由書**」重點酌加整理，如下：

1. 人民如以從事一定營業為其職業，關於營業場所之選定，亦受營業自由保障，僅得以法律或法律明確授權之命令，為必要之限制；唯若僅屬作業規範，尚無違於憲法第二十三條法律保留原則之要求。

2. 依地方制度法第二十五條及第二十八條第二款規定，地方自治團體得就其自治事項或依法律及上級法規之授權，以自治條例規範居民之權利義務；惟其內容仍不得牴觸憲法有關中央與地方權限劃分之規定、法律保留原則及比例原則。

3. 憲法於第十章詳列中央與地方之權限，如有未列舉事項發生時，依憲法第一百十一條明定之「均權原則」，旨在貫徹住民自治、因地制宜之垂直分權理念。若中央就前開列舉事項立法賦予或課予地方執行權責，或地方就相關自治事項自行制定自治法規，其具體分工如有不明時，亦均應本於前開均權原則而為判斷，俾使中央與地方自治團體在垂直分權之基礎上，仍得就特定事務相互合作，形成共同協力之關係，以收因地制宜之效，始符憲法設置地方自治制度之本旨。

4. 自治法規除不得違反中央與地方權限劃分外，若涉有人民基本權之限制，仍應符合憲法第二十三條之法律保留原則。基此，地方自治團體倘就其自治事項或依法律及上級法規之授權，於合理範圍內以自治條例限制居民之基本權，與憲法第二十三條所規定之法律保留原則，亦尚無牴觸。

5. 國家法律如為保留地方因地制宜空間所設之最低標準，且未禁止直轄市、縣(市)基於公共利益，而以自治條例為較嚴格之規定，尚難謂與中央與地方權限劃分原則有違；其對人民營業自由之限制，亦未逾越地方制度法概括授權之範圍，從而未牴觸法律保留原則。究其性質，實為對從事工作地點之執行職業自由所為限制，故除其限制產生實質阻絕之結果，而涉及職業選擇自由之限制，應受較嚴格之審查外，立法者如為追求一般公共利益，且該限制有助於目的之達成，又別無其他相同有效達成目的而侵害較小之手段，可資運

用，且與其所欲維護公益之重要性及所限制行為，對公益危害之程度，亦合乎比例之關係時，始無違於比例原則。

6. 地方自治團體所為公共利益之職業自由限制，如本個案所為各地方自治團體有關距離限制之規定，有超出法定最低限制較多時，非無可能產生實質阻絕之效果，而須受較嚴格之比例原則之審查。相關地方自治團體允宜配合客觀環境及規範效果之變遷，隨時檢討而為合理之調整。

經由上揭解釋理由書之整理，可有下列針對解釋主文之補充說明：

1. 地方立法與中央立法競合時，須依中央與地方權限劃分原則判定有無下位法牴觸上位法情形。

2. 地方立法針對中央立法就同一規制標的，基於一般公共利益所為嚴格或謂不利益於特定民眾的自治條例限制，如符合比例原則即無牴觸法律保留原則，從而形塑自治條例保留的規制範圍。

3. 基本權係憲法所賦予，地方立法自宜適時檢討，並為合理之調整，始不涉妨害人民基本權之行使。

基於該號解釋主文和解釋理由書之分析，本研究試擬地方立法優先原則的條件設定，包括：

1. 地方立法與中央立法競合時，地方立法須依地方制度法第三十條規定，以法律先占原則為準據，並以權限劃分原則為賦予地方權限之歸趨。

2. 地方立法在中央立法未限制下，就其細節性、技術性次要事項加以規定時，該地方立法尚無牴觸法律保留原則。

3. 地方立法就中央立法之最低標準規範，如以公共利益為考量前提，而賦予較嚴格之規制，尚不牴觸憲法對基本權限制之比例原則。

(三)司法院 738 號解釋後地方立法權的權限塑造

司法院釋字第 738 號解釋，對於嗣後地方立法趨勢究竟有何影響，固然有待觀察，但就其「架構解析」，似可以圖 1-2 研判其可能的影響。嗣後的地方立法，將有較為穩固的立法空間，祇要依循中央與地方權限劃分原則，在地方權

限的合理範圍，把握法律保留與自治條例保留所建構的平等原則、比例原則及公益原則之法理基礎，即可形塑可行的地方立法趨勢。

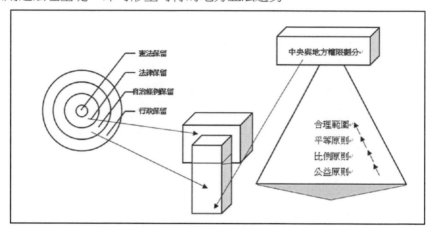

圖 1-2　地方立法趨勢思維架構

　　資料來源：　本研究繪製

1. 公益原則之地方最適立法

　　地方制度法第十八至二十條，對直轄市、縣(市)及鄉(鎮、市)及第八十三條之三，對直轄市山地原住民區之自治事項，形式上採列舉式；實質上採概括式[43]規制，再於第二十二條參採日本訂定「別表」之立法例，訂定「**地方自治團體自治事項施行綱要[44]**」之法規命令，以減少中央與地方間多如牛毛之權限爭議。內政部在誤解立法旨趣下，刪除第 22 條有關訂定執行性法規命令之規定，致中央與地方權限爭議勢將不可避免。嗣後在司法院釋字第 738 號解釋後，為避免時生爭議，自當以該號解釋為立法思維架構。

---

[43] 雖說地方制度法第 18~20 條及第 83 條之 3，對於各級地方自治團體之自治事項，皆以條列式規定，最後條款尚有「其他依法律賦予之事項」為概括規定，但分析所列舉之事項即相當抽象，已非「列舉」之明確事項。

[44] 地方制度法第 22 條係參考日本地方自治法採訂定「別表」方式詳細規定地方自治事項，以資減少中央與地方之權限爭議，但內政部主管司卻未能依該立法旨趣，訂定「地方自治團體自治事項施行綱要」，反將該條刪除。

　　由圖 1-2 所顯示的地方立法權限，固以中央與地方權限劃分後，屬於「地方自治事項」的權限為其範圍，但「委辦事項」(delegated matters)既以上級政府之明文授權執行委辦事項；其即使訂定「委辦規則」，亦屬效力位階極低等同行政規則的「地方自治法規」，自不涉權限爭議。本研究對於適法性的地方立法，認為可就「公益原則」為其立法考量首要原則。蓋可為地方立法之事項，即使屬於自治事項，即可達多如牛毛的立法種類；為求立法經濟(legislative economy)應就不特定社會大眾所關切的事項；即就地方制度法第二十八條所規定之「議會保留、干涉保留、組織保留和重要保留」中，屬於「公益事項」者斟酌時宜，以優先順位研擬地方立法計畫。該公益事項可再分為「一般公共利益」、「重要公共利益」和「特別重要公共利益」三類，所謂「一般公共利益」，係指一般人民所得享有的公共價值，包括具體的物質和抽象的心理滿足；「重要公共利益」，係指當事人應具備的主觀條件；亦即為符合社會需要，當事人需有特定的知識、學位、體能等條件，始能獲致公共價值的滿足。「特別重要公共利益」，係指當事人應具備的客觀條件；亦即為符合社會需要，當事人所處環境條件需有之特殊設定。茲以司法院釋字第 649 號解釋理由書說明，摘述如下：

　　　對職業自由之限制，因其內容之差異，在憲法上有寬嚴不同之容許標準。關於從事工作之方法、時間、地點等執行職業自由，立法者為追求一般公共利益，非不得予以適當之限制。至人民選擇職業之自由，如屬應具備之主觀條件，乃指從事特定職業之個人本身所應具備之專業能力或資格，且該等能力或資格可經由訓練培養而獲得者，例如知識、學位、體能等，立法者欲對此加以限制，須有重要公共利益存在。而人民選擇職業應具備之客觀條件，係指對從事特定職業之條件限制，非個人努力所可達成，例如行業獨占制度，則應以保護特別重要之公共利益始得為之。且不論何種情形之限制，所採之手段均須與比例原則無違。

　　該號司法解釋，係就職業自由分析「條件限制」，係分類為一般公共利益，如身為中華民國人民從事工作，就業服務法規定，須具有中華民國國籍，年滿二十歲者；重要公共利益，如擔任薦任公務員，依公務人員任用法規定，須具有大學畢業，身心健康者；特別重要公共利益，如為擔任特戰任務的公務人員，其就業條件規定須曾受有野戰求生經驗，即在於滿足工作需要；亦是對個人生命安全之保障，並非只是當事人的主觀條件，亦為客觀環境的必要考量。

　　質言之，地方立法在草擬法案時，如能以公共利益為前提，思索公共政策(public policy)的發展取向，並且以一般公共利益為低度立法，逐次為重要公共利益為中度立法，再次為特別重要公共利益為高度立法，始得制定符合社會發展需要的有機性地方法制。

2. 比例原則之地方最適立法

　　憲法第二十三條規定：

> 　　以上各條列舉之自由權利，除為防止妨礙他人自由、避免緊急危難、維持社會秩序，或增進公共利益所必要者外，不得以法律限制之。

該條除將「比例原則」列為「憲政條款」外，更將「限制人民自由或權利」，即使是為客觀條件的需要(包括：防止妨礙他人自由，維持社會秩序或增進公共利益)或主觀條件的滿足(避免緊急危難)，皆須以「比例原則」為斟酌的規制與否，甚至是其規制輕重的判準。是以比例原則之適用，在地方立法時至關重要；唯比例原則內含適當性原則、必要性原則及均衡性原則。行政程序法第七條規定：

　　行政行為，應依下列原則為之：

(1) 採取之方法應有助於目的之達成。

(2) 有多種同樣能達成目的之方法時，應選擇對人民權益損害最少者。

(3) 採取之方法所造成之損害不得與欲達成目的之利益顯失均衡。

　　如將行政行為改為「立法行為」，即地方立法應依下列原則：

　　(1)　適當性原則或稱合目的性原則

　　　　亦即立法所規制之方法，應有助於立法目的之達成。

　　(2)　必要性原則或稱合效能性原則

　　亦即立法所規制之方法，在篩選同樣可達成立法目的之數方法時，應選擇對人民權益之損害最少者。

　　(3)　均衡性原則或稱合理性原則

　　亦即立法者在起草法條時，應本諸如有多種方法可資採取時，應以可能造成之損害，如何與立法相衡而不失對等平行的情形。

此項立法「比例原則」，係地方立法不論採高度立法或低度立法皆須「權衡」(weigh)的「帝王條款」；換言之，地方立法如貴在可行，此所稱「可行」，其旨趣就是合乎比例原則。

3. 平等原則之地方最適立法

　　在制定地方自治條例時，亦如制定法律，固然因規制對象不同，而有形成特權的期待性，謂之「預測特權」；但此項期待應係源自於憲法的平等原則。憲法第七條規定：「中華民國人民，無分男女、宗教、種族、階級、黨派，在法律上一律平等。」質言之，「合法之平等」係憲法所規制的平等；唯所稱「合法之平等」，係指立法行為非有正當理由，不得為差別待遇(discrimination)的機制設計。立法時針對「正當理由」，應以合目的性或合功能性為規制制約。此外，皆不符合「正當理由」(proper reason)之旨趣。此外，平等原則的實質上平等或形式上平等，應非立法本身的規制前提，而係立法政策的考量。此係制定法制時，最不易分辨之處，地方立法必然有形成特權，但祇要在立法政策上符合「實質上平等」，即已符合憲政主義之核心價值。

4. 合理範圍之地方最適立法

　　由於單一國的法特徵，在強調「中央集權」，因中央集權始有法律先占原則的適用。此在聯邦國的法特徵，係主張「地方分權」，地方依憲法所劃分之

權限內，在制定適用各該行政區域內之法制，聯邦政府並無制定聯邦法律，且以「法律先占原則」而優先適用的公權力。是以本研究對地方立法之「合理範圍」(reasonable domain)係以「均權原則」為立論基礎；憲法第一百十一條所揭櫫的「均權原則」，即係在不偏於中央集權，亦不偏於地方分權下，建構「均權原則」的適用理論。

　　就地方立法言之，如何應用均權原則的立法作為，就是建構一個「合理範圍」的立法空間；此即是地方制度法第二十八條對於「自治條例保留」的規制。不論該條例所規制的議會保留、干涉保留、組織保留或重要保留事項，皆須嚴守該項「合理範圍」之分際。基本上，此稱合理範圍應包括：

(1) 地方立法規制的事項，不僅是自治事項，而且限於各該地方轄區可能發生的事項。

(2) 地方立法規制的事項，係法律尚未規制的事項；如係法律已規制的事項，應係該法律所未禁制地方立法的事項，並且允宜斟酌法律之低度立法所為必要高度立法的事項。

(3) 地方立法規制的事項，係各該地方自治條例所宜規制，且有助於公共利益之達成，並不妨害基本人權的事項。

(4) 地方立法規制的事項，係指在時間、經費、技術上皆適宜因地制宜規制時，所為之地方規制事項。

5. 權限劃分原則之地方最適立法

　　由於單一國多以法律方式劃分中央與地方之權限；反之，聯邦國則於憲法中明確劃分中央與地方之權限，以致單一國不如聯邦國在權限劃分上的穩定性。中華民國根據孫中山先生遺教制定憲法[45]，即著眼於孫中山對於「權能區分」的理論，以及權限劃分的論述，建構中華民國憲法框架。所稱「權限劃分原則」，依孫中山親筆所寫「國民政府建國大綱」(2014 年 4 月 12 日)第十七條規定：

---

[45] 紀俊臣，〈孫中山民權學說與臺灣政治文化之形成〉，《第三屆兩岸中山論壇論文集》廣州：中山大學，2016。

　　在此時期中央與省之權限采均權制度，凡事務有全國一致之性質者，劃歸中央；有因地制宜之性質者，劃歸地方，不偏於中央集權或地方分權。[46]

此與憲法第一百十一條規定比較，該法規定：

　　除第一百零七條，第一百零八條，第一百零九條及第一百十條列舉事項外，如有未列舉事項發生時，其事務有全國一致之性質者屬於中央，有全省一致之性質者屬於省，有一縣之性質者屬於縣。遇有爭議時，由立法院解決之。

　　可說憲法係孫中山遺教之實踐者。此係孫中山政治思想與中華民國政治制度的緊密度，殆無二致。既然均權原則係以「事務性質」為劃分基準，允宜就事務性質核心意含加以再分類。就建國大綱或憲法所明定之劃分，僅係「區位」(location)的劃分，尚無法含蓋事務性質為上位概念之意旨。因之，事務性質宜由「列舉」的法認知，改為「例示」的法認知；即將事務性質，除區位已明示的規定外，尚可分為時間、經費、技術、對象，甚至政策等，絕不是僅指因地制宜之狹隘區位概念而已。說明如下：
(1) 區位：適宜全國性者，劃歸中央；適宜地方性者，劃歸地方。
(2) 時間：需時較長者，劃歸中央；需時較短者，劃歸地方
(3) 經費：所費較多者，劃歸中央；所費較少者，劃歸地方。
(4) 技術：應用技術新穎的高科技者，劃歸中央；應用技術已趨普遍化者，劃歸地方。
(5) 對象：規制對象屬全民性者，劃歸中央；規制對象僅屬特殊族群者，劃歸地方。

---

[46] 國父全集第一冊　國父圖像墨跡集珍，1989，頁 35。

(6) 政策：政策上宜全民一體適用者，劃歸中央；政策上較傾向局部推動者，劃歸地方。

足見，權限劃分有其複雜性；尤其公共事務日有增加，實不宜亦不易劃分窮盡；尤其政府在推動「緊急狀態作為」(behavior in emergency state)，就政策需要既可能採取全國一致；當然亦可能採取局部推動。地方立法即宜由上揭分類性質，採取適當的立法機制。在此值得補述者，即在公共政策制定時，往往有採取漸進政策(incremental policy)的情況，此時雖然非全國施行，卻可能由中央主導部分地區實施，基本上仍是屬於中央職權。以往臺北市即常推動若干中央不推動或不易推動的公共事務，如：都市更新、空氣汙染控制、大眾捷運興築等，臺北市都率先以「地方法規」實施，直至中央法律制定後，再改由中央或地方依法辦理。因之，在中央與地方權限劃分原則下立法時，即是本諸公共事務有全國一致者，劃歸中央，由中央立法；有因地制宜者，劃歸地方，由地方立法；唯屬地方基於特殊重要公共利益而先行辦理者，亦非不可立法為之，似為地方立法之例外。

四、臺灣地方立法權的發展與中央行政監督權的運作

(一)地方行使立法權的制約與成長

中華民國身為強化地方自治的法治國，中央政府面對地方立法的新發展趨勢，就其行政監督職能而言，究應如何積極作為；反之，地方機關又當如何成就地方立法之積極使命，似可由下列途徑中釐清出可行的作為模式，包括，

1. 正確解讀司法院釋字第 738 號解釋

司法院發布釋字第 738 號司法解釋，行將屆滿四週年之際，殊少見到有深入研究該號司法解釋的專門著作，似說明國內法學界對該號解釋尚不夠重視或是根本不曾解讀該號解釋之旨趣所在。事實上，司法院該號解釋所以不夠受到

重視，應係該號解釋的主文和理由書，似嫌太過於具體化，而致不易了解各該解釋之核心意涵。嗣後司法院受理聲請釋憲並進行專案審查時，宜與該號解釋相關機關協調，並在發布後辦理公共事務宣導，促使各級公務人員澈底了解地方立法的定位，並且尊重地方立法在自治法制化時代的積極定位所為設計與運用。

2. 堅持地方立法優先原則

司法院釋字第 738 號解釋，對於地方立法的發展趨勢具有劃時代的法制意義；質言之，地方立法祇要符合中央與地方權限劃分原則，尚且堅持法律保留原則，以及不牴觸法律上之比例原則，即係立法上之積極作為。嗣後如能再經由該號解釋的政策宣導，並且堅持依法行政原則，民眾將對形式意義的法治國原則有較深入之了解；從而可強化自治權至上法治國思考；法治國關係，亦須納入起草法治的政治宣導機制，促使民眾了解法治國觀念和重視法學研究的具體化，終致了解積極作為。就地方自治團體言之，既然司法院釋字第 738 號解釋意旨，其正面解讀係司法解釋已賦予「**地方自治條例保留原則**」的地方立法空間；亦即對於地方立法的設定，已有劃時代的新立法邏輯。換言之，各該地方立法已確立「優先適用」的原則，或該地方立法先占原則，已在法律先占原則下行之有年後正式成立；並且有逐漸成為實踐憲法對「**地方自治制度性保障**」的政策工具(policy instrument)。此項政策工具，正是推動國家與地方自治團體走向「理性政策」(rational policy)或「漸進政策」的發展模式之最具作用力和執行力的思維邏輯機具。

3. 應用日本上乘與橫出條例理論

日本在法律先占理論的發展過程中，曾提出「上乘條例」和「橫出條例」。國內學者蔡茂寅即曾多所闡述，陳朝建更在「地方制度法教室」，提出上乘條例與橫出條例的基本理解。指出：

整體而言，日本法律先占理論所強調的「上乘條例」與「橫出條例」，如以「國家最低基準」(national minimum)理論予以解讀(即「依國家法律所

設置的規制，不能對地方自治條例之規制造成抑制，以全國、全民的觀點所作成的規制，應解讀為規制的最低基準」），地方自治團體除可制定「橫出條例」外，亦得為環境保護、公害防治等維護地方住民健康之設定，容許地方自治團體亦得制定較國家法律、法規命令為嚴格之「上乘條例」。[47]

所稱「上乘條例」，係就日本地方立法得在與國家法律目的相同下，就國家法律已規定之事項、對象，訂定遠比國家法律、法規命令更為嚴格之管制措施。「橫出條例」就日本地方立法，係針對與國家法律所規範相同目的下，在國家授權後就國家法律、法規命令尚未規範的事項，予以特別之規制。前者就如同司法院釋字第 738 號解釋案例之地方立法；後者，則如臺北市針對道路使用收費雖有規費法規定，但未及道路旁地上建築改良物之收費前，臺北市即以地方立法方式收取費用，達致「使用者付費」(user's pay)規費法所確立的使用規費目的。此二項理論發展，如在臺灣亦成為法治原則，則「地方立法優先原則」，將邁入更積極的「地方立法(或逕稱自治條例)先占原則」(occupation principle of local legislation / autonomous law)時代。

(二)中央行政監督權的行使與制約

雖說憲法對地方自治依司法院釋字第 498 號解釋，具有「制度性保障」。該解釋謂：

> 地方自治為憲法所保障之制度。基於住民自治之理念與垂直分權之功能，地方自治團體設有地方行政機關及立法機關，其首長與民意代表均由自治區域內之人民依法選舉產生，分別綜理地方自治團體之地方事務，或行使地方立法機關之職權，地方行政機關與地方立法機關間依法並有權責制衡之關係。中央政府或其他上級政府對地方自治團體辦理自治事項、委辦事項，依法僅得按事項之性質，為適法或適當與否之監督。地方自治團

---

[47] 陳朝建(2004)，《地方制度法教室：上乘條例與橫出條例的基本理解》，網路(2016/10/31)下載。

體在憲法及法律保障之範圍內，享有自主與獨立之地位，國家機關自應予
以尊重。

　　但中央行政監督之權並未完全排除。所謂「中央行政監督」(central administrative control)，係指行政院或中央部會就主管業務，對下級政府在行政作為或立法作為的合法性和適當性所為事後的審查和核奪而言。依司法院釋字第 498 號解釋，行政院對直轄市或縣(市)政府；中央部會就其主管業務對縣(市)政府，針對各該地方自治團體之自治事項，僅有「適法監督」(legitimated control)而無「適當監督」(properable control)。至委辦事項，則行政院對直轄市或縣(市)政府；中央部會就其主管業務對縣(市)政府，不僅有適法監督權，就是「適當監督權」亦不可排除。上開司法解釋所稱「適法監督」，係指上級政府對各該地方自治團體的作為，就其法律適用作為之審核，並查究其有無逾越或濫用法授權之情況；如有逾越法授權即認定或視為不合法作為。至濫用法授權須視其濫用情況，依比例原則悖離法授權程度為判準，認定或視為不合法作為。質言之，行政院或中央部會就地方自治團體之各該自治事項，對直轄市、縣(市)的作為(包含行政、立法作為)所為有無牴觸法授權之審查與核奪處分。

　　就中央行政監督地方立法而言，司法院釋字第 738 號解釋，所設定之審查原則如圖 1-2，係行政院就自治事項所為自治立法，對各該直轄市，或中央部會就主管業務所涉及自治事項所為自治立法，對各該縣(市)等所為之立法作為之監督。就時間言之，係自治立法已完成立法程序後所為之事後監督。應依下列步驟進行審查而達致監督作用：

(1) 該地方立法是否屬於中央與地方權限劃分範圍內之立法事項。
(2) 如為權限劃分範圍之自治立法事項，其是否已有法律保留原則情形；亦即是否已有法律先占之立法情形。
(3) 如有法律先占情形，再審查其中央立法有無禁制直轄市、縣(市)立法情形。

(4) 如無禁制地方立法情形，則審查該中央立法是否屬於最低標準，就細節性、技術性次要事項之地方立法必要性如何。

(5) 針對地方立法確屬自治立法事項，復依公共利益重要程度(包括：一般公共利益，重要公共利益或特別重要公共利益)之類別，以高低度立法為審查適法之基準；再審核各該自治立法是否符合比例原則。

上揭審查程序，係中央監督地方立法適法性之正當程序。

茲就中央監督地方立法之時機和類型，分別說明，包括：

1. 監督時機

行政院或中央部會究竟何時監督地方立法？基本上，地方立法依地方制度法第二十六條第四項規定：

> 自治條例經各該地方立法機關議決後，如規定有罰則時，應分別報經行政院、中央各該主管機關核定後發布；其餘除法律或縣規章另有規定外，直轄市法規發布後，應報中央各該主管機關轉行政院備查；縣 (市) 規章發布後，應報中央各該主管機關備查；鄉 (鎮、市) 規約發布後，應報縣政府備查。

第三十條第四項復規定：

> 自治法規與憲法、法律、基於法律授權之法規、上級自治團體自治條例或該自治團體自治條例有無牴觸發生疑義時，得聲請司法院解釋之。

因之，行政院監督直轄市自治條例或中央部會主管機關監督縣(市)自治條例之時機，可分為：

(1) 自治條例函請中央核定時

由於直轄市自治條例或縣(市)自治條例完成立法後，如定有罰則，姑不論是處罰新臺幣十萬元以下罰鍰，或其他有期限之不利益處分，皆須函請行政院

或中央部會主管機關核定，始生效力。因之，行政院或中央主管部會，即可於直轄市向行政院，或縣(市)向中央主管部會，函請核定時進行審查；如有違法事實即可逕不予核定。至於地方立法於函請上級政府備查時，行政院或中央主管部會有無即進行是否合法之審查，就以往案例分析，應係肯定的；亦即即使直轄市或縣(市)政府，就各該地方議會所通過之地方立法函請備查時，亦可能就其立法之是否合法進行審查，而為「予以備查」或附帶條件之「備查」[48]。

(2) 自治條例適用疑義函請中央釋示時

對於直轄市或縣(市)就各該地方立法機關所通過之自治條例適用發生疑義，並不可逕行聲請司法解釋，而須依「行政院暨所屬機關法制作業應注意事項」相關規定，函請行政院或事涉自治條例規制事務性質之中央主管部會，就各該直轄市或縣(市)之自治條例進行審查，並就其適用疑義進行「解釋性審查」；如行政院或中央主管部會所為「解釋」；即一般行政法學者所認定效力如同「行政規則」(administrative regulations)的「行政解釋」(administrative interpretation)[49]。直轄市或縣(市)如對行政院或中央主管部會上開事涉自治條例適用發生疑義行政解釋不服時，即可聲請司法院解釋；亦即直轄市或縣(市)可就不服上級政府之行政解釋，依司法院大法官案件審理法相關規定，檢具書面文件聲請司法院大法官就上級政府與各該地方機關間見解分歧之自治條例進行「統一解釋」。此種統一法令之「司法解釋」，具有絕對的效力；亦即經司法院大法官受理聲請並予以解釋案件，在解釋作成並發布後，即發生絕對的效力，任何機關皆無不服再請求解釋之權，足見司法監督與行政監督或立法監督，就「自治條例」效力認定而言是有所不同。

以上所分析監督時機，可簡要認定為地方機關就新制定或修正之自治條例，函請上級政府核定或備查時，或是聲請司法院大法官統一解釋時等二種情

---

[48] 依地方制度法第二十六條規定，地方立法完成立法後，如有罰則須經上級政府核定後，始可公布施行。如屬非罰則立法，則在公布施行後，函請上級政府備查。此時上級政府可能審查有無合法，如屬合法即「予以備查」之通知；如有不合法情形，可能通知修改再函請備查或逕予以備查。但註明下次修改時，須就不合法之處修改之附帶通知，此謂「資訊監督權」之行使。

[49] 吳庚，盛子龍，《行政法之理論與應用》，臺北：三民書局，2019，42-43 頁。

形；唯前者謂之「行政監督」，後者謂之「司法監督」。

2. 監督類型

行政院或中央主管部會對於地方立法之監督，係就地方立法是否屬於自治事項所為立法之監督。此與中央對地方行政(local administration)的監督不同，前者係就未來不特定對象的規則內容適法與否之監督；後者係就地方行政機關依法所為行政行為(administrative action)適法或適當與否之監督，著重於具體事件和特定對象，且就其依法所為事件之行政作用，究有無越權或濫權所為之行政處分。因之，如該項立法性監督類型，應衹可概分為核定與否之處分。此外，尚有因衍生疑義，而移請司法院解釋之第三種選擇，是即司法解釋。至於一般行政監督，則因適用對象、處罰輕重、處罰種類，而有適用不同法律效力之行政處分情形。分別說明如下：

(1) 地方立法中央不予核定

依地制法第二十六條規定，涉有罰則之地方自治條例，在生效前須依法向上級政府請求核定，中央就該地方立法是否屬於各該地方自治團體自治權行使之範圍，並可以司法院釋字第 738 號解釋所為「審查方法」，就是否屬於中央與地方權限劃分原則之地方自治權限；復以是否牴觸法律保留原則，再就是否符合比例原則，以決定是否屬於合法立法之範圍，而為核定與否之行政處分。此種核定與否之行政處分，可否予以「有條件之處分」或稱「負擔之處分」，原則上應無此種過渡性之行政處分(transitional action)。唯在情形特殊或處於緊急狀態(emergency state)下，則不無可能有此「便宜處分」。

(2) 中央宣告地方立法無效

依地方制度法第三十條第一至第四項規定：

> 自治條例與憲法、法律或基於法律授權之法規或上級自治團體自治條例牴觸者，無效。
>
> 自治規則與憲法、法律、基於法律授權之法規、上級自治團體自治條例或該自治團體自治條例牴觸者，無效。

委辦規則與憲法、法律、中央法令牴觸者，無效。

第一項及第二項發生牴觸無效者，分別由行政院、中央各該主管機關、縣政府予以函告。第三項發生牴觸無效者，由委辦機關予以函告無效。

中央對於地方立法的核定過程中，如發現地方立法有明顯牴觸憲法、法律或法律授權之法規時，直轄市之地方立法，由行政院函告直轄市政府示之「無效」之行政處分。如直轄市或縣(市)對於行政院或中央主管部會針對各該地方立法之行政處分不服時，可依行政訴訟法第二條「公法上爭議」，訴請所轄高等行政法院判決，以杜爭議。中央此種「無效」之函告，係「自始無效」而非「得撤銷之處分」；即不屬在撤銷後始溯及既往不生效力。中央「函告」的處分效力，係行政裁量，自亦須依法裁量，實不宜有政治立場之考量。就以往案例分析，中央函告後，地方如有不服時，固可聲請高等行政法院判決，以杜爭議，但尚無因地方立法而提起訴訟之類此情形。

(3) 中央將地方立法移請司法院解釋

依地方制度法第三十條第五項，如前述「**自治法規與憲法、法律、基於法律授權之法規、上級自治團體自治條例或該自治團體自治條例有無牴觸發生疑義時，得聲請司法院解釋之。**」因之，直轄市自治條例或縣(市)自治條例得聲請司法院解釋，有無牴觸憲法、法律、中央法規，乃至各該自治條例有無相互牴觸情事，即是司法解釋，具有「司法監督」之效力作用。是以嗣後之司法院大法官所為之「司法解釋」，係「被動的」或是「曾聲請解釋」的先決條件，始有作成核定與否的「司法監督」作用。

就由於中央行政機關得對地方立法有無牴觸各該地方自治團體所適用之憲法、法律或法律授權之法規，或所適用之自治條例間的相互發生爭議事項，致使聲請司法解釋之情事。可概分為：

① 自治條例牴觸憲法

② 自治條例牴觸法律

③ 自治條例牴觸其他法律授權之法規

④ 自治條例牴觸其他自治條例

等四種情況時，皆可聲請上開司法解釋。其聲請司法院解釋之程序，依司法院大法官審理案件法相關規定，諸如：

① 聲請解釋憲法者，須依該法第八條第一項規定，應以聲請書敘明包括：聲請目的、疑義或爭議之性質與經過及涉及之憲法條文，理由及所持立場與見解，關係條文之名稱及件數。(§8)

② 聲請統一法令解釋部分，如同聲請上揭司法院解釋憲法情形，由聲請之直轄市或縣(市)依第八條第二項其所定程序，聲請司法解釋。

③ 聲請解釋機關有上級機關者，其聲請應經由上級機關層轉。由於行政院或內政部皆非直轄市政府或縣(市)政府之「上級機關」，而係「上級政府」，自不適用第九條之規定。質言之，直轄市或縣(市)聲請司法解釋，係以「下級政府」(或稱第一級地方自治團體)身分請求解釋，應不適用行政院或中央主管部會層轉方式辦理聲請解釋地方立法之相關程序。

④ 司法院大法官如受理各該地方自治團體聲請解釋案件後，應先推定大法官三人審查，除不合規定將不予解釋外，其應予解釋之案件，應提請大法官會議討論。

五、結語：地方宜善加應用地方立法權，以發展在地化施政作為

經由上揭臺法地方立法權的法制面分析，就總體觀察而言，可有下列重要的法制上發現：

(一) 臺灣雖源自歐陸法系以建構立法基礎，但就地方立法權而言，即與法國相較，顯然臺灣已超脫法國的地方立法權。法國的各級地方自治團體經過多

次的政治改革；即以 2016 年的改革，亦尚停留在中央立法優於地方立法，尚無司法院大法官釋字第 738 號解釋所賦予地方立法祇需要不逾越中央法律保留範圍，且有不得地方立法的限制，即可以公益為前提，在符合比例原則的法制下，制定「強制力優於中央立法的地方自治條例」。易言之，臺灣的地方立法權在上開司法解釋後，即可出現地方立法優先使用中央立法的現象，從而促使臺灣成為當今民主國家地方立法權優越的典範。

(二) 法國的地方立法權在多次政治改革中，雖尚無臺灣地方立法權高漲的法治發展，但其經由法制的途徑，不論是憲法的規定，或是法律的規定，所逐漸強化的地方立法權，就臺灣而言，顯然有其值得學習之處。蓋經由司法院大法官之司法解釋，固然可以賦予較既有法律更為明確的合憲性制度保障，但司法解釋畢竟是「不告不理」，取得權力的途徑看似積極，其實是相當消極的法制模式。中華民國行憲屆滿 72 週年，以 72 年前的憲政主義，需要行走 68 年後始確認地方立法權的原始面貌，誠然是相當不符法律經濟(legal economy)。臺灣基於此次司法解釋經驗，即宜責成各級地方自治團體；尤其法治較為健全的六直轄市，在其市政府的法制單位，不論是法規委員會、法制局或法務局，皆當組成專案小組，全面檢討各項自治條例，並將司法解釋第 738 號解釋旨趣納入相關條文中，以健全地方法制，強化地方立法權的積極作用。是以法國的地方立法權的形成，基本上不是經由司法解釋，而是依循權限分立原理，責由法制途徑加以設計所形成，此項經驗應係健全地方立法的正常途徑。

(三) 法國的地方自治團體複雜性，遠高於臺灣的地方自治團體。就以大區而言，在臺灣不可能形成；因大區的規模旨在體現單一國的地方派駐性質。其所能行使的權力自然受到很大制約；反之，臺灣的一級地方自治團體，不論直轄市或縣(市)，乃至精省前的省。彼等身為地方自治團體固有「行政體」(administrative body)與自治體(autonomous body)雙重主體性，但在行使法定職權時，仍以針對自治事項所為自治體為其主要考量，行政體僅在行使「委辦事項」時，始有此體質考量。至該聯合辦理或稱共同辦理事項，更

是以自治體的法律定位行使公權力。此種身分的穩定性，或許在法國的地方自治團體，甚難體會。就因為有此體質上的差異，移植外國制度是有其限制。質言之，形式上法國的憲政體系健全，但臺灣的地方自治團體卻有其不易接納移植制度的限制，此乃政治改革不易的所在。以往法國地方自治團體的議會議員，可由 1/3 保有上下層級議員的身分，藉以充分反映地方民意，但在臺灣基於權力分配及權限劃分，絕不允許議員身分的重疊性。是以移植的工程浩大，卻常被操弄而不自知。嗣後議會制度上的變革，皆宜深入了解各該國制度運作情形，始援引變革，應是必要的法制知能。

臺灣的地方立法權正如同法國立法例係「憲法解釋」或稱「司法解釋」所獲致的「立法成長」(legislative growth)，而二國地方立法權成長時程，亦多屬近二十年來的發展，臺灣雖然晚約十年以上，卻有後來居上的趨勢。質言之，即使是同為大陸法系的單一體制國家，臺灣在地方立法權的成長似已超越法國法制之發展。

就因臺灣在司法院釋字第 738 號解釋後，其地方立法權已顯著強化能量，各該地方自治團體實該善加應用此種強化自治體自主性的立法能力，以因應「全球在地化」的主流傾向。就其形塑地方特色或是區域特色言之，以地方治理(local governance)的法制架構思維，此時此刻宜通盤檢討地方法制，企圖在中央立法的法律保留原則下，就其未設置限制行政法制部分，能以「**自治條例保留原則**」推動地方立法，促使地方法制多能因應地方治理的需要，且可加速地方競爭力的提升，以為地方立法的策進標竿。

參考書目

(一)中文參考書目

國父全集編輯委員會，《國父圖像墨跡集珍 國父全集第一冊》，1989。
吳庚，盛子龍，《行政法之理論與應用》，臺北：三民書局，2019。

紀俊臣，〈孫中山民權學說與臺灣政治文化之形成〉，《第三屆兩岸中山論壇論
　　文集》廣州：中山大學，2016。
紀俊臣，〈地方立法的效力與行政權的行使〉，《文官制度季刊》9(2)：23-44，
　　2017。

(二)法文參考書目

Barilari, A., et M.BOUVIER, *La LOLF et la nouvelle gouvernance financière de l'État*, 3e édition, L.G.D.J, Paris :2010.

Conseil d'État, *Rapport public 2002*, EDCE 2003, n°54.

Chevallier, J., *L'État*, édition Dalloz, Dalloz, Paris :1999.

Desgrées D.M. du LOÛ, *Institutions administratives*,1er éditon, PUF, Paris :2011.

Favoreu L., P.GAÏA, R.GHEVONTIAN,et al., *Droit des libertés fondamentales*, 6e édition, Dalloz, Paris :2012.

Frier, P.L., et J.PETIT, *Droit administratif*, 10e édition, L.G.D.J., Paris:2015-2016.

Décisions n°82-138 DC du 25 février 1982.

Gaudemet, Y., *Droit administratif*, 21e édition, L.G.D.J., Paris :2015.

Gohin, O., *Institution administrative*, L.G.D.J., Paris :2005.

Marcou, G., « La loi sur le Grand Paris :le retour de l'État aménageur ? », AJDA, 2010.

MARCOU, G., «Le principe d'indivisiblité de la République », Pouvoir n°100, 2011.

Verpeaux, M., *Droit des colléctivités territoriales*, 1er édition, PUF, Paris :2005.

貳、地方自治為核心的地方治理

紀俊臣

銘傳大學公共事務學系客座教授

一、前言：臺灣的地方治理是以實施地方自治為其核心價值

　　臺灣自 1950 年 4 月 22 日，由臺灣省政府公布施行「**臺灣省各縣市實施地方自治綱要**」以來，至今業已屆滿實施地方自治的第 70 週年。易言之，臺灣實施地方自治業已屆滿一甲子又 10 年有餘。此項長達一甲子有餘的實施地方民主政治經驗，對於臺灣自 2000 年開放總統直選(direct suffrage)的政權和平轉移 (peaceful alternation with regime)，應有其直接功效。蓋長久的民主化生活 (democratic life)，可形塑和內化的理性政治社會化(political socialization)效應，應是當年規劃加速民主化進程的先行者始料所未及的成就和貢獻。

　　在歐美已有 60 年歷史的治理服務模式，臺灣則在 70 年代後期，甚至 80 年代初期始，由學者引進至國內學術界。至說地方治理(local governance)的概念，國內更至二十世紀 90 年代，始為地方自治學者在研究論述中所引用；直至二十一世紀初期，地方治理始成為臺灣此一領域的顯學。國內學者在探討地方治理時，甚至兩岸四地探討公共治理(public governance)時，皆特別強調臺灣以地方自治為核心價值的地方治理成就，足供全球華人社會(global Chinese society)的典範；就以歐美國家地方治理研究言之，中華民國的治理經驗，占有一席之地。

二、地方自治在臺灣實施的成果分析

中華民國政府於動員戡亂的非常狀況下，在 1949 年 12 月 7 日播遷臺北。開始政府長達 43 年之久的戒嚴時期或稱威權統治時期(authoritative rule era)。該非常時期政府本將集中權力(concentrative powers)，卻基於政策上的特殊考量，而在未依憲法規制程序下，辦理「還政於民」(popular sovereignty)的地方自治。該項地方政治工程影響深遠，但毀譽參半。說明如下：

(一)地方自治法制化在威權時代完成

依中華民國憲法第 108 條第 1 項第 1 款規定，實施「省縣自治」(province/country autonomy)，首須制定「省縣自治通則」(Province-Country Autonomy Act)。此項立法工程，政府雖自 1948 年第一屆立法院開議，即由行政院向立法院提案，並即由立法院編列議程進行立法。直至 1950 年 12 月，省縣自治通則草案大體完成，祇賸 2 條即可完成二讀，卻接獲行政院函請暫停立法公文。理由是當年 4 月，始經公布施行「臺灣省各縣市實施地方自治綱要」，規制縣(市)、鄉(鎮、市)之實施地方自治。因係試辦性質，建請在施行有年後，始正式依憲法規定施行地方自治[1]。因之，政府在命令式地方自治的法依據下，1950 年 10 月第一屆第一梯次花蓮、臺東二縣之縣長，採取二輪投票方式產生。此係臺灣第一屆由民選產生縣(市)地方行政首長之選舉。隨之，陸續辦理其他三梯次之縣(市)長選舉。至鄉(鎮、市)長、鄉(鎮、市)民代表、乃至村(里)長，亦依命令式規制，以投票直接選出之。

雖說依憲法規定臺灣所推行的地方自治，僅限於省、縣二級，但省政府部分則考量臺灣省與中華民國政府有效統治地區重疊性太高，為不影響總統間接選舉所勝出的國家領導人之民主正當性(democratic legitimacy)，而擱置省長民

---

[1]　立法院接獲該項行政院來文後，形式上未稍延後立法，亦未函復行政院；實際上卻祇審議而不決議，以致該 2 條未完成二讀的條文，仍然未完成二讀。此項立法延至 1954 年仍未停止，加以此時立法院採取「屆期連續原則」，該草案直至 1993 年始由行政院撤回。

選的提議。至省議員部分，則自 1958 年後即實施具任期制之民主選舉。至於 1957 年以前，則自 1945 年臺灣光復後，即於 1946 年 4 月辦理第一屆參議會參議員間接選舉，1951 年改為臨時臺灣省議會議員選舉，並辦理三屆，1957 年 4 月第三屆任期內改設置臺灣省議會，就臨時省議會成立第一屆省議會，開啟任期四年的 10 屆省議會地方政治發展史頁。當時的省議員係臺灣最具政治權威性的民主政治菁英(democratic elite)，對於嗣後的臺灣現代化具有劃時代的政經發展貢獻。

1. 命令式地方自治法制

　　茲就前揭「臺灣省各縣市實施地方自治綱要」及 1957 年及 1968 年先後因臺北、高雄改制直轄市，所發布「直轄市各級組織及實施地方自治綱要」等規定，發現命令式地方自治法治有以下特質：

　　(1) 由縣(市)、鄉(鎮、市)至省(市)、縣(市)、鄉(鎮、市)

　　1950 年 4 月所公布的命令式自治，係以縣(市)以下自治，並延伸至鄉(鎮、市)[2]；亦即光復後在臺灣實施的地方自治，僅就縣(市)以及鄉(鎮、市)[3]實施直接選舉，以產生各級地方首長及民意代表。任期由 2 年開始，後改為 4 年。至於 1957 年成立之臺灣省議會，係另公布「臺灣省議會組織規程」行政命令，並非依前揭自治綱要。

　　(2) 由半自治至自治

　　命令式的自治賦予地方首長的自治權(autonomous powers)，係採半自治(semi-autonomy)機制。蓋儘管地方首長具自治權限，但權力行使很受制約；即縣(市)長僅具部分人事權，薦任以上人員任免均須報省政府民政廳辦理任免；部分廳(處)長掌握縣(市)政府局(處)長甄補，各縣(市)政府組織規程增修即由省民政廳主政。唯自 1989 年尤清當選臺北縣長後，極力爭取將縣(市)長人事權下放，縣(市)長隨後始具有八職等以下人事任免之權。

....

[2] 依憲法本文所委託制定省縣自治通則言之，即以省縣自治為實施地方自治的主體，並不涉鄉(鎮、市)之自治。

[3] 縣以下有鄉(鎮、市)；市以下有區，在 1958 年前的區係自治體，區長由區民代表間接選舉產生；至區民代表則由區民選舉產生。

　　就省自治言之，在命令式時期，祇依臺灣省議會組織規程規定，辦理 10 屆省議會議員選舉，於 1998 年 12 月 10 屆任期屆滿時，即依憲法增修條文規定終止省議員選舉。至省政府主席，自 1949 年以來，即由官派出任人員為省主席；唯自行政院提名連戰以降，省主席雖仍由行政院長提請總統任命，但在任命之前，須經省議會行使同意權。此種機制在改制為直轄市的臺北市、高雄市，亦於同時期有此類似規定，各該市長在任命前，亦須經各該市議會行使同意權。

2. 自治二法時期

　　省縣自治通則草案之立法，立法院無限期擱置，行政院乃改函請立法院審議「動員戡亂時期臺灣省政府組織條例草案」及「動員戡亂時期臺灣省省議會組織條例草案」乙事，經司法院於 1990 年 4 月 19 日釋字第二六０號解釋：「中央尚無得逕就特定之省議會及省政府之組織單獨制定法律之依據，現時設置之省級民意機關亦無逕行立法之權限。」行政院爰於 1990 年 6 月 29 日，分別以臺 79 字內字第 16915、16911 號函，請立法院將上開三法案准予撤回(含省縣自治通則草案)，立法院因議事效率不彰，直至 1993 年 5 月 22 日、6 月 19 日，始分別以(82)臺院字 1725 號、2096 號二函准予撤回在案。

　　1990 年 6 月，「總統府國是會議」對地方自治法制化獲致共識。該共識乃主張省(市)自治，及省(市)長及省(市)議員皆由民選產生，而通過中華民國憲法增修條文第十七條(1994 年 7 月 28 日，第 2 屆國民大會第 4 次臨時會修訂為第八條)；次日，總統公布施行。依該條規定，所為省縣實施地方自治之法制化，係化繁為簡，祇由立法院制定「省縣自治法」，以為施行地方自治之基本法，即完成地方自治法制化。該法案於 1994 年 7 月 7 日、8 日，與直轄市自治法草案，先後由第 2 屆立法院三讀通過，同月 29 日，總統公布施行。

　　1992 年，國民大會修改憲法增修條文，於第十七規定：

　　　　省、縣地方制度，應包含左列各款，以法律定之，不受憲法第一百零八條第一項第一款、第一百十二條至第一百十五條及第一百二十二條之限制：

(一)省設省議會，縣設縣議會，省議會議員、縣議會議員分別由省民、縣
　　民選舉之。
(二)屬於省、縣之立法權，由省議會、縣議會分別行之。
(三)省設省政府，置省長一人，縣設縣政府，置縣長一人，省長、縣長分
　　別由省民、縣民選舉之。
(四)省與縣之關係。
(五)省自治之監督機關為行政院，縣自治之監督機關為省政府。

由上揭憲法增修條文之規定意旨，至少確立地方自治法制化的取向為：
(1) 臺灣實施地方自治，將以「法律」為制度準據，不再俟憲法本文之冗
　　長繁瑣程序完成法制後，再施行地方自治。
(2) 該地方自治法制係指省、縣適用之法制；至直轄市可另定法律，亦可
　　與省、縣自治法制，合而為一。
(3) 嗣後地方自治須定期辦理選舉，且採議會行使立法權與政府行使行政
　　權分立的機制(separation of powers)，形成地方立法機關與行政機關係
　　平行而對等的法政關係。
(4) 行政院、省政府係省、縣之自治監督機關。
自此，臺灣的地方自治邁入法制化的時期，而且持續的動態發展。
　　由 1992 年憲法增修條文的新地方自治模式修憲，至 1999 年 7 月 1 日正式
啟動(精省)工程，總統並明令公布修正憲法增修條文所建置的現行地方制度為
止，時間雖無命令式地方自治長達 44 年之久，但在 5 年期間卻有相當大的制度
變遷(institutional change)。對於此一期間的地方自治之制度變革，就其自治模
式的建構，係一脈相承，而且有更趨於落實地方自治原理的制度成長
(institutional growth)。蓋修憲賦予地方自治法制化的捷徑：祇要立法院完成「省
縣自治法」及「直轄市自治法」二草案之立法，地方自治法制化即可完成。
　　省縣自治法與直轄市自治法之法制架構，主要規定，包括：
(1) 中央權限下授，地方權限擴張。

(2) 立法權完整，行政權歸位。

(3) 行政首長民選，民意代表制約。

(4) 地方租稅因地制宜，公職待遇支給法制。

(5) 正副首長相輔相成，地方政務職位增加。

(6) 預算編制行政化，立法審議責任化。(紀俊臣 1996：159-162)

　　自治二法公布施行後，其所賦予之地方自治權授受相較，已比過去擴大；唯其授權的對象，主要係省(市)行政首長，而非該省(市)之民意代表。就省(市)、縣(市)及鄉(鎮、市)自治權的行使言之，則有「**重省(市)、輕縣(市)、無視鄉(鎮、市)**」的法制架構圖譜。蓋省縣自治法與直轄市自治法對於權限授與，主要僅在省(市)一級而已，且省與直轄市完全一致，人事權與財政權皆屬於省(市)長可完全行使之自治行政權內涵；反之，縣(市)長、鄉(鎮、市)長之自治權力，卻是每下愈況，甚至可以說鄉(鎮、市)長之行政權所剩無幾。

　　省縣自治法與直轄市自治法固然賦予省(市)長有較往昔更完整的行政權，但就落實地方自治之法制旨趣言之，卻仍屬**中央集權，而地方卻有弱權化的印象**。蓋地方自治立法權尚未有訂定強制性法規之職權；意即尚未賦予地方自治法規有訂定**行政「罰則」**之權。由於地方法規不具強制力，其僅係任意規定或訓示規定。

　　依上開自治二法的制度設計，可看出其特質為：

(1) 呈現「**重省市，輕縣市，無視鄉鎮市**」的地方自治制度結構；亦即自治二法對於省與直轄市的制度設計，特別強化其行政領導權能，以利於對所隸屬行政區域自治體之行政管理，且係將半自治的省，改為全自治的省；與其說是強化省之權能，不如逕謂回復省自治之應有權能面貌。

(2) 省與直轄市係臺灣地方自治的一級，其因考量直轄市所轄行政區之未自治化，而將省與直轄市採行雙軌制；唯此雙軌制僅係形式上的制度設計，就其規制標的言之，實無制度上的較敏感性差異，以致嗣後之合而為一並無多大困難之處。

(3) 依憲法增修條文所設計的省，縣制度，係臺灣地方自治的制度架構 (institutional framework)。蓋直轄市本宜有都會發展考量的機制設計空間，但制度設計時殆多忽略此一彈性空間，而以如何建構省與直轄市之機制「合一性」為最高指導原則；相對者，縣與市更是幾無二致的制度重製。

(4) 儘管縣與市本身之合一性，但鄉(鎮、市)是自治體，而區衹係行政區劃；即區非自治體，各該區公所係市政府之派出機關。此係自治二法間較顯著的制度差異；但鄉(鎮、市)之自治權則顯較欠缺。

(5) 自治二法賦予地方公民之自治權限，固然遠較命令式自治法制豐富而完備，但由其機制設計的自治模式，殆可確定機制是連續體(continuum)；設若無命令式的自治法制施行經驗，可能即無自治二法的較完備自治法制。

基本上，省縣自治法和直轄市自治法之規制構造及內容，有很明顯的日本地方自治法之法制框架思維。此係因臺灣與日本皆為大陸法系國家，其自治法施行成功經驗，頗具組織法制學習的價值，乃審慎移植，以加速我國地方自治之法制化。

3. 地方制度法時期

1996 年 12 月 28 日，國家發展會議國、民二黨朝野的共識，即是推動精省政治改革工程。1997 年 7 月 18 日，第三屆國民大會第二次會議通過憲法增修條文修正案，經總統於同月 21 日公布施行。依憲法增修條文第 9 條規定：

　　省、縣地方制度，應包括左列各款，以法律定之，不受憲法第一百零八條第一項第一款、第一百零九條、第一百十二條至第一百十五條及第一百二十二條之限制：
(一)省設省政府，置委員九人，其中一人為主席，均由行政院院長提請總統任命之。

(二)省設省諮議會，置省諮議會議員若干人，由行政院院長提請總統任命之。

(三)縣設縣議會，縣議會議員由縣民選舉之。

(四)屬於縣之立法權，由縣議會行之。

(五)縣設縣政府，置縣長一人，由縣民選舉之。

(六)中央與省、縣之關係。

(七)省承行政院之命，監督縣自治事項。

第十屆臺灣省議會議員及第一屆臺灣省省長之任期至 1998 年 12 月 20 日止，臺灣省議會議員及臺灣省省長之選舉，自第十屆臺灣省議會議員及第一屆臺灣省省長任期屆滿日起停止辦理。

臺灣省議會議員及臺灣省省長之選舉停止辦理後，臺灣省政府之功能、業務與組織之調整，得以法律為特別之規定。

上開修正條文，第三屆國民大會第五次會議復因精省已完成，而將第 2 項刪除，第 3 項文字修正。依第 1 項條文，說明精省雖屬憲法規定，但第一款造成省無住民自治；第二款肇致省無團體自治，而第七款更使省有成為公法營造物之虞。經此三款之機制設計，省已無地方自治團體性質之公法人資格(司法院釋字第 467 號解釋)。

為因應憲法增修條文第 9 條第 2 項之時間壓力，內政部依第三項規定意旨，起草「臺灣省政府功能業務與組織調整暫行條例」草案，於 1998 年 10 月 9 日，立法院三讀通過，總統於 1998 年 10 月 28 日公布施行。依**臺灣省政府功能業務與組織調整暫行條例**(以下簡稱**精省條例**)第 2 條規定，臺灣省省政府為行政院派出機關，臺灣省為非地方自治團體。省政府受行政院指揮監督，辦理下列事項：

a.監督縣(市)自治事項。

b.執行省政府行政事務。

c.其他法令授權或行政院交辦事項。

依該精省條例第 20 條規定：

臺灣省議會自 1998 年 12 月 20 日裁撤，其組織規程由行政院廢止之；其所屬公務人員之權益保障，準用本條例之規定。

臺灣省諮議會，置諮議會議員 20 人至 29 人，由行政院院長提請總統任命之，並指定一人為諮議長，任期三年，為無給職，對省政府業務提供諮詢意見；其預算之編列及執行等，準用第十條之規定。

臺灣省政府與臺灣省諮議會雖係憲法增修條文明定之「憲法機關」，但在蔡英文政府於 2016 年 5 月成立後，即著手虛化甚至廢止工程，賴清德於 2017 年 9 月出掌行政院後，更澈底推動「廢省」工程，乃明定自 2018 年 7 月 1 日止，停止省政府和省諮議之功能運作。因之，所稱精省不僅是凍省，而且虛省，現在則為實質上廢省的狀態。

政府為配合精省條例之規定，以及憲法增修條文第 9 條第 1 項機制設計，於起草精省條例之同時，並研擬地方制度法草案，該草案於 1999 年 1 月 13 日凌晨完成立法，並於同月 25 日公布施行。該地制法對臺灣地方政治發展所展現的特質，包含：

(1) 自治法規效力法律化

政府自 1998 年 12 月 20 日起，啟動「精省工程」；隨之，公布施行「臺灣省政府功能業務與組織調整暫行條例」，並於 1999 年 1 月 25 日公布施行「地方制度法」(Local Government Act)。即將此一「地方法律」觀念化為法制架構思維，並積極策進，終致地方制度法第 26 條、第 28 條所稱之「**自治條例**」，已有形同「**地方法律**[4]」的法效力階。蓋依地方制度法第 26 條之規定，自治法規得制定「行政罰」。規定如下：

---

[4] 憲法既有「國家法律」(national law)似意指尚有「地方法律」(local law)。此項法制思維並非毫無根據，蓋憲法起草人張君勱既以聯邦制精神起草憲法，聯邦制特質之一，就是地方法律的制定。

① 自治條例應分別冠以各該地方自治團體之名稱，在直轄市稱直轄市法規，在縣（市）稱縣（市）規章，在鄉（鎮、市）稱鄉（鎮、市）規約。

② 直轄市法規、縣（市）規章，就違反地方自治事項之行政業務者，得規定處以罰鍰或其他種類之行政罰。但法律另有規定者，不在此限。其為罰鍰之處罰，逾期不繳納者，得依相關法律移送強制執行。

③ 前項罰鍰之處罰，最高以新臺幣十萬元為限；並得規定連續處罰之。其他行政罰之種類限於勒令停工、停止營業、吊扣執照或其他一定期限內限制或禁止為一定行為之不利處分。

④ 自治條例經各該地方立法機關議決後，如規定有罰則時，應分別報經行政院、中央各該主管機關核定後公布；其餘除法律或縣規章另有規定外，直轄市法規發布後，應報中央各該主管機關轉行政院備查；縣（市）規章發布後，應報中央各該主管機關備查；鄉（鎮、市）規約發布後，應報縣政府備查。

為使「地方自治條例」在機制施行伊始，即能獲致法學界之支持，在地方制度法架構上係採取「低度罰則」，但制定過程則採「高度立法」之嚴謹正當程序制定。基本上，該自治條例應係在下列因素下所為之法制設計：

　　　a. 在法律保留與行政保留之間，建構「**自治條例保留**」之法制發展空間，如圖 2-1 所示。其將最內圈設計為憲法保留空間，第二圈為法律保留空間，第三圈為自治條例保留空間，最外圈為行政保留空間。憲法保留內依司法院大法官釋字第 499 號解釋，尚有即使修憲亦不得為之「憲法中具有本質之重要性而為規範程序存立之基礎者」，如民主共和國原則、國民主權原則、保障人民權利原則，以及權利分立及制衡之原則，係憲章基礎，即使修憲亦不得觸及；否則即有破毀憲法整體規範程序之虞。司法院大法官歷次對干涉行政事項，皆堅持

法律保留；但在地方制度法公布施行，賦予自治條例有干涉保留之立法權後，尚未見有任何爭議；再就行政爭訟或司法院大法官解釋之案例，似說明在法律保留與行政保留間，另創自治條例保留空間，可為法學界或實務界所接受？

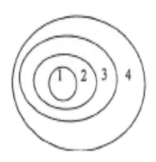

註：1 代表憲法保留
2 代表法律保留
3 代表自治條例保留
4 代表行政保留

圖 2-1 「自治條例保留」之法制發展空間

b. 「自治條例」雖係地方自治團體制定「自治法規」之定名，但有趨向地方性法律之定性，自治條例似已隱然有成為地方性法律之總稱或同位語之設計。

c. 自治條例係體現地方自治團體具有立法自主權之表徵。蓋各該地方自治團體行政和立法二機關之組織法制皆以自治條例定名，其旨在顯現自治條例之法律性，以符機關組織法律化之組織原則。

d. 自治條例係地方自治團體具有住民自治和團體自治二條件之表徵，按涉及住民自治和團體自治事項，其上位法皆以法律或自治條例規制，以符行政組織法制之原則。

e. 自治條例雖已定位為地方性法律，但其正當性和合法性仍待強化，遂規定須向上級政府報備，且須經同級立法機關通過，並由地方行政機關公布；此實質上係由地方自治團體之代表人簽署後公布施行。此外，如設有罰則，尚須上級政府核定，即在強化獲有上級政府認可後所形成之權威性及正當性。

關於自治條例之制定，其立法條件依地方制度法第 26 條及第 28 條之規定，可分為：

a. 議會保留事項：法律或自治條例規定，應經地方立法機關議決事項，應係事涉人民權益，致須授權由地方立法機關議決，其授權方式如：「…事項，由直轄市、縣(市)或鄉(鎮、市)定之」即是，初不問其授權有無應以「自治條例」用語定之。

b. 干涉保留事項：創設、剝奪或限制地方自治團體居民之權利義務事項，應係只增加地方住民之負擔，限制住民生活自由，乃至減少住民既有之權利。至於增加住民福利措施，並非皆須制定自治條例規範；唯為建立公平機制，以自治條例明定其享有法定位，自為該法所許之立法。

c. 組織保留或稱制度保留事項：關於地方自治團體及所營事業機構之組織事項，如非地方制度法第 62 條第 1 項至第 3 項所授權之地方政府二級機關以下組織；換言之，如係地方自治團體之行政或立法一級機關，皆須有以「自治條例」為定名之組織法制。至事業機構係法人性質，自須另有「自治條例」為定名之組織法制，始可正式成立和營業。

d. 重要保留或稱社會保留事項：所稱其他重要事項，係業經地方立法機關事先議決應以自治條例規制之事項。其旨在限制地方行政機關可能以自治規則，乃至行政程序法第 159 條所規定之行政規則方式規範重要事項，以至迴避地方立法機關之立法權行使。

唯自治條例既經地方立法機關通過，其依地方制度法第 26 條第 5 項規定，尚有公布程序始生效力，可分為二類程序公布之：

a. 定有罰則之自治條例，如係直轄市議會通過者，須報行政院核定後，由直轄市政府公布施行；如係縣(市)議會通過者，

須報內政部或其他中央主管機關核定後，由各該縣(市)政府公布施行。

b. 未定有罰則之自治條例，復分為：

(a) 如法律或縣規章有特殊規定者，依其規定；亦即法律或縣規章定有須經上級政府或上級主管機關核定者，俟經核定後，由地方行政機關公布施行。

(b) 如未有法律或縣規章之另有特殊規定者，該自治條例則俟經地方行政機關公布後，始分別再報經上級政府備查：

(i) 直轄市法規，應報中央各該主管機關轉行政院備查。

(ii) 縣(市)規章，應報中央各該主管機關備查。

(iii) 鄉(鎮、市)規約，應報縣政府備查。

就地方自治法規的地方立法權言之，依地方制度法第 25 條至第 32 條，共 8 條之機制設計，其自治法規可依蔡茂寅對地方制度法「地方法規」之制度設計分析，以圖 2-2 表示(蔡茂寅　2000：331)如下：

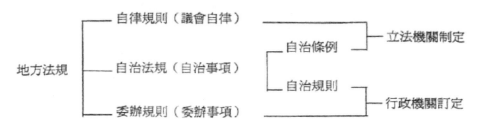

圖 2-2　地方制度法所設計之地方法規體系

資料來源：蔡茂寅 2000：331「地方自治立法立法權的界限」，臺灣行政法學會：
　　　　　行政救濟、行政處罰、行政立法，(臺北：元照出版社)，頁 331。

在上揭自治法規外，尚有地方行政規則，如：基準、計畫、方案、注意事項等，是以關於地方自治法規法律化，未來尚有再強化的空間。

茲為使國人對於地方法制更加了解，其效力適用如何？繪如圖 2-3 所示。

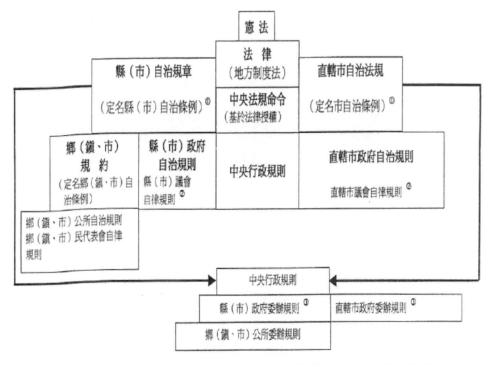

圖 2-3　我國法制位階之設計

資料來源：本研究繪製

(2) 縣市定位採取直轄市化設計

　　精省工程固然艱辛，直至精省條例先後延長 4 次後，因第 5 次延長立法院未及在失效前同意延長而自動失效。事實上，1999 年 1 月 25 日，地方制度法公布施行後，即宜廢止精省條例。蓋地方制度法對中華民國在臺灣地區施行地方自治作為之機制設計，係本諸單一國的立法原則，就縣(市)的自治權比照直轄市既定機制重新設計。不論公務人員職等的提昇，縣長的敘薪職等明定為第 13 職等[5]，現已改為 14 職等，比照各部會政務次長或副主任委員；至其局(處)長則由簡任第 9 職等提昇為簡任第 11 職等或比照簡任第 12 職等之政務職。其在財政收支劃分法對中央統籌分配稅款中的「普通分配稅款」，雖有不同的分配標準，乃係依其人口、土地面積和自有財源所為之設計。基本上縣(市)與直轄市不僅「河水不患井水」，而且以平行而對等的夥伴關係，建構跨域合作的協力治理法律關係。

(二)地方自治在威權時代實施的具體成效

　　中華民國自 1957 年 12 月 25 日，正式實施憲政(constitutional system)；唯因值動員戡亂，政府又經國民大會制定「動員戡亂時期臨時條款」(Temporary Clauses during the Period of National Mobilization for the Suppression of Communist Rebellion)，學界通稱「戰時憲法」(wartime constitution)於 1948 年 4 月 18 日通過，直至 1991 年 5 月 1 日廢止，共施行 43 年之久，是即威權時代憲法。唯 2017 年 12 月 27 日公布施行「促進轉型正義條例」第 3 條第 1 款：「威權統治時期，指自中華民國三十四年八月十五日起至八十一年十一月六日止之時期[6]。」二者略有出入。

　　茲以此一時期為基準，並就「臺灣省各縣市實施地方自治綱要」之 44 年為討論階段分析之：

----

[5]　地方制度法雖未規定縣(市)長職等，但其副縣(市)長明定為比照簡任第 12 職等或改為比照簡任第 13 職等，各該縣(市)長自以高一職等計資核薪。

[6]　促進轉型正義條例第 3 條第 1 款，所明定「威權統治時期」在該條例草案立法理由並未加以說明。或係指日本天皇宣布投降同盟國，至金門、馬祖戰地政務解除之期間，視為威權統治時期。

1. 建立單一國地方自治模式

依中華民國憲法本文第 10 章「中央與地方權限劃分」立法體例；尤其權限劃分(separation of powers)採列舉模式，係一般聯邦國家對聯邦與邦間的憲法規制模式，足見當時憲法起草人張君勱博士係受到留學德國柏林大學時感受聯邦制(federal system)的影響，但國民政府於 1949 年 12 月播遷來臺，在政治主權有效行使的治權所轄地區，其土地面積僅賸 3 萬 6,000 平方公里的特殊政治生態下，實宜採取單一國(unitary state)的地方自治模式。此就 1950 年 4 月所發布的「臺灣省各縣市實施地方自治綱要」，不僅未落實憲法本文所規制的制定省縣自治通則，而且限縮縣(市)的立法權和財政權；就是地方自治必要的組織自主權(organizational autonomy)，亦以最小範圍施行。此與英格蘭(England)多年來所實施的地方自治頗多雷同之處，而英格蘭即實施單一國體制。

2. 培育國家領導政治菁英

早自 1946 年臺灣光復後，省參議會以至 1994 年實施自治二法之前，計有 48 年或是單就自治綱要施行以來的 44 年言之，不論來自大陸或臺灣土生土長的政治菁英，彼等對臺灣民主政治的發展，皆有其輝煌的成就。

(1) 五龍一鳳促進民主發展

臺灣省諮議會省議政博物館典藏「臺灣省議會檔案史料展文案」有載：

> 「五龍一鳳」指的是 5 位男性議員-郭國基（臺北市）、吳三連（臺南縣）、李萬居（雲林縣）、郭雨新（宜蘭縣）、李源棧（高雄市）及 1 位女性議員-許世賢（嘉義縣）。他們均為第 3 屆臨時省議會省議員，省議會正名之後，成為第 1 屆省議會議員。6 位省議員在議場上除勇於批評執政缺失、並積極爭取落實地方自治，促進民主發展，保障民眾權益，贏得人民高度的尊敬，因而有此稱號。

上揭省議會早期出任議員對於臺灣民主政治發展的貢獻，除任職省議會之成就外，尚有諸多在辦報、救難；尤其後半生出掌地方行政、立法委員的成就，亦

值得肯認和嘉許。

(2) 縣(市)長培植搖籃

臺灣政治人才之養成，可分為光復初期多由日本學醫或臺北市帝大醫學部畢業菁英出任臨時參議員，隨之，由在初、高中擔任校長的菁英出任。1970 年以後，始漸有在大學專攻法政的畢業生，放棄出國留學，在臺灣著名大學攻讀碩士學位；隨之，競選公職，先由省議員；再任職縣(市)長。此在國民黨及民進黨皆有許多案例，如許世賢由省議員、立法議員，再回嘉義市，擔任八年的市長，成為選舉世家。

經初查縣(市)長中，曾具省議員身分者，諸如：何茂取(嘉義縣)、張豐緒(屏東縣)、許新枝(桃園縣)、張文獻(臺南市)、余陳月英(高雄縣)、吳伯雄(桃園縣)、黃宗焜(嘉義縣)、呂安德(澎湖縣)、蔡讚成(基隆市)、許信良(桃園縣)、邱連輝(屏東縣)、吳水雲(花蓮縣)、劉樹燻(新竹縣)、廖泉裕(雲林縣)、劉邦友(桃園縣)、柯水源(基隆市)、王慶豐(花蓮縣)、蘇文雄(雲林縣)、周滄淵(基隆市)、林文雄(基隆市)、高育仁(臺南縣)、游錫堃(宜蘭縣)、蘇貞昌(屏東縣)、余玲維(高雄縣)、林水木(基隆市)、林宗男(南投縣)、施治明(臺南市)、陳建年(臺東縣)、邱境淳(新竹縣)等。其黨籍包括國民黨、民進黨(含黨外)等。

3. 形塑具民主素養的文化生活

1996 年 3 月，臺灣辦理第一屆中華民國第九任總統、副總統直接選舉。選前有不少媒體認為總統、副總統如採用直接民選，將如同其他國家而可能發生政黨嚴重對立的流血事件[7]，繪聲繪影，事後證明臺灣已能和平辦理全國性大選；所稱流血事件完全子虛烏有。此種民主素養(democratic literacy/ competency)的養成；乃至民主倫理(democratic ethics)的社會化(socialization)；即是由威權時期即辦理民主選舉，人民已能體會民主選舉的真諦，不僅理性問政；更要理性參與政治活動。此在數十年的政治生活中逐漸養成，以為政治生活的常態。

---

[7] 該次全國大選雖未發生候選人間的激烈政治衝突，卻因李登輝的個人好惡，洩露中共對臺武力攻擊的空砲彈，而險些釀成軍事衝突事件。

(三)地方自治在民主時代實施的成就典範

中華民國政府於 1991 年 5 月 1 日，廢止動員戡亂時臨時條款，並宣布終止動員戡亂時期，臺灣正式邁入民主時代。唯自治二法則在 1994 年 7 月 29 日始公布施行，同年 12 月 3 日併同省(市)議員改選，即行辦理第一屆民選省長及直轄市長選舉，是即地方自治在民主時代實施的階段。其具體成就，包括：

1. 政權轉移

自 1996 年總統直選產生以來，已歷經 7 屆，最近是 2020 年 1 月 11 日，辦理第 15 任總統副總統與第 10 屆立法委員選舉。雖說總統當選至就職日間隔長達 4 個月又 9 天，但基於 2016 年馬英九與蔡英文順利辦理新卸任轉移政權的良好經驗[8]，至今輿論未再有政權轉移的虞慮，即是驗證民主政治的長久經驗，已有裨於政權的和平轉移。

不僅全國大選可以毫無爭端，甚至可謂毫無爭議下，完成政權之轉移；就以派系對立，政黨惡鬥的地方政府，各該地方行政首長在地方大選後，依地方制度法辦理交接，皆能順利辦理。2016 年臺東縣長新舊任交接典禮，因發生新任縣長就職後須依法停職的事件，內政部曾煞費周章研判交接典禮的變數等情狀，以及 2018 年花蓮縣長因案被解職事件，內政部對被解職之現任縣長是否願意交卸職務，亦有諸多猜測。事後證明，均能和平轉移政權，足見臺灣在民主時代的自治理念深入民心，始有今日的理性政治作為。

2. 分立政府運作如常

1994 年 12 月 3 日，第一屆民選省長及直轄市長選出。代表國民黨的宋楚瑜，以壓倒性票數勝出民進黨的陳定南，並且省議會國民黨亦取得過半數席次，形成一致的政府(unified government)，臺北市民進黨籍陳水扁勝出代表國民黨籍黃大洲及新黨籍趙少康，但市議會仍由國民黨取得多數(23+9：19)，再搭配

---

[8] 2016 年第 14 任總統副總統提前與第 9 屆立法委員合辦選舉，曾有諸多在野人士及反對媒體，認為勝選與就職間隔四個月以上，似嫌太久，可能會因在任總統的政治態度，影響未來國政的運作。事實證明，依法行政是解除虞慮的最好證明。

新黨即取得穩定的多數，是即分立政府(divided government)；至高雄市國民黨的吳敦義勝出代表民進黨的張俊雄及其他新黨的湯阿根、無黨籍的鄭德耀。質言之，1994 年 12 月，第一屆省(市)長民選結果，除臺北市為分立政府外，其餘臺灣省議會及高雄市議會(25+1：9+9)皆是一致政府。儘管臺北市的陳水扁政府與市議會因黨籍不同，而形塑府會關係對立的分立政府，但臺北市的民生類建設皆能如常的運作[9]。

此外，經學者統計 1985~2001 期間，一致政府計有 51 次，占 48.5%，分立政府更多達 54 次，占 51.42%。足見臺灣分立政府已是常態。在 1994 年之後，一致政府僅 4 次，占 21.42%，而分立政府則有 33 次，占 78.57%，說明分立政府更在地方自治法制化後成為常態，但地方發展仍可正常運作，即係民主素養提昇，理性問政常態化的具體表現。

表 2-1　臺灣地方府會形成「分立政府」統計(1985-2004)

時間	一致政府	分立政府
1985	17	4
1989	13	8
1993	12	9
1997	6	15
2001	3	18

資料來源：馮美瑜(2006)

3. 地方公務人員新陳代謝

自 1994 年 7 月，公布自治二法；尤其 2000 年 1 月，公布地方制度法以來，臺灣的民主政治發展，在宋團隊、扁團隊、馬團隊；尤其民進黨二次執政後，菊團隊的進入國家權力核心，皆促成地方公務人員的新陳代謝[10]。這些曾在地

9　在分立政府的陳水扁政府，其因承諾每月支給年滿 65 歲以上老人新台幣伍仟元津貼(具排富款)，為市議會多數反對，祇能以預備金支付半年的老人年金。此外，陳水扁政府曾辦理不具法律效力的諮詢性公民投票。

10　由於自治二法特別重視省(市)權力政治及其行政團隊，培養以宋楚瑜為核心的宋團隊、陳水扁為核心的扁團隊，乃至 2000 年公布地制法後，馬英九及陳菊先後出任總統或總統府要職；又將馬團隊、菊團隊帶進國家權力核心，終至促成地方公務人力的新陳代謝。

方擔任政務職之地方高階人力，隨著陳水扁、馬英九、蔡英文的出任第 10~15任總統，上開地方高階人力引進總統府、行政院，而成為決定國家政治發展的新一代政治菁英；尤其陳菊在高雄市任職長達 13 年之久，一旦進入總統府，即直接間接引薦其團隊進入臺北國政決策核心。這些團隊成員至今尚有多人仍位居要津，擔任國家決策的重要職位，對於臺灣的未來自有重大的影響。就民主菁英培育而言，該等政府服務團隊對於培育政治領導人才，著有貢獻；亦加速地方政治人才的新陳代謝。

4. 中央與地方府際治理

對於地方治理的發展，在 2000 年公布地方制度法後，邁入新的里程，比如：行政院在經建會時代，曾提出跨域治理的補助地方方案；也設立新臺幣 300億元離島建設基金，400 億元花東發展基金。此對促進地方重視跨域治理的夥伴關係建立，以及加速處理需要協力合作(collaborative cooperation)的公共事務，皆是近二十年來的重大成就之一。

地方的問題就地方自治而言，固然要尊重地方權責，但跨域事項需要中央主管機關的協調，地方制度法增訂第 24 條之 1 至之 3 共 3 條事涉「區域合作」條文，雖嫌簡略，但已養成地方和中央均能重視跨域事務的合作觀念，並在制度上由「平台」設立開始，積極推動跨域治理。此種中央政府與地方政府的垂直跨域夥伴，以及地方政府間的水平跨域合作，皆是當前地方發展可以突破瓶頸的關鍵所在。

此項府際治理雖已看出績效，但臺灣的政治衝突；尤其在總統直選以來，高度的民粹化運動(populism movement)，已使臺灣的民主發展一再出現不理性的現象。這些正需要再一次的地方民主政治的社會化，以使民眾了解民主的真諦，並且在府際合作上不再受制於黨派利益的糾葛，更不再因意識形態的迷思，而出現有失理性的偏差政治行為。這些是近些年來所出現過激的政治運動以來，國人需要知所警惕，並且能在政治生活上有所精進之所在。

三、地方自治應用地方治理以強化地方發展

　　依 William L. Miller 與 Malcolm Dickson、Gerry Stoker 等三人合著之「地方治理模式」(Models of Local Governance，2000)一書的看法，所稱地方治理的模式，可分為四種：即地方主義者(localist)、個人主義者(individualist)、動員(mobilization)與集權主義者(centralist)。其詳如表 2-2 及下列說明：

1. 地方治理原係處理地方公共事務之作為模式總稱。
2. 地方治理因其服務目標、對地方自治的態度、對大眾參與的態度；主要依服務承受機制及主要政治機制之不同而不同，而類分為四種模式：地方主義者、個人主義者、動員、集權主義者。
3. 地方主義者模式係指企求地方社區需求的意見表達及會商，對地方自治強烈認同，對大眾參與予以支持，並優先賦予民選代表職能；其承受機制為多功能之民選行政當局，主要機制為經由地方選舉產生之代議政治。
4. 個人主義者模式係指確認個人選擇及服務反應，就地方自治之主張，為保護個人而有上層之介入之傾斜性認同及肯認需求；對大眾參與則贊同消費者諮商，而非議大規模民眾參與。主要服務機制係專業服務提供者之競爭同儕；其政治機制為個人權利，如同消費者。
5. 動員模式係以確認不利益和排他更具有效影響力，以建構變遷政治為主要目標；對地方自治強烈贊同變遷的動員過程；對於大眾參與亦予以強烈認同。彼等認為應由基層和分權結構承受服務機制；另主張發展參與政治之機制。
6. 集權主義者係以維持國家標準及國家民主優先為服務目標，對地方自治強烈反對，認為大眾參與僅具有限價值，並以永續集權控制的機關主體，最屬服務承受機制，並認屬國家政府，包括：立法、指導及控制為主要政治機制。

表 2-2　地方治理之規範模式

模式	範疇				
	主要目標	對地方自治態度	對大眾參與態度	主要服務承受機制	主要政治機制
地方主義者	地方社區需求的意見表達與會商。	強烈贊同。	支持並優先賦予民選代表。	多功能民選地方當局。	經由地方選舉之代議政治。
個人主義者	確認個人選擇及服務反應。	為保護個人而有上層的介入予以傾斜性認同，並肯認需求。	贊同消費者諮商，非議大規模公民參與。	專業服務提供者之競業。	個人權利如同消費者。
動員	確認不利益和排他的更有效影響力，以建構變遷政治。	強烈贊同變遷的部分過程。	強烈贊同。	基層與分權結構。	發展參與政治。
集權主義者	維持國家標準及國家民主優先。	強烈反對。	有限價值。	永續發展中央控制的機關主體。	國家政府：立法、指導及控制(監督系統)。

資料來源：Miller et al.,(2000：29)

　　茲為利於了解就上揭關於地方治理的分類，可再做如下的補充說明：

1. 地方主義者所主張的地方治理，即係以地方自治(local autonomy)為核心價值的治理模式，聯邦國家的地方政府，就是以聯邦憲法所賦予之地方自治為核心推動地方治理。

2. 集權主義所主張的地方治理，即係以中央監督(central control)系統為主要核心價值的地方治理。一般而言，單一國的地方政府即係以中央所分配的權限或稱中央所委託賦予的公權力(public powers)或公權利(public rights)推動地方治理，其效應遠不如地方主義者主張。

3. 個人主義係指政治人物以其個人的政治魅力經由各種傳播媒體去爭取民眾的支持，不受政黨等政治團體影響。此種地方治理模式，就是一種政治明星式的治理方法，並無一定的規則，亦很難掌控治理方向。

4. 動員係一種民粹式(populism)的治理方法。由於庶民主義崛起，一般政治人物即以滿足中下階層的生活需求為訴求焦點，在事先安排的大型活動場合，推出迎合彼等民眾需求的政治規劃。此種地方治理的績效，不易事先進行政策影響評估(policy impact assessment；PIA)。基本上係一種動態式的領導模式(dynamic leadership)。此可由德國 Adolf Hitler(1889~945)、蘇聯的Lenin(1870~1924)，南斯拉夫的 Josip Broz Tito(1892-1980)、中共的毛澤東，乃至臺灣的柯文哲、韓國瑜[11]，都有此類動員的政治效應。但在政黨組織動員的情況下，則可再回到地方主義式的治理模式。

　　以下就中華民國政府在臺灣推動以地方自治為核心價值的地方治理經驗，概略分析如下：

(一)地方治理是時代需要的治理模式

　　在以往 44 年的的命令式自治時期(1950-1994)，因臺灣本島有長達 38 年的戒嚴(1949-1987)，金門與馬祖等離島，更有 36 年的戰地政務時期(1956-1992)，皆屬威權統治的非常時期，自不易推動公私協力(public-private partnership；3P)的治理公共事務模式。因之，在動員戡亂時期終止，地方自治又完成法制化(legalization)後，即著手實施政府(公部門)結合民間(私部門)資源的治理機制，不僅水到渠成，而且反應政府尊重民意，民意展現「同舟一命」的共同體(community)概念和精神。當今檢視政府所以實施結合民間資源的必然作為，即因下列緣由：

1. 地方的公共問題，問題結構(problem structure)有繁簡之別，更有利害關係人

---

[11] 柯文哲在臺北市長第 1 任期內，比較有動員的傾向，但第 2 任則比較傾向個人主義。唯自擬成立臺灣民眾黨(Taiwan People Party)以來，其政治模式則有傾向民粹式動員；至韓國瑜在競選第一任高雄市長時，傾向個人主義動員，現在則請向地方主義的治理模式。

好惡之分，需要釐清，再以不同的治理模式：自理(self-governance)，共理(co-governance)或層理(hierarchical governance)處理。

2. 地方的公共問題，其受問題影響的當事人，常有顯形的，也有隱形的，政策工具(policy instrument)的應用，需要針對不同的當事人有不同的應用工具，在此情況下，其需要標的團體的分析，更需要作業團體的能力鑑定，自然有結合社會力的必要。

3. 地方的公共事務，其涉及的範圍，並不一定都在同一行政區域。可能是跨域的；也有可能涉及中央暨地方的權限劃分，以致協商需要花費不少人力、物力及時間，甚至處理的經費分攤，均使政府間不論是上下垂直政府或平行的水平政府間，皆需要應用多層次的治理(multi-level governance)，自然肇致治理的多元化和多樣化，乃至全觀治理(holistic governance)(Perri；6 2002：29)。

　是以地方治理是現代公共議題處理上所必然出現的治理模式。

(二)地方治理是民主政府的治理原則

　　地方自治係發展地方民主(local democracy)的核心概念；質言之，地方自治既係臺灣推動地方治理的核心價值，臺灣的公共議題解決途徑，就法治原則(rule of law)，就是經由民主程序(democratic procedure)在政治過程中做成決策。此種法治原則係憲政主義(constitutionalism)的實踐。既然如此，地方治理絕不是行政首長一人獨力可以做成的公共治理模式，任何公共事務的處理有其經由民主程序所建立的處理模式，此即正當法律程序(due process of law)。在正當法律程序未依正當程序修正之前，任何決策即依既定程序辦理，此即是民主正當性(democratic legitimacy)的實踐，自然能贏得民眾的信任和支持。

　　由於地方民主素養的作成，需要民主政治教育的普及化，更需要政府當局的領導人之以身作則，此在實施地方自治已有 70 年的地方，本不該有所質疑，但經由這些年的政治變革，卻發現臺灣正出現一種新的政治模式，姑謂之「民主獨裁」(democratic dictatorship)或許不恰當，但「不自由的民主」(illiberal democracy)卻是隱隱約約看到。諸如：行政首長便宜行事，在朝議員壟斷議事

進行；甚至杯葛在野提案，討論，更遑論依議事規則表決。此種現象在派系利益大於政黨利益，政黨利益大於國家利益的「私利」(private interest)考量下，正在破壞臺灣得來不易的民主發展，而且已由地方議會或政府，延伸至立法院國會殿堂、行政院甚至總統府。此種或稱之半民主(semi-democracy)、低度民主(law intensity democracy)，乃至引導式民主(guided democracy)，皆披著選舉民主(electoral democracy)外衣，在進行威權復辟的不理性政治作為。因之，地方治理務必有正確的概念和思維，更須在行動上展現民主治理(democratic governance)的理性行動。

(三)地方治理是效能政府的治理工具

在思維上，地方自治是民主式地方政治制度(local political system)；地方治理則是處理地方公共事務的一種途徑(approach)。因之，地方治理可以簡化為政府治理的工具(tool)。這個政策工具或執行工具(implementing instrument)之所以成為二十一世紀以來的地方發展工具，就是因為該項工具之應用，已解決了地方的公共問題，而且可能比起其他政治作為工具有其績效(performance)。此乃說明，地方治理已經為發展行政(development administration)所肯認的績效行政(performance administration)執行工具。

今後地方問題會愈來愈複雜，其問題結構也會愈發不易處理。但地方問題係地方住民生活上困擾的問題，設若地方政府不採起可行的行政措施去積極解決，問題存在一天，民眾生活不滿足即多存在一天。這是效能政府(effective government)所需多加避免的情況，始克獲致設立良善治理(good governance)的政府機制。對於上揭作業上思維邏輯，正常的地方首長因有其政治發展上的績效行政壓力，固然會全力以赴以爭取成效，但一般公務人員受到制度上的保障，可能反應較為遲鈍，甚至消極作為亦不自知。基於上揭泛行政文化(trans-administrative culture)的影響，臺灣的地方行政組織效率常受到輿論、議會或社群的批判，從而亦常有行政改革(administrative reform)的政策提示。其實行政部門祇要能根據地方特色，依據計畫作業程序推動公共事務的處理，而且

能與國政取向相互呼應，必可減少諸多浪費公帑的情事，而且可在最短時間內，看到地方創生(local revitalization)的可能性，效能政府於焉產生，地方治理即可落實。

四、當前臺灣實施地方治理，以落實地方自治的問題與對策

　　儘管府際間已有推動地方治理的概念和行動，但推行 20 年來，就落實地方自治的角度言之，究竟存在哪些的問題與可行的對策如何？此即涉及課責事項(accountability)；依我國現行制度，地方政府之課責機制如圖 2-4 所示，形式

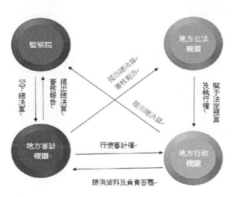

圖 2-4　地方政府課責機制

資料來源：本研究繪製

上係由地方審議機關擔任決策執行的審核工作，而地方行政機關一般是受到來自立法機關、審計機關及監察院之課責。根據各地方行政機關之內部控管機制，則分別由主計、研考（計畫）二機關或單位進行預算執行及計畫服務之評估。

　　茲就當前涉及地方治理的缺失，分別說明如下：

(一)地方財政紀律

臺灣現行 22 個一級地方自治團體中,其創稅能力;亦即全年徵收淨額差距懸殊,如表 2-3 所示。發現 2018 年度徵稅淨額最多是臺北市,多達 8,048 億 6,887 萬 7 千元,最少是離島的連江縣,祇有 3 億 3,817 萬 9 千元,相差達 2,380 倍。

表 2-3　2017 年地方徵稅淨額統計

單位：千元

2017	總計	所得稅小計	營利事業所得稅	綜合所得稅	遺產及贈與稅	營業稅	土地稅小計	房屋稅	使用牌照稅	娛樂稅
臺北市	804,858,877	451,047,931	214,405,845	236,642,086	12,032,935	203,399,347	43,098,168	14,431,94	7,502,433	272,771
新北市(改制後)	246,870,045	117,304,773	70,037,687	47,267,086	5,227,574	44,152,991	33,299,926	13,029,273	9,007,551	297,242
高雄市(改制後)	238,924,394	76,557,565	45,026,972	31,137,147	2,713,109	61,739,857	20,164,673	9,995,654	7,255,658	191,823
臺中市(改制後)	188,512,162	78,557,565	44,413,120	34,144,445	4,179,139	26,102,540	22,523,052	9,031,492	9,034,081	164,611
桃園市(改制後)	175,667,751	63,686,267	34,461,339	29,224,928	2,096,317	25,551,390	17,842,121	8,477,908	6,601,048	252,583
臺南市(改制後)	118,744,663	43,581,359	24,304,826	19,276,553	2,036,628	12,390,875	12,070,959	7,111,575	5,196,294	110,756
新竹市	114,438,513	114,754,658	57,235,561	57,519,097	495,632	10,627,904	3,792,052	1,711,601	1,348,363	54,307
雲林縣	76,616,098	28,101,010	21,551,110	6,549,901	215,412	22,674,771	2,687,823	1,697,626	1,988,928	27,087
基隆市	66,422,965	2,996,824	1,242,676	1,754,148	211,312	1,698,881	1,504,557	766,070	783,930	24,497
新竹縣	55,143,274	33,285,970	18,209,575	15,076,395	474,965	6,118,043	4,803,273	1,954,532	1,841,941	100,185
彰化縣	51,915,579	32,056,065	19,805,386	12,251,579	605,327	3,492,511	5,212,722	2,508,413	3,880,198	57,236
苗栗縣	36,418,473	11,597,060	5,941,907	5,655,153	191,667	3,750,948	2,794,199	1,394,936	1,709,466	37,545
屏東縣	26,430,044	4,735,581	2,417,898	2,317,663	258,746	3,871,672	2,818,689	1,312,955	2,072,941	37,677
宜蘭縣	13,862,902	3,103,043	1,448,311	1,654,732	287,178	2,438,268	2,826,432	1,376,551	1,187,606	28,727
花蓮縣	12,025,492	3,009,840	1,307,136	1,702,704	145,436	2,703,292	1,280,888	543,482	894,144	19,247
南投縣	11,021,978	4,399,302	2,551,152	1,848,150	183,834	1,282,516	1,509,548	893,533	1,581,827	46,911
嘉義縣	10,058,878	3,344,157	1,855,819	1,484,338	116,505	1,990,935	1,431,192	907,306	1,413,867	10,392
嘉義市	9,176,775	2,627,364	969,858	1,657,506	259,924	1,653,531	1,487,067	659,276	753,149	30,510
金門縣	4,723,899	928,802	323,564	605,238	53,241	322,027	281,010	81,906	138,463	1,258
臺東縣	3,405,567	919,120	266,100	653,020	28,011	663,523	665,574	285,099	558,413	10,448
澎湖縣	1,301,606	670,955	143,554	527,401	11,883	18,039	330,272	115,918	68,291	2,048
連江縣	338,179	206,632	25,293	181,339	0	20,487	12,642	10,376	11,711	82

資料來源：財政部財政資料庫下載(2019/10/27)

就各個直轄市比較,新北市(2,468 億 7,004 萬 5 千元)與臺北市相差 3.26 倍;高雄市(2,389 億 2,439 萬 4 千元)相差 3.36 倍;臺中市(1,885 億 1,216 萬 2 千元)相差 4.26 倍;桃園市(1,756 億 6775 萬 1 千元)相差 4.58 倍;臺南市(1,187 億 4,466 萬 3 千元)相差 6.77 倍。就以淨額最多的縣(市)比較,與新竹市(1,144 億 3,851 萬 3 千元)即相差達 7.03 倍。就離島的金門縣(47 億 2,389 萬 9 千元)相差 170.38 倍、澎湖縣(13 億 160 萬 6 千元)相差 611.57 倍,足見地方自治團體在地方財政上的差距懸殊至鉅。因之,對於推動地方治理,尤須重視財政紀律,始不致出現建設多、負債多;更要避免建設品質不佳,負債卻多的情況發生。

　　政府有鑑於此，乃於 2019 年 4 月 10 日，公布施行「財政紀律法」。該法第 1 條明定立法意旨：「為健全中央及地方政府財政，貫徹零基預算精神，維持適度支出規模，嚴格控制預算歲入歲出短差及公共債務餘額，謀求國家永續發展，落實財政紀律」。亦即：1.健全中央及地方財政。2.貫徹零基預算精神。3.維持適度支出規模。4.嚴格控制預算短差。5.嚴格控制公債餘額。6.謀求國家永續發展。前揭 1、6 是目標，2、3、4 是手段；質言之，在財政上要實施零基預算(Zero-Based Budgeting System)，維持適度預算規模，嚴控預算短差及公債餘額，始可健全財政，達致國家永續。這是多年來政府強調「財政紀律」(fiscal discipline)最具體的說明和作法。事實上，在該法第 2 條，即界定財政紀律就是：「指對於政府支出成長之節制、預算歲入歲出差短之降低、公共債務之控制及相關財源籌措，不受政治、選舉因素影響，俾促使政府與政黨重視財政責任與國家利益之相關規範。」此一界定，說出破壞財政紀律的禍首是「受到政治、選舉因素」；亦即為政府(regime)和政黨(party)或稱執政黨(Government party)的私利，而大開選舉支票，以致政府債臺高築。此種情狀，在總統、副總統直選後，成為政治人物；尤其候選人的「撒大幣」政策工具。2020 年全國大選期間執政黨係該立法通過的關鍵，卻不能知所警惕，實有知法犯法情狀。

　　就 2019 年 9 月的各縣市公共債務支出如表 5 所示。

　　中央政府一年以上債務已占國家總債務額的 31.45%(5 兆 5,009 億元)距離 40.6%，僅差 9.15%；即僅賸 8,001 億 7,665 萬元的舉債空間；就地方政府舉債，直轄市已達 4.3%(7,512 億元)，距舉債上限 7.65%，尚有 3.35%之舉債空間(2,929 億 6,085 萬元)。由於國際情勢的變幻莫測，朝野兩岸關係又各懷鬼胎，國際經濟即使有所增漲，臺灣獲益機會亦有限下，舉債是要因應不正常狀態的不得已作為。現狀宜朝不舉債或不再舉新債的財政紀律原則下，推動公共事務之發展。因之，財政紀律法在能確實發揮防杜舉有不良債信的方向發展。

表 2-4　各級政府公共債務統計（2019 年 9 月）

項目 / 政府別	公共債務未償餘額債務								自償性債務
	1年以上非自償債務				未滿1年債務		債務合計		
	預算數		實際數		實際數		實際數		實際數
	金額	比率	金額 (1)	比率	金額 (2)	比率	金額 (3)=(1)+(2)		金額 (4)
合計	64,124	±36.66%	60,491	±34.59%	2,091	6.22%	62,582		4,089
中央政府	55,009	±31.45%	53,066	±30.34%	600	2.84%	53,666		2,177
地方政府	9,115	±5.21%	7,425	±4.25%	1,491	11.90%	8,916		1,913
直轄市	7,512	±4.30%	5,975	±3.42%	937	11.67%	6,912		1,616
臺北市	1,749	±1.00%	898	±0.51%	0	0.00%	898		140
高雄市	2,513	±1.44%	2,416	±1.38%	95	7.11%	2,511		369
新北市	1,166	±0.67%	1,045	±0.60%	375	22.91%	1,420		566
臺中市	1,188	±0.68%	795	±0.45%	248	18.46%	1,043		488
臺南市	530	±0.30%	520	±0.30%	99	11.48%	619		27
桃園市	367	±0.21%	300	±0.17%	120	10.48%	420		26
縣市	1,595	±0.91%	1,448	±0.83%	554	14.39%	2,002		294
宜蘭縣	117	42.89%	116	42.55%	93	37.22%	209		43
新竹縣	129	39.23%	122	37.22%	40	15.03%	162		34
苗栗縣	218	67.27%	218	67.27%	161	84.99%	379		110
彰化縣	204	35.34%	165	28.65%	91	17.59%	256		17
南投縣	105	35.61%	105	35.59%	0	0.00%	105		20
雲林縣	175	31.44%	175	31.44%	45	10.88%	220		2
嘉義縣	139	35.53%	137	35.09%	28	9.71%	165		6
屏東縣	174	31.93%	170	31.24%	0	0.00%	170		0
臺東縣	52	19.90%	24	9.29%	25	13.25%	50		12
花蓮縣	80	28.86%	60	21.64%	23	9.91%	83		3
澎湖縣	19	15.53%	10	8.30%	2	2.22%	12		8
基隆市	78	33.25%	67	28.31%	6	2.94%	73		0
新竹市	93	39.24%	79	33.27%	39	19.32%	118		19
嘉義市	11	5.38%	0	0.00%	0	0.00%	0		21
金門縣	0	0.00%	0	0.00%	0	0.00%	0		0
連江縣	2	3.86%	0	0.00%	0	0.00%	0		1
鄉鎮市	8	0.00%	2	0.00%	1	0.11%	3		2

資料來源：財政部網站(2019/10/27 下載)

2019 年財政規模雖尚有稅收成長空間，但依公共債務法第 17 條規定：

> 為強化債務管理，中央及直轄市應以當年度課稅收入至少百分之五；縣(市)及鄉(鎮、市)應以其上年度依第五條第四項所定之公共債務未償餘額預算數至少百分之一，編列債務之還本。其以舉債支應部分，應計入第五條第七項至第九項規定之每年度舉債額度。中央、直轄市、縣(市)及鄉(鎮、市)得審視歲入執行狀況，於其當年度預算原編列債務之償還數外，增加還本數額。

該條第 1 項強制各級政府須編列還債經費；第 2 項規定如政府財政狀況良好，可增加還債額度。因之，近些年來各級政府皆有發布還債的新聞，這本是依法行政，並非良善治理；至於後者增列還債額度之預算，以加速還債，此乃訓示規定。但財政紀律法第 17 條規定：「**公務員違反本法規定者，應移至監察院彈劾或糾舉。**」此與公共債務法第 9 條第 1 項規定，略以：如各級政府有不依公債法舉債時，除中央由監察院依法監督外，各該監督機關應命其於一定期限內改正或償還；屆期未改正或償還者，除減少或緩撥其統籌分配稅款外，並將財政部長、各級地方首長移送懲戒；似兩相對應，但如何澈底執法，令人有質疑之處已存在多時[12]。此見地方治理的財政治理問題，應是最大難題之一(蔡馨芳 2017：14)。

(二)地方立法能量

在司法院於 2016 年 6 月 24 日發布釋字第 738 號解釋後，依地方制度法所制定的自治條例，如在不違背既有法律之限制下，可因公益之需要制定比法律更具嚴格拘束力的自治條例，以使各該地方發展有其特色。此項司法院解釋似尚未引起地方廣大的迴響，主要原因可能地方制度法的自治條例立法尚未能為

---

[12] 依上揭公共債務法規定，再驗之宜蘭、苗栗二縣，其舉債曾破表或現在破表，卻未聞有中央將二縣長移送懲戒，而有被彈劾之情事。

地方公職人員多所了解，而且地方公職人員也忽略該立法在法治社會的可能貢獻所致。

由於地方制度法公布施行已屆滿 21 週年，對於該立法的法治意義，不僅需要再加宣導；亦需要因應社會的需要再加檢討和策進。本研究在此略述幾項供參考：

1. 需要增修事項

為因應地方發展的需求，需要增修的規制，包括：

(1) 財政收支劃分法需要儘速研提修正草案，且宜由擴充財源、厚植稅基的方向，將六直轄市、直轄市山地原住民區的新區劃和自治體納入修改收支規定的主體；地方稅法通則及規費法亦須配合修正。對於厚植稅基，至少包括：所得稅增撥一成，營業稅扣除統一發票及作業經費後，全部移充統籌分配稅款之事項。

(2) 為排除地方派系的無謂杯葛，對於審查預算的規定，可再做修改。諸如：

① 中央補助款明文規定，已由立法院依預算法通過者，一律以「代收代付款」(other collection with other pay)方式處理，不僅加速完成法定程序，且可加速補助款之執行，對財政績效之提升有很顯著貢獻。

② 地方議會成立之不成文規則(unwritten rule)或謂潛規則(unregulatory rule)已影響議事運作，或行政-立法之府會關係(executive-legislative relationship)者，經評估後於地制法中予以禁制的規定。此可參考財政紀律法第 5 條~第 7 條、第 9 條、第 12 條相關規定，以訂定法規命令方式詳加規制之。

③ 公職人員停職的規定，在未廢止前，宜有更嚴格的規定，俾減少停職的事件發生；更可避免事後宣判無罪的不可補救情狀發生。

2. 需要充實內容事項

基於地方發展特色，充實發展條件至為重要。諸如：

(1) 參照財政紀律法第 8 條第 1 項規定意旨，在地制法增列「**地方創生發展基金**」，賦予市、縣推動地方創生計畫的特種基金申請專款專用，以利地方依循國家發展委員會規劃辦理公私協力推動地方創生；尤其激勵大學院校基於盡其「大學社會責任」(university social responsibility；USA)的教育目標，在協同地方創生上更有其必要。

(2) 設若地方創生發展基金因有國家發展委員會經費或教育部深耕教育基金，而致不宜重複設置，則宜儘速在地制法「自治財政」(第 3 章第 5 節)，將有名無實的「公共造產」(public property production/public enterprise；地制法第 73 條)，改為「公企業或地方事業」，以設立特種基金方式獎勵經營；其金額宜擴大至 5,000 億的規模，始能有助於提供地方發展特色或推動地方創生之財政需要。

(3) 將地方制度法第 7 條以下事涉改制直轄市的規定整併，並以第 2 章之一的形式制定「**行政區劃**」章，不僅可充實縣(市)改制直轄市規定的缺漏，而且可將必要的作業規定納入條文中，達至直轄市改制係行政區劃的一部分思維。目前行政區劃法之完成立法遙遙無期，納入地制法中，不僅促使地制法規制完備，而且可解開 20 餘年來的行政區劃法制化困境。

(4) 地方政府既採縣(市)直轄市化，其在縣(市)的人事宜參考直轄市全面調整；尤其關鍵職位宜先予調整，如：秘書長(12~13 職等)、局(處)長 12 職等、區長 11 職等。

3. 需要廢止事項

目前世界各國除中華民國外，尚無公務人員停職的規定，臺灣實施 70 年來，並未見因有停職規定，而使政治倫理有效改善，良善治理似有待積極策進。事實上，停職規定對於代理人之指派，常有政治考量，致使法律事件達不到停職旨在懲治涉嫌人的政策效果；反有因判決無罪，卻因任期已滿，而致無職可復的憾事發生。其他停職尚有在公職人員選舉罷免法規定的浮濫立法情形[13]，

---

[13] 公職人員選舉罷免法係形式上的程序法，卻有涉及公職人員公權利被剝奪的實體法規定(117 條)，在

皆是值得多加斟酌之處。

(三)地方政治功效

臺灣實施地方自治已屆滿 70 年，民主政治的政治生活固然已逐漸養成，但民主政治的功效(efficacy)究竟是否提昇？則有加以反思的必要。近二十年來，民主社會的反抗運動，已成為公民社會(civil society)的表徵之一。臺灣在這種「公民不服從」(civil disobedience)的浪潮下，年輕人的政治思維，逐漸出現與傳統政治文化不同的論調；尤其自從立法院於 2014 年發生「318 太陽花學運」(2014 年 3 月 18 日至 4 月 10 日)以來，年輕人對於政治敏感度提昇。復因白色力量在 2016 年全國大選取得國會黨團席次，政治主張已較以往激進，且有許多悖離傳統政治文化的理念形成，影響國家政策，甚至國家青年政策的作成。

總體而言，臺灣的民主政治發展，正面臨究竟會趨於自由民主或威權復辟的發展十字路口。這是一個轉型的關鍵時刻。由於年輕人對於既有政治體系服務品質的期待與政治人物的政見表述出現嚴重落差，所造成的民主赤字(democratic deficit)的反思；復應合公民不服從理念的引入，以致不論是地方選舉或全國大選都出現大批社群媒體及其成員的政治參與。此對嗣後臺灣的民主政治必然會出現結構性問題和變化。地方政治是民主政治的基石，年輕政治參與人通常由地方政治開始，直至國政參與，對於此種政治環境的形成，展望臺灣的地方政治發展，或許會讓保守人士引以為憂，但如執政者能嚴守法治，並且勤耕民主本質，相信這些批判式公民(critical citizens)所展現的公民力量，將是國家重要的政治資產(political property)，而國家未來的政治菁英(political elite)亦可由此養成，致可不再憂慮潛在政治冷漠之可能危機。

(四)地方創生願景

對於臺灣的地方治理問題，不論地方首長或其他民意代表可能最關心的，還是地方經濟(local economy)；尤其在高齡化及少子化的時代，如何回復地方

立法例上常為人詬病，自宜加評估，並以廢止為宜。

發展的生機，或說是如何注入地方發展的經濟能量，已成為該等服務公職人員
最重要的課題之一。國家發展委員會正引進日本安倍內閣所推動的「地方創生」
計畫，希望臺灣的各級地方政府能積極推動，以改善地方經濟環境。

　　對於地方創生不論是謂為"regional revitalization"或是"place-making"皆在於
回復地方生機，並使缺乏人力的農村，能有年輕人返鄉服務的意願和機會。國
家發展委員會 2017 年最初期所設計的地方創生發展架構如圖 2-5 所示，以「均
衡臺灣」為目標，希望經由島內移民以減壓首都圈的過程，並在建構社區意識
(community consciousness)下，推動有生命力的地方創生，鼓勵多元參與，經企
業投資故鄉、科技投入、整合部會創生資源、社會參與創生、品牌建立等措施，
活絡地方經濟或稱區域經濟(regional economy)，確實可在失落的地方恢復生
機；在發展的城鎮成為市場經濟平台。

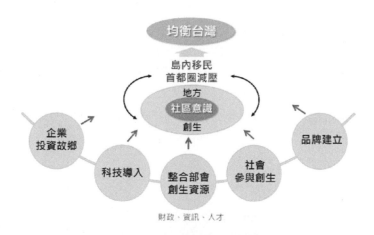

圖 2-5　地方創生思維架構

資料來源：國家發展委員會網站(2019/10/27 下載)

　　行政院已於 2019 年 1 月 3 日，核定「**地方創生國家戰略計畫**」，發布「**地
方創生優先推動地區清單**」及「**部會地方創生相關計畫項目清單**」。如中央與
地方能本諸府際治理、跨域合作及協力夥伴的公共治理原理積極作為。此應係

地方發展的契機。地方經濟需要地方政治的支持；地方自治亦唯有地方經濟復
蘇，始有再更上發展的條件。

五、結語：臺灣唯有秉持地方自治，以展現地方治理的績效行政

　　臺灣實施地方自治已屆滿 70 週年，施行地方制度法亦已屆滿 20 週年有
餘，這數十年來的民主政治建設，已可清楚看到中華民國在臺灣的政治成就，
實質上已成為全球華人社會的民主典範。值得注意者，地方自治是二十一世紀
初葉以來臺灣推動地方治理的核心價值；亦即臺灣是本諸地方自治的民主化理
念，應用在地方治理的政策工具上，以發展地方、繁榮國家。

　　回顧臺灣的地方自治法制化過程備極艱辛，付出政治代價亦如山高，但終
究已成為合憲化的自治模式和法制化的自主機制。地方自治係憲法上保障的制
度。地方制度法及其相關法制，在政策工具運用上固已有其輝煌的成就，也培
養諸多政治菁英，正逐步漸進為地方政治及國家事務做出偉大的貢獻。

　　這些成就皆將成為地方自治發展史頁的重要內容；但時移勢易，時代變化
快速，人心需求無窮。地方制度法亦為因應地方治理的主客觀需要，而須做些
許的修正，以健全地方法制，活絡社區發展。

　　此時此刻，地方制度法尤應以推動地方創生，發展地方經濟為重要規制標
的，而在法制上酌作修正。當此國家正邁向社群發達的世代，科技政治尚是當
前地方機關忽視的一環，嗣後應有此專業政治或專業行政的觀念，用以服務社
稷，積極帶動區域治理，促使績效行政體系早日成為地方發展的科學治理作為
機制。

參考書目

中國地方自治(2014)，《城市區域》特刊，67(11):1-297。

任進(2008)，《比較地方政府與制度》，北京：北京大學出版社。

地方行政研習中心(2014)，《變動與創新時代新治理的理路：協力治理、複合理、地方治理、關係治理、性別治理、創新治理》，研習論壇精選第七輯。

朱光磊(2004)，《中國政府與政治》，臺北，揚智文化事業公司。

吳志光(2016)，《行政法》，臺北：新學林出版公司。

吳庚、盛子龍(2019)，《行政法之理論與實用》，臺北：三民書局。

呂育誠(2008)，《地方政府與自治》，臺北：一品文化出版社。

李本京(2008)，《臺灣地方政府》，臺北：三民書局。

沈榮華(2006)，《中國地方政治學》，北京：社會科學文獻出版社。

沈榮華(2013)，《昆明樣本：地方治理創新與思考》，北京：清華大學出版社。

林錫堯(2016)，《行政法要義》，臺北：元照出版有限公司。

柯志昌，(2014)，《地方治理思維與政策工具運用之研究》，臺北：韋伯文化出版公司。

紀俊臣(2000)，《如何健全地方自治法規之研究》，臺中：臺灣省諮議會。

紀俊臣(2000)，《精省與新地方制度》，臺北：時英出版社。

紀俊臣(2004)，《地方政府與地方制度法》，臺北：時英出版社。

馮美瑜(2006)，〈我國「分立政府」體制下的政黨合作與衝突〉，《臺北學報》，29，302-325。

紀俊臣(2011)，《直轄市政策治理：臺灣直轄市的新生與成長》，臺北：中國地方自治學會。

紀俊臣(2016)，〈區域治理與府際關係〉，《中國地方自治》，69(5)：3-15。

紀俊臣(2016)，《都市國家：臺灣區域治理的策略選擇》，臺北：中國地方自治學會。

紀俊臣、邱榮舉主編(2018)，《地方治理的問題與對策：理論與實務分析》，臺
　　北：致知學術出版社。

紀俊臣、陳陽德主編(2007)，《地方民主與治理》，臺北：時英出版社。

國立暨南國際大學公共行政與政策學系，(2008)，《府際關係與地方治理研討會
　　論文集》，埔里：國立暨南國際大學公共行政與政策學系。

陳建仁(2011)，《從中央支配到地方自主-日本地方分權改革的軌跡與省思》，臺
　　北：華藝數位股份有限公司。

蔡馨芳(2017)。《臺灣的財政治理》，臺北：五南圖書出版股份有限公司。

蘇彩足(2014)，《地方治理之趨勢與挑戰：臺灣經驗》，臺北：財團法人臺灣民
　　主基金會。

Barber,N.W(2018).*The Principles of Constitutionalism*. Orford:Oxford University
　　Press.

Bingham,Lisa Blomgren,&Rosemary O'Leary,ed.,(2008),*Big Ideas in Collaborative
　　Public Management*,New York:M.E.Sharpe.

Frug,Gerald E,(1999). *City Marking*: *Building Community without Building Walls.*
　　Princeton: Princeton University Press.

Frug,Gerald E.,et al.,ed.,(2006).*Local Government Law:Cases&Materials*,St.
　　Paul:Thomson/West.

Goss,Sue,(2001).*Making Local Governance* Work.New York:Palgrave.

Karlsson, Charlie, Borje Johansson & Roger R.Stouch, eds., (2009). *Innovation,
　　Agglomeration and Regional Compettion*.UK. Cheltenham: Edward Elgar
　　Publishing Ltd.

Kidokoro,T.,N.Harata;L.P.Subana,J.Jessen,A.Motte,&E.P.Seltzer,eds.,(2008),*Sustain
　　able City Region:Space,Place and Governance*.Japan:Springe.

Kossiman,Jun,(2003).*Governing As Governance*,London:Sage.

Leach,R.,and Janie Percy-Smith, (2001). *Local Governance in Britain*, New
　　York:Palgarve.

Leach,Steve,&David Wilson,(2000).*Local Political Leadershio*,Bristol:The Policy Press.

Miller, WL, et al., (2002). *Models of Local Governance* ,New York: Palgarve.

Newman, Janet, (2001). *Modernizing Governance*, London. Sage.

Pierre, Jon, ed., (2000). *Debating Governance*, New York: Oxford University Press.

Pollitt, J., (2000). *Public Management Reform*, New York:Oxford University Press.

Stoker, Gerry, (1991). *The Politics of Local Government,* London:The Macmillan Press.

Stoker, Gerry,(2004).*Transforming Local Governance*,New York:Palgrave.

Vries, Michiel S.de,P.S. Reddy. M. Shamsul Haque, ed, (2008). *Improving Local Government*. New York: Palgrave Macmilliam.

參、促進轉型正義條例的法律保留爭議與行政執行瑕疵

紀俊臣　銘傳大學公共事務學系客座教授

紀冠宇　銘傳大學公共事務學系碩士

一、前言：轉型正義法制旨在加速不正義轉型

立法院於 2017 年 12 月 5 日晚間九時，通過「促進轉型正義條例」(Promotional Transitional Justice Act：以下簡稱促轉條例)，總統於同月 27 日公布施行。該條例第一條規定：

為促進轉型正義及落實自由民主憲政秩序，特制定本條例。
威權統治時期違反自由民主憲政秩序之不法行為與結果，其轉型正義相關處理事宜，依本條例規劃、推動之。本條例未規定者，適用其他相關法律之規定。

由上揭條文意旨，可分為立法意旨，適用範圍及法制屬性；亦即：
(一)立法意旨在於「促進轉型正義(transitional justice)及落實自由民主憲政秩序」(constitutional order of liberal democracy)。

(二) 適用範圍為「威權統治時期(authoritative stage)所為違反自由民主憲政秩序
之不法行為與結果(illegal behavior and consequence)，就其轉型正義相關處
理事宜的規劃和推動」。

(三) 法制屬性是特別法(special law)而非普通法。

就因為該條例旨在促進轉型正義，並落實自由民主憲政秩序；亦即說明國
家現階段仍存在有不正義(injustice)，且有違自由民主憲政秩序的不法行為和結
果；唯該條例卻未界定「**轉型正義**」或正義、不正義何所指？尤其在自由民主
憲政秩序的界定尚不稱一致下，又是何所指？或許是立法者故意不界定，而以
模糊理論(fuzzy theory)解決尚稱棘手的轉型正義問題。但就依法行政原則的實
踐而言，該立法不明確卻有其顯著的立法瑕疵(legislative defect)，乃本研究所
以為文探討之緣由。

促轉條例立法旨趣，既在解決現存的不正義情狀或結果，則其條文究如何
規制以發現真相(truth)備感重要。本研究參考其他推動轉型正義國家的經驗，
以檢視促轉條例所規制了解真相和化解歷史性的政治衝突，終至促進和解
(reconciliation)，以重塑符合憲政主義(constitutionalism)的自由民主社會的合宜
憲政秩序，始為促轉條例立法旨趣的目標與實踐。

二、轉型正義法制的立法環境

雖說促轉條例故意缺漏對「轉型正義」的定義[1]，不無影響該條例的執行績
效，但就學理言之，所稱轉型正義是「**處理過往激烈衝突或政權為邁向永久和**

---

[1] 在立法技術上對於不易理解的科學名詞固然不加界定，以由學說認定為宜;但對於容易理解，並屬日
    常生活有關的事物，亦不加界定，旨在約定俗成。唯就轉型正義不僅非一般生活語言;更非科學名詞，
    法制上如不加界定，應係故意創造模糊的立法作為。

平的廣業民主社會的工具和作為」(Romeike 2016)[2]；質言之，轉型正義係政府針對已成歷史記憶的重大政治衝突事件，為追求民主社會的永久和平所為之處理作為。因之，轉型正義係社會企圖面對以往大規模侵害行為和結果之全盤過程與機制，藉以確認責任，符合正義與獲致和解者[3]。聯合國即曾明確指出：

> 轉型正義是由司法與非司法二者之過程和機制所組合，其包括：推動創新，促進創新，藉以了解真相，給予賠償，制度變革和國民諮商之權利行使。其究應如何組合務須符合國際法制基準和義務。(Transitional justice consists of both judicial and non-judicial processes and mechanisms, including prosecution initiatives, facilitating initiatives in respect of the right to truth, delivering reparations, institutional reform and national consultations. Whatever combination is chosen must be in conformity with international legal standards and obligations.) (United Nations 2010)

是以，促轉條例的立法究有無存在瑕疵，不僅要符合國內法立法的基本法則，尚且須符合國際法之法治原則，始為適當立法作為。

　　基於上揭認知，聯合國在《轉型正義與經濟、社會和文化權利》(Transitional Justice and Economic, Social and Cultural Rights, 2014)一書的概念架構中，即指出針對轉型正義，就國家而言，有四項法則(tenets)；此即：

1. 國家有義務去調查和進行所稱犯罪；即指人權的普遍侵犯(gross violation)和國際人性法上的嚴重侵害，諸如：性侵害以及受刑人之處罰。

---

[2] 德國學者 Buckley-Zistel,Susanne 在 2007 年曾指出：Buckley-Zistel, this refers to "instruments and efforts to deal with the past of a violent conflict regime in order to enable the transition towards a permanently peaceful, mostly democratic society."

[3] The United Nation has defined transitional justice as "the full range of processes and mechanisms associated with a society's attempt to come to terms with a legacy of large-scale past abuses, in order to ensure accountability, serve justice and achieve reconciliation." "The rule of law and transitional justice in conflict and post-conflict societies" (S/2004/616),para.8.

2. 獲知真相的權利；即針對過往的侵犯和已不存在人口的命運。

3. 賠償的權利；即就人權受普遍侵犯的犧牲者。

4. 國家有防阻的義務；亦即經由不同的處理，以使那些不法事件將來不再發生。

因之，了解發生侵害人權的時代背景，至為重要；其亦是立法環境上所需了解的所在。

(一)政黨輪替的正常現象

由於促轉條例將該條例之適用追訴範圍，設定在 1945 年 8 月 15 日至 1992 年 11 月 6 日的所稱「威權統治時期」。此一時期的始點，即係日本天皇宣布向同盟國投降，臺灣將不再受日本殖民統治的起點。至 1992 年 11 月 6 日，則是金門、馬祖解嚴並終止戰地職務；亦即金門、馬祖由戒嚴地區回復自由民主社會的始點。此一長達 47 年 2 月又 22 日的統治時期，除 1945 年 8 月 15 日至同年 10 月 24 日，臺灣光復以前仍屬日本統治外，其餘整整 47 年又 9 日，係由中華民國政府統治時期，當時的執政黨即是中國國民黨(KMT; Koumintang)。經查，促轉條例的立法提案，係籍屬民進黨(DPP; Democratic Progress Party)的蔡英文於 2017 年 5 月 20 日就任總統後，授權民進黨團所提案者。因之，其極具針對性，昭然若揭。

此種政黨輪替(party alternation)所衍生的政治工程，就其立法動機言之，係正常現象。蓋轉型正義係指同一統治領土中，因前朝的不正義事件，為後朝經由立法或其他政治途徑，追查前朝之經由政治、軍事，乃至法律工具，以迫害人權之真相，並給予精神上或物質上的賠償作為，從而得以還原該等受害人清白或稱正義的政治作為。既然轉型正義本質上係如此定義，民進黨針對國民黨執政期間的所謂「威權統治時期」[4]，設定為「不正義事件」(injustice events)

---

[4] 如以 1992 年 11 月 6 日以後的憲政發展，指為「自由民主的憲政時期」，以別以「威權統治時期」，固有若干不符合現實之處，但就 1992 年 11 月 6 日後，中華民國自由地區人民皆可全權行使參政權，則屬相當符合事實的時期分劃。

盛行時期，祇要拿得出證據，應無不可。吳乃德在〈轉型正義與歷史記憶：台灣民主化的未竟之業〉一文中，即指出根據 Samual.P.Huntington 在「第三波：後二十世紀民主化」(*The Third Wave: Democratization in the Late Twentieth Century*)一書的看法，有謂：

> 新民主政府是不是追溯過去威權體制中的罪行，決定的因素並不是道德或倫理的考慮，而完全是政治、是民主轉型過程的本質、以及轉型期間和轉型之後權力的平衡(Huntington 1991:215、吳乃德 2006:8)。

民進黨推動轉型正義本可在第一次政黨輪替時即行進行，祇因陳水扁執政時期，受制於當時國會民進黨並非多數黨，且其個人在第二任期官司纏身，自然不敢推動高度政治敏感性的政治工程。第三次政黨輪替，蔡英文執政係「完全執政」(completely in power)，不僅掌握行政體系，而且國會席次亦超過半數，加上政見上明文揭示。其在第一任即推動轉型正義工程，實屬正常的政治作為；祇是在野的國民黨在其執政時期完全無此種「加害」或「受害」的政治分辨力而已。

(二)憲政改革的過度方法

由於轉型正義須先設定有不正義事件存在，再經由制度化的設計，以利真相的追查和相關和解的運作，如圖 3-1 所述。由不正義到正義即係轉型正義時期，

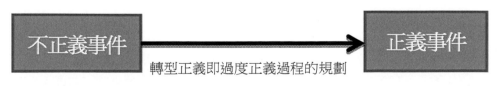

不正義事件 → 正義事件

轉型正義即過度正義過程的規劃

圖 3-1　轉型正義的過程規劃

資料來源：本研究繪製

質言之，轉型正義之轉型原文為 transition(過度)非 transformation(轉型)。既是過度，本宜譯為「過度正義」甚或「過度司法」，始較符該概念之認知。此種過度的觀念，係因過度民主(transition to democracy)始有過度正義或謂過度時期之正義(justice in time of transition)。就因是過度仍必然有制度變革；此制度變革如涉及國家治理體系的變革，或是憲法修正，即成為憲政改革的課題規劃和政治工程的施築。

促轉條例雖祇涉及 1992 年 11 月 6 日以前的政治事件，形式上雖與現行憲政制度無涉，但所指涉的事件一旦調查真相後，發現國民黨執政時期的作為確有不正義情形，即可能影響兩黨政治(two-party politics)的生態，甚至可能需要在憲政制度上有所變革，以落實正義之維持和人權之保障。嗣後此項變革值得持續關注。

南非係轉型正義發展過程的經典國家，其在推動過程中即先行於 1993 年制定「過度憲法」(interim constitution)，作為 1994 年結束種族隔離政策(peoples apartheid policy)，辦理全國大選及選出立憲代表等政治工程的憲政改革法依據，而為推動轉型正義成立「真相與和解委員會」(Truth and Reconciliation Commission; TRC)，亦因過度憲法之賦予法源，終得於 1995 年制定「國家團結及和解法」(National Unity and Reconciliation Act)後開始運作，終至轉型正義各項政治工程圓滿完成。其實轉型正義既是過度時期的權宜措施，而且是擬由不正義世代邁向正義世代；如能制定過度憲法，以因應改革之需要，應是較符合和平改革的轉型正義模式。臺灣在這方面的考量似有不足之處，以致轉型過程之合法性(legitimation)頗受質疑，其來有自。

(三)政治變遷的激進模式

對於轉型正義政治工程的機制設計，大抵可分為三類：一類是認定民主法治是國家作為的核心價值，任何變革對於既得利益者，甚至侵權的加害者，在罪刑法定主義(nulla poena sine lege；No penally without a law)下，皆應獲得保障；質言之，轉型正義不在報復，而在於了解真相後的包容；唯受害者則依相

關規定平反和賠償。二類是認定民主法治固是民主國家的普世價值，但過往的不法侵權行為，如能查明真相後，確定有不法侵害之事實，即須依現行法嚴加究辦，給予應有的懲罰；受害者亦應給予適當的賠償。三類是介於二類之間，追查真相後，由加害人自首屬實者，即予以赦免刑責，而受害者亦依法平反和賠償。臺灣的促轉條例對於轉型正義的機制設計，似受到南非機制的影響，條文中已能兼顧調查政治檔案開放及隱私權保護，移除威權象徵及保存不義遺址，平復司法不法，還原歷史真相及促進社會和解，甚至不當黨產處理皆有明定；唯其對加害者的處置，係採取較溫和的手段，僅在「移除威權象徵」，但「保存不義遺址」上多所作為(促轉條例第五條)。比較其他國家的激烈手段，甚至「抄家滅族」已顯著和緩。

該促轉條例的規制事項，或稱主管機關「促進轉型正義委員會」(以下稱促轉會)的任務，旨在規劃、推動下列五項任務：(促轉條例第二條)

1.開放政治檔案。

2.清除威權象徵，保存不義遺址。

3.平復司法不法，還原歷史真相，促進社會和解。

4.不當黨產之處理及運用。

5.其他轉型正義事項。

上揭五項任務，除第四項已由「不當黨產處理委員會」依「政黨及其附隨組織不當取得財產處理條例」辦理中外，其他四項將由促轉會辦理[5]。由於任務處理方式並不如其他國家的激烈手段。因之，此項轉型正義政治工程似不宜逕予政治變遷的激烈模式視之，比較傾向政黨輪替下完全執政的正常現象。

---

[5] 就因促轉會與黨產會在業務有重疊之處，以致輿論有主張將黨產會併入促轉會，就精簡行政組織言之，似有參酌採行的可行性。

三、促進轉型正義條例的立法爭議聚焦

　　促轉條例在立法過程中，執政的民進黨採取強勢的手段，甚至不顧會場上的夥伴友黨「時代力量」的提議，逕以該黨團所提案之版本通過，以致給予反對黨有「主張臺獨的反動政治行為」(anti-action political behavior)或「堅持臺獨的強勢統治行動」之看法或印象。固然上揭立法過程所形塑的政治態度，多少影響促轉條例的民主正當性(democratic legitimacy)形塑，但該條例除非有司法院大法官經由憲法法庭或會議審查方式判決或決議為違憲立法(unconstitutional legislation)，否則該條例在總統已明令公布施行下，將持續以特別法屬性規制相關事項，具有絕對法效力。

　　唯在立法講究理性制定的原則下，對於已引起輿論多所批評的立法爭議(legislative dispute)聚焦，則值得在促轉會成立前即酌加檢討，以供修正之參考，或可減少因法律漏洞迭起所可能衍生的有無處分效力之爭議。

(一)欠缺程序理性

　　促轉條例在立法過程中，就程序理性(process ration)或稱立法所需「正當程序」(due process)言之，下列三項最受詬議：

1. 法律保留 VS 憲法保留

　　儘管促轉條例係具有特別法之法效力，但就其規制意旨，如涉及憲法保留事項，即有違憲之虞。如促轉條例第六條對於「平復司法不法」事項，規定「得以識別加害者並追究其責任」事項，其不僅有牴觸刑事訴訟法追訴期限的規定，就已死亡之加害者已不具被告身分，如何追究其責任，應已超過法律保留範圍；如為追查真相並追究責任，應屬憲法保留範圍，該條款或有違憲之虞。固然促轉條例與不當黨產處理條例，就不當黨產之處理如有相競合之處，須以不當黨產處理條例優先適用，但就促轉條例第七條規定言之，所謂「除可明確認定其原屬之所有權人或其繼承人外，應移轉為國家所有」，除牴觸土地法第四十三條「土地登記之絕對效力」外，亦違反憲法第十五條「人民之財產權，

應予保障」之規定，不無違憲之虞。其它諸如中正紀念堂已指定為國定古蹟，如有拆除該建築物之行為，即違反文化資產保存法之「犯罪」行為，如何拆除？即有法律競合之處。如何處理？

因之，促轉條例執事人員如在促轉會成立之初，即儘速檢視該條例；如有違憲之虞的規定條文，經由修法程序，將相關條文酌加修正，以符民主法治的憲政主義，從而確立中華民國確實是保障人民權益之民主國家，乃法治國原則之貫徹。

2. 執政黨團提案 VS 行政院提案

事涉轉型正義之促轉條例草案及不當黨產處理條例草案皆非執政的行政部門所提案，而是執政之民進黨團幹部所起草後，再由該執政黨黨團所提出者。固然提案機關誰屬並不影響法制定後的法效力，但就法律規制的完備性而言，黨團提案絕不如行政院提案的完備性及可行性。正由於該兩條例立法時有諸多欠缺完備者，嗣後執行時必有其窒礙難行之處，勢將增加不必要的法制作業成本。

該兩條例的立法，既已存在欠缺程序理性的法律漏洞，執事行政部門就宜儘速邀請學者專家進行「法治或法制立法」之檢討，依各該立法漏洞之嚴重程度加以評估，並且提出修正草案之動議。除可供行政院提出修正案外，尚可供政府執事或法制人員之參考。唯執政黨並無此種基本法治原則之素養。

3. 政黨協商 VS 優勢表決

依立法院職權行使法第十二章「黨團協商」規定，本在建構「少數服從多數，多數尊重少數」的「協商民主」(associative democracy)，避免朝野對立。在國民黨執政時期，民進黨團的少數意見所以多能獲得採納，成為法案之重要內容，即係採行政治協商的結果。唯在蔡政府成立後，立法院政治生態完全有異於以往尊重少數意見的情狀，促轉條例即在黨團協商毫無作為下強行表決所通過者。民進黨政府為貫徹黨的最高決策，不僅重要法案；尤其高度政治敏感性的法案，多由黨團提案，行政院完全置身事外，而且在立法院院會審議時，

濫用「一事不二議[6]」的議事原則，排除類同的其他黨團提案之討論和表決，逕以該黨團所提案付諸表決，達致快速通過法案之目的。此種不尊重少數，更強制排除少數意見之立法惡劣形狀，必將嚴重破壞國會和諧的議事氛圍。促轉條例至今不為在野少數黨認同，即係濫用「一事不再議」至「一事不二議」的立法惡例使然。

促轉條例針對國民黨執政以「威權統治」稱之，已使國民黨深感侮辱，在立法過程中竟完全以非民主的程序完成三讀。此係民進黨完全執政後的一貫作風；尤其事涉轉型正義的政治性提案，如能應用「黨團協商」的機制，以使朝野主張得以折衝，不僅多數黨可以順利通過法案，而且少數黨在國會獲得必要的尊重，自可提出更符合民意的法案，不僅族群間隙可相對減少，而且可以較趨一致的修正方案通過立法，達致國會全力配合行政部門之改革作為。

(二)忽視實質理性

促轉條例雖已由總統公布施行，但通過條文因未經行政院以專業起草，內容諸多簡略或缺漏，在執法過程中的窒礙，不無多所考量之餘地。諸如：

1. 辦理依據

固然促轉條例第二條第二項後段，賦予促轉會五項工作任務，但促轉會除須於成立後，依該條例授權訂定法規命令，始得辦理外，尚有未授權者，其究能依何種法制辦理？即有諸多疑問。舉如司法不法平復事件，促轉會位階並未高於司法院，如何辦理調查事宜，何況法院事務均有法依據，行政規則法效力不高，如何作為處理依據，皆有再商榷餘地。

2. 規制時期

促轉條例明定威權統治時期是由 1945 年 8 月 15 日至 1992 年 11 月 6 日，

---

[6] 依立法院議事規則第十一條第四項規定，「對同一事向有兩個以上修正動議時，應俟提出完畢並成立後，就其與原案旨趣距離較遠者，依次提付討論；其無距離遠近者，依其提出之先後」。復依該議事規則第十條規定：「經否決之議案，除復議外，不得再行提出」。此即「一事不再議」原則之規定，民進黨竟曲解為「祇要討論通過一案，其他提案即不予討論，更遑論表決」。

至今最長已達 73 年，最短亦有 26 年，除非屬永久保存公文，否則公文保存 20 年計算，可能有不少事件已因年代久遠而不易調查。此外，二二八事件因事涉政治敏感性，在當年相關文件多由保安司令部帶走，相關機關可能已無存檔。除非保安司令部後改為臺灣警備總司令部內部尚有保存，否則政治檔案部分即有難以處理的困境；當今學界研究二二八事件所以成果有限，即因檔案流失或其他原因不易獲致檔案有關。

3. 辦理事項

促轉條例所授權促轉會辦理的五大要項，皆是重大政治工程，不僅作業繁瑣，而且人力亦不可能充沛的現實考量下，要在二年內完成固然不可能，即使每次延長，且已一年為期，可能要延諸多一年期，始可能看到總結報告。在促轉會提出總結報告後，始移由各相關機關辦理，究應如何辦理？促轉條例未加明文規定，或可能花費多少人力、物力和財力，最後因事過境遷，且主事者已更替迭起，而致不了了之。

4. 處置效力

依促轉條例第二十條規定：「對於促轉會之行政處分不服者，得於收受處分書後三十日內向促轉會申請復查；對於復查決定不服者，得於收受決定書後二個月內提起行政訴訟」。質言之，促轉條例對於促轉會係以二級獨立機關設定其處分為「行政處分」(administrative disposition)。因之，促轉條例之規定事項，須依行政程序法規定程序辦理，始具有法效力。此項認知說明未來促轉會辦理業務時，不得以「司法機關」的名義執行任務；更不可能賦予「司法警察」的身分，以進行調查事宜。是以執行該條例第十六條「促轉會進行行政調查」的任務時，究應如何作為始符「行政程序」似有檢討之餘地。稍有越權，即為無效處分或得撤銷處分，不得不審慎為之。

5. 處理效應

促轉條例的規制，固然傾向採取回復受害人名義，避免加害人受罪的溫和寬容手段為主，但依該條例第五條規定「移除威權象徵」或「保存不義遺址」，皆將引起社會認同或不認同的對立效應。此時的社會衝突將是促轉會完全無法

掌控的紊亂局面。此可由 2018 年開春以來的藍綠傾向衝突；尤其潑漆事件得知一二。行政院對潑漆事件尚且慢半拍，未來大規模的社會事件豈不更束手無措矣。誠然轉型正義重要，但如何做到正面效應而無多大波瀾的負面效應，可能是主管機關在開辦業務時，即須面對的課題。當前的藍綠對立有逐漸升溫的傾向，如再加促轉會的積極又激烈作為，其可能的衝突，實令人不忍卒言。

四、促進轉型正義委員會的行政執行可能瑕疵

促轉條例第二條第一項明定該條例之主管機關為促轉會，而促轉會依該條第二項前段規定為二級獨立機關。所稱「獨立機關」(independent body)係「指依據法律獨立行使職權，自主運作，除法律另有規定外，不受其他機關指揮監督之合議制機關」。(中央行政機關組織基準法第三條第二項)其為部級獨立機關，在定位上固已明確，但其組織所產生的行政作用(administrative action)如何，尚待釐清，始易於行政組織之運作。

(一)組織性質係獨立行政機關抑或準司法機關

姑且不問促轉會的組織法制本身的違法性[7]，即以二級獨立機關為部級組織體制。依中央行政機關組織基準法相關「合議制機關」(collegial body)規定，其組織內部單位為處，但促轉條例第四條規定促轉會依研究、規劃及推動設四任務小組；各該任務小組由副主任委員及三位專任委員擔任召集人。就行政機關；尤其獨立或行政機關之內部單位，其主管名稱宜明確；現用召集人似說明該任務小組傾向合議制組織模式，以致專任政務官分任各該任務小組召集人。此種「球員兼裁判」的組織模式，竟可允許簡任級政務官擔任高度敏感性的行

---

[7] 依中央行政機關組織基準法第五條第三項規定：「本法施行後，除本法及各機關組織法規外，不得以作用法或其他法規規定機關之組織」。因之，促轉會係依具作用法性質之促轉條例設立，其成立伊始即不合法；唯依中央法規標準法第六條尚不生無效之法制。

政調查職務，其行政中立之效能行政必然受到影響。

由於促轉會係獨立式行政機關；其在不具警察身分的條件下，要如何獨立行使職權？雖說該會在進行行政調查(administrative investigation)時，調查人員得依第十七條規定，「促轉會調查人員必要時，得知會當地政府或其他有關機關(構)予以協助。」但「必要時」，如依比例原則應限於重大案件，始得要求其他機關協助；常態下似不得要求行政協助(administrative assistance)，則以不具警察人員或司法人員的身分執行艱難的行政調查，必定困難重重。

促轉會因非司法機關，其行政人員又以指派、借調或聘僱人員兼充研究或辦事人員(促轉條例第十條第一項)。其除非薪資較一般機關高些[8]，始有誘因；否則未來促轉會將以聘僱人員為其主力。在各任務小組如何應用「合議制」行使職權，已成疑問；更何況出任務時如何由不具正式公務人員身分的聘僱人員獨當一面。此項問題應是成立伊始，即須通盤考量或設計的組織結構性問題。

(二)裁罰特性係行政處分抑或司法處分

由於促轉條例已於第二十條有不服該會行政處分得以「復查」和「行政訴訟」之「行政救濟」(administrative remedy)，以致該會係在具有獨立行政機關的組織定位(organizational status)下，自祇能視為行政處分而非司法性質之處分。因之，促轉會的裁量，祇能歸屬行政罰法所規制的「行政罰」；亦即行政法理論上的「行政秩序罰」，而非「行政刑罰」可資比凝者。唯促轉條例第十九條規定：

> 明知為由政府機關(構)、政黨、附隨組織或黨營機構所保管之政治檔
> 案，以毀棄、損壞、藏匿之方式或致令不堪用者，處五年以下有期徒刑。
> 前項之未遂犯罰之。

---

[8] 獨立機關如公平交易委員會，其人員支領「專業加給」係比照一般行政專業人員;亦即並非依司法調查人員，是以其專業加給極其有限。

　　此固係行政刑罰的特別規定，但僅限於「政治檔案」之毀損、隱匿一項，而不及於其他任務之執行。此項行政刑罰並未如其他獨立機關所慣用的「**先行政後司法**」之機制，在執行上不無緩不濟急。此係促轉條例非由行政院起草所肇致的法律漏洞之一例。促轉會成立後，如能儘速修法增修，始易於執行該項任務；唯主事者竟然漠視此種法制行政意見。

(三)行為效力係絕對效力抑或相對效力

　　促轉會係依促轉條例成立的「**法定機關**」，其依該條例特別規定或行政程序法一般程序所為之行政處分所具有之法效力(legal effect)，除非為行政救濟所撤銷或移送法辦為法院判決無罪或地檢署不起訴外，其處分應係「絕對效力」而非「相對效力」，固不待言。本研究所關注者，係第十一條，促轉會任務總結報告的效力如何？蓋促轉會對於「清除威權象徵，保存不義遺址」所為書面任務總結報告，係歷史文獻抑或是具行政處分性質的報告。如係歷史文獻在提供行政院參考後，行政院可依該文獻進行相關事宜，但不得有「行政處分」的效力；反之，如賦予行政處分效力，行政院除可責成促轉會辦理後續事宜外，尚且可在其他機關承接業務後，辦理後續的「處分效力」仍在的必要行政事宜。因之，此項認定工作，因法無明定，自當更加審慎為之；必要時，可邀請公法學者參予認定為宜。

五、促進轉型正義條例的法制轉換與治療

　　促轉條例儘管制定過程有其明確的針對性，但因已公布施行，在未經司法院明令為違憲的無效法律之前，其仍具有完整的法律效力。但檢視規制內容，實有諸多規制尚存在若干缺漏的立法瑕疵。鑑於修法緩不濟急，又已於最短期間內即行成立促轉會後積極運作。因之，如何經由法制轉換或治療的程序，使其法效力持續，以建構轉型正義的制度化機制，實有其必要性。

(一)法制轉換的類型

關於法制制定後，如有立法上瑕疵自以「增修或刪減」最具立法經濟(legislative economy)，但如何作為可分為：

1. 修正

促轉條例由起草至立法，固然備極艱辛，但就並非行政部門的法制專家所起草，在立法院不論公聽會或三讀過程，執政黨又皆以極其強勢的立法態度，不能接受必要的修正意見，應是其所以存在立法瑕疵的原因。儘管法律公布施行伊始，如確有窒礙難行之處，實不已便宜行事，宜由促轉會提出修正案，再經行政院，函請立法院完成修正立法，應屬最具可行性之途徑。

2. 廢止

設若促轉條例在執政過程中，促轉會確已發現法效益不大，且可避免藍綠對立的社會衝突，即宜提出相關條文的廢止案。由於促轉條例係參酌南非法制設計，其已屬較為和緩的轉型正義模式，其需要廢止的條文並不多見。比較值得參酌者，即是移除權威象徵部分，在通過立法時，即發生若干誤解，足見法制有所不備；如能有更完整的條文取代現行條文，將是健全立法的必要過程。

(二)法制治療的途徑

修法固然係調整立法瑕疵最經濟的積極作為，但鑒於立法院政治生態的對立氣氛，反而以法制治療有其可行性，諸如：

1. 司法院解釋

目前已有在野黨立法委員建請釋憲，卻因人數尚有不足而未能提請釋憲。設若在野各政黨形成共識而以足夠人數即達三分之一建請司法院解釋，務望司法院能排除意識型態的干擾，以最短時間內完成釋憲，以使促轉條例能以「健全立法」模式，積極處理歷史共業所為之轉型正義政治工程。

2. 行政法院判決

一旦促轉會運作後，如有受到行政處分而不服者，即可經由復查及行政訴訟程序，謀求行政救濟，亦因而解決該條例之立法瑕疵。行政法院判決係由受行政處分者自身提出，其情形雖不鼓勵，但如受處分人認為確有立法瑕疵或其他法律爭議，而以行政救濟途徑解決，亦屬法制治療的必要過程。

3. 促轉會解釋

雖說促轉會的行政作為尚有爭議，但組織掛牌運作後，即可以法律主管機關的行政主體做成「行政解釋」(administrative explanation)。由於促轉會係獨立行政機關，其所為個案或通案的解釋，皆是未來必定經常出現的行政作為。促轉會宜延攬行政法制人才應係成立伊始之當務之急。蓋行政解釋係主管機關的必要工作項目，不僅公文處理較快，而且因職責所在，除非受意識形態干擾，否則其解釋之可行性和接受度反而更高些。

4. 公民投票複決

在公民投票法已將公民投票提案或連署的門檻降低後，公民投票已成為未來公民參與(civil participation)的正常管道之一。促轉條例所規制的事項究竟有無牴觸憲法或與其他法律競合之處，經由提起公民投票之複決案，乃至創制案皆是解決促轉條例可能爭議的重要途徑之一。祇是公民投票所費不貲，如不是已無其他途徑可供法制治療，實不宜冒然發動公民投票，俾資節省公帑，並符合立法經濟原則。

六、結語：轉型正義應以過度主義和平漸進為宜

長達半世紀以上的歷史共業，要在一次到位的轉型正義政治工程中完成，談何容易？但長久的意識形態對立，已損耗不知多少國家資源。因之，謀求轉型正義政治工程的及早完成，亦是國人的最大公約數之共識所在。問題是國人對轉型正義的真諦並不瞭解，亦無心多所了解。在此情況下究祇有採用漸進主

義(incrementalism)的模式，在促轉條例的規制下，以更趨和平漸進的手段，推動轉型正義工程。促轉會執事人員宜以溝通代替對嗆，以協商代替調查，並且以集體合議制代替書面獨任制，以進行各項行政事宜。相信行政作為的和緩，加上法制上的必要調查，此項轉型正義政治工程，將可在「雖不滿意，但可接受」的多數人期待下順利完成，以建構真正和諧的公民社會。

參考書目

石雅如(2014)，〈拉丁美洲轉型正義概況〉，《臺灣國際研究季刊》，10(2):107-128。

申淵(2008)，〈世界性的「轉型正義」潮流〉，《開放雜誌》，2018.3.11 網站下載。

林秀慧(2017)，〈政黨及其附隨組織不當取得財產處理條例〉，中國文化大學社會科學院政治學系碩士論文。

吳景欽(2018)，〈轉型正義、罪刑法定與國際刑法〉，《轉型正義的憲法思維學術研討會》，140-146

吳乃德(2006)，〈轉型正義和歷史記憶：台灣民主化的未竟之業〉，《思想系列》2:1-34。

葉虹靈(2016)，〈和解典範的開拓者—南非的轉型正義〉，報導者，網站 2018.3.11 下載。

陳清秀(2018)，〈轉型正義的法理〉，《轉型正義的憲法思維學術研討會》，1-11。

陳瑤華(2015)，〈南非的真相與和解委員會〉，《臺灣人權學刊》，3(1):111-118。

陳隆志(2006)，〈轉型正義與國家正常化〉，《新世紀智庫論壇》74,2018.3.11 網站下載。

趙守博(2018)，〈轉型正義不應是清算報復而應是求真相和促進和諧與包容〉，《轉型正義的憲法思維學術研討會》，137-139。

Stanford Encyclopedia of Philosophy(2014)"Transitional Justice".

United Nations(2010),*Guidance Note of the Secretary-General: United Nations Approach to Transitional Justice.*

United Nations(2014),*Transitional Justice and Economic, Social and Cultural Rights*

Romeike, Sanya(2018),"Transitional Justice in Germany after1945and after1990." Occasional Paper No.1, 2018.3.11 網站下載。

肆、中央與地方協力治理食品安全衛生之策略與法制：兩岸治理之比較

紀俊臣　銘傳大學公共事務學系客座教授

李昕錞　國立中山大學公共事務管理研究所博士

摘　要

　　「食品」為人抱持著良心，做出供眾人入口的食品，過去政府監管單位對於食品製作過程並未高度立法，嚴格執行，取締違規；也因此讓有心人士趁隙違法經營，發生多起重大食品安全事件。有鑑於「食」為重大民生之首，政府有責任讓民眾「食在安心健康」。從這些食安事件獲得警惕，要確保食品生產製程符合相關規範，有賴於企業協會及社會民眾監督，食品從業者良心自主管理，以及政府相關部門合作監管，三方協力參與才得以達到食品安全衛生。對於兩岸在食安治理多所比較，或可了解食安治理成效不彰之所在，爰以分析之。

一、前言：食品安全衛生問題是當前兩岸需要協力治理之課題

　　兩岸是一海峽之隔，在開放往來後，經貿是兩岸交流最重要的標的物，其中以食品的輸出入占居最大數量，但以往總有大陸黑心食品的印象。曾幾何

時，臺灣銷往香港、日本或大陸的食品，亦經查驗有超標的違規添加物。兩岸近些年來的所稱「黑心食品」(tainted food / contaminated food)時有所聞，不僅量大而且著有品牌。此種食品安全(food safety)事件，已至層出不窮，管不勝管的窘境。儘管食品安全衛生管理法制修正頻仍，仍未能有效遏阻此種害人害己，並可能遺害子孫的不道德產業之經營，致有政府治理無能的憾事感觸。事實上，隨著全球各地貨貿頻繁往來，市面上常可見來自全球各地的食物及食物原料。這也代表著食物鏈中一個生產作業的汙染情形都可能影響其他地區的居民，如 2008 年日本三笠食品公司[1]販售有毒大米給食品業者，經加工成為內外銷食品、燒酒；2017 年初，爆出部分巴西肉類工廠被揭發出售添加致癌化學物掩飾腐肉的醜聞[2]等。這顯示各國在面對食品生產的監管機制仍有不足，更指出面對每個生產環節、行為所產生的相互影響以及後續效應，並非單一國家所能獨自完成，跨國機關的相互合作至關重要[3]。以兩岸間越來越頻繁的貨貿行為以及相近的飲食文化，每年互通之食品原料、食品添加物及食品已多達十萬種類別；特別是近些年出口大陸食品類產品增長至我國出口量第一；然而在 2011 年後臺灣陸續被揭露食品遭塑化劑、毒澱粉(順丁烯二酸酐 Maleic anhydride C4H2O3)、黑心油汙染等食品安全衛生事件後，已嚴重影響臺灣食品之信譽，更再次凸顯出兩岸食品安全合作與協處的重要性，不但攸關兩岸消費安全之保障，更將影響擴展臺灣之出口貿易[4]。

針對兩岸間經貿往來；尤其食品安全管理所衍生的經貿問題，究竟如何發展，固然有待兩岸執事者的協商，始可獲致可行的治理機制。唯就食品安全衛生(food safety and health)係關係兩岸人民的身心健康，何況兩岸人民多屬「同族同語」的政治文化體系，務必經由各種途徑處理，而在政策治理上如何經由

[1] 日本毒大米事件 https://news.tvbs.com.tw/world/181884
[2] 巴西黑心肉弊案 https://news.mingpao.com/pns/dailynews/web_tc/article/20170319/s00014/1489859787263
[3] Food safety in a globalized world. http://www.who.int/bulletin/volumes/93/4/15-154831.pdf
[4] 顏慧欣(2013)。〈食安防護機制與《兩岸食品安全協議》：從食用油事件談起〉。〈展望與探索〉。11(12),26-33。

「協力治理」(collaborative governance)的合作夥伴作為，以根本解決問題，則是兩岸政府治理不得不面對的公共問題。

本研究即基於此一思維，本諸公共治理(public governance)的原則，探討兩岸在食品安全衛生管理上的作為模式。經查中國大陸對食品安全衛生管理，依「中華人民共和國食品安全法」第九章「法律責任」規定，固係行政罰，但該法第 149 條款規定，「構成犯罪的，依法追究刑事責任」；即以嚴刑峻法追究，但其相關法制即裁罰行為，多以密件處理，而使其他資料之收集不易，致在比較差異上有其困難，是本研究在分析和論述上的主要限制，先此敘明。

二、比較兩岸食品安全衛生問題特質之差異

本研究依據食品製程(food processing)，將食品安全衛生問題屬性，分成「原料管理失當、加工製程管理失當，以及標示不實」，並依此彙整兩岸近十年來所揭露的重大食安事件。

(一)臺灣

就近十年來，經行政院衛生署或衛生福利部所揭露的食品安全事件中，事涉「原料管理失當」(raw material misadministration)的事件，自 2008 年至 2017 年有逐年增加的傾向(如表 4-1)。如在 2008 年僅有茼蒿農藥殘留超標 1 件；唯至 2017 年已有逾期乳瑪琳重製等 8 件食安事件，皆因原料管理失當肇致。對於原料的控管一向是食品安全在製程上最首要的防腐措施；在教育程度已普遍提高的現在社會，對於「食品原料」的管理係其製程的基本管理課題(managerial issues)，本當有更好的成效，卻有管理失當的情狀，屢見之報端，而且一件比一件嚴重。此多少說明原料管理的應有「企業倫理」(business ethics)，已嚴重至需要用重典規制。誠然，企業管理(business administration)對於原料控管一向列為首務；尤其在講究利潤的競爭市場，原料管理絕不可能忽略。現竟敢鋌而

走險，其應不是心存僥倖，而是敢以身試法；既是企業倫理上的問題，就值得食品安全衛生主管機關在法制上多所策進者。

表 4-1　近十年臺灣地區重要食品安全「原料管理失當」案例

年份	事件	件數（例）
2008	茼蒿農藥殘留超標[5]。	1
2009	茶葉殘留農藥[6]。工業用鹽充當食用鹽[7]。飼料米充白米[8]	3
2010	連鎖店紅茶包含致癌物[9]。	1
2011	校園午餐驗出瘦肉精與四環素[10]。蔬菜殘留農藥超量[11]。河川毒魚事件[12][13]。飼料奶粉供人食用[14]。	4
2012	手搖飲料店茶類飲料殘留農藥[15]。飼料奶粉供人食用[16]。	2
2013	紅薏仁檢出黃麴毒素[17]。馬鈴薯類商品含致毒物質「龍葵鹼」[18]。低價棉籽油偽高價橄欖油銷售[19]。	2

[5]　https://tw.appledaily.com/headline/daily/20080323/30380520/

[6]　https://tw.appledaily.com/headline/daily/20091112/32085426/

[7]　http://news.ltn.com.tw/news/life/paper/351546

[8]　http://news.ltn.com.tw/news/life/paper/304612

[9]　https://tw.appledaily.com/headline/daily/20100701/32627448/

[10]　http://www.cna.com.tw/news/firstnews/201105070003-1.aspx

[11]　https://m.nownews.com/news/459078

[12]　https://tw.appledaily.com/headline/daily/20110523/33406613/

[13]　https://tw.appledaily.com/headline/daily/20110826/33624927/

[14]　https://www.youtube.com/watch?v=c97EE_-MR3Q

[15]　https://tw.appledaily.com/headline/daily/20120828/34469362/

[16]　http://linuxyeo.pixnet.net/blog/post/288477896-10%E5%99%B8%E7%89%B2%E7%95%9C%E5%A5%B6%E7%B2%89-%E7%B5%A6%E4%BA%BA%E5%96%9D%3B-%E9%A3%BC%E6%96%99%E5%A5%B6%E7%B2%89%E5%82%B7%E8%82%9D-%E5%95%8F%E9%A1%8C%E5%BB%A0%E5%95%86

[17]　https://tw.news.yahoo.com/%E7%B4%85%E8%96%8F%E4%BB%81%E6%AA%A2%E5%87%BA%E9%BB%83%E9%BA%B4%E6%AF%92%E7%B4%A0%E9%81%AD%E4%B8%8B%E6%9E%B6-062456723.html

[18]　http://www.chinatimes.com/newspapers/20131005000853-260114

2014	畜禽水產品含禁藥[20]。茼蒿農藥殘留超標[21]。校園午餐殘留農藥[22]。餿水油、回鍋油、飼料油混充食用油[23]。牛、羊、豬肉注保水劑增重[24]。	4
2015	手搖飲料店茶類飲料殘留農藥[25]。蜂蜜含抗生素[26]。飼料用雞血混充鴨血[27]。逾期腐敗肉品蔬菜改包販賣[28]。	3
2016	逾期水產及肉品加工製成食材[29]。逾期食品原料調製醬料[30]。	2
2017	逾期乳瑪琳重製[31]。雞蛋檢出過量戴奧辛[32]。蝦味先使用過期原料[33]。雞蛋芬普尼超標[34]。逾期、劣質豆製品加工再製[35]。鹹鴨蛋(糕點原料)檢出蘇丹紅[36]。馬鈴薯類商品含致毒物質「龍葵鹼」[37]。純蒜酥摻雜蠶豆酥[38]。	8

[19] https://zh.wikipedia.org/wiki/2013%E5%B9%B4%E8%87%BA%E7%81%A3%E9%A3%9F%E7%94%A8%E6%B2%B9%E6%B2%B9%E5%93%81%E4%BA%8B%E4%BB%B6

[20] https://www.fda.gov.tw/tc/site.aspx?sid=3882

[21] http://www.chinatimes.com/newspapers/20141220000413-260114

[22] http://www.chinatimes.com/realtimenews/20141121005272-260405

[23] https://zh.wikipedia.org/wiki/2014%E5%B9%B4%E5%8F%B0%E7%81%A3%E5%8A%A3%E8%B3%AA%E6%B2%B9%E5%93%81%E4%BA%8B%E4%BB%B6

[24] http://www.chinatimes.com/newspapers/20150426000760-260301

[25] https://tw.appledaily.com/headline/daily/20150415/36494633/

[26] https://tw.appledaily.com/headline/daily/20150726/36687197/

[27] https://tw.appledaily.com/headline/daily/20150213/36386753/

[28] https://tw.appledaily.com/headline/daily/20151113/36897335/

[29] http://dailynews.sina.com/bg/tw/twlocal/bcc/20160118/22347140490.html

[30] https://tw.appledaily.com/new/realtime/20160903/941659/

[31] https://tw.appledaily.com/new/realtime/20170310/1073749/

[32] https://udn.com/news/story/7314/2656341

[33] http://news.ltn.com.tw/news/focus/paper/1103530

[34] http://www.cna.com.tw/news/firstnews/201708225002-1.aspx

[35] http://news.ltn.com.tw/news/life/breakingnews/2181000

[36] http://news.ltn.com.tw/news/life/breakingnews/2208671

[37] http://news.ltn.com.tw/news/life/breakingnews/2155793

[38] https://udn.com/news/story/7321/2731910

　　依表 4-2，臺灣近十年來就「食品加工製程管理失當」(food processing misadministration)案件，由 2009 年僅有「湯圓防腐劑超量」一件，至 2015 年有「豆腐乳參工業染劑二甲基黃等 14 件」，2016 年「蝦含超標二氧化硫、禁藥」等 8 件，2017 年有「冬瓜磚添加非食品及石灰」等 6 件，皆是佔據社會新聞版面的駭人聽聞食安事件。此所稱「食品加工製程管理失當」，易言之，就是濫用「添加物」(additives)。此所稱「食品添加物」(food additives)指依食品安全衛生管理法第 3 條第 2 款規定：「食品添加物：指為食品著色、調味、防腐、漂白、乳化、增加香味、安定品質、促進發酵、增加稠度、強化營養、防止氧化或其他必要目的，加入、接觸於食品之單方或複方物質。複方食品添加物使用之添加物僅限由中央主管機關准用之食品添加物組成。前述准用之單方食品添加物皆應有中央主管機關之准用許可字號。」該等食品添加物，就一般說法係指調味品，但新近所查獲之不法添加物，已非一般熟知的調味品而已，而是使食品可置放較久而不敗壞的化學物品，或是恣意使用工業用的「調味品」，一方面降低製造成本；另一方面販賣時間可加長。目前更具危險性者，係其食品添加物已非「單方」(single substance)而係「複方」(combination of substances)添加物，如有濫用情形，對食用者身體危害更大。

　　食品製造有添加物本係相當正常的食品製造過程，祇是濫用添加物為法所不許。蓋添加物應限於人體得以使用者；如該添加物本身即為身體所不得使用的「工業用物」(industrial supplies)，竟然不顧食用者生命安全，故意於食品製程添加，即是違法行為，輕者依食品安全衛生管理法處以裁罰性行政處分或其他行政罰(食安法第 52 條、55-1 條、56 條)；如造成生命安全上的死亡或其他傷害，即可科以刑罰(食安法第 49 條)。由於罰則尚未達致嚇阻犯罪或其他不法行為之法律效果，以致因食品添加物的不當使用所造成危害食用者健康的食安事件，並未能銷聲匿跡，當前尚且變本加厲，令人髮指。

表 4-2　近十年臺灣地區重要食品安全「食品加工製程管理失當」案例

年份	事件	件數(例)
2009	湯圓防腐劑超量[39]	1
2010	清明節祭祀食品抽檢含防腐劑[40]	1
2011	香精牛奶[41]。塑化劑污染食品事件[42]。	2
2013	麵包添加含鋁膨鬆劑[43]。食品違規使用著色劑「銅葉綠素」、「銅葉綠素鈉」[44]。食品非法添加順丁烯二酸酐化製澱粉[45]。麵類製品專案抽驗見含防腐劑[46]。明節祭祀食品抽檢含防腐劑、漂白劑[47]。專案抽驗豆類製品見含防腐劑超標、漂白劑殘留[48]。工業染劑製豆干[49]	7
2014	工業漂白劑漂白豆芽[50]。化工原料豆花[51][52]。醃薑泡工業鹽丹[53]。米製品含防腐劑[54]。湯圓防腐劑超量[55]。抽驗豆類製品見含防腐劑超標、漂白劑殘留[56]。工業染劑製豆干[57]	9

[39] https://tw.appledaily.com/headline/daily/20091222/32177845/

[40] https://tw.appledaily.com/headline/daily/20100402/32404642/%E5%90%AB%E9%98%B2%E8%85%90%E5%8A%91%E9%87%8F%E8%B2%A9%E6%BD%A4%E9%A4%85%E7%9A%AE%E4%B8%8B%E6%9E%B6

[41] https://www.nownews.com/news/20110603/480842

[42] http://news.ltn.com.tw/news/focus/paper/722936

[43] https://health.udn.com/health/story/6002/359692

[44] http://www.chinatimes.com/newspapers/20131113000393-260102

[45] https://zh.wikipedia.org/wiki/2013%E5%B9%B4%E8%87%BA%E7%81%A3%E6%AF%92%E6%BE%B1%E7%B2%89%E4%BA%8B%E4%BB%B6

[46] https://www.newsmarket.com.tw/blog/36718/

[47] http://www.uho.com.tw/hotnews.asp?aid=25378

[48] http://taiwanus.net/news/press/2013/201307091108321973.htm

[49] http://news.ltn.com.tw/news/life/paper/686268

[50] https://www.nownews.com/news/20140416/1194582

[51] http://news.ltn.com.tw/news/life/paper/828754

[52] http://news.ltn.com.tw/news/life/paper/829893

[53] https://news.tvbs.com.tw/local/555348

| 2015 | 豆腐乳參工業染劑二甲基黃[58]。年節食品含防腐劑、黃麴毒素過量[59]。潤餅皮添加工業漂白劑[60]。米血摻偽藥用石膏[61][62]。工業用碳酸氫銨泡製海帶[63]。調味粉摻工業用碳酸鎂[64]。蜜餞摻工業用原料[65]。白飯添加防腐劑[66]。麵條含防腐劑[67]。肉製品使用非食品級亞硝酸鈉[68]。蓮子泡非食用級雙氧水漂白[69]。蒟蒻條參工業純鹼[70]。湯圓防腐劑超量[71]。抽驗豆類製品見含防腐劑超標、漂白劑殘留[72] | 14 |
| 2016 | 蝦含超標二氧化硫、禁藥[73]。非食品級碳酸鈉浸泡海產[74]。非食品級明礬製作油條[75]。湯圓添加非食品級染劑[76]。湯圓防腐 | 7 |

54 https://tw.news.yahoo.com/%E7%B1%B3%E8%A3%BD%E5%93%81%E6%8A%BD%E9%A9%97-%E4%B8%89%E5%8D%81%E4%BB%B6%E4%B8%AD-%E4%BB%B6%E7%B1%B3%E8%8B%94%E7%9B%AE%E4%B8%8D%E5%90%88%E6%A0%BC-025032747.html

55 http://iservice.ltn.com.tw/2013/specials/foodsafty/news.php?type=a&no=753301

56 http://www.aimex.tw/CHT/knowledge_news_detail.asp?fp_ArticleID=2394&fp_CategoryID=1

57 https://www.newsmarket.com.tw/blog/62533/

58 http://news.ltn.com.tw/news/life/paper/850286

59 http://www.ey.gov.tw/News_Content4.aspx?n=E7E343F6009EC241&sms=E452EBB48FCCFD71&s=E15E9A30B229AFBC

60 https://www.ettoday.net/news/20150321/481835.htm

61 http://news.ltn.com.tw/news/focus/paper/874785

62 http://www.chinatimes.com/newspapers/20150426000290-260114

63 http://www.setn.com/News.aspx?NewsID=67196

64 https://tw.appledaily.com/headline/daily/20150401/36469208/

65 http://news.ltn.com.tw/news/life/breakingnews/1324656

66 http://news.ltn.com.tw/news/life/breakingnews/1460599

67 http://www.chinatimes.com/newspapers/20151003000292-260102

68 https://www.newsmarket.com.tw/blog/78771/

69 http://news.ltn.com.tw/news/life/paper/943651

70 http://www.setn.com/News.aspx?NewsID=114250

71 https://www.fda.gov.tw/tc/newsContent.aspx?id=19384&chk=92958ab4-73fc-4d59-a7ca-345d9c4b042c。

72 http://news.ltn.com.tw/news/local/paper/907695

73 http://www.chinatimes.com/newspapers/20160127000361-260114

	劑超量[77]。**抽檢清明節祭祀食品含防腐劑、漂白劑**[78]。**專案抽驗豆類製品見含防腐劑超標、漂白劑殘留**[79]	
2017	冬瓜磚添加非食品級石灰[80]。食品級機械潤滑油塗抹包子等麵製品[81]。使用工業用漂白劑漂白豆芽菜[82]。毒薑絲超標 300 倍銷全台[83]。**專案抽驗豆類製品見含防腐劑超標、漂白劑殘留**[84]。湯圓防腐劑超量[85]	4

表 4-3　近十年臺灣地區重要食品安全「食品標示不實」案例

年份	事件	件數（例）
100	竄改過期原料重新販售[86]	1
102	變造效期賣過期粽[87]。胖達人香精麵包[88]。山水米以劣質米充優質米[89]	4

[74] http://news.ltn.com.tw/news/society/breakingnews/1888935

[75] https://udn.com/news/story/3/2163745

[76] https://www.thenewslens.com/article/57208

[77] https://www.fda.gov.tw/tc/newsContent.aspx?id=21615&chk=5d3857e5-33eb-418b-bf1a-4b3ba9561ecc。

[78] https://www.nownews.com/news/20160328/2043545

[79] http://health.gov.taipei/Default.aspx?tabid=36&mid=442&itemid=40720

[80] http://news.ltn.com.tw/news/life/breakingnews/2000069

[81] http://news.ltn.com.tw/news/life/breakingnews/1946967

[82] https://udn.com/news/story/7320/2526473

[83] http://news.ltn.com.tw/news/society/breakingnews/1316968

[84] https://imap.health.gov.tw/App_Prog/AnnouncementsDetail.aspx?tid=1&id=40720

[85] file:///C:/Users/asus/Downloads/106%E5%B9%B4%E5%BA%A6%E5%85%A8%E5%8F%B0%E6%8A%BD%E9%A9%97%E5%85%83%E5%AE%B5%E7%94%A2%E5%93%81%E4%B8%8D%E5%90%88%E6%A0%BC%E6%B8%85%E5%96%AE.pdf

[86] https://tw.appledaily.com/headline/daily/20111213/33883521/

[87] http://www.my-formosa.com/DOC_43064.htm

[88] https://tw.appledaily.com/headline/daily/20130822/35239507/

[89] https://www.newsmarket.com.tw/blog/38903/

103	食品改包裝改效期重售[90]。鼎王麻辣鍋湯頭由大骨粉、雞湯塊混製[91]	2
105	魚鬆成分標示不符[92]。逾期冷凍雞肉改標販售[93]。逾期冷凍水產品改標販售[94]。	3
106	竄改糕餅有效期限[95]。竄改牛肉產品效期[96]。	2

依表 4-3，臺灣近十年來事涉「食品標示不實」(food mislabeling)的食安事件，自 2011 年的「竄改過期原料重新販售」1 件，逐年增加；至 2013 年已有「變造效期賣過期粽」等 3 件，2014 年～2016 年仍各有 3 件，甚至 2017 年尚有 2 件。可見食品供應商在「食品標示」方面係採取得過且過的心態。只要能瞞得過消費者，即使有效期限已過期，亦可將究販售，而將食品包裝上所曾標示的有效日期，更改為往後的有效日期，俾過期食品(expired food)復變為「未過期食品」(unexpired food)，誤導消費者購之食用。此種標示不實，如純屬「日期」不實，而非製程上原料、添加物的標示不實，其對身體的危害，或許不像前述原料控管不當或是加工管理不當嚴重，但畢竟是非誠信行為，就食安言之，或有危害之虞慮，乃屬食安法所不許的禁制行為。

(二)大陸

儘管中國大陸經濟崛起，已成為世界第二大經濟體(economy)，甚至如中國國家主席習近平於 2017 年 10 月 18 日，中共第 19 大進行黨務工作報告，所說中國將成為強國(world powers)。現階段中國已成為世界兩大國(big country)，但中國有如暴發戶一般，其經濟倫理(economic ethics)仍然深受已開發國家之質

---

[90] https://tw.appledaily.com/headline/daily/20141120/36218544/

[91] https://tw.appledaily.com/headline/daily/20140227/35667745/

[92] http://news.ltn.com.tw/news/life/paper/954459

[93] https://tw.appledaily.com/new/realtime/20160219/798925/

[94] http://news.ltn.com.tw/topic/%E9%81%8E%E6%9C%9F%E6%B0%B4%E7%94%A2%E5%93%81

[95] https://tw.appledaily.com/headline/daily/20170510/37645695/

[96] http://www.health.ntpc.gov.tw/news/index.php?mode=data&id=2344&parent_id=10005&type_id=19121

疑。近些年來儘管大陸政府資訊(governmental information)仍受到國家管制，而且是儘量的封鎖，但由美國輸入至中國大陸的封鎖食品，仍為中國大陸民眾所喜愛；反之，旅居美國之華人殆多肯定臺灣產品的價廉物美。即便有此不同，但食品倫理之欠缺，兩岸卻多所類同。

　　依表 4-4，中國近十年來重要食品安全案例，已有逐年增加的窘狀。茲說明如下：

1. 中國大陸幅員廣大，人口眾多，缺乏企業倫理的食安事件本就多，以致若干新聞報導食安事件只是冰山一角。

2. 就中國大陸的食安事件，由於原料管理不易，其所見之報端者，應祇是違法較為嚴重，且危害人群至為顯著，並可能較為長久存在者。以 2004 年至 2017 年為報載之「原料管理」食安事件言之，民生必需品成為不法廠商危害的主要標的物，如 2004 年頭髮醬油、大頭奶粉，至 2017 年的地溝油事件，發現大陸不法廠商正趁大陸經濟崛起，人民購買力逐年提昇；尤其人民正進入「愛吃」或稱「嗜吃」(addicted eat)階段，乃特別在該等為民生日常之所需的食品上做出不法的行為。

3. 依表 4-4，可發現製程管理上，亦以日常食用物為其濫用添加物或變造食用物，對社會人心造成很大的傷害，如 2009 年藥水豆芽、農藥饅頭；2011 年的黑心染色饅頭；2013 年的大便臭豆腐；2014 年的溫州大便臭豆腐，皆是在日常食用品上添加有害健康，且為法所不被允許之行為。

4. 中國大陸人民祇要離開大陸，在諸如：香港、澳門、臺灣、新加坡，乃至日本、韓國時，最喜歡購賣或是購買量最大，早為當地民眾所反感之購買行為，即是大量購買奶粉。大陸奶粉產量並不缺乏，人民所以喜至他國或地區即興購買奶粉，乃因 2008 年之河北「毒奶粉」事件影響。[97]

---

[97] 2008 年 9 月，位處河北省石家莊市之三鹿集團，所出品的「三鹿牌奶粉」竟滲入可致人以死「三聚氰胺」(Melamine $C_3H_6N_6$)，是即「2008 年中國奶製品汙染事件」。在此事件後，仍陸續出現毒奶粉事件，以致大陸人民出國即以購買奶粉為最大宗，甚至影響當地人民之購買奶粉。

表 4-4　　近十年大陸地區重要食品安全案例

年份	原料管理	製程管理
2004	頭髮醬油[98]。大頭奶粉[99]	
2006	蘇丹紅鴨蛋或雞蛋[100]。毒比目魚[101]	
2007	「工業鹽」假冒「食用鹽」-湖南[102]	
2008	三聚氰胺汙染奶粉[103]。膨化劑「碳酸氫銨」遭三聚氰胺污染[104]。黑心麵粉[105]	
2009	注水肉[106]。人造豬血[107]。羊尿鴨肉[108]。	藥水豆芽[109]。農藥饅頭[110]
2010	膨風水果[111]。染色青豆[112]。三聚氰胺汙染奶粉[113]。	

[98] https://tw.news.appledaily.com/international/daily/20041026/1335796/

[99] http://news.tvbs.com.tw/other/447936

[100] http://news.tvbs.com.tw/world/343848

[101] https://tw.news.appledaily.com/international/daily/20061119/3042560/

[102] http://news.sohu.com/20070530/n250294847.shtml

[103] http://www.ntdtv.com/xtr/b5/2010/07/10/a413625.html.-%E5%A4%A7%E9%99%B8%E4%B8%89%E7%9C%81%E5%8F%88%E7%99%BC%E7%8F%BE%E4%B8%89%E8%81%9A%E6%B0%B0%E8%83%BA%E6%AF%92%E5%A5%B6%E7%B2%89.html

[104] http://www.sinchew.com.my/node/1113233

[105] http://news.ltn.com.tw/news/life/paper/251564

[106] http://www.epochtimes.com/b5/9/3/12/n2460258.htm

[107] http://www.cnhubei.com/xwzt/2009zt/rzzx/index.html

[108] https://www.watchinese.com/article/2009/1201

[109] http://news.cnhubei.com/ctdsb/ctdsbsgk/ctdsb05/200907/t736891.shtml

[110] http://news.sina.com/ch/mingpao/102-101-101-106/2009-03-12/19183706547.html

[111] http://www.epochtimes.com/b5/11/5/20/n3262656.htm

[112] http://e-info.org.tw/node/53064

[113] https://www.watchinese.com/article/2010/1944

2011	毒海參[114]。地溝油-浙江[115]廣東東莞[116]	黑心染色饅頭[117]
2012	肯德基麥當勞再陷藥雞門[118]	
2013	毒生薑-山東[119][120]	大便臭豆腐[121]
2014Z	過期肉類[122][123]。「工業鹽」假冒「食用鹽」-河南[124]	大便臭豆腐-溫州[125]
2016	「工業鹽」假冒「食用鹽」-內蒙[126]廣州[127]。地溝油-北京市[128]	
2017	地溝油-浙江[129]	

[114] http://www.caijing.com.cn/2011-05-13/110717364.html

[115] http://zj.sina.com.cn/news/social/12/2011/0914/14994.html

[116] https://tw.news.appledaily.com/international/daily/20110511/33378922/

[117] http://news.tvbs.com.tw/china/51807

[118] http://finance.people.com.cn/BIG5/n/2012/1219/c70846-19943293.html

[119] https://www.ettoday.net/news/20120517/47088.htm?t=%E5%99%B4%E7%81%91DDT%E4%BF%9D%E9%AE%AE%E3%80%80%E5%B1%B1%E6%9D%B1%E9%A9%9A%E7%8F%BE%E3%80%8C%E5%8A%87%E6%AF%92%E7%94%9F%E8%96%91%E3%80%8D

[120] http://news.ltn.com.tw/news/world/paper/676889

[121] https://tw.news.appledaily.com/international/daily/20070714/3642367/

[122] http://tw.aboluowang.com/2014/0722/419499.html

[123] http://finance.sina.com/bg/economy/sinacn/20150715/19551298192.html

[124] http://www.ntdtv.com/xtr/b5/2014/10/24/a1148592.html

[125] https://www.ettoday.net/news/20140807/387241.htm?t=%E7%B3%9E%E6%B0%B4%E6%B3%A1%E9%81%8E%EF%BC%81%E3%80%80%E6%BA%AB%E5%B7%9E%E7%94%B7%E5%90%83%E3%80%8C%E5%A5%AA%E5%91%BD%E8%87%AD%E8%B1%86%E8%85%90%E3%80%8D%E9%9A%AA%E5%96%AA%E5%91%BD

[126] https://tw.appledaily.com/new/realtime/20160329/826813/

[127] https://www.ettoday.net/news/20161223/835767.htm?t=%E5%B7%A5%E6%A5%AD%E9%B9%BD%E5%81%87%E5%86%92%E5%90%8D%E7%89%8C%E3%80%8C%E7%B2%B5%E9%B9%BD%E3%80%8D%E3%80%80%E5%BB%A3%E5%B7%9E%E5%B7%A5%E5%BB%A0%E8%A3%BD100%E5%99%B8%E9%BB%91%E5%BF%83%E9%B9%BD%E5%87%BA%E5%94%AE

[128] https://tw.news.appledaily.com/international/daily/20120527/34257303/

[129] http://news.sina.com.cn/s/wh/2017-04-08/doc-ifyeceza1482182.shtml

整體言之，兩岸食品安全衛生問題特質大致相似，多屬於單一屬性案件。由於發展階段差異，早期的臺灣食品安全衛生事件與近十年的中國大陸食品安全衛生事件一樣，多數案件為產業因食品原料控管失當，而造成眾多品項食品牽連汙染，如地溝油、「工業鹽」假冒「食用鹽」；農畜水產品政府抽驗發現有化學物殘留；亦有動物飼料用奶粉偽供人食用奶粉情形等。然而臺灣地區因發生「塑化劑污染食品事件」及「劣質油品事件」，逐漸強調食品製程管理的重要性，並促使各級政府相關單位加大實地查核食品工廠的力度，確認業者是否詳實紀載製程及材料、成品流向；更由於檢舉獎金的設立，促使員工及知情人士主動揭露食品製程違法事件。除遏止許多食品添加物違規使用的事件，也揪出逾期食品重製流入食物鏈個案；也因此地溝油、劣質油品事件，以及過期畜禽水產品加工再製的得以一一揭露。已促使政府正視食品製造過程產生廢棄物(含逾期品)的處理。此類事件肇因有二：一為食品從業人員食品安全衛生知識不足；二則為食品業者成本考量；又以後者屬最普遍存在的問題根源。

三、比較兩岸近些年來面臨食品安全衛生問題之診斷與處理

兩岸在面臨食品安全衛生問題之診斷與處理上，常有相似的困境；參考2015 年 10 月發表於中國公共衛生期刊之 1 調查分析報告，該文彙整中國大陸2003 年至 2013 年發表的 1,170 篇有關食品安全文章，扣除新聞消息、通告等後，細分其中 790 份學術研究，並歸類成 34 類問題，屬於政府資源、體制、管理等監管機制(原文稱資源、組織、管理三類結構)有 17 個，如監管機構人員素質、檢驗設備不足，監管部門執行力弱，且機關橫向合作缺乏等；屬於生產製程管理(原文稱系統食品供應過程)議題有 8 個食品原料存在有害物質，加工製程技術落後；屬於宏觀環境的有 5 個，如食品安全信息資訊傳達不易，消費者存有不正確的消費觀；而歸類於造成後續影響(原文稱結果)議題有 4 個，如

民眾對政府失去信心[130]。大陸食品安全衛生監管部門所碰到的問題，亦是臺灣相關單位過去相當困擾的問題；惟臺灣政府部門參考歐美等國家近幾年對於食品管理的法規變革，將食品製程責任加諸於業者、生產者，同時逐漸增加稽查人力，不斷開發相關檢驗技術，讓稽查紀錄公開透明。隨時因應社會與行業協會的監督檢舉，與政府相關單位合作展開調查，近些年的違法案件已漸獲控制。

　　過去臺灣的消費者針對大陸黑心食品常帶鄙視的心態，指摘大陸衛生主管機關管理不當，把關不力，始肇致大陸黑心食品氾濫，充促市場；直至臺灣黑心食品亦陸續出現，甚至層出不窮後，消費者始回神警覺到臺灣的食品主管機關對食品管理，亦是無能之至。簡直可謂兩岸衛生主管機關的「食品管理績效」，已使政府失靈(governmental failure)的形象暴露無遺，基本上，臺灣衛生主管機關對食品安全衛生問題係採取被動的服務態度，直可指摘該等公部門已到「不告不理」(No condemnation without accusation)的服務作為模式。就以臺灣食品安全衛生管理法已歷經 4 次修正，最近一次修正即是 2017 年 10 月 31日。立法院即為：「原本食品安全衛生管理法就有追溯制度之規定，但對食安問題防範效果有限，食安問題發生時應儘快找出問題材料來源，使應負責之廠商下架、回收，新修正之規定即可確保在追溯產品原料來源過程中，不至中斷而無法限制廠商繼續使用問題原料。」(立法院 2017/11/3 新聞稿)，足見此種欠缺主動積極的食安管理政策，係食安管理上值得改進之處。大陸在食品安全問題的政策執行，係嚴刑峻罰為處置原則。2008 年毒奶粉事件，由於影響國家形象非常嚴重，國務院裁撤衛生部，毒奶粉負責人均處以死刑，以儆效尤。由此可知大陸食安問題的管理措施，應係以較臺灣更為嚴峻的裁罰措施，以強化違法者的積極性處罰：唯積極措施則為欠缺。2020 年 12 月，武漢肺炎發生以來，中共在湖北省有封城之措施，就公衛而言即係積極措施。

[130] 吳洪濤等(2015)。〈中國食品安全領域問題及問題系統研究〉。《中國公共衛生》，32(10)，1346-1351。

(一)臺灣

　　臺灣對食品安全衛生管理的政策作為，在政府公部門頃向被動服務心態由來已久。此由每遇食安事件即須修法以因應可知一斑。茲以油脂案例分析於後：即在發生「業者使用低成本葵花油及棉籽油混充食用油，且添加銅葉綠素調色」案件後，臺食安法第 11 次修法並於 2014 年 2 月 5 日公布修訂，明定業者應實施自主檢驗。後因「業者使用餿水油、回鍋油、飼料由混充食用油」案件，臺食安法第 12 次修法並於 2014 年 12 月 10 日公告修訂，明定業者應加強自主管理，包含實施食品全監測計畫、設置實驗室、實施強制檢驗，使用電子發票並以電子方式申報，以及分廠分照[131]，以確保食品安全衛生。政府監管部門不定期查核工廠食用油脂的原料來源及廢棄物處置等。

(二)大陸

　　中國大陸對食安事件的處理，就個案而言雖不是快速處理，但就其影響深遠時，集會採取全般性的改革措施，2008 年毒奶粉事件導致裁撤衛生部即一例。本研究茲以地溝油事件，分析於后。按大陸政府相關部門獲悉情資可能有不法地溝油收購情形時(收購時要求檢測油的酸價)，由執法部門(公安)協助統一指揮跨省分的查緝行動，自物流、資金去向、檢測鑑定等關鍵環節，使地溝油勾撈、粗煉、交易、重製、批發、販售的各個環節的證據環環相扣，形成嚴密的證據鏈；然而，以目前食用油檢測的色度、含水量、酸價指數等指標，對地溝油煉製的所謂食用油進行檢測，均顯合格。最後經公安部協調油脂食品專家初步檢出，確認食品業者使用地溝油鏈製販售的食用油中含有多環芳烴等多種有毒有害物質，其中有相當部份具有高致癌性，使不法集團伏首認罪。

---

[131] 食安法§10III 規定略以「食品或食品添加物之工廠應單獨設立，不得於同一廠址及廠房同時從事非食品之製造、加工及調配。」故食安法以明文規定從事食品或食品添加物之食品工廠應單獨設立，不得於同一廠址從事化工原料或飼料等非食品之製造、加強及調配，與非該廠廢棄物之回收、清除及處理。

四、比較兩岸規制食品安全衛生之法制

　　兩岸對於規制(regulating)食品安全衛生各有法制(legality)，臺灣定名為「食品安全衛生管理法」(以下稱臺食安法)；大陸定名為「中華人民共和國食品安全法」(以下稱陸食安法)。各該二法制都對於食品原料、出產過程，以至出產存貨等，均有詳細規定。臺食安法於 2015 年 12 月 16 日公布第 13 次修正；另於 2017 年 10 月 31 日，又經立法院修正通過部分條文；至陸食安法係於 2015 年 4 月 24 日修正公布，並於同年 10 月 1 日施行。總體觀察兩岸食安法均係順應社會上發生食品衛生管理失當案件，並未能有利於政府實際監管作為而進行必要修正。臺食安法由低度立法至高度立法，逐步增加稽查人力以及對業者生產製程的整體規範；陸食安法則在於整合相關法規，由行政命令至高度立法。其比較如表 4-5～4-6，說明於後：

表 4-5　兩岸法規章節對照表

臺灣《食品安全衛生管理法》		法條數(條)	條號
第一章	總則	3	§1-3
第二章	食品安全風險管理	3	§4-6
第三章	食品業者衛生管理	8	§7-14
第四章	食品衛生管理	7	§15-21
第五章	食品標示及廣告管理	8	§22-29
第六章	食品輸入管理	7	§30-36
第七章	食品檢驗	4	§37-40
第八章	食品查核及管制	3	§41-43
第九章	罰則	13	§44-56
第十章	附則	4	§57-60
中國大陸《食品安全法》		法條數(條)	條號

第一章	總則	13	§1-13
第二章	食品安全風險監測和評估	10	§14-23
第三章	食品安全標準	9	§24-32
第四章	食品生產經營	51	§33-83
第五章	食品檢驗	7	§84-90
第六章	食品進出口	11	§91-101
第七章	食品安全事故處置	7	§102-108
第八章	監督管理	13	§109-121
第九章	法律責任	28	§122-149
第十章	附則	5	§150-154

表 4-6　兩岸法規規定差異對照表

內容	臺食安法章節條目		陸食安法章節條目	
定義、用語	第 1 章第 3 條	臺灣多定義食品及其相關製品之成品、技術、包裝等。	第 10 章第 150 條	中國大陸則額外定義食源性疾病、食品安全事故等。
諮議會	第 2 章第 4 條	臺灣諮議體系額外納入多領域之民間團體。	第 2 章第 17 條	中國大陸專家多由政府機關委派。
需執行風險評估之項目	臺灣未列		第 2 章第 18 條	明確需執行風險評估之項目。
向主管機關報告	第 2 章第 6 條	臺灣要求 24 小時內須向主管機關報告。	第 2 章第 16 條	要求通報惟並未設定時間基準。
設置實驗室	第 3 章第 7 條	要求上市櫃及公告類別食品業者設置實驗室。	大陸未列	
食品良好衛生規範準則	第 3 章第 8 條	要求食品業者均應符合《食品良好衛生規範準則》。	第 4 章第 48 條	國家鼓勵食品生產經營企業符合良好生產規範要求，實

內容	臺食安法章節條目		陸食安法章節條目	
食品安全管制系統準則	第 3 章第 8 條	要求工類類別及規模之食品業者須符合《食品安全管制系統準則》		施危害分析與關鍵控制點體係，提高食品安全管理水平。
產品追溯	第 3 章第 9 條	公告類別與規模之食品業者須建立產品追溯系統	第 4 章第 42 條	中國大陸則是要求食品生產經營者均須建立食品安全追溯體系，並由中央針對各業別制定追溯體系指導意見。
食品或食品添加物工廠設立	第 3 章第 10 條	臺灣食品或食品添加物工廠須單獨設立，食品業者之設廠由工業主管機管辦理。	大陸未列	
衛生管理人員	第 3 章第 11 條	依《食品製造工廠衛生管理人員設置辦法》規定學校科系及其資格、以及所需執行之工作項目。另，亦要求中央廚房及餐盒工廠須設置衛生管理人員。	第 4 章第 33 條	未要求特定科系
專技人員	第 3 章第 12 條	依《食品業者專門職業或技術證照人員設置及管理辦法》，要求一定比率領有專技之人員處理食品衛生安全管理事項。	第 4 章第 33 條	未要求比例
產品責任保險	第 3 章第 13 條	要求公告類別及規模之食品業者須投保產品責任保險。	第 4 章第 43 條	採鼓勵方式無強制要求。

內容	臺食安法章節條目		陸食安法章節條目	
餐飲衛生管理辦法	第 3 章第 14 條	要求地方設置《公共飲食場所衛生管理辦法》，對從業人員、殺菌、水源、營業場所等制定對應要求。	第 4 章第 56 條	【餐飲服務提供者之食品安全管理】
禁止生產經營情事	第 4 章第 15 條	明定生產經營之業態，且額外設置原子塵、放射能汙染之容許量標準；包含國外曾發生 BSE 之相關製品額外要求。	第 4 章第 34 條	大陸未列
標示	第 5 章第 22, 24, 26 條	要求供應飲食場域應標明原產地及其他應標示事項，應有營養標示，且主成分須標明占比。	第 4 章第 67 條	要求標示生產許可證編號。
食品、食品添加物	第 4 章第 21 條	須中央主管機關查驗登記並發給許可文件外，額外增加基因改造食品須經主管機關風險評估審查機制。	第 4 章第 69 條	大陸未列
記錄保存	第 5 章第 32 條	記錄需保存 5 年	第 4 章第 50 條	不得少於保存期限後 6 個月，無保存期限者則為 2 年。
品用洗潔劑之容器或外包裝	第 4 章第 17 條	規範食品用洗潔劑之容器或外包裝		尚無規範食品用洗潔劑之容器或外包裝。
申請複驗	第 7 章第 39 條	檢驗結果有異議，得自收到通知 15 日內向原機關申請複驗。	第 5 章第 88 條	檢驗結果有異議，得自收到通知 7 日內向原機關申請複驗。

內容	臺食安法章節條目		陸食安法章節條目	
警察、公安腳色	第9章第42-1條	為維護食品安全衛生，有效遏止廠商之違法行為，警察機關應派員協助主管機關。	尚無規範公安職責。	
罰鍰	第9章第44條	違反食品衛生管理法者，處新臺幣六萬元以上二億元以下之罰鍰。	第9章第123條	以懲罰性賠償處罰貨值金額之十五倍以上三十倍以下之罰款。此外，情節嚴重者更可吊銷許可證，並由公安機關對直接與間接負責人處五日以上十五日以下居留。
當利得追繳及沒入	第9章第56-1條	中央主管機關為保障食品安全事件消費者之權益，得設立食品安全保護基金，並得委託其他機關（構）、法人或團體辦理。	尚無	
防脫產	第9章第49-1條	不法利得之沒收及追繳	尚無	

(一)臺灣

臺食安法於1975年1月28日制定，隨後歷經14次修正，新近修正是2017年10月31日立法院修正通過第9.21.47.48.49-1.56-1等6條事涉「食品業者保存文件」條文。由42年間歷經14次修正，平均3年修正一次，速度之快為一

般行政法之最多 4 年修正乙次所不及[132]。此種頻繁修正，一方面可謂政府從善如流，由低度立法(low degree legislation)至高度立法(high degree legislation)，展現傾聽民意的民主立法(democratic legisation)作為；另一方面即在說明此種多次立法係在完成政策合法化(policy legitimation)，而政府對食安政策之不穩健作為，以致需要在事件一次再一次的發生中，為因應政策不備而不斷修正，乃是政策失靈(policy failure)的表徵；即可指摘就食安治理(food safety governance)的政策制定，已淪為政策失靈的食安治理國家。

臺食安法乍看為特別法，實質上是普通法。蓋臺食安法第一條：「為管理食品衛生安全及品質，維護國民健康，特制定本法。」，看似特別法，卻漏未規定「本法未規定者，適用其他法律規定」，至未能確定為特別法(special law)法定位，但依以往法院判例，卻又以特別法處理，致有食安法低度立法不如刑法之規定競合現象；政府在多次修法竟未注意及此，應係立法漏洞(legislative loopholes)。就因為食安法規定遠較刑法輕度，而且行政罰重於刑罰或行政刑罰，致在法律競合時即發生原先以行政罰科以罰鍰在處以刑罰後，竟須將早先處罰之罰鍰退還的現象。在食安法修正不力下，刑法將沒收由從刑改為獨立刑事處分後，其法效力或許不高，但就違法者失去作奸犯科的「工具」而言，其嚇阻效果遠比罰金或罰鍰有效，即使低度自由刑亦有所不及。

今臺食安法原係低度立法，直至黑心石油橫行市場後，始逐次修正相關條文加重行政罰，但規制效果尚難斷定。就於 2015 年修正條文，增列「上市、上櫃及其他經中央主管機關公告類別及規模之食品業者應設置實驗室，從事前項自主管理。」即是在立法委員自動提案下增列，即可證明中央主管機關對於本該「自主管理」(autonomous management)的食安基本作為或稱起碼義務，竟視若無睹，而須立法委員自行提案，以利主管機關能在源頭即可掌握製程違法行為。2017 年 3 月，發生「農藥氟派瑞事件」後，對於農業審核業務竟停擺近七個月，尚且出現衛福部和農委會不同調爭議；即使行政院食安辦公室介入協

---

[132] 根據本研究以往研究觀察，行政法係平均每 4.5 年修正乙次，今臺灣食安法竟每 3 年修正乙次，每次修正皆遇到「食安問題」。足見食安問題之嚴重性，已到非頻繁修法不可。

調，亦無功而還。(聯合報 2017/11/10)，皆足以說明臺食安法雖多次修正，但食安問題仍然一再出現，其實是政府主管機關「行政管理」(administrative management)不力，有以致之。

臺食安法雖於第 49 條有刑罰之規定，但在刑罰採一罪一罰前；亦即想像競合犯從一重處斷下，罪責皆不重。主要是受害者無從舉證危害程度，而食安法一向不採「犯罪事實」的「過程論」，致在無法舉證下科以刑責即難以重罪處斷；唯在刑罰採一罪一罰後，情況略有改善。

(二)大陸

中國大陸現行「食品安全法」係典型的「行政法」，祇有行政罰而不涉刑罰。此係貫徹「行政法除罪化原則」的法制原則，吾人值得認同該項法治發展趨向。該法在 2015 年 10 月 1 日正式施行，全文 154 條，係針對 2014 年以來發生的食安事件，增列 50 條新規定。新實施的食品安全法中，新增「食品添加劑」要按照國家出入境檢驗檢疫部門要求隨附合格證明材料，禁止超範圍、超限量使用食品添加劑的食品。需要特殊審批的食品除保健食品、未批准的轉基因食品、沒有食品安全國家標準的食品，還包括：「新食品原料」，指的是在中國無傳統食用習慣的食物；其中，進口轉基因大豆油做酥油，再做成蛋糕，最終是高層次加工產品，應標示警語：「**本產品加工原料中有基因改造○○，但本產品中已不再含有基因改造成分**」，此項與臺灣甫推行的基改食品須標示的規定相同。面對中國大陸「史上最嚴格」食品安全法，大陸質檢總局進出口食品安全處長徐麗艷提醒臺灣食品業者，「最好先查清楚再輸出，以免在口岸等待驗證往返時間過長，不合格產品最終得選擇銷毀或退運。」「食品安全是最大的政治經濟與民生問題。」中國食品藥品監督管理總局法制司處長任端平指出，修改後的食品安全法增加 50 條，新法總共 154 條，不僅是修改文字跟增修，而且是從安全層面去思考，將法律原則貫串在相關法條之中，加強教育推廣作用；也加強企業責任。新法加強食品生產經營企業要追溯，其中對於食品管銷通路採取「連坐法」，包括熱門的電子商務領域中，一旦販售食品查驗

屬實違法，透過網路進行食品交易第三方平台的提供者，並有連帶責任。此外，大陸的國家食品安全追溯平台會準確及時向社會大眾公布最新違法查處情況，面對眾多網路上編造不實食品消息與錯誤報導，也會給予治安管理之處罰，並須承擔民事責任。

該食安法施行以來，大陸食安事件見之報端者已顯著減少，或可驗證該法制的具體成效，究竟如何尚待觀察。

五、兩岸合作打擊食品安全衛生違法行為之途徑選擇

面對兩岸上仍可發現的食安事件，如何聯合共同打擊犯罪，乃是兩岸政府在維護兩岸人民健康的首要任務。就食安事件雖已有明確法制以為依循，但如何嚇阻該等違法行為之一再發生，下列策略管理(strategic management)上的積極作為途徑，或可加參酌應用之：

(一)高度立法

兩岸政府均制定有食品安全法，且經多次修正。但比較上以大陸立法例較為可行。蓋食品安全法既係行政法，本諸「行政法除罪化」及「刑法一本主義」的法制原則，食品法條文不宜有行政秩序罰的罰則。食安法的行政罰，可參考行政罰法規定辦理，針對食品安全與衛生分別訂定行政罰則。此種行政罰措施，務須高度立法，即就罰鍰大幅度提高金額，促違法廠商不敢違法；苟真違法，亦須繩之以法，促其受到應有的制裁。當今如要考慮犯罪之人權；就更應考量受害者的人權。食品如有危害人體，未必及時顯現，或可能需要長久時間的觀察，是以「證據到那裡，判決就到那裡」，此在食品健康上有其困難。因之，不僅罰則明確，而且澈底摧毀各該犯罪根源，自可減少食安事件之經常見之報端，從而即能強化行政服務之績效。

(二)嚴厲執法

　　儘管兩岸皆有食品安全管理法制，但如何嚴厲執法尤其重要。臺灣發生食安事件多次是衛生局把關不力，甚至政府有意無意「放水」所致，因之，嗣後對於食安的管理，宜採治理的觀念；即採結合民間資源的 3P 原則，公私協力(public-private collaboration)始能達致效果。執政當局針對重大事件，可研究以大學相關科系研究生加強檢驗，並由大專生負責蒐集檢體，且採交叉南北進行。此外，最近始推動的揭露作法，必須進行而且嚴格保密吹哨者，始能全面打擊食安事件之犯罪行為。

(三)通報機制

　　兩岸就食安問題應有通報機制，儘管兩岸間目前存在著若干矛盾，但食安涉及民眾健康；尤其是兩岸一家親，應在此不涉意識形態的食安問題上，有不同的政策考量。兩岸如能建立通報機制，相信食安事件可以大量減少。蓋兩岸如無通報機制，不法廠商即存在僥倖心理，並由走私途徑進行不法勾當，危害兩岸同胞之身心健康。

　　兩岸於 2008 年 11 月 4 日簽署《海峽兩岸食品安全協議》，迄 2016 年 12 月底止，兩岸食品安全業務主管部門已辦理 9 次海峽兩岸食品安全業務主管部門專家會議、6 次進出口食品安全會議、1 次交流參訪會議及 15 場研討會，協議聯繫窗口即時相互通報不安全食品訊息 3,929 件（我方通報不合格原因主要為農藥殘留問題，陸方通報主要原因包括食品標示及微生物含量不符合陸方規定等情形）[133]。情形尚稱良好，自當永續運作為宜。

---

[133] https://www.fda.gov.tw/TC/site.aspx?sid=618

六、結語：當前兩岸協力打擊食品安全衛生違法行為有其迫切性

　　茲鑒於創造公共價值(public value)為公共部門存在之目的與職責[134]，而吃的安心健康為民眾的需求(value)；亦成為政府應重視的政策目標、價值。當食品安全衛生事件出現後，應致力於生產製程流程上管理的不足而加強力度，諸如：人力、資源、財力、物力等條件能力(capacity)，並尋求相關政府部門、產業協會、社會第三部門、一般民眾等共同投入(support)。在全球化及原物料價格高漲下，兩岸飲食文化相近，貨貿交流頻繁，臺灣自中國大陸進口大量的食品原料，若能持續建構兩岸食品安全交流機制，讓廠商及民眾在飲食選擇上有所依歸，應為政府長期努力的目標[135]。

　　兩岸的發展，就以合作的模式，始有美好的未來。針對食安問題不僅各該地區皆須依職責把關，就是食安問題，基於頻仍的貨貿，以及食用者的親人、族人乃至同胞考量，務須全力合作以打擊黑心食品之氾濫。兩岸能由民生議題以突破政治僵局，固然有利於兩岸人民的身心健康，尚且可進一步開啟兩岸維持和平穩定發展的大門。相信智者能行之致遠！

---

[134] 汪明生、王鳳蘭(2000)，〈論行政中立-公共事務管理觀點〉，《T&D 飛訊》，106。取自 http://www.nacs.gov.tw/NcsiWebFileDocuments/57f17de105c7f2b1ec5059762acf799a.pdf ，最後檢索日期 2016/12/7。

[135] 陳金隆(2008)。對政府處理「毒奶粉事件」之建議。國政評論 2008 年 10 月 13 日發表 http://www.npf.org.tw/printfriendly/4802

伍、中央與地方權限爭議協調機制之設計與運作：法制課題之檢視

紀俊臣

銘傳大學公共事務學系客座教授

一、前言：檢視中央與地方爭議之協調機制至關重要

自 1999 年 1 月 25 日，總統明令公布施行「地方制度法」(Local Government Act)以來，中央與地方府際關係的建構，即隨地方自治團體權限的鞏固和落實，而成為學界論述的聚焦。誠然自治權限的確立，其指標之一，即在於「府際關係」(intergovernmental relations；IGRs)的是否理性設計；甚至是否建構「府際治里」(intergovernmental governances；IGGs)，亦成為主要評斷指標之一。地方制度法第 21 條雖已有府際關係的概念，但條文規定尚不夠多元；即使該法第 22 條規定：

> 第十八條至第二十條之自治事項，涉及中央及相關地方自治團體之權限者，由內政部會商相關機關擬訂施行綱要報行政院核定。

即賦予訂定「**地方自治團體自治事項施行綱要**」，以法規命令方式明確劃分中央與地方之權限(division of competency)。此係參考日本「地方自治法」訂定「別

表」的立法例，俾明確劃分政府間權限，以減少中央與地方的權限爭議
(disputation of competency)，從而紓緩協調機制(coordinative mechanism)的作
用。但該條制定施行有年，中央主管機關卻在限縮自治權，有妨礙地方自治運
作虞慮的「說詞」下，刪除該條文(2014.1.29)。此自係中央主管司對該條文之
認知謬誤，所為不適法的「反立法」(anti-legislation)行為。本研究有鑑於此，
乃就法制觀點，分析現行法制下，所存在的中央與地方權限爭議協調機制問題。

　　本研究限於時間，儘量衹就臺灣地方自治法制化 26 年來；尤其地方制度
法施行 21 年來所遭遇的「權限爭議」，在既有協調機制下的運作問題和服務績
效加以探討和分析。至期能找到問題，而且能研提解決方案。當然，機制設計
問題見仁見智，但解決問題的方案，卻也有可遇不可求的疑惑。

二、司法院大法官對權限爭議協調機制建構之解釋

　　中華民國在臺灣實施地方自治，司法院大法官歷次解釋，對地方自治制度
之建構與運作，皆曾發生「制度性保障」(institutional protection)之法效力；如
在實施地方自治伊始，政府以命令式推行地方自治，其不具合憲化的制度運作
頗受爭議，在經司法院大法官會議作成釋字第 259 號解釋及第 260 號解釋後，
各該事涉省(市)自治之命令，均具合法性之法效力，如釋字第 259 號解釋
(1990.4.13)：

　　　　直轄市之自治，以法律定之，為憲法第一百十八條所明定。惟上開法
　　律迄未制定，現行直轄市各級組織及實施地方自治事項，均係依據中央頒
　　行之法規行之。為貫徹憲法實施地方自治之意旨，自應斟酌當前實際狀
　　況，制定直轄市自治之法律。在此項法律未制定前，現行由中央頒行之法
　　規，應繼續有效。

該號解釋主文所稱「**在此項法律未制定前，現行由中央頒行之法規，應繼續有效**」之解釋，係以「法律優越原則」認定「依法主治」的合法性[1]；其在釋字第260號解釋(1990.4.19)，主文雖未有類似解釋，但理由書後段明示：

> 在未依憲法程序解決前，省縣自治及行政事務，不能中斷，依本院釋字第二五九號解釋之同一理由，現行有關臺灣省實施地方自治及省議會、省政府組織之法規，仍繼續有效，併予敘明。

即係依「法律優越原則」認定省自治法規之法效力，從而肯認臺灣實施地方自治的制度保障。儘管司法院大法官近 20 年來，已漸捨棄法律優越原則，而改採法律保留原則，以解釋聲請事項。但司法院大法官對實施地方自治最具法效力的解釋，當推釋字第 498 號解釋(1999.12.31)

> 地方自治為憲法所保障之制度。基於住民自治之理念與垂直分權之功能，地方自治團體設有地方行政機關及立法機關，其首長與民意代表均由自治區域內之人民依法選舉產生，分別綜理地方自治團體之地方事務，或行使地方立法機關之職權，地方行政機關與地方立法機關間依法並有權責制衡之關係。中央政府或其他上級政府對地方自治團體辦理自治事項、委辦事項，依法僅得按事項之性質，為適法或適當與否之監督。地方自治團體在憲法及法律保障之範圍內，享有自主與獨立之地位，國家機關自應予以尊重。

就因為該號解釋明示「地方自治為憲法所保障之制度」，是以學界皆認為臺灣地方自治係採取「制度保障說」，以「憲法保障地方自治制度」之實施。2001年 6 月 15 日，司法院大法官釋字第 527 號解釋有謂：「**地方自治團體在受憲法**

---

[1] 司法院大法官之解釋，在司法院大法官會議時期傾向以「法律優越原則」解釋各該聲請解釋憲法或統一解釋法律之合憲性或合法性。唯在司法院大法官時期，則傾向以「法律保留原則」解釋各該法令之合憲性或合法性；尤其近十年來解釋更有此傾向。

及法律規範之前提下，享有自主組織權及對自治事項制定規章並執行之權限。」係將釋字第 498 號解釋再為明確之宣示。

　　本研究即基於臺灣實施地方自治，係受憲法制度保障之法治原則，分析涉及中央與地方權限爭議時，究應如何建構協調機制，以解決爭議。

(一)司法院解釋之背景掃描

　　關於提請司法院解釋的背景，基本上固然係府際關係的緊張所肇致，唯其府際並不限於垂直的上級政府與下級政府的「權限爭議」，尚有地方立法機關與行政機關間的水平「權力分配」爭議，略加分析如下：

1. 垂直權力分配的權限劃分爭議

　　(1) 由命令式自治衍生的是否違憲爭議

　　此即司法院釋字第 259 號、260 號解釋分別由臺北市議會、臺灣省議會聲請司法院解釋：

　　① 臺北市議會依第 5 屆第 29 次臨時大會第 2、3 二次全體委員會議決議函請司法院解釋，略以：

　　　　查憲法第一百十五條規定：直轄市之自治，以法律定之，中央法規標準法第五條第三款復規定關於國家各機關之組織應以法律定之。從而「台北市政府」及「台北市議會」均係依行政院頒布之「台北市各級組織及實施地方自治綱要」，行政院頒布之「台北市政府組織規程」「台北市議會組織規程」等行政命令設置，顯非依法律設置之組織。因此本議會依法審查預算，對於非法設置之上開機關組織通過給予預算是否合法發生爭議，為此特函請 鈞院就下列事項，惠予解釋：

　　　　㈠未依法律設置之議會能否行使預算審查權？其通過之單行法規效力如何？

⏟台北市議會對於未依法律設置之機關組織可否就其編列之預算予以審議通過？

② 臺灣省議會依第 8 屆第 11 次臨時大會第 1 次會議決議函請司法院解釋，略以

　　本會第八屆第十一次臨時大會第一次會議蘇議員貞昌請求為：有關行政院擬訂之「動員戡亂時期台灣省政府組織條例」及「動員戡亂時期台灣省議會組織條例」草案送請立法院審議，是否符合憲法規定？不無疑義，請由本會聲請大法官會議解釋。

上二聲請函釋，雖係由省(市)議會函請司法院解釋，形式上為地方行政機關與立法機關水平爭議；唯實質上各該命令均係行政院訂定，亦即意含中央與地方之上下權限爭議。當然更係源自執政黨(國民黨)與民進黨的政治衝突所為之解釋[2]。

2. 由精省衍生省是否具法人地位爭議

　　1994 年 7 月 29 日，總統明令公布施行「省縣自治法」、「直轄市自治法」，同年 12 月選舉第 1 屆省(市)長，1996 年 12 月，總統召開「國家發展會議」，執政的國民黨與在野黨達成「精省」(downsizing province)共識。1997 年 7 月，即依上揭精省共識修改「憲法增修條文」第九條規定：

---

[2] 1986 年 3 月 11 日，行政院有鑑於臺北市議會議長張建邦兼淡江大學校長有違私立學校法第 51 條「校長應專任」之規定，函請司法院解釋。司法院釋字第 207 號解釋(1986.7.18)略以：『私立學校校 (院) 長責重事繁。私立學校法第五十一條第三項規定：「校 (院) 長應專任，除擔任本校 (院) 教課外，不得兼任他職」，旨在健全校務以謀教育事業之正常發展；省及院轄市議會議員、議長自不得兼任之。』此一解釋形式上係行政院函請解釋，實質上亦係黨外(民進黨前身)議員對適法性爭議所為之釋例。

省、縣地方制度，應包括左列各款，以法律定之，不受憲法第一百零八條第一項第一款、第一百零九條、第一百十二條至第一百十五條及第一百二十二條之限制：

一、省設省政府，置委員九人，其中一人為主席，均由行政院院長提請總統任命之。

二、省設省諮議會，置省諮議會議員若干人，由行政院院長提請總統任命之。

三、縣設縣議會，縣議會議員由縣民選舉之。

四、屬於縣之立法權，由縣議會行之。

五、縣設縣政府，置縣長一人，由縣民選舉之。

六、中央與省、縣之關係。

七、省承行政院之命，監督縣自治事項。

第十屆臺灣省議會議員及第一屆臺灣省省長之任期至中華民國八十七年十二月二十日止，臺灣省議會議員及臺灣省省長之選舉，自第十屆臺灣省議會議員及第一屆臺灣省省長任期屆滿日起停止辦理。

臺灣省議會議員及臺灣省省長之選舉停止辦理後，臺灣省政府之功能，業務與組織之調整，得以法律為特別之規定。

按 1992 年 5 月 27 日，國民大會所通過之憲法增修條文第 17 條(後於 1994 年 7 月改為第 8 條)之規定：

省、縣地方制度，應包括左列各款，以法律定之，不受憲法第一百零八條第一項第一款、第一百十二條至第一百十五條及第一百二十二條之限制：

一、省設省議會，縣設縣議會，省議會議員、縣議員議員分別由省民、縣民選舉之。

二、屬於省、縣之立法權，由省議會、縣議會分別行之。

三、省設省政府，置省長一人，縣設縣政府，置縣長一人，省長、縣長分
　　別由省民、縣民選舉之。

四、省與縣之關係。

五、省自治之監督機關為行政院，縣自治之監督機關為省政府。

即將省由地方自治團體之「公法人」(legal person under public law)，改制為不
具地方自治團體地位之「非自治法人」(non-autonmous legal person)。此項自治
法人地位之消滅，自然影響省之定位和功能，以致衍生省與中央的爭議，爰由
立法院聲請司法院解釋(1998.4.21)。司法院作成釋字第 467 號解釋(1998.10.22)。

3. 由省府官員列席立法院備詢衍生是否違憲爭議

　　臺灣省議會第 10 屆第 1 次定期大會第 21 次會議決議，略以：有關立法院
於審議中央政府年度總預算案時，指定特定之省府官員列席備詢報告中央補助
款之運用情形問題，立法院與省議會兩民意機關間就其行使職權對憲法第五十
七條第二項之適用規定滋生疑義，聲請司法院解釋。司法院頃以釋字第 498 號
作成解釋(1999.12.30)。質言之，行政院向立法院負責是以依憲法第 67 條第 2
項規定：「**各種委員會得邀請政府人員及社會上有關係人員到會備詢**」，是否適
用省政府官員，二立法機關衍生爭議，由臺灣省議會聲請司法院解釋，司法院
作成釋字第 498 號解釋(1999.12.30)。

4. 由地方政府在各該組織法制設定職位前，逕行任命官員，衍生非法任用
爭議

　　臺中市議會以「有關臺中市政府未依地方制度法第六十二條第二項擬定臺
中市政府組織自治條例，經臺中市議會同意後，任用佈達副市長。因主管機關
內政部對同一法律之釋示，尚有疑義」，爰聲請司法院解釋(1999.7.16)；司法院
作釋字第 527 號解釋(2001.6.15)。

　　該號解釋，尚有雲林縣林內鄉公所聲請司法院解釋之函文，略以：「謹請
大院惠允釋示，該縣縣政府及該鄉鄉民代表會於辦理該鄉八十八年下半年及八

十九年度總預算案、覆議案及申請協商案等自治事項時，有無與憲法、法律、中央法規、縣規章牴觸。」。

5. 地方政府(尤指直轄市政府)依健保法以一定比例保險費補助涉，有違憲爭議

臺中市政府「為因『全民健康保險法』第 27 條第 1 款第 1、2 目及第 2、3、5 款關於一定比例保險費由直轄市政府補助規定，牴觸憲法第 107 條第 13 款、第 118 條第 1 項第 13 款、第 155 條，以及憲法增修條文第 10 條第 5 項規定，違反財政收支劃分基本原哩，明顯侵害地方自治團體之自主財政權，且違反憲法保障地方自治制度設計之精神。」該聲請書，曾由事務面本質、財政支出面角度論述「地方自治團體應無義務以一定比例保險費，由直轄市政府補助之。」(2002.3.25 聲請書)。司法院依上開聲請書做成釋字第 550 號解釋(2002.10.4)

6. 由直轄市政府核准里長延選衍生適法性爭議

臺北市政府本諸地方制度法第 83 條第 3 項「特殊事故」，以核准里長延選案，頃提出聲請司法院解釋，略以：

為聲請人行使「地方制度法」第 83 條第 3 項所定關於里長延選之核准權，適用法律見解，與行政法院適用同一法律所持之見解有異，並發生有無違背「地方制度」之疑義，且臺北市政府行使職權與行政院行使職權，發生適用憲法之爭議及適用法律發生牴觸憲法之疑義，爰聲請司法院解釋(2002.5.7)；司法院以釋字第 553 號作成統一解釋(2002.12.20)。

(二)司法院解釋之意旨分析

固然司法院大法官對「權限爭議」之解釋，本有其不同的解釋背景。但就上揭各號解釋意旨，包括：

1. 確認精省後省之法律地位，司法院釋字第 467 號解釋：

中華民國八十六年七月二十一日公布之憲法增修條文第九條施行後，省為地方制度層級之地位仍未喪失，惟不再有憲法規定之自治事項，

亦不具備自主組織權，自非地方自治團體性質之公法人。符合上開憲法增修條文意旨制定之各項法律，若未劃歸國家或縣市等地方自治團體之事項，而屬省之權限且得為權利義務之主體者，於此限度內，省自得具有公法人資格。

由上揭解釋，確立精省後，省不再具有「公法人」或稱「自治法人」之法律地位；至謂省如仍為權利義務之主體時，其仍得具有公法人資格，並不存在[3]。

2. 確認地方公務員除非法有明定外，得衡酌至立法院備詢之必要性，以為赴院備詢之決定。

司法院釋字第 498 號解釋，略以：

> 立法院所設各種委員會，依憲法第六十七條第二項規定，雖得邀請地方自治團體行政機關有關人員到會備詢，但基於地方自治團體具有自主、獨立之地位，以及中央與地方各設有立法機關之層級體制，地方自治團體行政機關公務員，除法律明定應到會備詢者外，得衡酌到會說明之必要性，決定是否到會。於此情形，地方自治團體行政機關之公務員未到會備詢時，立法院不得因此據以為刪減或擱置中央機關對地方自治團體補助款預算之理由，以確保地方自治之有效運作，及符合憲法所定中央與地方權限劃分之均權原則。

由上揭解釋，確立立法院各種委員會雖依法規定，得邀請地方自治團體公務員到會備詢，但其於地方自治團體具有自主和獨立之地位，以及中央與地方各設有立法機關之層級體制，各該地方自治團體之行政機關公務員，除法有明定應到會備詢外，得衡酌到會說明之必要性，以決定是否到會。

---

[3] 本研究認為司法院釋字第 467 號解釋前後似有矛盾之處，曾就教於時任司法院院長翁岳生，其即謂前者乃內政部所要者，省不再具公法人資格；後者乃省政府所要者，省雖不具自治法人資格，卻可賦予其他公法人資格，如行政法人者。說明司法院解釋之政治意義，固在各取所需，實質上省不再具法人資格。

3. 認定法定職位可在自治法規修正前先行任用、地方行政機關對同級立法機關議決事項發生執行之爭議，須依地制法規定覆議，不得逕向司法院聲請解釋；而地方立法機關亦不得通過原決議案又同時認定違憲或違法聲請解釋、有監督權之上級主管機關對地方自治團體行政機關所為行政處分行為有損害地方自治團體之權利或法律上利益情事，其行政機關得代表地方自治團體依法提起行政訴訟；唯純為中央與地方自治團體間或上下級地方自治團體間之權限爭議，尚不得逕向司法院請求解釋。司法院釋字第 527 號解釋主文，略以：

一、惟職位之設置法律已有明確規定，倘訂定相關規章須費相當時日者，先由各該地方行政機關依地方制度法相關規定設置並依法任命人員，乃為因應業務實際需要之措施，於過渡期間內，尚非法所不許。至法律規定得設置之職位，地方自治團體既有自主決定設置與否之權限，自應有組織自治條例之依據方可進用。

二、對函告無效之內容持不同意見時，應視受函告無效者為自治條例抑自治規則，分別由該地方自治團體之立法機關或行政機關，就事件之性質聲請本院解釋憲法或統一解釋法令。……至地方行政機關對同級立法機關議決事項發生執行之爭議時，應依地方制度法第三十八條、第三十九條等相關規定處理，尚不得逕向本院聲請解釋。原通過決議事項或自治法規之各級地方立法機關，本身亦不得通過決議案又同時認該決議有牴觸憲法、法律、中央法規或上級自治團體自治法規疑義而聲請解釋。

三、有監督地方自治團體權限之各級主管機關，……地方自治團體之行政機關對上開主管機關所為處分行為……如上述處分行為有損害地方自治團體之權利或法律上利益情事，其行政機關得代表地方自治團體依法提起行政訴訟，……而純為中央與地方自治團體間或上下級地方自治團體間之權限爭議，則應循地方制度法第七十七條規定解決之，尚不得逕向本院聲請解釋。

上揭解釋，規制地方自治團體聲請司法院解釋之條件，並確立司法院在權限爭議之協調角色，係一項重要的「權限爭議」協調機制解釋。

4. 認定對地方負有協力義務之全民健保事項，中央依法使地方分擔保險費之補助合憲。司法院釋字第550號解釋，略以：

> 國家推行全民健康保險之義務，係兼指中央與地方而言。又依憲法規定各地方自治團體有辦理衛生、慈善公益事項等照顧其行政區域內居民生活之義務，亦得經由全民健康保險之實施，而獲得部分實現。……有關執行全民健康保險制度之行政經費，固應由中央負擔，本案爭執之同法第二十七條責由地方自治團體補助之保險費，非指實施全民健康保險法之執行費用，而係指保險對象獲取保障之對價，除由雇主負擔及中央補助部分保險費外，地方政府予以補助，符合憲法首開規定意旨。……地方自治團體受憲法制度保障，其施政所需之經費負擔乃涉及財政自主權之事項，固有法律保留原則之適用，但於不侵害其自主權核心領域之限度內，基於國家整體施政之需要，對地方負有協力義務之全民健康保險事項，中央依據法律使地方分擔保險費之補助，尚非憲法所不許。……法律之實施須由地方負擔經費者，即如本案所涉全民健康保險法第二十七條第一款第一、二目及第二、三、五款關於保險費補助比例之規定，於制定過程中應予地方政府充分之參與，俾利維繫地方自治團體自我負責之機制。

上揭解釋，確立地方公共事務，包括：自治事項、委辦事項及共同辦理事項。該共同辦理事項乃中央與地方均負有「協力義務」之事項。地方自治團體即須依法分擔保險費之補助。唯類此須由地方負擔經費者，其於制定過程中應予地方政府充分之參與，以利維繫自我負責之機制。

5. 認定不確定法律概念，在適用時須掌握核心價值。地方制度法「特殊事故」之延選理由，須依該概念核心價值判斷，如恣意濫用，上級機關即有監督權加以撤銷或變更。司法院釋字第553號解釋，略以：

地方制度法第八十三條第一項規定：「直轄市議員、直轄市長、縣（市）議員、縣（市）長、鄉（鎮、市）民代表、鄉（鎮、市）長及村（里）長任期屆滿或出缺應改選或補選時，如因特殊事故，得延期辦理改選或補選。」其中所謂特殊事故，在概念上無從以固定之事故項目加以涵蓋，而係泛指不能預見之非尋常事故，致不克按法定日期改選或補選，或如期辦理有事實足認將造成不正確之結果或發生立即嚴重之後果或將產生與實現地方自治之合理及必要之行政目的不符等情形者而言。又特殊事故不以影響及於全國或某一縣市全部轄區為限，即僅於特定選區存在之特殊事故如符合比例原則之考量時，亦屬之。上開法條使用不確定法律概念，即係賦予該管行政機關相當程度之判斷餘地，蓋地方自治團體處理其自治事項與承中央主管機關之命辦理委辦事項不同，前者中央之監督僅能就適法性為之，其情形與行政訴訟中之法院行使審查權相似；後者除適法性之外，亦得就行政作業之合目的性等實施全面監督。本件既屬地方自治事項又涉及不確定法律概念，上級監督機關為適法性監督之際，固應尊重該地方自治團體所為合法性之判斷，但如其判斷有恣意濫用及其他違法情事，上級監督機關尚非不得依法撤銷或變更。……本件行政院撤銷台北市政府延期辦理里長選舉之決定，涉及中央法規適用在地方自治事項時具體個案之事實認定、法律解釋，屬於有法效性之意思表示，係行政處分，台北市政府有所不服，乃屬與中央監督機關間公法上之爭議，惟既屬行政處分是否違憲之審理問題，為確保地方自治團體之自治功能，該爭議之解決，自應循行政爭訟程序處理。

上揭解釋，對於個案部分涉及公法上爭議，認定須由當事人提出行政訴訟，俾資救濟；至事涉不確定法律概念之事項，如因特殊事故而延選，即應了解該概念之意含，以為適度之判斷。

(三)司法院解釋之因應策略

　　司法院上揭事設地方自治之重要解釋，除確認「權限爭議」之權限所屬外，對於聲請司法院解釋之條件，不確定法律概念之核心價值，皆是嗣後各級政府最須遵守的「法規範」所在。此外，對於權限爭議除由司法院扮演公法上爭議之解釋角色外，關於地方制度法第 77 條所涉協調機制的建置，則是各該解釋的重要法律工程。臺灣係實施成文法(written law)的國家，對於成文法所重視的條文固然宜由明確性規範著手，但法本身的抽象性卻永遠存在。因之，對於不確定概念核心價值之了解，卻是一項偉大的政治工程。就以「特殊事故」的基本意含，司法院在釋字第 553 號解釋，在解釋「理由書」中曾有過如下的分析：

　　　　本件既屬地方自治事項又涉及不確定法律概念，上級監督機關為適法性監督之際，固應尊重地方自治團體所為合法性之判斷，但如其判斷有恣意濫用及其他違法情事，上級監督機關尚非不得依法撤銷或變更。對此類事件之審查密度，揆諸學理有下列各點可資參酌：

1. 事件之性質影響審查之密度，單純不確定法律概念之解釋與同時涉及科技、環保、醫藥、能力或學識測驗者，對原判斷之尊重即有差異。又其判斷若涉及人民基本權之限制，自應採較高之審查密度。
2. 原判斷之決策過程，係由該機關首長單獨為之，抑由專業及獨立行使職權之成員合議機構作成，均應予以考量。
3. 有無應遵守之法律程序？決策過程是否踐行？
4. 法律概念涉及事實關係時，其涵攝有無錯誤？
5. 對法律概念之解釋有無明顯違背解釋法則或牴觸既存之上位規範。
6. 是否尚有其他重要事項漏未斟酌。

係司法院相當罕見的「科學性解釋」，值供研究公法者任事用法之參考。基本上，權限爭議的協調機制可分為二途徑；一為成立專責機關處理權限爭議，如

日本在內閣之下，於總務省設置「國地方係爭處理委員會」，由總務大臣任命非常任委員 5 人(其中亦可由 2 人常任)，互選一人為委員長。該委員會組織運作，如圖 5-1 所示，職司國家與地方公共團體的爭議事件之處理，如該委員會的決議，地方公共團體不服時，即可向「高等裁判所」提起訴訟，由司法機關判決，以杜爭議。此種由「先行政再司法」的協調機制，係大陸法系國家的特色。總務省除上揭處理垂直府際關係爭議的機制外，尚有處理平行府際關係的「自治紛爭處理委員」，如圖 5-2，其程序與國地方係爭處理委員會類同。係由總務大臣任命委員，以先行政後司法的處理模式，經委員召集系爭雙方代表協調，並做成如「勸告」的決議，如有不服，亦可向高等裁判所提起行政訴訟。（川崎政司 2015：381-388）。日本成立專責協調機制，且採「先行政後司法」的模式，係一項值得臺灣參考的協調機制。二為臨時編組進行協商，目前臺灣即依該地方制度法規定進行「協商」時，乃由權責機關邀集相關機關派代表進行協商。由於欠缺法定機制，不免因人不同而有不同的協商方法和作為，此不僅經驗不易傳承，而且主觀較重，所得決議或有偏頗上級政府之虞慮。儘管如此，基於「權限爭議」之不可免，該協調機制務求周延和中立，應是建置機制的基本思維。

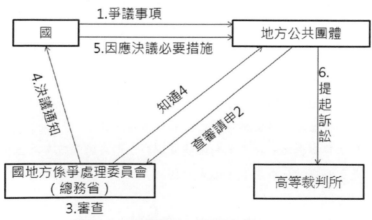

圖 5-1　日本國地方係爭處理機制

資料來原：川崎政司(2015：383)

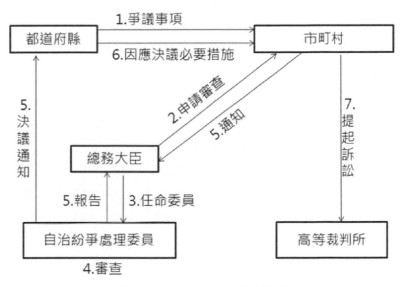

圖 5-2　日本地方紛爭處理機制

資料來原：川崎政司(2015：386)

三、檢視現行法制基本爭議協調機制之設計與運作

　　臺灣自 1999 年 1 月公布施行地方制度法以來，中央與地方的權限爭議雖不是時有所聞，但間亦有所聞。其事涉事項主要是環保議題，不論地方立法或執行，中央常有「越權」的思維，致引發爭議。當下遇有權限爭議，仍以陳報中央主管機關處理為原則，間亦有提起行政訴訟之案例；至聲請司法院解釋，在釋字第 553 號解釋後，再見之新解釋例有釋字第 738 號解釋。

(一)地方制度法之原則性規制

　　由於地方制度法係依憲法第 118 條及憲法增修條文第 9 條規定所制定，具有憲法法性質，係實施地方自治之準據法。關於權限爭議之決定，乃該法第 77 條規制之主要立法旨趣，包括：

　　中央與直轄市、縣（市）間，權限遇有爭議時，由立法院院會議決
之；縣與鄉（鎮、市）間，自治事項遇有爭議時，由內政部會同中央各該
主管機關解決之。

　　直轄市間、直轄市與縣（市）間，事權發生爭議時，由行政院解決之；
縣（市）間，事權發生爭議時，由中央各該主管機關解決之；鄉（鎮、市）
間，事權發生爭議時，由縣政府解決之。

由上揭條文之規制設計，大抵可看出地方制度法所設定之權限爭議機制，是在
「先行政後司法」的大原則下運作。就「先行政」的協商機制，係採取層級差
異的設計，如圖 5-3 所示。如：就權限爭議係採取立法院或上級政府的「仲裁」
模式，可分為：

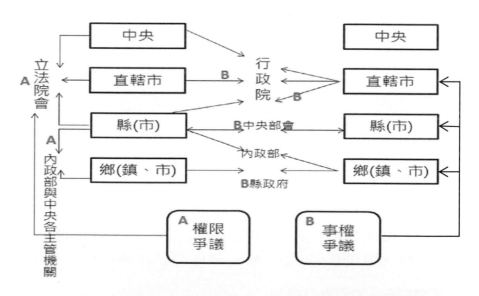

圖 5-3　中央、直轄市、縣(市)及鄉(鎮、市)權限或事權爭議協調機制

資料來原：本研究繪製

1. 權限爭議

中央與直轄市、縣（市）間因權限爭議，由立法院院會議決；縣與鄉（鎮、市）間，因自治事項爭議，由內政部會同中央各該主管機關解決。

2. 事權爭議

直轄市間，直轄市與縣（市）間因事權爭議，由行政院解決之；縣（市）間因事權爭議，由中央各該主管機關解決；鄉（鎮、市）間，因事權爭議，由縣政府解決。此謂權限爭議（disputation of competency），係依憲法增修條文、地方制度法或其所他法律所分配之「自治事項權」發生爭議。此時由立法院或上級主管機關「會商」解決之。如係「事權爭議」（disputation of affairs）則指一般公共事務（public affairs）的權力歸屬發生爭議時，出上級政府解決之。

一旦立法院議決或上級政府「依法」處理爭議，雙方均不接受或爭議仍有所存在，即依訴訟程序由高等行政法院審理之。至聲請司法院解釋，固然比較複雜，但條件更嚴格，衹能提出聲請解釋，而究能否受理則由司法院所屬行政法院審理範圍。

由近些年來，有關環境保護議題涉案時，固然行政機關曾有所介入協商，卻每多不得要領，殆多由所轄高等行政法院審理言之，協商機制之績效並不理想。此項協調機制績效不彰，主要原因為：

(1) 主要人員的專業能力嚴重不足：尤以環保問題涉及科技問題有其專業性，復以行政法令繁雜，除非具有法律專長，否則提出的見解不僅不易接受，甚至節外生枝，衍生更多爭議。近些年所爭議的立法限制，中央似多以是否影響中央監督權之運作為主要考量，並不是以環保是否造成公害為考量。其協調機制不彰，其來有自。

(2) 協調機制欠缺制度化的設計：由於協調機制係由主管行政機關召集相關機關所指派人員組成，其協調機制並未制度化，甚至是言人人殊的設計，不僅協調的經驗不備，就是有若干經驗卻因法令有欠深入分析：尤其「正當程序」（due process of law）的認知明顯不足，其調和鼎鼐自然不易接受，終致須要提請行政訴訟。就行政訴訟的案例言之，亦

多有偏向民間或地方政府勝訴的傾向，即知中央或上級主管關機的協調機制或有所欠缺所肇致。

(二)其他法制之特殊性規制

固然地方制度法係事涉地方公共事務處理之準據法，但地方制度法除第77條有原則性之「權限爭議」或「事權爭議」的協調機制設計外，尚無其他較為周延之協調機制的規制，甚至內部行政規則亦付之闕如。在該法有所不備下，宜經由其他法制的特殊性規制加以補充或特別規定，如上述環保問題，不僅有「環境影響評估法」(Environment Impact Assessment Act)，而且制定「公害糾紛處理法」[4]，以為環保問題滋生爭議之事前和事後處理機制。雖說各該法律旨在處理肇成公害之團體與環境受害人協商機制，性質上屬於私法協調機制。唯該二法皆為處理公領域和私領域間之行政法，具公法性質殆無爭議。此外，近年來，高雄市制定「高雄市既有工業管線管理自治條例」已自2015年6月17日公布施行；另制定「高雄市環境維護管理自治條例」(2015.10.15公布施行)，前者經行政院認定違憲；後者經行政院核定修正通過。但司法院解釋卻是終局仲裁。其重要性絕非其他法制作業可比擬者。此外，雲林縣制定，諸如：「雲林縣工商廠場禁止使用生煤及石油焦自治條例」之法制。但行政院環境保護署卻已就雲林縣單行規章，給予「違法核定」。此對維護地方自治立法或將形成殊多限制之負面影響，肇致權限爭議有爭無減。

四、嗣後強化爭議協調機制之法制作為

經由上揭研究固然了解司法院大法官解釋，係臺灣處理中央與地方權限爭議，甚至是「事權爭議」的終局機制，但就司法院大法官受理案件的要件言之，

---

[4] 總統分別於2003年1月8日修正公布施行「環境影響評估法」，2009年6月17日修正公布施行「公害糾紛處理法」。

此項機制畢竟是最繁雜，亦是最耗時間的「協調機制」。就政治成本前提而言，終究是耗損社會成本大於增益社會資本的機制；其自然不是減少政治成本的良好治理(good governance)機制。事實上，本研究一向主張「**先行政後司法**」的爭議協調機制之設計。蓋行政協調或仲裁，乃至調解，係當前處理爭議最簡政便民的設計，不論公平交易、消費者保護，乃至民刑事案件，皆已運用「先行政後司法」的機制有年，自足以證明嗣後強化爭議協調機制，如採「先行政後司法」的可行性，勢必優於無論爭議性質如何，即逕行聲請司法院解釋的耗費國家成本。

(一)援用外國立法例以健全機制

固然各國有其根深蒂固的政治文化，援用外國立法例，自有其殊多限制。但就各國行之有年，且能獲致圓滿解決的機制，則有考量參酌的必要。本研究對於日本地方自治法所建構的爭議協調機制，一向給予較高的評價，主要係基於下列立法作為考量：

1. 日本爭議協調機制符合「先行政後司法」的機制原則；尤其因權限爭議或事權爭議而有不同的機制設計。前者以「合議制模式」由總務大臣任命「國地方系爭處理委員會」委員，該等受命委員皆係學有專精的專家學者，其在客觀中立的角色扮演上比較容易為當事人所肯認，所為爭議事件的處理或勸告，自然較為當事人所接受，而致勸告成為終局決定。此不僅可減少提起訴訟的耗費社會成本，亦可達致中央與地方的和諧，從而形塑「行政一體」(integration of administration or administrative integration)。此係中央與地方衍生權限爭議後，如何迅速撫平政治衝突或減少虛耗國家資源所當考量的政治作為。後者係任命「地方紛爭處理委員」並採取「獨任制」。儘管二機制處理程序並無太大差異，但合議制需要整合，容有其不易整合的情形；反之，獨任制祇要委員依法行政，任事用法符合正當程序，其所作成的「勸告」，必然容易為雙方當事人所認同，達致解決社會衝突的政治作用。因之，本研究認為臺灣如有爭議協調機制設置之考量，日本制度可優先考慮，或可達致

爭議問題之有效圓滿解決。

(二)增修地方制度法以厚植機制

　　雖然地方制度法在該法第 30 條、第 75 條分別有「聲請司法院解釋」的規定，但此項規定與司法院大法官審理案件法有所不同。其差異如下：

1. 依地制法第 30 條第 5 項規定，「*自治法規與憲法、法律、基於法律授權之法規、上級自治團體自治條例或該自治團體自治條例有無牴觸發生爭議時，得聲請司法院解釋之。*」而司法院大法官審理案件法第 5 條固然規定任何人皆可提出違憲審查，但該法第 7 條對於「得聲請統一解釋」係採從嚴規範，須在院級發生適用法律疑義時，始可聲請統一解釋。

2. 依地制法第 75 條第 8 項規定，「*第二項、第四項及第六項之自治事項有無違背憲法、法律、中央法規、縣規章發生疑義時，得聲請司法院解釋之；在司法院解釋前，不得予以撤銷、變更、廢止或停止其執行。*」但司法院大法官審理案件法第 7 條事涉統一解釋時，須有院級的解釋相互衝突時，始可聲請司法院解釋，旨在減少聲請釋法的情事，以減少權限爭議之重複發生。

3. 嗣後如通過「司法院大法官審理案件法修正案」，因該新修正草案修正之處相當繁多，除與地制法有相當顯著差異外，其新法制本身即有殊多新規定，顯非原法制可相比擬，或須大幅修正請求司法院解釋之程序。

　　基於上揭看法，並顧及新法制的「創新」旨趣，未來地方制度法如有進行修改時，宜根據現實和未來發展之需要，就新法制的配合性研提修法草案，以利未來兩岸政局的新發展。就因為有所差異，司法院大法官始需要在該院釋字第 527 號作出解釋。誠然地方制度法與司法院大法官審理案件法並無普通法與特別法之「法律適用關係」。地方制度法第 30 條、第 75 條皆有「得聲請司法院解釋之」規定；亦即地方自治團體固可提出釋憲或提請統一解釋法令，卻無司法院大法官須受理的「強制規定」，是以地方聲請司法院解釋爭議時，有「不受理」之可能性。此係當下將司法院解釋視為終局決定的機制設計，有其「機制漏洞」所在。即使地方制度法第 77 條，已有「權限爭議」與「事權爭議」

的協調機制，但規制的內容似過於簡略，以致遇有爭議協調時，必然有「人言言殊」的現象。此對爭議處理所須堅持的「客觀中立」必然有很顯著的衝突，嗣後如有修正地方制度法者，實須參考日本立法例酌加修正，以強化地制法在「爭議協調機制」的功能。就參考日本法制後，本研究認為地制法對於爭議協調機制，可由法律增修或授權訂定法規命令的方式，將處理爭議協調機制的「正當程序」賦予更為明確的規制，俾知所遵行。此外，鑑於司法院大法官行使憲法解釋權將於 2022 年 1 月 4 日起，適用「憲法訴訟法」新機制，該法第 1 條第 1 項第 5 款，明定「地方自治保障案件」為憲法法庭審理案件之一，是以嗣後涉有地方自治保障之案件，即可依該法第七章「地方自治保障案件」規定，聲請憲法法庭判決，以定奪任何爭議事件。該項新機制與現行司法院大法官解釋著有不同之處；唯就判決機制言之，應係司法改革重要一環，對地方自治權之保障；尤其權限爭議之定奪，國人無不寄以厚望。

地方制度法制定至今，已有多達 12 次的修正通過情形，其中由中央主管機關即內政部所提出者，只有 5 次而已；亦即政府對於地制法之增刪，一向主張「維持現狀」(maintain status quo)，嗣後其立法在趨於穩定並建立可行機制外，即宜澈底檢討現行法制的落差。在起草新地方法制時，即宜將現代的立法觀念納入，促使人民多所遵行。

(三)制定協調專法以塑建完整機制

如就爭議協調機制的完整性而言，最健全的法制建構，就是制定協調專法，將聲請司法解釋，提起行政訴訟，以及請求行政協商，或是立法規制，均以「專法」(mono-legislation)的方式納入。此項立法固然有一定的難度，但就推動爭議協調機制的建構而言，卻是一項值得強化法制的政治工程。儘管草擬法案需要花費相當人力，但結構性問題就需要以法制途徑解決；尤其臺灣係成文法國家，法律的完備就在於法制的健全。此項制定專法即在於促使法制的健全，而且可將容易引起爭議的「程序瑕疵」，經由專法而降至最低。臺灣法律

教育已相當普遍，起草各該法案雖有些難度，但應可在最短期間經由法學者之協助，即可完成立法草案以函請立法院審議。

如考慮單獨立法的周延性，亦可經由地方制度法之授權(delegation)，訂定對外可生效的「法規命令」(即委任立法 delegated legislation)，俾各級地方自治團體或地方政府能在法律授權內請求協調，以解決層出不窮的權限爭議或事權爭議。本研究鑒於地方自治團體近些年來在「自治立法」制定上所引發的爭議，或是中央對「自治立法」的限縮性解釋，似唯有經由協調機制，始可克服殊多急迫性爭議[5]，發現制定專法固然周延，卻緩不濟急。中央主管機關似可以權宜措施，增修「法規命令」之法源，一方面即時著手進行訂定法規命令之起草；另一方面亦可進行專法之起草，雙管齊下，以適時完成解決爭議協調機制之設計，或可有效舒緩延宕立法之壓力。

五、結語：健全中央與地方爭議協調機制刻不容緩

中央與地方權限劃分問題，本係起草地方制度法時，即受到起草人重視的法制工程主要標的，所以該法特別於第 22 條參酌日本地方自治法之「別表」立法例，明定內政部應訂定「**地方自治團體自治事項施行綱要**」，只可惜內政部竟基於或有限縮地方自治權能之虞刪除該規定，導致權限爭議未得疏減。在此法制環境下，設計中央與地方爭議協調機制，以健全爭議工具之運作，實刻不容緩。

就司法院大法官歷次解釋，殆可看出大法官已有明確的健全爭議協調機制之思維，且明示中央主管機關宜及早經由立法途徑，完成機制之設計和運作。目前的規劃模式殆可分為：

---

[5] 本研究發現環保問題的處理，地方的處理想望遠超過中央，地方提出因地制宜的「自治條例保留」觀點，卻因中央堅持「法律保留」而致一籌莫展；解決之道，就是建立「行政協商」的完整法制，以供依循。

(一)制定專法或授權訂定法規命令健全機制

　　設能由制定爭議協調機制專法，抑或是授權訂定法規命令，以使爭議協調機制能法制化，從而健全「先行政後司法」的機制；將是最符合司法院大法官的解釋意含。唯立法尤其制定專法或有緩不濟急之困難。因之，經由修法授權訂定法規命令，以供地方自治團體或地方政府提請協調爭議之處理，或許是當下比較可行的健全機制途徑。此正如以往各級公民投票審議委員會所扮演的角色，即是經由公投法之授權，所訂定法規命令，以實現機制之健全運作。

(二)增修地制法周延規制協調機制

　　由於地方制度法第 77 條只原則性規制權限爭議和事權爭議的受理機關，對於各該爭議協調機制的運作程序，並未有如日本地方自治法之詳細規定。因之，本研究爰建議內政部宜儘速進行地方制度法事涉爭議協調機制之法制增修起草作業。為使該機制至少有以往各級公民投票審議委員會或是如同日本「中央與地方爭議審議委員會」、「地方政府間紛爭審議委員會」的協調機制的執事能力，宜由內政部邀請學者專家組成「起草小組」著手起草相關事宜。此或係健全爭議協調機制較為減少「社會成本」的法制工程作為。

陸、鄉（鎮、市）改制可行性分析

紀俊臣

銘傳大學公共事務學系客座教授

摘　要

　　本研究旨在探討鄉(鎮、市)改制變革。對於變革之策略選擇；尤其變革之關鍵因子，均有較為專業之分析。經由專業的分析；尤其應用 SWOT 分析工具，認為現階段鄉(鎮、市)，由自治法人改制為非自治法人；亦即鄉(鎮、市)長由民選改為官派，有其階段性之可行性；尤其在地方國土計畫行將規劃公告，行政區劃亦宜隨之啟動之際，更有其可行性和必要性，爰為之分析之。

一、前言：鄉(鎮、市)改制係地方自治劃時代的變革，務須審慎將事

　　臺灣自 1950 年 4 月 22 日，由臺灣省政府公布「**臺灣省各縣市實施地方自治綱要**」，迄今鄉(鎮、市)正式實施地方自治業已屆滿 70 年之久。第一屆鄉(鎮、市)長係在當年六月起分批辦理選舉。此項落實「基層民主」(neighborhood democracy)，或稱「草根民主」(grassroots democracy)的民主政治發展過程，係臺灣民主化過程的重要作為與成果所在。因之，近數十年來，雖屢有鄉(鎮、市)

由自治法人改制非自治法人；亦即廢止鄉(鎮、市)長之民主選舉，將鄉(鎮、市)長改由縣長依公務人員任用法任用，並將鄉(鎮、市)民代表會制度廢除之議，卻不為多數民意所支持，而致所為改制之議迄未能完成政策合法化。此時此刻，直轄市所屬原為山地鄉之區的政治改造；即指直轄市所隸轄的「山地原住民區」，已由非自治法人改制為自治法人，不僅設立區民代表會，而且所屬山地原住民區區長亦改由選舉產生。此亦是 2014 年臺灣的一大政治改革之一。因之，就時機而言，主張鄉(鎮、市)長官派似有「時機錯置」(timing displace)的問題，但制度變革宜由長治久安、可長可久的「永續發展」(sustainable development)觀點，以建構行之久遠的機制，從而推動政治改革，以解決公共議題行動方案的研擬，並為必要的政策合法化(policy legitimation)所為政治工程之施為。

二、鄉(鎮、市)自治法人的現況分析

臺灣現有的 13 縣，依鄉(鎮、市)區劃計有 198 鄉(鎮、市)，以 2015 年 12 月為準，其人口數為 6,225,405 人，僅占全國總人數 23,492,074 人的 26.50%，但土地面積為 24,993.5226 km^2，占全國總面積 36,197.0520 km^2 的 69.04%，如表 6-1 所示。此一數據與六直轄市正好成反比例；鄉(鎮、市)土地面積幾占全國總面積的七成，但人口祇占二成六而已。本研究即依此一生態分析鄉(鎮、市)在國家發展的定位，包括：

(一)組織自主權尚稱完整

依地方制度法第 2 條第 1 款規定，地方自治團體具有公法人法律地位；復依該法第 14 條規定，鄉(鎮、市)係臺灣最基層的地方自治團體[1]。因之，鄉(鎮、

---

[1] 依地方制度法第 83 條之 2 第一項規定，直轄市山地原住民區自 2014 年 12 月 25 日，由非自治法人的區，改制為等同鄉(鎮、市)法律地位的區自治法人。

市)的自治法人具有組織自主權(organizational autonomy)、立法自主權(legislative autonomy)和財政自主權(financial autonomy)等三項基本權(fundamental rights)。本研究先於此分析鄉(鎮、市)的組織自主權。蓋鄉(鎮、市)既為自治法人(autonomous legal person)，其自治權(autonomous powers)是否有效的運作，即源自於該三項基本權的是否落實，而前提是自治權須有制度化設計；亦能制度化運作，各該地方自治團體始得行使組織自主權的基本權，從而澈底的實施地方自治。此就地方制度法言之，對於鄉(鎮、市)自治法人的設計，係以積極落實住民自治和團體自治為其制度設計的前提。因之，對於如何成為鄉(鎮、市)的自治法人，該法係以組織自主權的澈底實現，貫穿其他基本權的行使；質言之，鄉(鎮、市)自治法人，在此一方面自主權的規制，遠非其他得以行使基本權的規制可比。

表 6-1 臺灣 13 縣鄉(鎮、市)統計(104 年 12 月底)　　單位：人/km²

省轄縣別		鄉(鎮、市)數	人口數	土地面積數	人口密度
臺灣省	宜蘭	12	458,117	2,143.6251	214
	新竹	13	542,042	1,427.5369	380
	苗栗	18	563,912	1,820.3149	600
	彰化	26	1,289,072	1,074.3960	453
	南投	13	509,490	4,106.4360	279
	雲林	20	699,633	1,290.8326	327
	嘉義	18	519,839	1,903.6367	273
	屏東	33	841,253	2,775.6003	303
	臺東	16	222,452	3,515.2526	63
	花蓮	13	331,945	4,628.5714	72
	澎湖	6	102,304	126.8641	806
福建省	金門	6	132,799	151.6560	876
	連江	4	12,547	28.8000	436
合計		198	6,225,405	24,993.5226	390

資料來源：內政部統計資訊網(2016.4.11 下載)

　　關於鄉(鎮、市)自治組織權或稱組織自主權，主要係指辦理定期選舉，以及對各該組織的立法權而言。前者，包括：鄉(鎮、市)長選舉、鄉(鎮、市)民代表選舉，皆係由鄉(鎮、市)民直接選舉；至鄉(鎮、市)民代表會主席、副主席的選舉，則由各該鄉(鎮、市)民代表互選產生。該等選舉，已由早年的三年任期，改為一律四年選舉，且除非法律規定，或基於政策性特殊考量，依法延遲辦理選舉外，均能如期辦理。後者，有關鄉(鎮、市)公所組織規程、鄉(鎮、市)民代表會組織規程，依命令式時期固然係由縣政府訂定，並經省政府核定，而在省縣自治法時期，因省議會直到 1997 年 12 月，始依省縣自治法相關規定，訂定「臺灣省各鄉(鎮、市)民代表會組織規程準則」(省縣自治法第 34 條第 3 項)暨「臺灣省各鄉(鎮、市)公所組織規程準則」(省縣自治法第 42 條第 3 項)，已近精省之際，遂未能在發布施行後，即由各縣所轄之鄉(鎮、市)所援用以訂定相關法制。因之，關於鄉(鎮、市)所屬之鄉(鎮、市)公所組織規程以及鄉(鎮、市)民代表會組織規程，延至地方制度法於 1999 年 1 月公布施行，並由內政部於 1999 年 8 月訂定「地方立法機關組織準則」暨「地方行政機關組織準則」後，始自 2000 年 1 月行使該項事涉地方行政機關或立法機關之「組織自主權」。

　　茲依地方制度法第 5 條規定，鄉(鎮、市)之立法機關為鄉(鎮、市)民代表會，由鄉(鎮、市)民直選之鄉(鎮、市)民代表組成之。各該鄉(鎮、市)民代表會所得集體行使之職權，包括：規約立法權、預算審議權、臨時稅課立法權、財產處分權、自治組織制定權、行政機關提案審查權、人民請願受理權，以及其他法律或規章賦予之立法權(§37、§42)。此外，尚有鄉(鎮、市)民代表個別得以行使之質詢權(§48、§49)。就總體觀察，鄉(鎮、市)民代表會雖因地方制度法以「無視」觀點設計機制[2]，但就組織自主權的完整性，應無明顯的弱化現象。其定期的選舉，如行政首長、民意代表或主席、副主席之選舉，除非法律規定或考量政治一致性而依法延宕辦理外，均能如期舉行，是以鄉(鎮、市)的組織自主性可謂尚稱完備。

---

[2]　本研究經數十年來之分析，發現「重省市、輕縣市、無視鄉(鎮、市)」，係地方制度法合法化的表徵；質言之，鄉(鎮、市)長係最不具政治力的地方首長。唯在選舉時，則具有強勢的人脈關係及引效果。

(二)立法自主權聊備一格

　　依臺灣省各縣市實施地方自治綱要或省縣自治法規定，各該鄉(鎮、市)民直選鄉(鎮、市)民代表，組成鄉(鎮、市)民代表會；互選鄉(鎮、市)民代表會主席、副主席；當選之鄉(鎮、市)民代表會主席，以法定代理人身分領導鄉(鎮、市)民代表會，行使自治立法權。但「自治立法權」在命令式時期受到殊多限制，所訂定之自治規約固然不得有強制性、裁罰性規範，就是一般行政組織的訂定權，亦付之闕如；直到省縣自治法公布施行後，鄉(鎮、市)民代表會始有較具雛形的立法權。依該法第20條規定，各該鄉(鎮、市)民代表會之職權，包括：規約立法權、預算案審議權、臨時稅課立法權、財產處分權、行政與事業組織立法權、人民請願受理權及其他法律、法規所賦予之立法權。形式上鄉(鎮、市)具自治立法權，由各該鄉(鎮、市)民代表會之立法機關集體行使；實質上，立法權尚包括鄉(鎮、市)民代表個別行使之質詢權(guestion rights)，以及行政機關所得以提出預算案和法規發布權在內。

　　儘管地方制度法公布施行後，上揭立法權並未減少，甚至更加強化，比如地方制度法所規定的「自治條例保留」部分，各該鄉(鎮、市)民代表會除具有制定同級鄉(鎮、市)公所組織自治條例之權外，尚可制定各該鄉(鎮、市)民代表會組織自治條例，以及其他具有自治條例效力之「自治規約」權利；唯各該自治條例依地方制度法第26條第3項規定，並無「強制力」之裁罰性法律作用，比如：行政罰和一定期限之不利益處分皆在禁止之列。就因不具有強制性之「法律作用」(legal effect)，鄉(鎮、市)之自治立法權受到制約，固不待言。

(三)財政自主權徒具形式

　　姑且不論鄉(鎮、市)在命令式時期或省縣自治法時期的財政自主權；即以地方制度法公布施行以來，分析鄉(鎮、市)之財政自主權，即可發現鄉(鎮、市)在三個地方自治團體所應具有的「基本權」中，當以財政自主權最顯弱化和不足。單依地方制度法或許看不出鄉(鎮、市)財政自主權權利標的究竟如何；如

由財政收支劃分法第 12 條第 2 項至第 6 項規定：

　　　　前項第一款第一目之地價稅，縣應以在鄉（鎮、市）徵起之收入百分之三十給該鄉（鎮、市），百分之二十由縣統籌分配所屬鄉（鎮、市）；第二目之田賦，縣應以在鄉（鎮、市）徵起之收入全部給該鄉（鎮、市）；第三目之土地增值稅，在縣（市）徵起之收入百分之二十，應繳由中央統籌分配各縣（市）。

　　　　第一項第二款之房屋稅，縣應以在鄉（鎮、市）徵起之收入百分之四十給該鄉（鎮、市），百分之二十由縣統籌分配所屬鄉（鎮、市）。

　　　　第一項第四款之契稅，縣應以在鄉（鎮、市）徵起之收入百分之八十給該鄉（鎮、市），百分之二十由縣統籌分配所屬鄉（鎮、市）。

　　　　第一項第六款之娛樂稅，縣應以在鄉（鎮、市）徵起之收入全部給該鄉（鎮、市）。

　　　　第一項第七款之特別稅課，指適應地方自治之需要，經議會立法課徵之稅。但不得以已徵貨物稅或菸酒稅之貨物為課徵對象。

　　可以有如下之發現：

1. 依地方制度法第 37 條第 3 款固然鄉(鎮、市)具有「臨時稅課」立法權，但就財政收支劃分法規定，鄉(鎮、市)尚無明定的「租稅立法權」，以致鄉(鎮、市)稅皆在縣稅下以「徵起」之方式分成取得。

2. 由於包括：地價稅、田賦、土地增值稅、房屋稅、契稅、娛樂稅等六項地方稅，皆以各該鄉(鎮、市)所徵起者分成配給各該鄉(鎮、市)。在鄉(鎮、市)財源不濟，稅基不穩的租稅生態下，鄉(鎮、市)稅係不穩定的財源，「自籌財源」比例偏低，其來有自。

3. 即使縣以統籌款再分配所轄鄉(鎮、市)，亦因縣本身財政不佳，而致鄉(鎮、市)所分配之「自有財源」仍顯不足。

4. 地方稅法通則對於鄉(鎮、市)徵收臨時稅課，雖有所規定，卻須先行制定地

方稅自治條例，用以徵收臨時稅課之法依據，但臨時稅課尚須「指明課徵該
稅課之目的，並應對所開徵之臨時稅課指定用途，並開立專款專戶」(地方
稅法通則§3)。其程序繁雜，鄉(鎮、市)興趣缺缺，形同具文。
5. 在稅課立法權有所欠缺下，鄉(鎮、市)之財源，就是依規費法規定徵起規費，
   或是處分自有財產，以充裕地方財源。其財政自主權之不足，實可想見。

三、(鎮、市)自治法人權能行使的困境

鄉(鎮、市)自治法人自 1950 年 6 月後，陸續辦理自治選舉而設立，在長達
70 年歷史經驗中，固然積極推行民主政治之政治社會化，對於政治素養之教
育、政治人才之培育皆有顯著之成就和貢獻，但就自治法人的行政績效
(administrative performance)而言，容有顯著的再努力空間，則屬鄉(鎮、市)之政
治現況；其中最受詬病者，包括：財政匱乏、區劃失衡、發展模糊以及經濟依
賴等項。分析如下：

(一)有財源嚴重不足

根據審計部「中華民國 103 年度鄉鎮縣轄市財務審核結果年報」，就 2014
年度臺灣鄉(鎮、市)年度財源加以分析。211 鄉(鎮、市)[3]的歲入來源別經決算數
統計，如表 6-2、圖 6-1。全臺灣 211 鄉(鎮、市)2014 年度決算統計後，其歲入
之自籌財源，僅占 39.07%；其中最大收入為自有稅課只占 25.58%，依次為規
費及罰款占 5.85%；捐獻及贈與占 2.37%、財產 2.30%、其他 2.06%、營業盈
餘及事業占 0.89%、工程受益費占 0.02%及信託管理占 0.01%。可見鄉(鎮、市)
財政之困境；至其非自籌財源占 60.93%；其中統籌分配稅占 36.74%、補助占
24.19%，此係就全部鄉(鎮、市)之財政所為之分析。

-----

[3] 由於桃園縣直至 2014 年 12 月 25 日始改制直轄市，之前係準直轄市之縣，其所轄 13 鄉(鎮、市)仍具
自治法人地位，所以審計部 103 年度決算審核報告將桃園縣 13 鄉(鎮、市)計入。

表 6-2　鄉鎮市歲入來源別預決算數彙計表

中華民國103年度

單位：新臺幣千元

項　　　　　　　　目	預　算　數	決　算　數		決算數與預算數比　較　增　減	
		金　　額	占總數%	金　　額	%
合　　　　　計	73,524,043	73,370,795	100.00	- 153,247	0.21
一、自籌財源	26,428,213	28,668,283	39.07	2,240,069	8.48
1.自有稅課收入	16,494,424	18,768,964	25.58	2,274,540	13.79
2.工程受益費收入	18,047	11,755	0.02	- 6,291	34.86
3.規費及罰款收入	3,958,637	4,289,111	5.85	330,474	8.35
4.信託管理收入	8,381	9,664	0.01	1,283	15.31
5.財產收入	1,969,803	1,684,922	2.30	- 284,880	14.46
6.營業盈餘及事業收入	745,817	653,085	0.89	- 92,731	12.43
7.捐獻及贈與收入	1,832,739	1,736,586	2.37	- 96,153	5.25
8.其他收入	1,400,364	1,514,193	2.06	113,829	8.13
二、非自籌財源	47,095,829	44,702,511	60.93	- 2,393,317	5.08
1.統籌分配稅收入	26,205,271	26,957,507	36.74	752,235	2.87
2.補助及協助收入	20,890,557	17,745,004	24.19	- 3,145,553	15.06

註：自籌財源係指歲入決算數扣除統籌分配稅收入暨補助及協助收入之數額(102 年 3 月 4 日修正之中央統籌分配稅款分配辦法第 4 條第 5 款)；非自籌財源係指統籌分配稅收入暨補助及協助收入之數額。

資料來源：審計部(2015)，中華民國 103 年度鄉鎮縣轄市財務審核結果年報，頁 4。

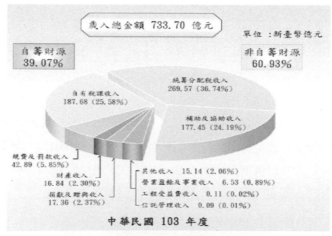

圖 6-1　鄉鎮市歲入來源別決算數比率

資料來源：審計部(2015)，中華民國 103 年度鄉鎮縣轄市財務審核結果年報，頁 4。

事實上，就個別鄉(鎮、市)而言，自籌財源未達 50%者，有 177 鄉(鎮、市)，占 83.88%；而未達 30%者有 129 鄉(鎮、市)占 61.13%；未達 10%者有 48 鄉(鎮、市)占 22.74%；未達 3%者有 16 鄉(鎮、市)占 6.16%，新竹縣尖石鄉 0.77%最低(審計部 2015:5)。

在自籌財源偏低情況下，只能依賴統籌分配稅款，以及補助，竟占 60.93%。就因此種不良地方財政狀況，必然尚有財政結構不良，而需修改相關財政法制的問題(紀俊臣 2016:498-499)，但自籌財源最重視稅基、稅源及其他非稅課收入。此部分實有待鄉(鎮、市)落實使用者付費、強化公有財產管理、開發地方產業等作為，但在鄉(鎮、市)尤其鄉(鎮)的「開源條件」非常不理想下，其可作為的空間應是由縣的綜合開發著手，始較具可行途徑。

(二)行政區劃明顯失衡

臺灣自 1950 年 9 月 8 日，公布「臺灣省各縣市行政區域調整方案」以來，除部分鄉(鎮)改制為縣轄市外，其他區域迄未變動，以致 70 餘年來，造成行政區劃有人口密度高低明顯失衡的現象。姑且不論 30 山地鄉人口稀少，土地面積過大的自然生態，即以同縣的非山地鄉，亦有鄉(鎮)區劃的失衡情形，更遑論縣轄市在各該縣的政經特殊化。如東部：臺東縣的臺東市人口 106,758 人，占全縣人口 222,452 人的 47.99%，但土地面積 109.7691km^2，僅占全縣土地面積 3,515.2526 km^2 的 3.12%；花蓮縣花蓮市人口 105,724 人，占全縣人口 331,945 人的 31.84%，但土地面積 29.4095 km^2，僅占全縣土地面積 4,628.5714 km^2 的 0.63%。至西部：彰化縣彰化市人口 235,010 人，占全縣人口 1,289,072 人的 18.23%，但土地面積 65.6974 km^2，僅占全縣土地面積 1,074.3960 km^2 的 6.11%；南投縣南投市人口 101,622 人，占全縣人口 509,490 人的 19.94%，但土地面積 71.6021 km^2，僅占全縣土地面積 4,106.4360 km^2 的 1.74%。此種行政區劃的不合理性，早為各界所詬病，但政治人物鑑於行政區劃之調整，或將影響既有政治版圖(political territory)的經營，延宕行政區劃法之立法，肇致行政區劃重劃缺乏法依據，失衡現象延遲數十年尚未能合理變動。

(三)政治發展取向模糊

　　臺灣鄉(鎮、市)政治民主化已有 70 餘年的歷史，理論上民主素養應已臻成熟，但事實不然。鄉(鎮、市)行政首長或鄉(鎮、市)民代表會主席、副主席有行為不良紀錄，甚至涉及組織犯罪者時有所聞。據非官方資料，其比例甚至可能達到六成以上。姑不論地方政治人物的社會背景，只就鄉(鎮、市)長任職期間涉嫌貪污而遭縣政府停職，甚至獲判有罪被解職者，13 縣除外島外，殆無縣可倖免。質言之，政治發展的良善治理(good governance)係當前治理模式的最高目標，臺灣的鄉(鎮、市)在派系政治(faction politics)的積極介入地方政務下，又有黑社會的政治分贓，以及建設過程的腐化現象。在在需要全盤政治改革，體制的多元化似乎是可以參酌的解決行動方案。

(四)經濟能力多依補助

　　由於縣財政的困境，其所轄鄉(鎮、市)的財政亦必然不佳，應是相當合理的推論。其實鄉(鎮、市)財政問題，尚涉及鄉(鎮、市)經濟能力的問題。蓋依財政收支劃分法第 12 條規定，鄉(鎮、市)稅本來自其境內稅課的分成；質言之，鄉(鎮、市)財政匱乏，係因各該鄉(鎮、市)的經濟條件不理想，稅基不穩，稅源不濟肇致。設若鄉(鎮、市)經濟條件良善，其稅課自然不虞匱乏；頃於 2010 年改制為直轄市區的原臺北縣十縣轄市；尤其板橋、三重、中和、新莊、永和、新店、土城等區，在縣轄市時期的政經發展，即因本身經濟條件較佳，而得以「自有財源」從事地方建設。此種情形，11 縣的縣轄市尚有努力的空間，至其他鄉(鎮)實已無多大的經濟發展機會；補助財源爰成為地方最可依賴的歲入財源。足見鄉(鎮、市)之財政自主性必然很受限縮。

四、突破鄉(鎮、市)自治法人困境的可行途徑

面對上揭鄉(鎮、市)自治困境，究應如何突破？就臺灣的政治環境而言，其可行的途徑，殆可分為：

(一)由自治法人改制為非自治法人

固然臺灣實施鄉(鎮、市)自治已有長久歷史，在政治社會上已有殊多成就與貢獻，但基於自治法人有其住民自治和團體自治的條件，而組織自主權、立法自主權和財政自主權，更是自治法人的基本權；設若條件不備，基本權實質運作有所欠缺，政府宜有公共政策務須符合時機之認知。蓋鄉(鎮、市)自治法人的自主性不足，可否參酌直轄市和市之區，由鄉(鎮、市)自治法人地位改制為非自治法人的「派出機關」地位和功能。此種政治改革工程固然是殊事體大，但在自治法人未能實踐自治組織政經功能之前，可否以「階段性公共選擇」(sectional public choice)，改造鄉(鎮、市)現行體制，應是新政府成立之際，即可邀集國內學者專家研究和評估的重要公共議題。

鄉(鎮、市)如改制為非自治法人，就其推行政治民主化而言，固然是一項很重大的轉折，而且是政治阻力非常強大的變革，務必審慎將事。本研究在思維此項改革方案時，除有 SWOT 分析外，並且考慮「民主赤字」(democratic deficit)的政治衝擊(political impact)。鄉(鎮、市)在現有困境尚未有突破性改造前，較適宜採用具宏觀的政治行動方案；即以非自治法人模式責由上層自治法人承擔，以加速社會改革共識的形成；一旦政治改革工程完成，鄉(鎮、市)宜再回復自治法人，以厚植草根民主。質言之，就健全鄉(鎮、市)自治法人的體質而言，現階段似可以非自治法人的縣總體政治(macro-politics)，厚植鄉(鎮、市)的自治條件；俟自治條件健全後，再回復自治法人的體制運作。

(二)充實自治法人自主條件

在鄉(鎮、市)自治法人現狀(status guo)的既有政治條件下，以美國 Charles E.Lindblom 所倡議的「漸進主義」(incrementalism)決策模式，取代一般公共政策學者所主張的「理性決策」(rational decision)或是「理性公共選擇」(rational public choice)，且以有限的資源進行漸進式的改革(incremental reform)。Lindblom 弟子 Aaron Wildavsky 曾參酌漸進主義提出「漸進預算」(incremental budgeting)的預算編製模式。旨在回應「互動治理」(interactive governance)以形成改革共識；並以相對應的預算挹注改革支出，用以形成改革條件。此種改革思維，就充實自治法人的條件，或許是比較和平的手段，但政治改革的領導人如何以其智慧因應層出不窮的挑戰，並且能有所堅持，卻是一項艱鉅的政治智慧工程。以臺灣的政治文化言之，採取妥協的漸進模式，除農保機制是成功案例外，殆多不易成功；反倒是全民健保儘管創立倉促，卻一步到位，至今成為近數十年來政府最具魄力的政治改革典範。質言之，充實自治法人的條件，已走過半世紀又二十年，卻仍然條件不夠健全。此時推動鄉(鎮、市)的政治改革，在藍綠不易和解的現實情況下，或許需要採取比較強勢的手段，俾早日完成健全自治法人條件的建構。

(三)推動鄉(鎮、市)最適規模的行政區劃

固然東部與西部的鄉(鎮、市)受制於天然條件，以致行政區劃條件有所不同；即使離島與本島之鄉(鎮、市)，亦有行政區域大小懸殊的差異；即使同一縣境的鄉(鎮、市)，亦有鄉(鎮、市)人口大小密度極度懸殊情形。對於鄉(鎮、市)的區劃多半係在 1950 年 9 月 8 日，公布「臺灣省行政區域調整方案」後，始有若干鄉(鎮、市)改制，如：

1. 因臺灣省各縣治所在不分大小，一律謂之縣轄市，而由鄉或鎮改制，但其行政區域並未調整；如澎湖縣馬公鎮改為馬公市。
2. 因鄉或鎮人口達到 10 萬人以上，依地方制度法第 4 條規定改制為縣轄市；

如彰化縣員林鎮、苗栗縣頭份鎮，均依該新修正規定[4]改制為員林市、頭份市。

3. 因政治考量，將縣轄市級的新竹縣新竹市、嘉義縣嘉義市，於 1982 年 7 月 1 日分別改制為縣級之市；新竹市且將新竹縣香山鄉併入為該市之區。

4. 因臺中縣與臺中市合併改制為臺中市，臺南縣與臺南市合併改制臺南市，高雄縣與高雄市合併改制為高雄市，以及臺北縣、桃園縣分別改制為新北市、桃園市，致其所轄之鄉(鎮、市)均依法改制為各該市之區，並由自治法人改制為非自治法人。

5. 因原屬山地鄉之地方自治團體，在改制直轄市後成為山地原住民區，已非自治法人；復於 2014 年 1 月 29 日，修改地方制度法將各該山地原住民區回復為地方自治團體，並自 2014 年 12 月 25 日生效，致使鄉(鎮、市)之外，尚有 6 個山地原住民區以等同鄉(鎮、市)地位，成為自治法人。

關於鄉(鎮、市)行政區劃的最適規模(optimum size)，在國土計畫法業經總統於 2016 年 1 月 6 日公布，至施行日期依該法第 47 條規定「**由行政院於本法公布後一年內定之。**」因之，由於政府已於同年 5 月 1 日施行，內政部為其主管機關，宜依該法規定期程進行各項整備，以利施行。依內政部所發布之期程，如表 6-3 所示；從該時程規劃內容，不免令人多所希望，諸如：

表 6-3 施行國土計畫法時程規劃

項目	時程規劃
定期公布國土白皮書	每年定期公布。
全國國土計畫	本法施行後二年內，公告實施全國國土計畫；即 2018 年 4 月 30 日。
直轄市、縣(市)國土計畫	全國國土計畫公告實施兩年內，依中央主管機關指定之日期，一併公告實施；即 2020 年。

---

[4] 縣轄市設置的條件，經多次調整後，地方制度法依多數主張，將人口達 15 萬人以上，未滿 50 萬人者，設縣轄市。2015 年 6 月 17 日立法院彰化縣、苗栗縣籍委員提案修改，將 15 萬人降至 10 萬人以上，致彰化縣員林鎮、苗栗縣頭份鎮，依法核定為由鎮改制之新縣轄市。

| 國土功能分區圖 | 於直轄市、縣(市)國土計畫公告實施後兩年內，依中央主管機關指定之日期，一併公告。 |
| 20 項子法 | 分三階段推動，預定於本法施行四年內完成。 |

資料來源：內政部全球資訊網(2016.4.11 下載)

1. 國土計畫法 20 項子法，需時長達 4 年完成；質言之，在未來五年內仍不能進行國土計畫法之「國土功能分區」規劃。
2. 國土計畫時，本宜將行政區劃(administrative division)亦納入其中，但由規劃項目發現國土規劃與行政區劃並無任何交集；內政部主管上揭二事項，卻因主辦單位不同，即有所區隔。
3. 內政部組織改造費時多年，卻因民進黨籍立委杯葛而致功敗垂成，在民進黨政府成立後，該組織法修正案宜儘速完成，俾專責成，但至今看不出該新政府的政策取向。

　　上揭說明旨在籲請蔡英文政府能將「國土計畫與行政區劃」連結，俟國土計畫公告後即行展開行政區劃。蓋行政區劃固有城市與農村之分，但其規劃原則務必以「可使用土地原則」(usable land principle)，將國土保育地區，至少第一類：維護自然環境狀態者排除；海洋資源地區，至少第一類：維護海域公共安全及公共福祉，或符合海域管理者排除，始能合理規劃新行政區劃，以形塑最適規模的行政區劃。鄉(鎮、市)如能以最適規模的政策取向進行重劃或調整，該等基層地方自治團體的公法人體質健全，在三大基本權又能積極運作的政治生態下，鄉(鎮、市)的草根民主或基層民主，當可為臺灣的都市國家形塑一個具有華人社區典範的民主國家。

五、鄉(鎮、市)改制為非自治法人 SWOT 分析

　　本研究基於永續發展(sustainable development)的理念，思維鄉(鎮、市)體制的永續性，深信制度是有機的，有其變動性，但任何機制都在能福裕人民；建

構幸福社區和健康社區，始為終極服務目標。經由前述，發現現行的鄉(鎮、市)在基層自治體的功能運作上存在許多困阻。因之，如何規劃和設計最適規模的鄉(鎮、市)行政區劃，勢須有適度的機制變動，始可達致理想的改制設計。此或許就是所稱「轉型正義」(transitional justice)。本研究經由上揭分析，傾向以「非自治法人」模式，推動鄉(鎮、市)之政治改造，爰以 SWOT 剖析如下：

(一)優勢可否持續

　　鄉(鎮、市)非自治法人化後，其可能的優勢(strengths)，包括：

1. 常任文官具有專業，可針對鄉(鎮、市)特色進行規劃和設計。
2. 經費由縣政府編列，不須考量歲入與歲出平衡；衹要合理編製預算案，以符改造之需。
3. 建構官僚組織模式，可運用官僚組織模式形象，推動鄉(鎮、市)改造以減少爭議。
4. 如能善用鄉(鎮、市)地緣條件，結合群眾參與社區公共議題之研商，行政績效將可大幅提升。
5. 直轄市或市的區政發展，並不遜以鄉(鎮、市)自治法人。

　　上揭優勢在自治法人時期，不易持續；反倒是在非自治法人時期，因官僚政治模式的特質、傾向保守和集權行政而容易維持。質言之，鄉(鎮、市)由自治法人改為非自治法人後，其永業文官的行政能力容易發揮，而且強化組織領導系統的建構，其既有組織優勢，將可持續運作。

(二)劣勢能否逆轉

　　鄉(鎮、市)由自治法人改制為非自治法人後，其組織內部可能出現劣勢(weaknesses)，包括：

1. 鄉(鎮、市)公所或改制為區公所係縣的派出機關，鄉(鎮、市)長或改制為區長，係由縣長依公務人員任用法任用。其已非公職人員自較欠缺政治敏感性，其所督導的行政團隊，對於行政發展浮現官僚作風，不能勇於任事，只是安

於其位而已。

2. 鄉(鎮、市)已無獨立預算，鄉(鎮、市)公所在縣統一編製預算下，喪失主動、積極的預算編列態度，不僅無較充裕經濟能力發展建設，亦且因無法呈現地方特色，導致地方發展落後。

3. 鄉(鎮、市)公所官僚政治的政治腐化或欠缺行政績效，肇致鄉(鎮、市)人口外移和社會減少，已影響地方人力資源的不足，促進工商繁榮將成泡影。

4. 由於地方機會不多，失業風險增加，社區民眾參與公共事務的意願日形低迷。

5. 鄉(鎮、市)在欠缺競爭力的誘因下，其總體經濟不符住民期待，人際間缺乏和諧和互動，社區意識逐漸淡化或弱化。

　　上揭劣勢係就一般行政機關所為官僚體系負功能(dysfunction)之分析。鄉(鎮、市)公所在改制為非自治法人後，鄉(鎮、市)長固然依「永業文官」(career civil service or career civil servant)任用。但可在任用上加上在地條件；即明定鄉(鎮、市)長須在地設籍至少三年以上，俾其就任後能迅速了解生態，並因在地人具有「社區意識」(community consciousness)得以強化自我責任，而全力以赴為民服務。質言之，永業文官的負功能可經由教育或其他行政倫理措施，以減弱可能發生的負功能，促使劣勢逆轉。政府對常任文官殆多設立專責訓練機構，經由職前訓練(job-before-training)或在職訓練(job-in-training)，乃至進修學位方式培育公務人力，其積極意義固在強化專業(profession)；但消極意義就在轉化服務氣質，是以鄉(鎮、市)改制非自治法人，其創新服務的作為應非是不可能的任務。

(三)機會是否擴大

　　固然就減少民主赤字的公民社會，鄉(鎮、市)非自治法人化似與現代政治發展趨勢不相一致，但就區域治理(regional governance)觀點，則有下列發展機會(opportunities)，包括：

1. 區域治理係地方治理的新趨勢(new trend)，鄉(鎮、市)受限於地緣關係可能的發展機會相對限縮，如由縣統籌可以大區域的布局以改善發展條件。

2. 臺灣行政區劃長期穩定，已形成穩固的縣意識，鄉(鎮、市)非自治法人，正可強化此種大我的政治意識(political ideology)。不僅如此，經濟發展的平台，社會文化的潛意識，在縣長、縣議員，乃至立法委員選舉的競爭中，已儼然突破鄉(鎮、市)的羈絆，非自治法人正可與現狀和趨勢結合。

3. 鄉(鎮、市)自籌財源多半不足，需要縣的統籌款支援，中央統籌分配稅款如能由縣統籌，必能使有限財源，在「自有財源」相對增加；復有中央補助經費，而得以充實縣庫。不僅地方建設經費可以寬列，而且具有區域特色或縣特色之組織文化，亦得以逐年實現，自能強化縣發展能力，以打開地方競爭力。

4. 現在的行政區劃明顯不合理，但在 22 市、縣級行政區劃單位中再合併之情形，其政治阻力必然非常大。因之，以縣(市)為單元之下轄鄉(鎮、市)非自治法人化，正可提供在國土計畫法施行後，以縣國土計畫基礎所為之合理行政區劃機會。

5. 鄉(鎮、市)發展係當地住民最大的期待，社區參與的興趣，乃至參與式預算(participant budget)的實施，在鄉(鎮、市)非自治法人化後，因總體的發展願景，以及相對的區域競爭，而有更積極的意願，皆是可以預期的發展。

　　鄉(鎮、市)改制為非自治法人，對於社會民主化的衝擊，必然影響既得利益者的政治參與機會，其所可能產生的反彈，正如 2014 年 12 月縣(市)改制直轄市時，鄉(鎮、市)長結合鄉(鎮、市)民代表會反制的情狀。當時政府以修改地方制度法方式，紓緩政治衝突所可能產生的壓力。固然鄉(鎮、市)改制非自治法人，已有提案立法委員提出類似的方案；即第一任鄉(鎮、市)長可以進用機要人員方式再擔任一任鄉(鎮、市)長；鄉(鎮、市)民代表如第一任，亦以區政諮詢委員聘任一屆，用以安撫反彈。換言之，反彈聲浪已在預料中，因之，鄉(鎮、市)長一旦官派後，即須經由政治社會化過程，突顯前述的發展機會，並以綜效的行銷策略加大機會，藉以形塑非自治法人的階段性選擇之可行性與必要性。

(四)威脅有否限縮

　　鄉(鎮、市)非自治法人，最大的政治威脅(threats)就是前述的既得利益者之反制。此外，其來自社會的威脅，包括：

1. 非自治法人係增加民主赤字的關鍵因子，容易引起崇尚地方自治者反彈。
2. 臺灣已在鄉(鎮、市)實施地方自治長達 60 餘年，一旦終止此項政治過程，必影響政治文化的草根化；而政治社會化的在地化不足，亦可能遭受批判。
3. 國家政治菁英(political elite)的甄補，將有斷層的危險。
4. 鄉(鎮、市)非自治法人化後，鄉(鎮、市)建設倘不如預期時，必定大肆撻伐該機制之開民主倒車和罪魁禍首。
5. 鄉(鎮、市)非自治法人，其與民間團體的接觸將相對減少，形成行政機關與民間非政府組織的隔閡，日久即形成一道藩籬。此種情形，將不利於社會資源的結合，地方治理或將落空。

　　針對鄉(鎮、市)非自治法人的可能威脅，政府主管機關和鄉(鎮、市)非自治法人間的合作，乃成為減輕社會威脅的必要措施。對於地方治理(local governance)的可能衝擊，最有效的解決途徑，就是採取多層次治理模式(multi-level governance)，以因應社會生態的多元化；復以不同的策略解決問題癥結。為能限縮可能的社會威脅，政府應與非政府組織合作，運用跨域治理或協力治理分工合作，以改善區域經濟環境，並且進行雙線溝通(two-way communications)，促使了解現階段的選擇邏輯，以得到廣泛的支持，從而減輕地方自治團體的可能公帑浪費。

　　基於上揭的 SWOT 分析，肯定非自治法人的可行性。本研究以表 6-4 說明之如下：

表 6-4　鄉(鎮、市)非自治法人之策略選擇時機

可行方案　　内部因素 外部因素	S(優勢)	W(劣勢)
O(機會)	OS (1)掌握國土計畫推動行政區劃時機，以減輕反彈聲浪。 (2)強化地方財政條件，形塑地方發展特色，增加地方競爭力。 (3)發展城市區域治理模式。	OW (1)非自治法人雖有阻力，但可有效排除或和緩。 (2)多數民意支持政治改革。 (3)鄉(鎮、市)財政不足，需要新作為，以展現創新。
T(威脅)	TS (1)鄉(鎮、市)自治法人係未來終極目標，以減輕反彈壓力。 (2)非自治法人旨在充實地方發展條件，並非排斥民主機制。 (3)應用公投方式改革政制。	TW (1)非自治法人機制社會反制太大。 (2)非自治法人必要配套未克如期實施。 (3)非自治法人遭致地方政治參與嚴重倒退，社會冷漠。

資料來源：本研究整理

　　由於政府施政務必審慎設計與規制，影響評估是必要的過程。在新政府推動鄉(鎮、市)政治改革過程中，固然需要邀請學者專家研商或規劃，但在制度設計的思維上，如應用 SWOT 分析工具，殆可以 OS(前進策略)、OW(維持策略)、TS(改善策略)和 TW(撤退策略)四種策略選擇。基本上，在國土計畫法施行伊始，行政區劃係隨行之政治改革時機，設能有政治改革優先順序的考量，

先以鄉(鎮、市)非自治法人模式，過渡上揭政治工程之推行，相信比較容易獲致社會共識；必要時，亦可以公投方式積極改造鄉(鎮、市)政制。

六、鄉(鎮、市)改制為非自治法人的整備措施

設若蔡英文政府連續執政能即行推動地方制度改革，著手修正地方制度法，將鄉(鎮、市)由自治法人改制為非自治法人，把握鄉(鎮、市)改制非自治法人的時程，推動若干具體的整備措施，以使非自治法人的政治改革，為國家儲蓄資產，形成社會資本的起始戰略，而不再徒然製造社會對立，肇致朝野政治衝突的負債性社會成本之增加，自是對國家社會的重大成就和貢獻。

以下分析五項有裨於鄉(鎮、市)非自治法人化社會資本增加的措施，包括：

(一)推動規模經濟的行政區劃

把握國土計畫的公告施行期程，成立專責機構以展開行政區劃的規劃作業；在最短期間內，積極展開行政區劃之重劃「作業整備程序」，促使行政區劃的調整得以加速進行，以利國家資源的合理開發與理性使用。此項行政區劃之調整優先順序的排列格外重要。內政部係中央主管機關，責無旁貸，應即召集相關組織和專家學者組成新地方制度的研討小組；提供政府制定相關法制的必要資訊，並且採取層級分工(divisional work with hierarchy)，促使行政區劃可在最短期間內完成。

由於行政區劃係高度敏感的政治工程，施工前恐將歷經各方挑戰。執事部門務須審慎因應，在重大政治工程施行前，能有充分的溝通與研習，並且採取建教合作，促使大學的教育得以學以致用，協同加速行政區劃的規劃作業，俾在最短期間內即完成鄉(鎮、市)政治改革。唯有行政區劃的日趨合理化，地方產業始得在規模經濟的生產過程中，先以奠立基地的方式去發展地方經濟，從而改善當地住民的生活，自為鄉(鎮、市)住民所期許。

(二)形塑服務效能的地方機關

　　鄉(鎮、市)係臺灣最基層的地方自治團體，卻因政治腐化的現象益趨嚴重，而為民眾或媒體所詬病。近十數年來的改革方案幾乎朝向非自治法人一途。事實上，鄉(鎮、市)的政治改造不祇一端，多元化服務模式係地方服務策略的可能選擇，但將耗費龐大的人力、物力。因之，如能先行啟動非自治法人的改革措施，並且善用非自治法人的「一般行政機關」角色以服務民眾，相信民眾會因為服務效能的提昇、服務創新的積極，而感受到地方治理的實際成效。是以非自治法人係地方自治先行程序，而非終局措施；在非自治法人時期，宜有「服務管理」(serving management)或「服務治理」(serving governance)的思維架構，用以提昇公共管理機制下之服務水準，始係鄉(鎮、市)改制的根本旨趣所在。

(三)展現自給自足的在地化自治體

　　固然不是每一個地方自治團體皆有豐富的天然資源，或可以大規模量產的盈餘事業機構，用以改善或充裕各該地方自治團體的財政條件。但財政的條件本有開源與節流二套措施，在開源不易獲致之前，宜強化財政紀律，本諸「量入為出」的簡約原則，推動地方建設。在簡約原則之下，就地緣條件規劃開源措施，將「社會企業」(social enterpriser or social entrepreneur)的概念引入公營企業，不僅降低經營成本，而且解決社會問題。地方政府固然不宜與民爭利，但如何調節供需，減輕民眾生活負擔；尤其在節能減碳，塑造「低碳家園」的世代，地方自治團體的社會企業服務，應係必要的社會發展模式。

(四)建構永續經營的地方政府

　　一般研究永續發展的理論多半提出「永續環境」(sustainable environment)、「永續社會」(sustainable society)、「永續經濟」 (sustainable economy)，合稱永續發展的三大目標。當今的地方政府在 21 世紀的議程中，確已將此等列為施政積極項目，問題是如何落實？鄉(鎮、市)的生態固有不同，但一般言之，人

口較少，土地面積較小，確是各該鄉(鎮、市)的通則性形象或生態組合。因之，鄉(鎮、市)在改制為非自治法人後，應將施政重點放在環境的美化，生態的綠化，心靈的淨化，以及微企業的經營；唯有此一方面能有更多的作為和成就，臺灣的環境品質始可顯著改善。鄉(鎮、市)非自治法人化後，各公所任用人員可更具專業化和在地化。相信社區意識的形成，絕不是自治法人的專利，而是地方政府的積極服務所形成的附加價值。永續經營的政府不是遙遠的描繪，而是近在眼前由居民共同創造的成果所建構。

(五)審慎因應民主赤字的政治挑戰

當政府推動鄉(鎮、市)非自治法人政策治理開始，即是主張維持現狀者批判臺灣的民主赤字升高的起始。質言之，鄉(鎮、市)長官派的理論爭議，就是升高民主赤字。因之，執事當局務必有強而有力的論述，分析非自治法人的必要性，以及非自治法人絕非基層民主的終結，而是塑造草根民主的「轉型正義」過程。民主赤字祇是一時，經由非自治法人階段性任務的完成，或是強化鄉(鎮、市)發展條件之充實後，即可還政於民，民主赤字當可相對降低，民主債權自然豐富。

七、結語：鄉(鎮、市)改制，應朝階段性任務去設計和運作

經查鄉(鎮、市)長擬改制，由縣長依公務人員任用法任用(即俗稱官派)，早在 1996 年國家發展會議朝野即形成共識，次年內政部已完成省縣自治法修正案，並經行政院會議通過卻未送立法院。如不是為減緩第一屆省長宋楚瑜聲明辭職後慰留的政治衝擊，臺灣各鄉(鎮、市)早已改制，鄉(鎮、市)不再是自治法人，鄉(鎮、市)祇是一個行政區劃；鄉(鎮、市)公所係縣的派出機關，自然鄉(鎮、市)長即由各該管轄縣長依法任用之。

　　因此，探討鄉(鎮、市)長官派絕不是「創新政治工程」，其祇是將二十年來的政治工程規劃，再加研修而已。就政治學界主張維持現制者，多以「民主赤字」的觀點，認為鄉(鎮、市)長官派，臺灣的民主赤字會居高不下，如何說是民主國家？此種說法，固然有其理論依據，甚至可以說，設若鄉(鎮、市)長可改為官派，則直轄市山地原住民區才在 2014 年底改制為自治法人，區長已由官派改由該區公民直選產生，豈不是互相矛盾？到底政府的民主發展取向如何？甚至有些民意代表尚認為鄉(鎮、市)長改為官派是民進黨企圖壟斷地方政治市場。

　　姑不論上揭看法是否欠缺理性探討。就當前直轄市山地原住民區的自治法人，因欠缺配套法制，以致各該山地原住民區的財政自主性完全落空。其每年度歲入預算竟完全依賴直轄市政府的財政補助，是一個典型的無「自籌財源」；甚至是無「自有財源」的地方自治團體，如何推動自治行政？此種財政匱乏，在鄉(鎮、市)不稍改變，且每況愈下，如何積極推動地方自治？當前的基層政治改革，就是如何加速行政區域之重劃？如何建構多元的鄉(鎮、市)政治發展模式？鄉(鎮、市)目前的條件唯有全面改造，除山地鄉外，其他宜以都市和鄉村二款設計鄉(鎮、市)新機制，始可積極增進地方民眾之福祉。

　　若能朝此取向進行政治改革，而在改革過程中，暫將鄉(鎮、市)長改制為官派；亦即鄉(鎮、市)如同直轄市或市的區,全盤進行行政區域之改造，包括；重劃、整併或其他必要配套改制措施，將是 2020 年 520 新政府最具創意的政治改革之一。制度是有機的，絕無永遠不變的機制，如何符合時代需要，才是思維制度改革的前提。鄉(鎮、市)長改制為官派，並不是唯一的制度選擇；其應是現階段提昇鄉(鎮、市)民主效能的階段性選擇，一旦制度健全,鄉(鎮、市)長自可再回復民選,是以短暫的民主赤字之升高，應是根本減少民主赤字的策略規劃。

參考書目

內政部全球資訊網相關鄉(鎮、市)統計資料(2016.4.12 下載)〉《》

方建興(2010)，〈中央統籌分配稅款及補助款對地方財政影響之研究〉，中原大
　　學會計學系碩士學位論文。

行政院主計總處(2014)，《我國結構性財政餘額估算報告》。

行政院經濟建設委員會(2010)，《國土空間發展策略計畫》（中英文摘要）。

李顯峯，〈地方財政的問題與對策〉，上網蒐集，（2015.3.19）。

周志龍(2014)，〈大都會城市區域崛起與全球化：臺灣的多尺度治理挑戰〉，《人
　　文與社會科學簡訊》。15(2)：66-67。

林健次與蔡吉源(2003)，〈地方財政自我負責機制與財政收支劃分〉，《公共行政
　　學報》，第 90 期。

紀俊臣(2004)，〈地方政府與地方制度法〉，臺北：時英出版社。

紀俊臣編著(2007)，〈都市與區域治理〉，臺北：五南圖書出版公司。

紀俊臣(2011)，〈直轄市政策治理：臺灣直轄市的新生與成長〉，臺北：中國地
　　方自治學會。

紀俊臣(2015)，〈臺灣的地方財政問題與對策：直轄市與縣(市)比較分析〉，《中
　　國地方自治》，68(4)：1-27。

紀俊臣(2016)，《都市國家：臺灣區域治理的策略選擇》，臺北：中國地方自治
　　學會。

凌忠嫄(2014)，〈地方財政健全方案報告〉。

徐仁輝，〈多層治理與財政收支劃分〉，上網蒐集，（2015.3.19）。

徐仁輝(2009)，〈稅收分成與地方財政〉，《財稅研究》，41(2)：28-46。

徐仁輝(2010)，〈五都制下地方財政的未來〉，《財稅研究》，42(5)：87-102。

徐仁輝與鄭敏惠，〈新六都時代地方財政的挑戰與展望〉，上網蒐集，
　　（2015.3.19）。

財政部(2012)，〈跨域加值公共建設財務規劃方案〉(核定本)，行政院 2012.7.24
　　院臺經字第 1010138527 號函核定。

財政部(2014)，〈財政健全方案(地方政府部分)〉。

財政部國庫署全球資訊網相關鄉(鎮、市)統計資料，(2016.4.11 下載)

陳建仁(2011)，〈從中央支配到地方自主—日本地方分權改革的軌跡與省思〉，
　　新北：Airiti Press Inc.。

馮永猷(2013)，《府際財政》，臺北：元照出版有限公司。

黃世鑫、郭建中(2002)，〈自有財源與地方財政自主：地方自治內涵之省視〉，《正
　　策研究學報》，7：1-34。

黃建興與蔡玉時，〈建立激發地方政府財政努力之機制〉，上網蒐集，
　　（2015.3.19）。

廖南貴(2015)，〈地方治理與區域合作新思路－以花東發展基金運用為例〉，臺
　　北：國立空中大學公共行政學系「2015 第四屆建構公民社會：優質治理與
　　永續發展學術研討會」論文集。

臺灣省諮議會(2011)，《臺灣省議會會史》，臺中：臺灣省諮議會。

審計部(2015)，〈中華民國 103 年度政府審計年報〉。

審計部(2015)，〈中華民國 103 年度鄉鎮縣市財務審核結果年級〉。

蔡吉源，〈臺灣的競租社會與地方財政惡化〉，上網蒐集，（2015.3.19）。

Boadway, Robin& Ronald Watts,（2000），*Fiscal Federalism in Canada*. Ontario:
　　Institute of Intergovernmental Relations Queen's University.

Brooks, Chris,（2008），ed., *Introductory Econometrics for Finance*. New York:
　　Cambridge University Press.

Kidoloro,T.,N.Harata.L.P.Subana.J. Jessen. A. Motte.&E.P.Seltzer,eds.,（2008），
　　Sustainable City Regions: Space, Place and Governance. Japan: Springe.

Oates, Wallace E.,（1999），" An Essay on Fiscal Federalism", *Journal of Economic
　　Literture.* 37（3）:1120-1149.

Oates, Wallace E.,（2005），*Toward A Second-Generation Theory of Fiscal
　　Federalism.* Maryland: International Tax and Public Finance.

柒、臺灣地方自有財源的開拓策略與政策合法化：財政收支劃分法與地方稅法通則之修正取向

紀俊臣　銘傳大學公共事務學系客座教授

黃絲梅　東海大學政治學系博士候選人

摘要

　　本研究係以法制研究途徑(legal approach)，並以質化研究法(qualitative study)為基礎，實地觀察、訪談等方式，針對時起爭議的地方財政法制修正，在連任新政府行將啟動，新國會勢須審慎為之的立法環境下，研究分析修法之可行取向，以供執事當局參考。

　　蓋地方財政係地方發展的前置條件，目前的地方財政除六都、金門縣、嘉義市、新竹市、基隆市係屬財政情況較好的地方自治團體外，其他地方自治團體之財政，每下愈況，已接近公共債務法舉債之上限，可謂財政狀況非常險峻；尤其眾所周知的苗栗縣、宜蘭縣，曾至薪資發給延遲的窘況。面對此種困窘的財政現象，必然嚴重影響地方發展；如依循環理論，各該地方的榮景勢將無法出現。因此，亟須經由各種行政途徑，以改善地方財政，乃是當前地方治理的重要課題之一。

　　本研究基於上揭研究背景，本諸長年觀察地方發展的了解，擬以地方自有財源的開拓和必要的修法措施，進行研究和分析。由於地方財政的改善，可大

略歸類為開源節流。就開源與節流的二元分析言之，節流固然重要，但開源始為財政的可行積極措施。基於此一財政認知，正值新國會或將審議新地方財政法制之際，爰就財政收支劃分法和地方稅法通則二法制之「可行修法取向」，進行質化研究和建議，以供執事者參考。

其實地方財政困窘，大陸的情形亦復如此。此外，香港、澳門在「打貪」與「禁奢」的大陸政策影響下及香港「反送中」和新冠肺炎肆虐，業已出現財政下滑的傾向，研究地方財政以供參考借鏡。因之，本研究如能在兩岸四地研討會中提出探討，或將成為「熱門議題」。

關鍵詞：地方自有財源、政策合法化、策略治理、財政收支劃分、地方稅

一、前言：提昇地方自有財源比例係新政府地方治理之重要課題

兩岸交流後，發現兩岸有不少政治文化上的共同點，其中之一就是兩岸的地方政府(local government)皆面臨舉債太高的問題。解決之道，當然就是「還債」。問題是如何還債？是以債養債呢？抑或有其他的開源或節流途徑，以減少債務？本研究主張由提昇自有財源比例途徑，以減少新的債務發生。此項提昇自有財源的比例，係以開源為原則，節流為例外。蓋政府施政在績效管理的有效運作下，內有主計、研考機關的稽核、列管考成；外有審計機關的決算審核，理論上，其在節流上的機制較為健全。質言之，行政機關在財政困難的節流措施，在政務正常運作下，其可以調控的空間並不大；反倒是開源部分，因外在的條件可以經由創新、結合等方式改變和強化，尤其制度性的結構變更，更是比較有發展績效的財政健全作為。本研究依此思維邏輯，認為「地方自有財源」的開拓，可能是嗣後解決地方財政困境的有效途徑之一。

本研究因考量自有財源的開拓，涉及政府的財政法制，而財政法制就國家

財源的分配法制言之，係指財政收支劃分法的規制。該項法制修正案雖已幾次
進出立法院，均因朝野爭議不決，在「屆期不連續原則」(the principle of
discontinuity for electional term)下，回到未提修正狀態。因蔡英文政府即將於
2015 年 5 月 20 日組成，目前看守內閣並未在第九屆立法委員任職伊始，即重
提新修正案，卻列為「交接事項」。因之，本研究所分析成果，似可供執事者
研擬新法案參考。再說，地方財政的困阻，地方稅法通則未能發揮應有的功能，
亦是主因之一。本研究乃就上揭二法制的可行修正取向分析之。

　　本研究限於時間，擬就公共事務理性選擇(rational choice)理論，分析財政
收支劃分法修正的可能方案，並以策略管理(strategic management)觀點，分析
地方自有財源的開拓策略規劃，從而形塑財政收支劃分法修正的可行策略。由
於係以公共政策的議題做為分析架構的標的，本研究進而提出政策合法化的可
行作為。唯在時間匆促下，未能逐一就地方首長進行深度訪談(indepth interview
method)，乃以報章新近訪問地方首長所為之意見，經加整理後釐清地方首長
之方案選擇，從而提出可行修正建議。至有關地方稅法通則之修正，則以加徵
範圍和加徵稅目之調整為探討聚焦，希望了解地方稅法通則之立法漏洞後，研
擬有效的改制方案。

二、當前地方財政困境的現況分析

　　雖說 2019 年度臺灣全年度賦稅實徵淨額為新臺幣(以下同) 2 兆 4,705 億
元，較上年度增加 835 億(+3.5%)，詳如表 7-1。其中所得稅實徵淨額為 1 兆 1,488
億元，較上年度增加 717 億元(+6.7%)，其原因依財政部說明，係「結算申報
自繳稅款增加」所致[1]。此似說明所得增加，但營業稅 2019 年實徵淨額為 4,209

---

[1]　依財政部 2020 年 1 月 11 日新聞稿說明 2019 年實徵淨額與上年比較，以營利事業所得稅增加新臺幣
　　774 億元(+13.6%)，係因結算申報及暫繳申報經額增加所致；係會所得稅減少 114 億元(-2.2%)，係因
　　調高 4 項扣除額所致。

億元，僅較上年度增加 55 億餘元(+1.3%)，此又似說明經濟景氣並未好轉[2]。事實上，臺灣的景氣並未好轉，地方財政際此時刻，更值得了解財政狀況。依 2019 年臺灣各縣(市)稅務概況重要統計指標，其在各一級地方(包括：直轄市、縣市)，其國稅與地方稅所為「稅捐實徵淨額」，如表 7-2 所示。本研究為便於了解各該地方區域之區位(location)，以圖 7-1 示之。將可以發現臺灣地方資源分布的「失衡現象」；如再就各地方 2019 年度預算編列的「歲入預算」如表 7-3 所示，即可以了解，地方財政的現況，以及解決問題的可能途徑。

表 7-1 全國賦稅實徵淨額統計表（修正統計）

108年12月　　　　　　　　　　　　　　　單位：新臺幣百萬元；%

稅　目　別	本月實徵淨額	較上年同月增減數	較上年同月增減率	占本月分配預算數比率	108年度實徵淨額	較上年增減數	較上年增減率	結構比	達成率	108年度預算數	較預算增減數
總　　計	144,596	17,526	13.8	105.2	2,470,519	83,574	3.5	100.0	103.5	2,387,522	82,997
關　稅	12,976	1,531	13.4	121.5	123,042	2,986	2.5	5.0	102.5	120,000	3,042
所　得　稅	34,815	4,567	15.1	124.2	1,148,814	71,735	6.7	46.5	106.6	1,077,192	71,622
營利事業所得稅	11,309	5,995	112.8	169.8	647,911	79,966	14.1	26.2	104.8	618,517	29,394
綜合所得稅	23,505	-1,428	-5.7	110.0	500,903	-8,231	-1.6	20.3	109.2	458,676	42,227
遺產及贈與稅	3,549	-171	-4.6	114.7	34,926	3,101	9.7	1.4	105.5	33,105	1,821
遺產稅	2,625	270	11.5	147.0	24,300	2,921	13.7	1.0	126.6	19,187	5,113
遺產稅(未指定用途)	2,028	186	10.1	135.4	19,269	102	0.5	0.8	119.8	16,087	3,182
遺產稅(撥入長照基金)	598	84	16.3	207.0	5,031	2,819	127.5	0.2	162.3	3,100	1,931
贈與稅	924	-441	-32.3	70.7	10,626	179	1.7	0.4	76.3	13,918	-3,292
贈與稅(未指定用途)	853	-202	-19.2	84.8	9,031	-70	-0.8	0.4	84.3	10,718	-1,687
贈與稅(撥入長照基金)	70	-239	-77.3	23.4	1,595	250	18.6	0.1	49.9	3,200	-1,605
貨物稅	16,751	955	6.0	107.1	176,878	-3,233	-1.8	7.2	97.6	181,168	-4,290
證券交易稅	8,993	1,609	21.8	90.8	91,205	-9,966	-9.9	3.7	80.8	112,900	-21,695
期貨交易稅	441	-27	-5.8	75.1	4,695	-1,405	-23.0	0.2	76.3	6,150	-1,455
菸酒稅	6,773	405	6.4	121.2	68,649	-953	-1.4	2.8	105.4	65,133	3,516
菸酒稅(未指定用途)	3,917	235	6.4	109.1	40,860	-490	-1.2	1.7	97.7	41,833	-973
菸酒稅(撥入長照基金)	2,857	170	6.3	142.9	27,789	-463	-1.6	1.1	119.3	23,300	4,489
特種貨物及勞務稅	271	19	7.4	147.1	2,735	261	10.6	0.1	125.8	2,174	561
營業稅	8,709	4,354	100.0	78.2	420,908	5,500	1.3	17.0	101.4	415,145	5,763
營業稅(未指定用途)	6,741	3,611	115.4	67.6	394,749	3,814	1.0	16.0	100.7	391,877	2,872
金融業營業稅(撥入金融業特別準備金)	1,968	743	60.6	168.9	26,159	1,686	6.9	1.1	112.4	23,268	2,891
土　地　稅	45,833	3,769	9.0	95.9	193,034	10,597	5.8	7.8	106.4	181,393	11,641
地價稅	35,999	1,278	3.7	95.5	91,897	12	0.0	3.7	100.9	91,070	827
土地增值稅	9,835	2,491	33.9	97.1	101,137	10,585	11.7	4.1	112.0	90,323	10,814
房屋稅	299	75	33.6	84.9	80,972	2,384	3.0	3.3	102.8	78,798	2,174
使用牌照稅	214	29	15.9	59.8	65,598	767	1.2	2.7	101.6	64,556	1,042
契稅	1,430	288	25.2	123.7	14,773	1,407	10.5	0.6	117.1	12,611	2,162
印花稅	481	-38	-7.4	82.4	12,857	710	5.8	0.5	117.2	10,967	1,890
娛樂稅	161	19	13.5	119.1	1,878	100	5.6	0.1	120.8	1,554	324
特別及臨時稅課	44	-35	-44.3	62.9	1,834	49	2.7	0.1	109.5	1,676	158
教育捐	-	0	-	-	-0	0	41.7	-	-	-	-
健康福利捐	2,855	177	6.6	130.7	27,721	-465	-1.7	1.1	120.5	23,000	4,721

說明：因四捨五入關係，各表細項加總應與總數或會同。

資料來源：財政部統計資訊網(2020.3.7 下載)

---

[2] 2016 年 1 月 11 日，財政部新聞稿曾以初步統計指出，2019 年營業稅實徵淨額為 4,091 億元較上年減少 63 億元(-1.5%)，檢討原因係進口礦產品、基本金屬及其製品稅額減少，適用外銷零稅率之營業人申請退稅減少，加以受國內消費增加之交互影響所致。

表 7-2　2019 年度地方稅賦實證淨額

		稅捐實徵淨額(百萬元)
2014	總計	2,470,519
	直轄市	1,837, 492
	新北市	270,862
	臺北市	805,205
	桃園市	189,919
	臺中市	201,787
	臺南市	128,463
	高雄市	241,256
	縣市	509,985
	宜蘭縣	13,899
	新竹縣	61,009
	苗栗縣	37,912
	彰化縣	51,409
	南投縣	11,597
	雲林縣	67,533
	嘉義縣	10,765
	屏東縣	24,940
	臺東縣	3,507
	花蓮縣	11,888
	澎湖縣	1,185
	基隆市	70,610
	新竹市	129,489
	嘉義市	9,374
	金門縣	4,462
	連江縣	308
	其他	123,042

資料來源：財政部資訊網(2020.3.7 下載)

圖 7-1　2019 年度臺灣直轄市、縣(市)稅捐淨額統計

資料來源：本研究繪製

表 7-3　2019 年度地方歲入預算統計

	歲入
2019	單位：千元
總計	**1,086,739,343**
直轄市合計	**732,670,946**
新北市	148,811,532

臺北市	159,895,111
桃園市	101,805,000
臺中市	108,911,994
臺南市	86,258,744
高雄市	126,943,565
縣市合計	**354,068,397**
宜蘭縣	23,785,578
新竹縣	25,592,015
苗栗縣	19,174,924
彰化縣	47,236,058
南投縣	23,975,000
雲林縣	35,118,813
嘉義縣	24,394,000
屏東縣	39,971,000
臺東縣	14,996,188
花蓮縣	22,127,809
澎湖縣	9,386,674
基隆市	19,435,155
新竹市	19,374,953
嘉義市	12,923,166
金門縣	12,516,218
連江縣	4,060,846

資料來源：財政部資訊網(2020.3.8 下載)

表 7-4　各級政府公共債務統計表
109年1月底

製表日期：109/2/18　　　　　　　　　　　　　　　　　　　　　　單位

項目 / 政府別	公共債務法規範之債務						債務合計
	1年以上非自償債務				未滿1年債務		
	預算數		實際數		實際數		實際數
	金額	比率[註1]	金額(1)	比率[註1]	金額(2)	比率[註2]	金額(3)=(1)+(2)
合計	65,057 *	35.34%	61,070 *	33.18%	3,386	9.69%	64,456
中央政府	55,895 *	30.36%	53,508 *	29.07%	1,820	8.27%	55,328
地方政府	9,162 *	4.98%	7,563 *	4.11%	1,566	12.12%	9,128
直轄市	7,580 *	4.12%	6,072 *	3.30%	1,040	12.11%	7,113
臺北市	1,674 *	0.91%	898 *	0.49%	0	0.00%	898
高雄市	2,577 *	1.40%	2,429 *	1.32%	103	7.05%	2,533
新北市	1,169 *	0.64%	1,052 *	0.57%	427	23.90%	1,479
臺中市	1,144 *	0.62%	795 *	0.43%	301	21.29%	1,096
臺南市	587 *	0.32%	528 *	0.29%	73	7.29%	601
桃園市	428 *	0.23%	370 *	0.20%	135	11.03%	505
縣市	1,576 *	0.86%	1,489 *	0.81%	525	14.14%	2,013
** 宜蘭縣	114	45.46%	115	45.89%	92	40.54%	207
新竹縣	122	34.99%	122	34.99%	40	13.94%	162
** 苗栗縣	216	64.11%	218	64.80%	161	79.72%	379
彰化縣	200	37.29%	165	30.81%	81	16.95%	246
南投縣	103	31.63%	105	32.43%	0	0.00%	105
雲林縣	173	35.58%	174	35.75%	36	11.87%	210
嘉義縣	137	39.24%	133	38.10%	28	11.35%	161
屏東縣	169	32.40%	168	32.27%	5	1.21%	173
臺東縣	51	19.15%	36	13.57%	8	4.01%	44
花蓮縣	80	30.15%	80	30.16%	39	17.90%	119
澎湖縣	17	14.29%	10	8.23%	0	0.00%	10
基隆市	78	33.94%	78	33.95%	0	0.00%	78
新竹市	102	37.93%	83	30.84%	34	14.47%	117
嘉義市	12	5.72%	0	0.00%	0	0.00%	0
金門縣	0		0	0.00%	0	0.00%	0
連江縣	2	3.83%	0	0.00%	0	0.00%	0
鄉鎮市	6 *	0.00%	2 *	0.00%	1	0.12%	2

備註：
1. 前3年度 GDP 平均數為：184,083億元（行政院主計總處109年2月12日公布）
2. 依據公共債務法第5條規定，各級政府債限如下：
   (1)1年以上公共債務：
   　A.總債限：中央政府、直轄市、縣(市)及鄉(鎮、市)所舉借之1年以上公共債務未償餘額預算數占前3年度名目GDP平均數之比率，分別不得超過 40.6%、7.65%、1.63%及0.12%。
   　B.個別債限：直轄市個別債限每年度由財政部歲算公告，109年度年度各直轄市債限比率分別為：臺北市:2.43%、高雄市:1.79%、新北市:1.012%、臺中市:0.874%、臺南市:0.742%、桃園市:0.77%；縣(市)及鄉(鎮、市)所舉借之1年以上公共債務未償餘額預算數占各該政府總預算及特別預算歲出總額之比率，各不得超過50%及25%
   (2)未滿1年公共債務：中央及各地方政府未滿1年公共債務未償餘額占總預算及特別預算歲出總額比率，分別不得超過15%及30%。
3. 自償性債務：係以未來營運所得資金或指撥財源償付之債務。
4. 數字加總尾數不合係因四捨五入進位。
5. 符號說明：
   (1)比率加註「 * 」者，表示債務比率以「1年以上公共債務未償餘額占前3年度GDP平均數」計算，其餘比率未標加註「 * 」者，表示債務比率以「1年以上公共債務未償餘額占總預算及特別預算歲出總額」計算。
   (2)政府別欄位內加註「 ** 」者，表示債務超限之地方政府，財政部已依據公共債務法第9條規定，限期其改正及提報償債計畫，以期債務；並依財政善進度管制撥付補助款，促使其本財政善與自我負責精神改善財政，以落實地方債務監督管理。

資料來源：財政部資訊網(2020.3.8 下載)

此外，就地方債務言之，臺灣的各地方自治團體其債務殆多有增無減，截至 2020 年 1 月底，地方債務如表 7-4 所示。由上揭四表一圖中，殆可有下列的地方財政圖像：

1. 除金門縣、連江縣未有舉債外，臺灣各地方均有或多或少的資源分配不均情形。
2. 整體印象是北臺灣財政狀況優於其他地方區域，西部優於東部；本島優於離島。
3. 就直轄市而言，其財政狀況亦優於縣(市)，以致六都建設一日未歇。
4. 中央財政固然不好，債務雖未達上限，但已無直接依法協助地方的財政能力。
5. 依公共債務法規定，直轄市可舉債之上限似寬之於縣(市)。此項不正義的機制，或許是地方財政發展的結構性問題。
6. 地方財政南北失衡的問題，已成為泛政治問題。
7. 新政府對地方財政的作法，迄未有明朗的提示。

(一)縣(市)不如直轄市

就 2019 年度的賦稅實徵淨額言之，臺灣南北六個直轄市，與其他十六個縣(市)比較，如表 7-2。直轄市部分，臺北市 805,205 億元，占全國 2 兆 4,705 億元的 32.59%；其次新北市 2,708 億元占全國 10.96%；再依次高雄市 2,412 億元，占全國 9.76%；臺中市 2,017 億元，占全國 8.16%；桃園市 1,899 億元，占全國 7.86%；最少臺南市 1,284 億元，僅占全國 5.19%。全部直轄市之實徵淨額為 1 兆 8,394 億元，占全國 74.37%。此一數據，可有下列分析上的意義：

1. 直轄市實徵淨額占全國實徵淨額 74.37%，與直轄市土地面積僅占全國 30.12%、人口占 68.76%(紀俊臣 2016:24)，形成一個很有意義的現象；即六直轄市的資源與人口的關係成正比，與土地成反比。質言之，臺灣的都市化(urbanization)或都會化(metrolitanization)係國家資源之所寄，都市國家之稱實至名歸。

2. 六都的實徵淨額以臺北市占最多，並為全國資源最多的自治團體。此就該市為中央政府所在地[3]言之，似與其他國家多以首要都市的資源優於全國其他地區，且在一倍以上的數據頗相一致。臺北市除為全國首善之區外，在國家發展上一向扮演最重要的角色，其來有自。唯資源過度集中在臺北市，對於區域發展或稱區域治理(regional governance)，則有若干不利之處，卻也是臺灣南北失衡的註腳。

3. 由於縣(市)人口雖只有 31.24%，土地面積卻多達 69.88%；其創稅能力為5,099 億元，占全國 20.64%此等數據與直轄市完全相反；所稱「反比例」的土地空間發展固然完全吻合，卻是縣(市)發展上的警訊。蓋縣(市)空間發展固然機會殊多，卻財政資源不濟，而致荒廢或閒置。此影響所及，並不是土地使用而已，尚有地上物的閒置，蚊子館多半在縣(市)出現， 昭然若揭。

4. 縣(市)的賦稅實徵淨額固然偏低，卻不減歲入的年度預算需求。依表 7-3 所示，歲入最多的縣為彰化縣 472 億元，但賦稅實徵淨額為 514 億元；質言之，即使將在彰化縣內徵收的賦稅，包括國稅、地方稅，全部充作彰化縣歲入的財源，雖祇多 42 億元，但財源最困難的苗栗縣歲入 191 億元，縣境徵收的賦稅淨額是 379 億元，短差高達 188 億元，占 98.42%；宜蘭縣歲入237 億元，境內所徵收之賦稅淨額為 138 億元，短差 99 億元，占-41.77%。由上揭數據說明，鑑於國家資源多集中在直轄市地區，縣(市)如擬由稅收改善財政環境，需要修改財政收支劃分法，從稅收法制的途徑結構性的改善「分配法制」(distributive legality)，始克看到改善財政的機會。

5. 在臺灣 16 縣(市)中，除市部分(包括：新竹市、基隆市及嘉義市)財政稍好外，其他 13 縣中，金門縣因經營金門酒廠徵收菸酒稅達 27 億元，歲入 125 億元，雖短差 98 億元，卻可由金酒稅後盈餘中支付[4]，尚有盈餘，目前銀行存

---

[3] 由於中華民國憲法(第 31 條)僅有「中央政府所在地」而無「首都」的規定，首都並不一定在特定區域，是以中央政府所在地的臺北市為中華民國現階段的首都(capital)應無不妥。

[4] 依財政收支劃分法規定，菸酒稅應以其總收入 18%按人口比例分配直轄市及臺灣省各縣(市)；2%按人口比例分配福建省金門及連江二縣。如以 2019 年的賦稅實徵淨額中的 27 億元菸酒稅，中央分配給金門的經費只有 54 萬元；金門的歲入財源，除中央補助款外，就是金酒公司盈餘分紅。

款多達 166 億元，以及連江縣主要依賴補助款充作歲入財源外，其他 11 縣
的財政模式，就是以中央統籌分配款為最大宗「自有財源」，其他已無明顯
的自有財源可資列入歲入。因之，縣(市)多以中央對各該縣(市)之補助款為
最主要的歲入來源。如：南投縣稅捐實徵淨額 115 億元，歲入 239 億元；
嘉義縣稅捐淨額 107 億元，歲入 243 億元；臺東縣稅捐淨額 35 億元，歲入
149 億元；澎湖縣稅捐淨額 11 億元，歲入 93 億元，皆顯示其歲入財源應非
稅收，而是中央補助款。此種長久依賴補助的財政，係一項不穩定的財政；
亦是債務只增不減的原因。所幸公共債務法規定縣(市)舉債有其上限，否則
公債部分，恐非如表 7-4 而已。

6. 直轄市截至 2020 年 1 月，其債務高達 7,113 億元，其中高雄市舉債最多 2,533
億元，占直轄市的 35.61%；其次新北市 1,479 億元，占 20.79%；再依次臺
中市 1,096 億元，占 15.40%。臺北市 898 億元，占 12.62%，臺南市舉債 601
億元，占 8.44%，桃園市舉債 505 億元，占 7.09%，比例上舉債最低。雖都
未達到舉債上限，但除臺北市及桃園市財政狀況較佳外，其他三直轄市則
情況不好，如高雄市僅具有 1.0154%、新北市 0.4252%、臺中市 0.5229%、
臺南市 0.3761%的舉債空間。質言之，年年舉債度日恐已非嗣後直轄市的法
定歲入來源所繫。至說縣(市)的舉債，因上限太低，更非其可行的歲入作為，
足見縣(市)比直轄市更需要結構性的財政變革。

表 7-5　108 年度直轄市一年以上公共債務未償餘額

占前 3 年度名目國內生產毛額(GDP)平均數之比率上限

直轄市別	前 3 年度自籌財源占歲入比率平均數為權數計算之分配比率	債務比率上限
合計	2.8705%	7.6500%
臺北市	0.5743%	2.45%
高雄市	0.4469%	1.794%
新北市	0.5030%	1.012%

臺中市	0.4540%	0.874%
臺南市	0.3688%	0.742%
桃園市	0.5234%	0.778%

註：本表所列債務比率上限，依公共債務法第 5 條規定設算。
資料來源:中華民國統計資料網(2020.3.08 下載)

(二)中南部不如北部

如依圖 7-1 分析，2019 年北部(指北北基宜)而言，其賦稅徵收淨額為臺北市 8,052 億元，新北市 2,708 億元，基隆市 701 億元，宜蘭縣 138 億元，共 1 兆 1,599 億元，占全國賦稅淨額的 46.95%；接近超過一半。如北北基宜外，再加桃竹苗(即桃園市 1,899 億元、新竹市 1,294 億元、新竹縣 610 億元、苗栗縣 379 億元)即 4,182 億元，高達 1 兆 5,781 億元，占全國 63.87%。此項數字，已說明中南部資源與北部仍有很大差距，中南部在國家資源上竟祇占 36.13%，此種僅占 1/3 多一點的資源分布，係臺灣政經資源傾向北臺灣的主要環境條件。近些年中南部人士在北部競選公職人員有愈來愈多的傾向，主要就在於北部經濟資源較多；相對而言，政治資源必定不會少。因之，財政資源分配不均，不僅影響地方的建設，亦且肇致南北互相掠奪資源外，更形成北部政治資源已為南部政治人士的「競選」誘惑所在[5]。

此外，北部政經資源的豐富，不僅造成政治資源分配的不均，而且是國家領導人的培養園地。中華民國自 1996 年實行總統副總統直接民選以來，不論候選人或是當選人都有中南部人士前往北部登記參選，而且當選的比例亦逐年提高。立法委員在選擇選舉區時，固有諸多面向的考慮，但考量政治人格的養成以及族群的融合，政治文化的同源等，任何有利於勝選的機會，皆是候選人選擇的考量因子。就國家的發展，資源的集中係容易引發政治衝突的原因之一；最近幾年關於財劃法之修正，中南部地方首長意見最多，而且爭議傾向愈顯激烈，即是資源集中的後遺症肇致。

---

[5]　中南部人士旅居北部；尤其在北北桃三大直轄市，有增無減。此從該三大直轄市係國內人口社會增
　　加多於自然增加的地區，可資佐證；人口增加的誘因，主要就是政經資源豐富。

(三)東部不如西部

臺灣的東部，如就花東地區發展條例言之，應指花蓮與臺東二縣。依圖 7-1 所示，該二縣 2019 年賦稅淨額為 153 億元(花蓮縣 118 億元、臺東縣 35 億元)，僅占全國 2 兆 4,705 億元的 0.62%；即便加上宜蘭縣 138 億元，亦衹占 1.17%；就該三縣的土地面積 10,287.45 km^2 (宜蘭縣 2,143.63 km^2、花蓮縣 4,628.57 km^2 及臺東縣 3,515.25 km^2)占全國總面積 36,192.82 km^2 的 28.42%；人口 996,857 人(宜蘭縣 454,161 人、花蓮縣 326,063 人、臺東縣 216,633 人)占全國 23,604,265 人的 4.22%，固然稅賦徵收與人口數成正比，但與土地面積顯不成比例。蓋土地面積高占全國總面積 28.42%，卻衹占 1.50%的歲入資源。此項分析可以發現如下的現象：

1. 東部三縣雖然人口只占全國 4.22%，土地面積卻高占 28.42%，而其賦稅淨額竟衹占全國 1.17%，說明東部天然景觀固然全國第一，但從事地方發展則有殊多困境。設無適當的財政條件，其地方發展必然困難；目前各該三縣亟需地方公益人士的經濟支援，始克邁向都市化的國家之林。

2. 東部雖有「花東地區發展條例」的特種基金，支援地方發展，但地方事務的處理，宜有開拓人生高境界的處理模式；尤其財政自主權係地方自治團體的基本權。基本權的侵犯，易使人的政治文化傾向保守。蓋地方自治團體需要財政支援，始得發展具有特色的縣境觀光事業；而東部目前是在財政條件險峻的階段，實宜以權威性的作法發展建設；並且爭取中央連續性預算的支援。當然竭盡所能發展天然資源的開發，確實需要積極性的大筆開發經費。此方面內政部及國家發展委員會應扮演協調溝通的角色。國家機關的空間發展策略，係因應全球化的世局所為之必要措施，在財政困阻中宜加強資源整合與支援之應用。

(四)離島不如本島

臺灣的離島，包括澎金馬[6]三縣，澎湖縣 2019 年賦稅淨額 11 億元、金門

---

[6] 依國土空間發展策略計畫，澎金馬係離島地區允宜發展觀光事業。唯就離島建設條例，臺灣的離島

縣 44 億元及連江縣(即馬祖)3 億元，計 58 億元，占全國賦稅淨額 0.23%；其人口數為澎湖縣 105,147 人、金門縣 140,253 人及連江縣 13,080 人，計 258,480 人，占全國人口 1.09%；土地面積澎湖縣 126.86km^2、金門縣 151.06km^2 及連江縣 28.80km^2，計 307.32km^2，占全國總面積 0.84%。由上揭三個數據，可以有如下的看法：

1. 離島縣除金門縣財政健全外，其他澎湖縣、連江縣皆有積極輔導改善的必要，最近幾年來澎湖及馬祖皆有主張開放賭場之議，馬祖通過公民投票且已超過八年，但必要的博弈法制，卻未能及早完成立法。此說明中央對離島縣之了解不足，以致必要財政條件亦不予賦予。此項阻礙係來自立法院在野力量，連任的蔡政府是否能改變思維值得觀察。

2. 經由金門縣的金門酒廠經營經驗，證明「自有財源」才是地方發展的最大保證。經多年來的視察，連江縣的建設遠非金門可比，主要的原因固然地緣關係是一大因素，但金門因有較好的自有財源。不僅改善人民的生活，提供臺灣本島皆望塵莫及的福利服務措施，應是該縣的自有財源高度穩定所致。此在澎湖、馬祖皆因無較高的自有財源比例而有所不及，值得執政者妥加思索發展策略之選擇。

三、地方自有財源比例偏低的檢視

由上述的地方財政數據，再參酌表 7-6 的「106 年度地方財政評比指標評核結果」即可明瞭地方自籌財源偏低的現況。在直轄市部分自籌財源高低如下：

除澎金馬外，尚有屏東縣的琉球鄉、臺東縣的蘭嶼鄉、綠島鄉；唯本研究只以澎金馬分析之。

表 7-6 2017 年度地方財政評比結果

單位：%；百萬元

項目別　政府別	支出節流與歲入歲出籌絀控管情形				收入開源績效				債務管理			
	歲入歲出籌編情形(%)	歲出規模控制情形(%)	歲入歲出籌絀改善情形		稅收增減情形(%)	規費增減情形(%)	自籌財源增減情形(%)	自籌財源占歲入比率(%)	債務餘額		付息負擔	
			籌絀增減(%)	結絀增減(%)					長期債務餘額近2年度增減金額	長期債務餘額近2年度增減比率(%)	付息數占長期債務實際數之比率(%)	付息數占長期債務實際數之比率近2年增減情形(%)
臺北市	1.69	1.05	-4.09		5.05	-2.88	-5.74	66.65	4,731	2.37	0.90	-0.02
新北市	0.06	2.40		0.49	-6.65	0.25	-1.55	57.13	14,699	11.97	0.60	-0.21
臺中市	-0.72	9.31		2.43	-2.14	-2.74	12.05	55.11	23,743	26.70	0.62	-0.08
臺南市	-1.61	4.65	-2.95		1.32	0.63	-1.26	41.36	-4,079	-5.58	0.54	-0.31
高雄市	-0.49	-3.86		-6.13	15.01	18.14	7.04	52.81	-4,211	-1.64	0.55	-0.20
桃園市	2.54	4.35		5.17	-2.94	2.08	-1.58	61.02	2,400	11.11	0.60	-0.18
宜蘭縣	0.06	2.46	7.13		-13.22	2.95	-10.43	29.37	-482	-2.13	0.71	-0.09
新竹縣	0.00	1.90		6.46	-10.27	-14.33	-17.05	40.08	229	1.05	0.92	-0.34
苗栗縣	-0.23	-19.70	8.88		-8.62	-10.89	-4.80	28.30	-335	-0.85	1.38	-0.16
彰化縣	3.35	-0.02		5.05	-3.41	-2.23	-21.46	26.89	1,041	4.37	0.83	-0.22
南投縣	-0.27	5.00	1.29		-4.27	-10.67	1.87	20.35	-1,014	-5.94	0.76	-0.32
雲林縣	0.01	0.94	0.29		2.11	-28.76	3.11	24.81	-1,041	-3.97	0.96	-0.13
嘉義縣	-0.04	-2.45	3.45		-1.97	40.56	30.53	19.40	-1,305	-6.31	0.84	-0.24
屏東縣	0.00	-2.10	1.53		-1.43	13.56	-3.73	20.94	-2,428	-9.65	0.73	-0.10
臺東縣	-4.44	1.65	1.60		-7.15	-16.88	-1.18	14.16	-657	-8.73	0.51	-0.30
花蓮縣	-0.12	-1.35	1.32		-4.15	-11.76	-2.44	19.79	-112	-0.91	0.63	-0.29
澎湖縣	-0.40	-5.22	2.31		-25.37	2.75	-12.98	10.84	-523	-23.72	0.59	-0.29
基隆市	-0.08	3.51	-0.38		11.96	10.18	4.25	28.84	-751	-7.20	0.75	-0.17
新竹市	2.38	-1.38	0.82		0.99	-11.02	-0.60	54.07	-670	-5.63	0.94	-0.03
嘉義市	4.31	0.90	-2.29		-1.02	9.82	-1.11	31.66	-272	-69.93	0.82	-0.12
金門縣	21.63	-14.14	2.91		-32.68	-0.07	-17.10	52.67	0	0.00	0.00	0.00
連江縣	1.28	6.39	2.66		26.73	19.04	62.52	15.78	0	0.00	0.00	0.00

評分方式：
1.「支出節流與歲入歲出籌絀控管情形」：
(1)「歲入歲出籌編情形」：106年度總預算並適用同期別預算歲出增加備受超過歲入成長幅度情形。
(2)「歲出規模控制情形」：105年度歲出決算審定數較104年之增減比率。
(3)「歲入歲出籌絀改善情形」：105年度歲入歲出籌絀減之某審定數占歲出比率較104年度之增減百分點。
2.「收入開源績效」：
(1)「稅收增減情形」：105年度不含中央核算分配稅款及罰緩徵收入決算審定數較104年度之增減比率。
(2)「規費增減情形」：105年度規費收入決算審定數較104年度之增減比率(不含營業盈餘繳庫及收列基金之收入，另直轄市不含汽車燃料使用費)。
(3)「自籌財源增減情形」：105年度歲入除中央統籌分配稅款補助及協助收入之決算審定數較104年度之增減比率。
(4)「自籌財源占歲入比率」：105年度自籌財源占105年度歲入決算審定數之比率。
3.債務管理：
(1)「債務餘額評比」：
① 「長期債務餘額近2年度增減金額」：105年度長期債務決算審定數及至105年12月31日短期債務實際數之合計較104年度增減金額。
② 「長期債務餘額近2年度增減比率」：105年度長期債務決算審定數及至105年12月31日短期債務實際數之合計較104年度增減金額占104年度長期債務餘額之比率。
(2)「付息負擔評比」：
① 「付息數占長期債務餘額之比率」：105年度付息決算審定數占104年度長期債務實際數之比率。
② 「付息數占長期債務餘額之比率近2年度增減情形」：105年度付息決算審定數占104年度長期債務實際數比率較104年度付息決算審定數占103年度長期債務實際數比率之增減情形。

臺北市 66.65%、新北市 57.13%、臺中市 55.11%、桃園市 61.02%、高雄市 52.81%、臺南市 41.36%，正反應南部直轄市財政狀況不健全的情形遠大於北部和中部；尤其臺南市竟低於 50%，其財政自主性欠缺至為明顯。至縣(市)部分，各該縣(市)自籌財源高低如次：新竹市 54.07%、金門縣 52.67%、新竹縣 40.08%、嘉義市 31.66%、宜蘭縣 29.37%、基隆市 28.84%、苗栗縣 28.3%、彰化縣 26.89%、雲林縣 29.37%、屏東縣 20.94%、南投縣 20.35%、花蓮縣 19.79%、嘉義縣 19.40%、、連江縣 15.78%、臺東縣 14.16%、澎湖縣 10.84%。由縣(市)自籌財源的嚴重偏低情形，是以判斷財政收支劃分法的結構性欠缺，而整體分析，可知自籌財源竟只有新竹市(54.07%)、金門縣(52.67%)能維持在 50%以上

7。令人不忍卒讀者，即是竟有 14 縣(市)自籌財源在 40%~10%間，其地方首長在財政自主性嚴重欠缺下，如何發展地方特色，彼等在競選期間所提出的政見究竟有多少可以實現，令人質疑。

　　本研究在此所稱「自籌財源」與「自有財源」(own-source revenues)略有出入，依中央統籌分配稅款分配辦法(2019.7.3 發布施行)第 4 條第 5 款規定：「自籌財源：指歲入決算數扣除本稅款及補助收入之數額」；而審計部所指自籌財源係自有財源－中央統籌分配稅款；至自有財源係歲入－補助及協助收入；質言之，自有財源係減去統籌分配稅款及補助收入。

　　因之，財政部與審計部其實並無不同。依該等定義，參考表 7-7「2018 年度地方政府自有(籌)財源概況」，發現 2018 年度，直轄市部分，自有財源占歲出%，以臺北市最高占 92%；其次新北市 79%；再依次臺南市 77%；高雄市 76%；桃園市 69%；臺中市 67%。此說明直轄市雖有債務，但其自有財源占歲出比例，除臺中市及桃園市外，尚可維持在 70%，足見直轄市財政尚稱較為健全；反之，縣(市)部分，其自有財源能維持在 50%以上，依序為新竹市 72%、新竹縣 69%、苗栗縣 55%、彰化縣 53%、嘉義市 53%、金門縣 51%、雲林縣 51%、南投縣 52%，亦即只有八縣(市)財政狀況較為穩定。其他縣(市)自有財源占歲出比例皆在 50%以下。

　　未達 50%有：花蓮縣 49%、宜蘭縣 47%、屏東縣 42%及臺東縣 38%、嘉義縣 38%、澎湖縣 37%、連江縣 22%。上揭自有財源如不足 50%，即說明該縣自有財源即使全部用在人事費用，亦有所不足，更遑論其他業務費用之支出。由上揭數字初步可有如下的印象：

1. 直轄市雖有為數不少之負債，但年度自有財源尚可維持在 60%以上，而縣(市)部分，能維持 69%只有二個縣(市)，為新竹縣(市)。足見縣(市)財政困境，其原因可能在稅制結構上有其不公平處。

7　臺灣各地方自治團體之財政能維持自籌財源達 60%者，只有桃園縣市(61.02%)，以及中央政府所在地的首都圈臺北市、之地方自治團體。地方自治團體的自籌財源偏低，解決之道除調整中央統籌分配稅款及中央增多補助款外，就只有舉債一途。

表 7-7　2018 年度地方政府自有(籌)財源概況

單位：新臺幣億元；%

項目　　　　縣市別	歲出 (1)	自有財源			自有財源占歲出% (6)=(4)/(1)	自籌財源占歲出% (5)=(2)/(1)
		自籌財源 (2)	中央統籌 (3)	小計 (4)=(2)+(3)		
總計	11,759	5,277	2,880	8,157	69	45
直轄市縣市合計	11,047	5,066	2,589	7,654	69	46
直轄市合計	7,634	4,179	1,775	5,954	78	55
臺北市	1,670	1,101	442	1,543	92	66
新北市	1,565	911	332	1,243	79	58
臺中市	1,312	619	266	885	67	47
臺南市	801	389	226	614	77	49
高雄市	1,242	636	309	944	76	51
桃園市	1,043	523	201	724	69	50
縣市合計	3,413	887	814	1,700	50	26
宜蘭縣	214	60	40	99	47	28
新竹縣	205	94	47	141	69	46
苗栗縣	218	61	60	121	55	28
彰化縣	406	112	101	214	53	28
南投縣	249	50	73	124	50	20
雲林縣	284	67	77	144	51	24
嘉義縣	270	39	64	103	38	14
屏東縣	391	76	88	164	42	19
臺東縣	206	26	51	78	38	13
花蓮縣	212	52	51	103	49	24
澎湖縣	93	10	24	34	37	11
基隆市	173	50	42	92	53	29
新竹市	191	95	42	137	72	50
嘉義市	134	41	30	71	53	30
金門縣	130	49	17	67	51	38
連江縣	39	4	5	9	22	10
鄉鎮市合計	691	208	292	500	72	30
直轄市山地原住民區合計	21	3	0	3	15	15

資料來源：審計部網站-財務審計結果年報、直轄市山地原住民區決算書。

備註：1. 本表數據除直轄市山地原住民區為自編決算數外，餘為審定決算數。

　　　2. 自有財源=歲入－補助及協助收入；自籌財源=自有財源－中央統籌分配稅款。

　　　3. 加減尾差係因4捨5入所致。

資料來源：審計部資訊網(2020.3.9 下載)

2. 縣(市)財政狀況多半不足以支付人事費，其節流措施只要精簡人事，即可看到「財政改善」績效，但此項措施卻不是現階段地方首長所積極作為之財政努力課題。

3. 當前的「自有財源」偏低問題，可能分為制度面結構性問題以及非制度面的非結構性問題。

因之，本研究乃由二層面分析之，如下：

(一)結構性問題

本研究所稱「結構性問題」(structural problem)係指因制度性限制而致形成機制運作不順暢或障礙的事項。就地方財政而言，係指因財政法制的立法漏洞或瑕疵，乃至規制不符公平或正義原則，所衍生的財政問題言之。主要包括：財政收支劃分法、公共債務法、地方稅法通則或規費法等事涉地方財政之法制，在立法瑕疵後所衍生的財政法制問題。說明於後：

1. 財政收支劃分不合理

財政收支劃分法制定已屆滿 69 年，曾歷經 10 次修正；最近一次修法係 1999 年 1 月，亦已經過 21 年有餘。每次修正皆直接、間接影響地方財政的收支，而都以如何強化直轄市的財政能力為主軸。在修法過程中，對於直轄市的「既得利益」一向本諸信保原則，進行立法作業，如現行規定：

(1) 稅收分為國稅與地方稅二種；地方稅再分為直轄市稅與縣(市)稅，形式上，該立法模式本係符合衡平原則，但直轄市與縣(市)稅之稅收分成並不同，如表 7-8 所示，直轄市稅稽徵後，由直轄市全權支用；即使直轄市所轄的山地原住民區係地方自治團體，具公法人地位，仍由直轄市處分再補助該地方自治團體；此在縣(市)稅部分，市稅亦如直轄市稅可全權處分，但縣稅部分，地價稅如由縣轄鄉(鎮、市)徵起者，即由各該徵起之鄉(鎮、市)徵起分成 30%、縣統籌分成 20%給鄉(鎮、市)；房屋稅鄉(鎮、市)徵起分成 40%、縣統籌分成 20%給鄉(鎮、市)；契稅鄉(鎮、市)徵起分成 80%、縣統籌分成 20%給鄉(鎮、市)；娛樂稅鄉(鎮、市)徵起 100%。質言之，上揭縣稅名義上係縣稅；實質上形同鄉(鎮、市)稅。

(2) 國稅部分，若干稅收係分成直轄市和縣(市)，但直轄市、市固可全權處分所分成部分，但縣卻須將所分成部分再分成徵起之所轄鄉(鎮、市)，如遺產及贈與稅，直轄市徵起分成 50%、市徵起分成 80%，但縣須就所轄鄉(鎮、市)徵起 80%分成各該鄉(鎮、市)。

表 7-8　精省後稅課劃分與稅收分成比例（財政收支劃分法制定與修正）

單位：%

| 稅目 | 制定或修正 | 中央與直轄市 | | | 中央與省、縣（市）（局） | | | | |
		中央	中央統籌	直轄市	中央	中央統籌	縣（市）	縣統籌	鄉（鎮）（市）
所得稅	1999	90	10		90	10			
	2010	94	6		94	6			
遺產及贈與稅	1999	50		50	20		80（市）		80
	2010	40		60	40		60（市）		60
關稅	1951				100				
營業稅	1999	60	40		60	40			
	2010		100			100			
貨物稅	1999	90	10		90	10			
	2010	100			100				
菸酒稅	1999	80	20		80	20			
	2010		80	20		80	20		
證券交易稅	1951	100			100				
期貨交易稅	1999	100			100				
礦區稅	1951	100			100				
直轄市稅及縣（市）稅									
土地稅	1999								
地價稅	1999			100			50	20	30
田賦	1999			100					100
土地增值稅	1999			100		20	80		
	2010			100			100		
房屋稅	1999			100			40	20	40
使用牌照稅	1999			100			100		
契稅	1999			100				20	80
印花稅	1999			100			100		
娛樂稅	1999			100					100
特別課稅	1999			100			100		

資料來源：根據立法院法律系統法條沿革（http://lis.ly.gov.tw）與 2010 年行政院「財政收支劃分法修正草案」（http://www.nta.gov.tw/）整理；引自馮永猷（2013：106-107）

(3) 就中央統籌分配稅款部分，依財政收支劃分法第八條，所得稅 10%、營業稅扣除給付統一發票獎金後之 40%、貨物稅 10%，充作中央統籌分配稅款可分配直轄市、縣(市)及鄉(鎮、市)。此三項稅收係近些年度國稅最大稅收，以此分成設立中央統籌分配稅款實嫌偏低，何況該中央統籌分配稅款尚僅 94%分配普通統籌分配稅款，其餘 6%係特別統籌分配稅款，由行政院統籌應用。

(4) 財政收支劃分法新近擬修正之行政院版本，雖有調整之方案，但整體而言，其中央統籌分配稅款之設計仍嫌保守，如規定所得稅由 10%減為 6%，營業稅全數充作統籌分配稅款，貨物稅 10%刪除。此種方案實難獲地方政府認同，以致立法院耗費一屆期仍無法完成修正案之立法過程。

2. 公共債務舉借上限過嚴

公共債務法頃於 2013 年 9 月完成修正立法，並自 2014 年 1 月施行，在新修正立法部分，已因應六都的新行政區劃而有部分修正；唯舉借上限係以中央、直轄市、縣(市)和鄉(鎮、市)分四層級；亦即上揭層級所舉借之一年以上公共債務未償餘額、預算數合計不得超過行政院主計總處發布之前三年度名目國內生產毛額(GDP)平均數之 50%，其分配為：中央 40.6%、直轄市 7.65%、縣(市)1.63%、鄉(鎮、市)0.12%。此項舉借規定，最保守之處，乃在於直轄市、縣(市)及鄉(鎮、市)係地方自治團體具公法人地位，各有法定權能，且各有不同的財政能力，並有各自的償債責任，為何將其合併計算舉借額度。宜將此設計全面檢討後，制定各自為權利主體的舉借上限，始符地方自治所為財政自主權之原理。

3. 地方稅制不積極

地方稅法通則已於 2002 年 12 月 11 日總統明令公布施行，，迄今已施行 18 年之久。在制定該地方財政法制前，各方多所期待(黃世鑫 2002)認為該法制之立法係地方自有財源提昇比例之唯一可行法制，但施行迄今，雖有地方政府制定徵收特別稅課之自治條例，但尚無附加徵收國稅之案例。設無附加國稅之應用法制，該法制之財政作用即完全達不成立法旨趣。蓋臺灣的大型稅收、

穩定稅收係國稅，雖說直轄市稅尚可應付直轄市市政建設之所需，但在縣(市)稅之稅收並不理想。因之，附加徵收國稅，在縣(市)之需求似遠大於直轄市，但地方不論需求孔殷的縣(市)，或是稅收上有所不足的第三類直轄市[8]，皆須採取加徵國稅方式始得改善各該地方之財政。此應係該法制值得檢討之處，諸如：

(1) 國稅的附加稅收之稅目限制、附加徵收之幅度限制，乃至附加徵收之程序限制皆值得檢討。

(2) 地方稅部分可否因地制宜附加徵收或稱因地、因時之提成增收各該地方可能增加稅款的稅目，值得全面檢討。

(3) 特別稅課固有限制規定，卻缺乏積極的設立規定，致地方政府規劃稅目常因中央部會主管機關之保守心態，以及欠缺「自治優先原則」(autonomous priority principle)的立法認知，而功敗垂成，化為幻影。

質言之，地方稅法通則之全盤修正，促使地方立法權得以全面落實，將是改進地方財政之重要立法課題之一。

4. 規費機制略嫌消極

規費法係與地方稅法通則同時立法，公布施行已 18 年之久，該法除將規費分為行政規費與執行規費，係該法制之重大成就外，對於地方財政之健全，實在貢獻非常有限。究責其原因乃在於規費機制欠缺積極開發「新規費」的功能。蓋地方財政限於客觀財政條件，其創稅能力本就不易提昇，更遑論創造稅目。但卻可由日常規費中找到新財源。易言之，地方政府在強化為民服務的能力上係以創造「新規費」的方式增加財源，方屬比較可行之途徑。蓋「使用者付費」(user's pay)係當前「規費」的立法原則，在此基礎上新規費的創立，應係強化為民服務，提升服務效能的附加價值(additional value)所在。

(二)非結構性問題

除上揭涉及地方財政法制之立法問題外，地方政府在創造財政的作為上如

---

[8] 依直轄市之財政能力可分為三類，第一類:臺北市；第二類:新北市、桃園市；第三類:臺中市、高雄市及臺南市。詳見(紀俊臣 2016:303-304)。

有所不足；或稱財政努力對於「自籌財源」的作為有所不逮，即係涉及非結構性問題，包括：

1. 地方財源不足與開拓不力

　　固然各地方的財政環境或稱財政條件不同，但條件可充實，環境可改善。此外，開拓新財源問題更是地方因地制宜的可能作為，設無積極的規劃，即無可能創造新開源。就長年來觀察，臺灣的各級地方首長最積極的財政努力，即係與中央主管部會的強化公共關係(public relations)，旨在爭取更多的一般性補助或是計畫型補助。固然財政補助係開拓地方財源的途徑之一，但非唯一途徑，且該補助係屬非「自籌財源事項」。因之，地方政府宜就地緣考量財源，如金門縣政府經營金門酒廠，即係地緣考量財源的成功案例。臺灣的地方特色如何化為地方資源，而地方資源如何創造地方財源，即係當前各級地方政府必有可為的強化「自有財源」的非結構性作為。

　　地方首長應將「競選」的思維，由社會行銷(social marketing) 的唯一途徑，設法調整為以政治社會化為軸心的社會行銷，將開源和節流的各項措施，經由政治社會化的教育過程，改進民眾的生活習慣，一方面節流一方面開源，此係由自身作起的開拓財源方法，實有積極思考的必要，比如目前的 PM2.5 如何化為開源的新措施，即是值得策進的思維之一。

2. 地方歲出寬列與浪費

　　地方政府歲出分為經常門與資本門，每年在編列歲出預算時，是否核實編列，即是一項嚴肅的課題。臺北大眾捷運興建過程中，對於明挖或潛遁各有依據，最後採明挖以減少傷亡，即係減少開銷的措施；潛遁固然可維持交通，卻有增加工安問題的「浪費」情形。換言之，地方政府在防止貪腐的最高指導原則下，如何將過去在經常門的浪費減少至最低程度；而在資本門的最合理標中減少浪費，尤其重要。過去諸多公共工程完工後，品質不佳而補強連連，抑或區位不好而流為乏人問津的蚊子館，所造成的財政損失，宜澈底檢討，並引為殷鑑，則是地方財政努力或強化財政紀律的重要課題之一。此外，綁標和圍標

造成的連年追加預算的實質損失，不僅要完全杜絕，而且能節省公帑，新政府
應在此多所作為。

3. 地方發展欠缺資金和可塑願景

　　地方發展特色係全球化時代的必要地方建設模式,但發展地方特色需要龐
大的建設基金,在地方人事費支出龐大、自有財源不足的情況下,發展特色除
與民間資源結合外,似已無其他可行途徑。其實與其結合民間資源的可能弊
端,如利益輸送、合法掩護非法,倒不如由中央編列「地方發展基金」(local
development fund);即以「特種基金」(special fund)的方式支援地方發展特色。
目前固已有離島建設基金、花東地區發展基金之「特定法域」(special territory)
的基金,提供離島建設和花東發展,但尚不夠普遍,且其規模亦不足於應付需
要,宜全面規劃有「規模經濟」(economies of scale)的基金,以推展地方建設;
如能參考國安基金,設立金額至少 3,000 億元以上的地方發展基金,相信是今
後健全地方發展提建全地方財政的最積極作為之一。

4. 地方事業經營不符管理經濟

　　地方政府依地方制度法第 28 條第 3 款規定,本可經營地方事業,但過去
的「公共造產」規模太小,財政效益不大,嗣後可在規模上擴大,但必須注意
符合管理經濟(managerial economy)。質言之,事業經營本在於服務民眾外,尚
有「利潤中心」的經營觀念。金門縣政府經營金酒公司即以企業管理的觀念經
營金酒,在龐大的利潤分享縣民下,縣民全力支持金酒之擴廠計畫,始有今日
之規模經濟效益。地方政府如無此企業管理之能力與作為,地方事業反成為地
方財政的包袱,不得不慎。當前綠能產業、生技產業皆係地方可以考量的事業。
此外,日常生活所需的「果菜」或「溫泉」辦調節機制皆是地方可以推動的公
營產業,對地方發展必有積極貢獻。

四、未來地方自有財源開拓的可行策略規劃與執行

經由上揭的討論和分析，未來地方自有財源的開拓勢在必行，但其可行策略究竟如何規劃；而在執行過程中需要秉持何種理念？下列探討可供參考：

(一)策略規劃

本諸自有財源的概念意含，除自籌財源外，尚有應用中央統籌分配稅款及申請中央部會補助二途。因之，本研究參酌自有財源的基本意含，提出：

1. 全盤修正地方財政法制

2020 年 5 月 20 日，蔡英文政府(Tsai Government)又將連任邁向新任期成立並積極運作，其中涉及地方課題，即是修正財政收支劃分法。嗣後，蔡英文新政府宜委託學者專家本諸地方財政研究專業，就財劃法、公債法、地方稅法通則及規費法等事涉地方財政法制，進行研究分析，並提出具體可行的修正法案。此項修正案不在於如何修正，而在於如何修好；亦即修正案不宜有方向上的考慮，更不宜有政治投資的考量，始可制定可長可久的健全地方財政法制。

2. 積極建構地方發展特色

在「全球在地化」的指導原則下，行政院宜儘速責成國家發展委員會委託規劃或自行研擬，如責成會內人員規劃地方特色，需要召集地方政府共同研議，經建會前主任委員劉憶如，即曾責成會內規劃地方特色，但事過 10 年卻仍未見發展各該地方特色之方案，是以此時再由新政府啟動，應係好的開始，必有成功之時。問題是所託如何內行和專業，才是問題的關鍵。此方面國內學者專家必有殊多新期許和夢想，希望政府能知人善任，將地方特色形塑地方財政健全的保證。目前國發會將推動「地方創生」(regional revitalization)，即在展現地方發展特色，強化區域經濟，以鼓勵年輕人留鄉服務，或返鄉憧憬，以減少少子化或高齡化之社會發展衝擊，各地方宜積極規劃和推動，將是地方發展和新契機。

3. 全力推動區域治理作為

　　健全地方財政的途徑之一，就是既開源又節流，而節流的積極發展策略，就是採用「區域治理」的建設模式；公共設施區域化，自然可減少為宣揚自有的浪費行徑。臺灣的公共設施因欠缺管理的荒廢情況，時有所聞，今後如蔡英文政府能確實貫徹「聯合區域治理」(united regional governance)的執政黨政策，將可減少殊多公帑之浪費，且可提高公共設施的使用率。此項觀念既然已在民進黨連任競選政見中屢見不鮮，一旦連任自當奉為準繩，相信地方浪費資源的「不經濟」(diseconomy)情形，即可相對減少。

(二)策略設計

　　嗣後蔡英文政府針對地方財政的策略管理作為，殆可分為：

1. 中央徵詢地方意向修正地方財政法制

　　對於地方財政法制之修正，固然不宜多所延宕，但亦不宜草率和急就章，是以由中央主管機關(內政部與財政部)徵詢地方意向，並採取大數據的分析方法，求得最大公約數以草擬各項地方財政法制之修正案，將是蔡英文政府在立法作為上的最大成就之一。自治立法權(autonomous legisletion)的適當賦予，則是貫穿各項地方財政法制的重要規制基礎；唯有地方自治團體能有「自治立法權」，始可落實健全地方財政措施。當下能以徵詢地方意向(local image)視為立法的必要過程，將是大規模修正地方財政法制，能否順利完成之關鍵所在。

2. 中央協同地方發展全球在地化特色

　　唯有地方才了解地方，嗣後中央應本諸協同地方發展特色的輔導角色，以推動地方特色之規劃。地方特色如何成為財政資源，本係一項大型政經工程，需要專業的規劃和設計；更需要地方非政府組織的支援，尤要有政治決策者的認同。這些過程至為耗繁，令人不敢奢言如何參與。因之，主其事者要有專業，更要有計畫人(planning man)的倫理素養，始可克服來自既得利益者的強大阻力，而且可以化險為夷，終致改革成功，創新服務得以實現。何況全球在地化需要龐大的政治社會化作為，其在人力、物力，乃至財力之支出，皆是主其事

者應有所規劃和堅持之所在。全球在地化如能成為財政資源，地方財政健全才不致流為空談。

3. 中央設計可行的區域治理模式

　　區域治理係當前地方治理的重要內涵之一，但不是地方治理的全部內容。質言之，地方自治所涉及的公共事務，如屬於特定區域就不一定要區域治理；所謂區域治理必然其涉及都會化或區域化的公共議題(public issues)，始需要採用區域治理的途徑，推動公共永無障礙之服務。因之，中央主管機關宜設計適合推動區域治理的議題和模式，在人、事、時、地、物皆相宜下，發展區域治理，始能看到區域治理的效益，而不是凡是區域治理，而肇致區域治理不經濟的下場。臺灣的政治文化並不適合推動區域治理，嗣後的區域治理事項也不必然有太多事例可供作為。審慎為之，必然可提供發展典範和成果。因之，主管機關的案例規劃，應是最起碼的啟動先行措施之一。

4. 地方呈現改善財政的作為

　　苗栗縣現任縣長徐耀昌對於前任縣長劉政鴻的縣政硬體建設，少有認同的言論，卻有不少批評前任浪費公帑的新聞。就第三者觀察，徐耀昌作法似嫌消極。蓋地方建設已順利完成，並多已啟用，此時此刻最重要的是，如何善用資源，將該等所費不貲的硬體建設，經由充實必要的軟體設施後，能成為地方特色的標的物。在依循管理經濟原則而得以展現績效服務下，自然可將該等建設充作觀光人力資源；再加上苗栗縣的無窮自然資源，相互配合，苗栗縣的財政絕不是祇會停留在目前的慘狀而已。地方政府應有積極的改善財政心態，即使有短暫的赤字預算(deficit budget)，亦不必過度緊張，祇要堅持「效能行政」(performance　administration)和「服務行政」(serving administration)的理念，彼等改善財政紀律將不是困難之事，而健全財政作為，亦是可以期待的結果。

五、財政收支劃分法與地方稅法通則修正聚焦

本研究就上揭地方財政法制的立法缺失，審慎研析法案修正之可行構想，分為：

(一)修正財政收支劃分法

由於財政收支劃分法係臺灣最重要的財政法律，不僅關係中央與地方之財政劃分，而且關係稅目之編定。如就地方發展需要龐大的資金言之，調整該財政劃分機制，包括：

1. 調整中央統籌分配稅款分配機制

就財政收支劃分法事涉稅收劃分規定，係第八條第二項至第四項、第十二條及第十六條之一等三條。可行的修正方向係將國稅和地方稅斟酌時宜調整為：

(1) 國稅部分

財劃法第 8 條第 2 項，如將具有稅收分成機制的三大稅目：所得稅、營業稅及貨物稅之分成機制維持，並酌加調整分成數額為：

① 所得稅總收入百分之十調整為總收入百分之二十以充作中央統籌分配稅款分配直轄市、縣(市)及鄉(鎮、市)，將大幅改善地方財政。依表 7-1 所為 2019 年度所得稅收入分析，該年度所得稅總收入為 11,488 億元，以 20%充作中央統籌分配稅款；即 11,488*0.2=2,297.6 億元；亦即地方可增加 1,148.7 億元統籌分配稅款。

② 營業稅現制為總收入減除提撥統一發票給獎獎金後之百分之四十充作中央統籌分配稅款，如依政策調整[9]為給付統一發票獎金及行政規費後之全數都充作中央統籌分配稅款，依表 7-1 所載 2019 年

---

[9] 營業稅本係地方稅，因考量稅收分配公平性，將其改為國稅，但在 1999 年 1 月修正財劃法時，部分國民黨黨籍立委主張中央留用 60%，以致地方稅收不克有效增加分配額數。隨之，各次行政院版本皆有全數充作統籌款之議，卻因修正案迄未完成立法而致新興可行政策空轉。

度營業稅為 3,947.49 億元，扣除給獎 100 億元，仍有 3,847.49 億元，此較現行 3,847.49*0.4=1,538.966 億元，可增撥 3,84749-1,538.996 =2,308.494 億元。此外，加計金融業營業稅 261 億元，則達 2,569.494 億元，以充作中央統籌分配款。此項機制立法院第八屆所討論之修正案係刪除 10%提撥機制，應不予採納，始可大幅改善地方自有財源之比例。按貨物稅依表 7-1 2019 年度為 1,768.78 億元，如 1,768.78*0.1=176.878 億元，對中央歲入貢獻不大，卻是地方財政健全之重要保障。

③ 菸酒稅係全國人民的貢獻，過去由直轄市及縣(市)分配 18%，而金、連二縣依人口數分配 2%。新政府研擬新修正案時，宜將金連分成部分酌加提昇，俾激勵經營團隊，且有裨於金連二縣經營管理作為之回饋。依表 7-1 所示，2019 年 686.49 億元，686.49*0.02=13.7298 億元，金連依人口數分配，自然無從激勵市民之作用。如調整為 7%，即 441.60*0.07=48.05 億元，或可有效改善地方之財政結構。

(2) 地方稅部分

地方稅係地方可全權處分的主要自籌財源，依表 7-1 2019 年稅收情形為：土地稅 1,934.34 億元、房屋稅 809.72 億元、使用牌照稅 655.98 億元、契稅 147.73 億元、印花稅 128.57 億元、娛樂稅 18.78 億元、特別及臨時收入 18.34 億元，合計 3,713.46 億元。由此地方稅總收入即可知自籌財源之不足，嗣後除調整國稅外，殆祇有依地方稅法通則規定，創造「特別稅課」，始可強化地方稅之收入。有關國稅之稅目，最可能的新稅目即為「碳稅」(carbon tax)。按碳稅係「針對一般常見能源產品，如油品、煤炭、電力及天然氣等，以其碳含量為基準，所課徵之稅目，全名應為二氧化碳稅。」(蕭代基、洪志銘、羅時芳 2016.3.14 網站下載)，此項稅目國外徵收有年，臺灣係世界排碳較多國家，自無不徵收之理。[10]

---

[10] 近些年來地方政府屢有以自治條例徵收碳稅之議，財政部以碳稅宜列為國稅，不同意地方政府各自徵收碳稅；唯地方以「先試先行」實施，應無不可。

2. 重建地方稅稽徵機制

由於依表 7-1 所示之 2019 年地方稅僅有 3,713.46 億元，在直轄市和縣(市)
而言，均不足以支應各該地方之歲出。在地方尚無其他財源可增加稅收前，財
政部宜與地方政府研擬地方稅稽徵改革措施。各縣(市)稅務局人力成本偏高，
如能降低稽徵人事成本，亦可相對達致節流效果。不僅減少行政作業之成本，
亦可研究縣與鄉(鎮、市)合併徵收，再由縣補助鄉(鎮、市)之可行性，或以統
籌款方式改革地方稅現行徵收再分成的徒耗稽徵行政費用。地方稅的改革係健
全地方財政方案的選項之一，卻較少受到主管機關的重視。

(二) 修正地方稅法通則

地方稅法通則係強化地方租稅立法權的重要地方財政法制，卻因該法制的
規範略嫌保守，以致增加地方財源的預期立法目標，至今從未能積極達致。經
研究強化地方稅法通則之途徑，包括：

1. 調整附加國稅稽徵機制

依地方稅法通則第五條規定：

直轄市政府、縣 (市) 政府為辦理自治事項，充裕財源，除關稅、貨
物稅及加值型營業稅外，得就現有國稅中附加徵收。但其徵收率不得超過
原規定稅率百分之三十。

前項附加徵收之國稅，如其稅基已同時為特別稅課或臨時稅課之稅基
者，不得另行徵收。

附加徵收稅率除因配合中央政府增減稅率而調整外，公布實施後二年
內不得調高。

質言之，地方附加稅收，須在地方能有徵收可能的國稅，始有加徵的可能性，
就此而言，國稅可加徵之稅目為所得稅、遺產及贈與稅、營業稅、貨物稅、菸
酒稅、證券交易稅、期貨交易稅；如排除關稅固屬必然，但排除營業稅及貨物

稅卻有欠合理。就稽徵的可行性，營業稅及貨物稅不僅量大，而且較具普及性，地方附加可行性自可提昇；其他稅目則以證券交易稅或期貨交易稅在直轄市附徵的獲益較大，中央主管機關宜加強輔導地方附加徵收該等稅收。

2. 授權適當變更地方稅稅率和稅目

地方稅法通則第四條規定：

> 　　直轄市政府、縣（市）政府為辦理自治事項，充裕財源，除印花稅、土地增值稅外，得就其地方稅原規定稅率（額）上限，於百分之三十範圍內，予以調高，訂定徵收率（額）。但原規定稅率為累進稅率者，各級距稅率應同時調高，級距數目不得變更。
>
> 　　前項稅率（額）調整實施後，除因中央原規定稅率（額）上限調整而隨之調整外，二年內不得調高。

就實際運作言之，以土地稅為地方稅之最大收入，如將土地增值稅排除，其加徵地方稅即不切實際；至印花稅亦係地方稅主要稅目之一，將其排除附加稅目，其理由實嫌牽強。對於附加稅率，規定不得超過30%，固然係體諒民眾之負擔，但就若干投機土地買賣的納稅義務人，30%的獲益率要繳稅則不是太大負擔，倒是奢侈稅的失敗經驗值得參酌。就地方稅附加究係短暫措施而言，該通則如賦予地方更大的租稅立法權；亦即稅率或稅目儘量授權地方議會決定，將可使其法制可行性相對提高。嗣後財政部就地方稅加徵議題，宜邀請學者專家專題研究，並適時提出積極改善之改革方案。

(三) 調整其他相關法制

1. 授權地方規費徵收權限

地方稅源本不易擴大，稅基亦不易鞏固，且有諸多政治阻撓。政府當在減少民眾負擔的原則下，就規費法的部分研究可行的改進措施。以目前法制觀察，對於規費法的規制，尚無太多立法瑕疵，但也因欠缺調高的激勵條件，遂

成為虛耗資源的立法。按行政規費及執行規費的性質不同，其後者之收費係以「使用者付費」的理論推動，亦有顯著的差異。此等均有待改善作為起始；唯事實不然，即在於注意現階段服務尚不夠積極之所在。現階段比較值得改進者，在於如何加大授權地方規費之徵收權限，以促使該徵收之規費，不因政治妥協或其他利益輸送方式而免除，始是當下值得策進的規費收取任務所在。

2. 加強執行地方財政紀律

對於建立財政工作倫理，避免高舉債務，無謂浪費公帑等涉及財政紀律事項，究竟如何落實，是一項重大政治改革工程。雖說地方常有政治腐化的事件，但至今並未有任何地方行政首長因違反財政紀律受到嚴厲的行政處分。此或許是中央主管機關對地方首長的體恤，但克服地方財政困難的處理模式，就是建立行政倫理機制，促使虛耗資源的情形可大量減少；地方首長如該受到制裁而不制裁，即是違反行政倫理。因之，嗣後宜在健全財政紀律的原則下，大膽強化工作倫理，促使行政體系得以健全，而為民服務的績效管理終得以全力貫徹，亦是很重要的發展課題之一。2019 年政府制訂財政紀律法，為加強立法績效，該法所為管控務必貫徹，並且嚴格處罰違規者，以儆效尤。

六、結語：經由修正地方財政法制，促使健全地方財政機制

經由上揭研究分析，發現開拓地方自有財源的途徑，就是經由結構性問題的積極處理；尤其修正地方財政法制，包括：財政收支劃分法、地方稅法通則，抑或調整公共債務法的舉債上限，即是最積極的改善地方財政立法作為；另如以非結構性問題分析，如何減少浪費；尤其開拓自治財源的比例，即是一項煞費周章的政經改造工程。政府宜充分了解地方財政法制的規制，其立法過程尊重專業，以研擬地方財政改善機制，相信改革的框架立法係當前最受用的立法課題之一。執事部門應將蔡英文政府的未來發展策略，給予明確的規則，如屬

於地方事項，儘量責成地方專業研擬行動方案；尤其事涉地方財政法制，負責立法之智庫專業，絕不能恣意的立法，反而將可行方案置之不顧，國會立法已是立法過程中的最後決定者，宜由互動治理觀念的機制設計，以促使中央立法能適合地方發展之需要。

本研究經由觀察方法，希望了解民進黨的地方財政政策取向，從而了解地方財政的可能轉型模式。地方財政法制的健全，需要不斷研析的立法過程，宜有明確的財政發展取向作為導引，但至今尚無法了解民進黨的財政政策取向，本研究所研擬的修正方案，皆係經由數據和法制的分析，所為的行動方案建構。希望具有啟發新政府的思維邏輯，而致獲得可行的改造地方財政法制方案。

本研究深信地方自有財源的提升比例，係改造地方財政的最積極途徑之一，財政收支劃分法最近一次的修正案已因立法院屆期不連續原則，而遭到廢棄。連任的蔡英文政府正式運作後，所面臨的重大立法課題就是此一法制修正案。爰提出若干立法發想，以供新政府研擬之參考。唯本研究迄未就財劃法第16條之一的直轄市、縣(市)及鄉(鎮、市)中央統籌「分配方式」(distributive formula)有所分析，主要是該分配公式需多方徵詢地方首長意見，在未進行深度訪談或是舉行焦點團體座談的情況下，單憑報章雜誌部分地方行政首長語焉不詳的訪問，即行論述，實有欠客觀，而致闕漏，尚待來日補充。本研究在結尾之際，認為將財源擴大，係健全地方財政方案的先決條件，如蔡英文政府能接受本研究設想，中央統籌分配稅款將由現行 1,800 億元增加 3,000 億元，即地方財源將因中央統籌分配稅款 5,000 億元的挹注，而在「自有財源」方面健全地方財政。其實增加地方所需的中央統籌分配稅款之「自有財源」，即可相對減輕中央補助直轄市、縣(市)之歲出預算壓力，而且正本清源，必然中央與地方更加和諧，社會幸福指數即可相對增加。

此外，為安定地方財政，可編列形同國安基金的「地方發展基金」，其數額至少 3,000 億元，以供地方在新財源尚無法開拓之前，能有調節的可能性。在中央積極推動地方發展的新政府成立伊始，亦可考慮將地方治安經費和國民教育經費全額補助，以使地方目前最大的二項歲出，能在四年至八年的過渡

期，可以有「休息」以養建設的餘力。一旦地方強化「在地化」的條件後，再回歸正常歲出運作，相信地方財政會有更健全的發展，所謂「自有財源」的比例自可大幅提升，而相對看出地方「財政自主化」的健全地方自治的願景。

參考書目

方建興（2010），《中央統籌分配稅款及補助款對地方財政影響之研究》。中原大學會計學系碩士學位論文。

行政院主計總處（2014），《我國結構性財政餘額估算報告》。

行政院主計總處（2015），《103 年度施政績效報告》。

行政院經濟建設委員會，（2010），〈國土空間發展策略計畫〉（中英文摘要）。

李顯峯（2005），《地方財政的問題與對策》，上網蒐集，（2015.3.19）。

周志龍（2014），〈大都會城市區域崛起與全球化：臺灣的多尺度治理挑戰〉，《人文與社會科學簡訊》，15（2）：66-67。

林全（2000），《政府財政與效率－落實地方自治》，上網蒐集，（2015.3.19）。

林健次與蔡吉源（2003），《地方財政自我負責機制與財政收支劃分》，《公共行政學報》，No.90。

林順裕（2011），《我國一般性補助款制度改革執行成效之評估》。臺灣大學政治學系政府與公共事務碩士在職專班論文。

紀俊臣（2004），《地方政府與地方制度法》，臺北：時英出版社。

紀俊臣（2011），《直轄市政策治理：臺灣直轄市的新生與成長》，臺北：中國地方自治學會。

紀俊臣（2015），〈臺灣的地方財政問題與對策：直轄市與縣(市)比較分析〉，《中國地方自治》，68(4)：1-27。

紀俊臣（2016），《都市國家：臺灣區域治理的策略選擇》，臺北：中國地方學會。

紀俊臣編著（2007），《都市與區域治理》，臺北：五南圖書出版公司。

凌忠嫄（2014），《地方財政健全方案》報告。

徐仁輝（2003），《多層治理與財政收支劃分》，上網蒐集，（2015.3.19）。

徐仁輝（2009），《稅收分成與地方財政》，《財稅研究》，41（2）：28-46。

徐仁輝（2010），《五都制下地方財政的未來》，《財稅研究》，42（5）：87-102。

徐仁輝與鄭敏惠（2012），《新六都時代地方財政的挑戰與展望》，上網蒐集，
　　（2015.3.19）。

財政部(2012)，《跨域加值公共建設財務規劃方案(核定本)》，行政院 2012.7.24
　　院臺經字第 1010138527 號函核定。

財政部（2014），《財政健全方案》(地方政府部分)。

國立政治大學，（2011），《中華民國發展史：政治與法制》，臺北：國立政治大
　　學。

張其祿（2013），行政院主計總處委託研究《我國「法規制定諮商指數」建構
　　之研究》期末報告。

陳建仁（2011），《從中央支配到地方自主－日本地方分權改革的軌跡與省思》，
　　新北：Airiti Press Inc.。

陳蜀珍（2004），《歐盟地方政府支出管理策略及對我國的啓示》，上網蒐集，
　　（2015.3.19）。

馮永猷（2013），《府際財政》。臺北：元照出版有限公司。

黃世鑫、郭建中（2002），《自有財源與地方財政自主：地方自治內涵之省視》，
　　《正策研究學報》，7：1-34。

黃建興與蔡玉時（2001），《建立激發地方政府財政努力之機制》，上網蒐集，
　　（2015.3.19）。

楊龍士（2012），《中臺區域發展推動委員會總顧問團隊及整體發展策略規劃執
　　行計畫等工作成果（總結）報告書》，臺中市政府都市發展局委託研究報
　　告。

廖坤榮（2001），《我國統籌分配稅款之制度效能評析與改革》，上網蒐集，

（2015.3.30）。

廖南貴（2015），《地方治理與區域合作新思路－以花東發展基金運用為例》，
　　臺北：國立空中大學公共行政學系「2015 第四屆建構公民社會：優質治理
　　與永續發展學術研討會」論文集。

廖培洲（2014），行政院主計總處委託研究《國民幸福指數調查暨主觀幸福感
　　研究》期末報告。

臺灣省諮議會（2011），《臺灣省議會會史》，臺中：臺灣省諮議會。

劉志宏與郭乃菱（2012），《歲入多元化與歲入穩定之研究：臺灣地方財政之實
　　證分析》，《行政暨政策學報》，54：83-120。

審計部（2014），《中華民國 102 年度直轄市及縣市地方決算審核結果年報》。

審計部（2015），《中華民國 103 年度政府審計年報》。

蔡玉時（2002），《研議一定比例之國稅分成回饋吸引投資有功地方政府之可行
　　性分析》，上網蒐集，（2015.3.19）。

蔡吉源（2006），《臺灣的競租社會與地方財政惡化》，上網蒐集，（2015.3.19）。

蔡吉源、林健次（2007），《地方財政理論與實務》，臺北：三民書局。

蕭代基、洪志銘、羅時芳（2009），《碳稅與碳交易之比較與搭配》，中華經濟
　　研究院，(2016.3.15 下載)。

檔案管理局(2011)，《大道之行──中華民國建國一百年民主檔案專題選輯》，
　　臺北：檔案管理局。

謝劍平（2013），《財務管理：新觀念與本土化》，臺北：智勝文化事業公司。

Boadway, Robin & Ronald Watts,（2000），*Fiscal Federalism in Canada*. Ontario:
　　Institute of Intergovernmental Relations Queen's University.

Brooks, Chris,（2008），ed., *Introductory Econometrics for Finance*, New York:
　　Cambridge University Press.

Edwards, Chris,（2013），*Fiscal Federalism*, 上網蒐集（2015.3.19）。

Kidoloro,T., N.Harata. L.P.Subana.J. Jessen. A. Motte.&E.P.Seltzer, eds.,（2008），
　　Sustainable City Regions: Space, Place and Governance, Japan: Springe.

Oates, Wallace E.,（1999）,” An Essay on Fiscal Federalism”, *Journal of Economic Literture*,37（3）:1120-1149.

Oates, Wallace E.,（2001）, *A Reconsideration of Environmental Federalism* .NW: Resources for the Future.

Oates, Wallace E.,（2005）, *Toward A Second-Generation Theory of Fiscal Federalism.* Maryland: International Tax and Public Finance.

國土計畫篇

捌、國土計畫與行政區劃的關係與連結：法國經驗的啟示

紀俊臣　　銘傳大學公共事務學系客座教授

陳欽春　　銘傳大學公共事務學系助理教授

紀和均　　銘傳大學公共事務學系助理教授

摘　要

　　本研究旨在探討政府公告全國國土計畫後，隨之，有行政區劃調整之政策取向。究竟國土計畫如何成為行政區劃的行政指導，係一項艱鉅的政治工程，乃借重法國的經驗加以分析。雖說法國尚無國土計畫之統一法典，但國土發展在相關法律中均有所規制，且已成為推動地方層級改革，以及啟動行政區劃工程之重要指導模式。因之，本研究認為在完成國土計畫後，正是我國行政區劃展開重劃之良好時機，此時提出若干建議，以供策進之參考。

　　關鍵詞：國土計畫、行政區劃、地方制度法、國土功能分區

一、前言：國土計畫係行政區劃的土地使用指導原則

內政部研擬的「全國國土計畫」(national territory plan)，業經行政院於 2018 年 4 月 27 日核定，內政部於同月 30 日公告，正式頒布施行。此係國家事涉國土的「空間使用計畫」(the plan of space use for national land)的政治經濟工程。就政治言之，其係掌握公權力者的土地使用規劃；就經濟言之，其因規劃土地使用，將直接、間接影響個人土地所有權的實質利益(real interest)。雖因媒體的報導不夠顯著，而未引起民眾的廣泛重視，但其影響人民實質所得的財產上權益，至為重大，則是了解其土地劃設為何種國土功能分區(zoning of territorial function)，甚至編定何種功能分區下的類型(typology)後，始有實質的感受。此需要再二年至四年的時間；即直轄市、縣(市)分別公告各該地方國土計畫及其國土功能分區圖(zoning map of territorial function)後，始可能實質感受財產利益之變更，當下自然不易感受「權益之影響」(interest impact)。

事實上，國土計畫的劃設，係著眼於國土空間使用的合理化(rationalization)。就國家永續發展而言，其係最具有前瞻性的土地使用規劃，理應格外重視，且須加以遵守的土地使用設定。至說影響個人的土地所有權權益，應係不足掛齒的芝麻小事而已。蓋國土計畫旨在強化國土的永續合理使用，藉以發揮土地的永續使用之發展價值。因之，全國國土計畫的公告，國人應予以正面的肯定。前內政部長葉俊榮在 2018 年 4 月 30 日記者會說：「**國土計畫是國土規劃最上位的法定綱要性指導計畫**」，並且以「**找回土地的尊重及倫理，預約臺灣美好的未來**」為該部政治行銷(political marketing)的標題(slogan)。既然在於建構「土地的倫理」(land ethics)，其自然值得重視務須多加遵行。

此種土地倫理的規範旨趣，需要落實到各該地方國土計畫及其國土功能分區圖的劃設，自不待贅言。但國土計畫的功能極大化，卻在於能否反映在行政區劃(administration division)上。蓋臺灣的行政區劃係於 1950 年 9 月 8 日劃設，時隔 67 年之久，不僅現行行政區劃的資源分配有其不合理之處；就以行政區

劃欠缺國土發展考量的重大缺失，即可能影響國土空間使用的永續。因之，在公告全國國土計畫以後，如能配合該公告全國國土計畫的政經發展價值，以形塑新的行政區劃，當更能凸顯全國國土計畫在土地使用的倫理性和發展性，終至永續性的國土使用。

　　本研究係以歐盟(EU)的重要成員國-法國(France)的經驗，分析法國之地方國土計畫如何與各該地方行政區劃連結(connection)；當然連結的基礎，就是法律關係(legal relations)的建構。前內政部部長所指「國土計畫是國土規劃最上位的法定綱要性指導計畫」，祇說明國土計畫的部分法律定位；其實國土計畫係依國土計畫法(Territory Plan Act)所訂定的法規命令(regulative order)，全國國土計畫與直轄市、縣(市)國土計畫皆是依國土計畫法之法定授權所訂定的法規命令，唯依法位階全國國土計畫對直轄市、縣(市)國土計畫具有「行政指導」(administrative guidance)作用，卻無「行政指揮」的「行政監督」(administrative supervision)權限。但就行政區劃言之，因行政區劃係依行政區劃法(Administrative Division Act)進行區劃，各該行政區劃固亦具有法規命令的法律地位，但在行政區劃法草案，已明定行政區劃的重劃需要斟酌的事項，多與全國國土計畫所公告的內容大體相同，自然行政區劃調整前，仍允宜以各該國土計畫為準繩，以至行政區劃勢必受到國土計畫的影響，自當特別的尊重，始可建構理論上和實務上皆屬永續發展的行政區劃。

二、法國的國土計畫係行政區劃的前置程序

　　法國國土計畫與行政區劃的連動現象，可分為三個部分說明之：

(一)變動中的地方治理模式

　　法國為歐陸國家中最為典型的單一國(l'état unitaire)，對於地方治理的典型模式，即是中央政府透過派駐在各地的派出機關，一方面傳達且執行政府政

策；另一方面將地方輿情回報給中央；即以這套一條鞭制度統治整個國家。不過，這套世人所熟知的中央集權體制 (le centralisme)下的地方制度，卻已經不像表面那麼僵硬，反而有出於尊重地方住民自治的觀點者。開始於 1980 年代，法國逐步開始推動地方自治(le décentralisme)，不斷藉由立法與擴張「地方領域團體行政自由」(la libre administration des collectivités territoriales)方式，遂能一步步賦予地方領域團體更大的自主權限。

　　配合著地方分權的擴大，中央政府亦相應地調整全國國土計畫與空間利用的方式，以做為引導地方領域團體發展地方區域計畫或都市計畫的原則；特別是法國立法者建立中央政府與大區簽訂「國家與大區計畫契約[1]」(le contrat de plan État-Région)，更是成功形塑「中央與地方策略夥伴關係」(strategic partnerships)。進入 21 世紀後，全球化與區域競爭激烈，原先的地方治理組織架構，已經無法因應新時代的挑戰，例如氣候變遷、能源轉型。因此，自 2010 年以來，法國三任總統均大力推動新的地方制度，強化地方競爭力。觀察近五年的地方自治改革中，就第一級地方領域團體——「大區」(le région)的行政區劃重劃與第三級地方領域團體——「市鎮」(la commune)的地方治理改革模式，最為醒目。如此的重大改革，事實上也與國土計畫觀點的改變，有著非常正向的連動性。另外，法國國土計畫的規劃原則，最重要是達到領域發展的平衡性，「國家經濟、社會暨環境委員會」(conseil economic social et environemental)在 2013 年的報告中指出，法國中 95%的人口與 3/4 的鄉村市鎮是依附於城市生活[2]。因此，如何強化都市機能，立即成為法國整體發展中的重中之重。參議院(sénat)的國土計畫委員會(commission d'aménagement)的報告中，曾經闡釋法國國土計畫的原則；即確保資源、活動、人口的均衡分布，以保存國家整體的領域之適合生活與活動[3]。由於法國針對區域中土地使用與計畫管轄權，授權地方

----

[1]　1982 年 7 月 29 日計畫改革法第 11 條，vu https://www.legifrance.gouv.fr/affichTexte.do?cidTexte= JORFTEXT000000691991

[2]　CESE, La réduction inégalités territoriales:quelle politique nationale d'aménagement du territoire？ 2013,p.15.

[3]　Sénat, RAPPORT D'INFORMATION ,n°565,2017,p.18

領域團體去執行，所以國家原則上是站在指導或輔助的角色，但是為了避免無法完整的國土利用，所以都市法典給予國家兩種特別工具：「國家利益行為」(opération d'intérêt national)與「普遍利益計畫」(projet d'intérêt général)。可以強制介入地方領域團體的土地計畫管轄。前者是都市法典第 L102-12 授權國家例外地行使地方領域團體的土地計畫管轄權，由都市法典授權平政院(conseil d'État)以政令方式劃出特定區域為國家直接予以土地行用規劃；普遍利益計畫則是讓國家可以將其希望的營建計畫、保護計畫，直接強調地方領域團體在規劃土地利用時，必須要列其最終計畫。普遍利益計畫的介入，應符合都市法典第 L102-1 規定的兩項條件：

1. 公益前提是為了實現土地或設備行為、公共服務的運作、身心障礙者或投入適度資源的接納與住宅、保護自然或生態遺產、預防危害、彰顯自然資源、農業與鄉村土地利用，以及保存與回復生態持續。

2. 手段目的有兩類：
   (1) 在於該決定可以具徵收效力、可以認定實現此計畫的原則與條件，以及可供公眾使用者。
   (2) 登記在法律或命令規定的土地計畫文件，同時須經中央權限機關之核可。

(二)國土計畫法制中大區角色的加重

眾所周知，法國的地方領域團體共分三級：大區、省(le département)及市鎮[4]。

---

[4] 1789 年法國大革命爆發，共和派人士(républicain)及革命黨人(révolutionnaire)推翻了長達千年以來的王權專制(despotic monarchy)，但是對於地方治理的模式，依然是遵循王政時代的中央集權，原先是將全國劃分為 83 個省(département)與 44,000 個市鎮。採用 département 並非過去時代的大省(province)，乃著眼於此字於拉丁文中有「劃分」、「分配」的意思，以表達於國土劃分的中立性，以及與舊時代一分兩斷的涵意。

省為中央派出機關，負責執行中央政策且監督市鎮,省政府的人員不是由人民直選，而是中央選派。，是中央政府的代言人，1795 年共和三年果月五日憲法正式承認省的憲法地位，以避免省遭到刪除；相反地，市鎮則是傳統自然形成，具有獨立的利益，可跟國家利益區分。最早於 1791 年法蘭西王國憲法第 8 條更明訂，法國人民出於城市或鄉村的分區，組成集合體，形成市鎮。此乃法國憲政史上

　　不同於省與市鎮早為憲法保障的地方自治組織，所稱大區是在 1982 年首度創建，以做為跨數省區域的專責土地管轄公法人，卻未賦予監督省的權限[5]。一直等到 2003 年法國修憲時，始在第五共和國憲法第 72 條中，增加大區為憲法地位的特定行政單元。雖然大區的憲法地位是最後才確立，可是它的重要性卻與日俱增。大區的權限中有一項就是擬定區域計畫。

　　另外，都市法典(le code de l'urbanisme)第 L102-4 條授權中央政府制定「領域計畫與永續發展指南」(la directive territorial d'aménagement et de développement durable, DTADD)。DTADD 的前身是「領域計畫指南」(la directive territoriale d'aménagement, DTA)，其目的在於確定都市計畫、住宅、交通運輸、電訊發展、經濟與文化發展、公共空間、自然環境、農林地與景觀風景保存、生態永續平衡，以及能源績效改善、減少溫室氣體等目標。屬於國家長期發展計畫的類型。其擬定程序必須得到地方領域團體或相關共同體法人的諮詢意見。這些參與者：大區、省、市鎮、公共事業體法人(établissement public)、大都會(métropoles)、涉及到領域協調方案的市鎮共同體（La communauté de communes, CC）、都市共同體（la communauté urbaine, CU）、市郊共同體（la communauté d'agglomération, CA）以及領域協調方案中沒有參與市鎮共同體的其他市鎮等。

　　最後，再經過平政院以政令(décret)批准後公布。目前共公布七個領域計畫指南：

la DTA des Alpes-Maritimes
la DTA des bassins miniers nord-lorrains
la DTA de l'estuaire de la Seine
la DTA de l'estuaire de la Loire

第一次明文市鎮的憲法地位，成為特別受保護的社會組織體。另外，市(鎮)民直接推選市長(maire)負責市政執行，可是依然要受到中央政府的監督。

[5]　第五共和國憲法第 72 條第 5 項定明，沒有任何一種層級的地方領域團體被賦予行政監督其他層級地方領域團體的權限。明示地方領域團體法律地位平等。http://www.conseil-constitutionnel.fr/conseil-constitutionnel/francais/la-constitution/la-constitution-du-4-octobre-1958/tcxtc-intcgral-de-la-constitution-du-4-octobre-1958-en-vigueur.5074.html#titre12

la DTA de l'aire métropolitaine lyonnaise

la DTA des Bouches-du-Rhône

la DTA des Alpes du Nord

　　大區政府的權限之一，即是擬定區域、永續發展暨領域平等方案(un schéma régional d'aménagement, de développement durable et d'égalité des territoires，SRADDET)。雖然都市法典沒有強制力，方案內容完全符合領域計畫與永續發展指南，但是大區政府絕少會違反指南的觀點。

　　2015 年 8 月 7 日，正式實施的「共和國新領域組織法」(la loi portant sur la Nouvelle Organisation Territoriale de la République, NOTRe)，一個非常重點的立法理由，就是強化大區的權限[6]，而將原本法國本土中的 22 個大區整併為 13 個，使地方領域團體的行政區更加合理，而能配合其權限擴張。其次，過去 2009 年，巴拉杜委員會報告，提議是 300 到 400 萬的平均人口數，以此來重組法國的大區[7]，但可惜是 2015 年的大區整併後，7 個新生大區加上 6 個原有大區，導至人口數無法如巴拉杜計畫的提議。

(三)跨市鎮共同體如同市鎮級行政區域重劃

　　法國的市鎮在 2016 年統計共有 36,685 個市鎮，其中眾多的市鎮人口數不足，根本無法執行住民自治的任務，更重要的缺失在於國土利用上的破碎化(fragmentation)。其實，法國開始推動地方分權時，就注意到國土破碎化會侵蝕整體國家的競爭力，而希望能重劃市鎮級的行政區域；不過，受制於傳統市鎮歷史、文化保存與地方政治人物的反對，行政重劃至今舉步維艱。因此，法國政府只好採用另一種方式，即建議市鎮之間彼此跨域合作，籌建新的業務組織來計畫與執行跨域業務，這就是所謂的「跨市鎮合作原則」群(intercommunalité)。首先，於 1992 年 2 月 6 日，法引進「市鎮共同體」，將連接一片的市鎮群統合起來，共同執行市鎮的權限；繼之，1999 年 7 月 12 日，

---

[6]　G.Marcou, «L'État,La Décentralisation et Les Régions »,RFAP,n°156,p.894.

[7]　E.Balladur, *Il est temps de décider*, Fayard,Paris :2009,p.201.

法引進另二種的合作模式：「市郊共同體」與「都市共同體」，建立「跨市鎮共同體」，鼓勵市鎮間彼此協力建構跨域合作組織[8]。自此，法國政府便數度立法授權市鎮，可以將其權限委託給跨市鎮共同體代為處理。2014 年開始，法國重新推動新一波市鎮級改革，第一步即是建立「大都會」，強化跨市鎮合作原則的落實，2014 年 1 月 27 日，法創建 10 個大區，包括 Grand Paris, Aix-Marseille-Provence, Lyon, Rennes, Bordeaux, Toulouse, Nantes, Brest, Lille, Rouen, Grenoble, Strasbourg 與 Montpellier，2015 年 1 月 1 日，正式建立有六個大都會；同日 Lyon 大都會正式取代原本的 Lyon 都市共同體與隆河省 (département du Rhône)的權限，並賦予其特殊地方領域團體的憲法地位；Grand Paris, Aix-Marseille-Provence 則要等到 2016 年 1 月 1 日，才正式施行

三、臺灣的國土計畫及其功能分區編定，對行政區劃的關係建構

行政院於 2018 年 5 月 17 日院會通過「行政區劃法草案」[9]，在草案第五條第三款即規定，行政區域(administrative area)須「配合國土發展」辦理行政區劃；亦即辦理行政區劃的時機，有一項即在「配合國土發展」；此謂「國土發展」(territorial development)，即是國土計畫的執行。第六條更明確規定：

行政區劃應配合國土整體規劃，並考量下列因素：
　　1.人口規模及成長趨勢。
　　2.自然及人文資源之合理分配。

---

[8] G.Marcou,op.cit. p.890

[9] 此草案係繼 1992 年政府提出「行政區劃法草案」，因朝野協商不具共識，在依立法委員職權行使法「屆期不連續原則」下，由內政部重新起草，須經行政院會通過，始得函請立法院審議的最新草案版本。唯 2020 年 1 月，立法委員任期屆滿，該法案並未付委，即告提案失效需要由行政院於本屆（2020～2024）再提案，始得進入立法過程。

3.山川、湖泊、海岸及海域之分布。

4.選舉區之劃分。

5.其他影響地方治理之事項。

在草案說明欄中，即謂：

行政區劃涉及國家整體資源之重新分配，為使國土資源合理配置及有效利用，並確保國土永續及區域均衡發展，除應配合國土整體規劃外，並考量行政轄區人口規模及成長趨勢、自然及人文資源、地理分布及選舉區等影響地方治理因素，審慎評估，爰明定行政區劃考量之因素。

即在於陳明嗣後之行政區劃，須依循國土計畫的「劃設」旨趣，進行必要的行政區域之重劃，以達致「地方治理」(local governance)。地方治理係此次重新研擬行政區劃法草案，首次出現的規劃終極目標，足見行政區劃如不考量國土計畫之規劃，將可能影響各該地方之公共治理績效。

(一)國土計畫法間接影響行政區劃的劃分

國土計畫法第三條第三款界定直轄市、縣(市)國土計畫，即謂：「指以直轄市、縣(市)行政轄區及其海域管轄範圍，所訂定實質發展及管制之國土計畫」。此係國土計畫法唯一明文觸及「行政轄區」或謂「行政區域」；即指「行政區劃」的「範圍」者。唯由此短短條文中，即在說明直轄市、縣(市)國土計畫，就指以直轄市或縣(市)所管轄之各該「行政區域」為範圍之國土計畫；質言之，各該直轄市、縣(市)國土計畫，就是全國國土計畫的部分國土計畫，而全部地方國土計畫之總和即是全國國土計畫。

Σ〔直轄市+縣(市)〕=全國

就因為直轄市、縣(市)僅是國家的部分，所以直轄市、縣(市)劃設各該地方之國土計畫，務必依循已公告之全國國土計畫，始可排除肇致整個國家國土計畫的

分裂性大於整體性土地使用。臺灣的幅員本即有限(三萬六千平方公里)，推動國土計畫的計畫目標，乃在於：

> 因應氣候變遷，確保國土安全，保育自然環境與人文資產，促進資源與產業合理配置，強化國土整合管理機制，並復育環境敏感與國土破壞地區，追求國家永續發展(國土計畫法第一條)

此項追求國家永續發展(national sustainable development)的終極目標，乃在於經由前置程序的國土合理使用，以達致下列六項積極作為能力之形塑，包括：

1. 因應氣候變遷的適應能力必要作為
2. 確保國土安全的保安能力必要作為
3. 保育自然環境與人文資產的保存能力必要作為
4. 促進資源與產業合理配置的能力必要作為
5. 強化國土整合管理機制的整合能力必要作為
6. 復育環境敏感與國土破壞地區的復原能力必要作為

簡言之，就是國家發展的績效作為(performance capacity)，在於適應能力(adaptive capacity)、保安能力(safety capacity)、保存能力(maintainable capacity)、配置能力(layout capacity)、整合能力(integration capacity)及復原能力(resilience capacity)。該等作為能力固然與人力知能有關，而人力知能除天生智慧外，就是教育作為。教育作為與地方政府對於轄區的教育規劃關係密切。當然轄區的教育規劃，就是行政區劃的重要課題之一。其實國土計畫的有計畫使用(planning use of land)，對於增強國力係相輔相成的效果，並有預期乘數效果(multiplier effect)之達成。本研究所以認定國土計畫法間接影響行政區劃的劃分，即基於上揭思維前提，以及下列的作為思維：

1. 國土計畫法對於國土計畫的規劃規制，係行政區劃的區劃可行思維參考模式。
2. 國土計畫法所設計的國土功能分區，係行政區劃重劃務必審慎思量的資源分

配、整合與發展的主要因子。

3. 國土計畫法對於國土計畫的前瞻性設計，係行政區劃以往區劃最感不足之處，藉由此次全國國土計畫的劃設，乃至直轄市、縣(市)國土計畫的功能分區類別劃設與土地使用編定，或可有效達致合理國土空間之使用。

　　復查國土計畫法第六條明定「國土計畫之規劃基本原則」，即謂：

1. 國土規劃應配合國際公約及相關國際性規範，共同促進國土之永續發展。

2. 國土規劃應考量自然條件及水資源供應能力，並因應氣候變遷，確保國土防災及應變能力。

3. 國土保育地區應以保育及保安為原則，並得禁止或限制使用。

4. 海洋資源地區應以資源永續利用為原則，整合多元需求，建立使用秩序。

5. 農業發展地區應以確保糧食安全為原則，積極保護重要農業生產環境及基礎設施，並應避免零星發展。

6. 城鄉發展地區應以集約發展、成長管理為原則，創造寧適和諧之生活環境及有效率之生產環境，確保完整之配套公共設施。

7. 都會區域應配合區域特色與整體發展需要，加強跨域整合，達成資源互補、強化區域機能，提升競爭力。

8. 特定區域應考量重要自然地形、地貌、地物、文化特色及其他法令所定之條件，實施整體規劃。

9. 國土規劃涉及原住民族之土地，應尊重及保存其傳統文化、領域及智慧，並建立互利共榮機制。

10.國土規劃應力求民眾參與多元化及資訊公開化。

11.土地使用應兼顧環境保育原則，建立公平及有效率之管制機制。

　　上揭規劃基本原則第 1 及第 2，以及第 11 及第 12，即係規劃一般原則 (general principle)，第 3 至第 6 係事涉國土功能分區的規劃各自的規劃特定原則 (special principle)，第 7 係針對都會區(metropolitan area)的特色規劃，第 8 係特定區的特定規劃，第 9 係針對原住民族土地傳統文化規劃。此等規劃原則，與

行政區劃法草案第六條影響地方治理事項考量，以為行政區劃主要因素，殆屬一致，始可相輔相成，並且發展有機的行政區劃機能。

總體觀察固然可以發現國土計畫法與行政區劃法各自的法律定位有所不同，前者係屬於中央法規標準法第五條第四款「重要保留」或稱「社會保留」的法律屬性；後者屬同法第五條第一款「國會保留」的「憲法法」事項[10]；唯國土計畫法對於國土計畫的法規命令授權，對於行政區劃的劃分；尤其國土計畫法公布施行的「行政指導」行政區劃重劃的外溢效果，應予肯認。

(二)國土計畫對國土功能分區的編訂，直接衝擊既有行政區劃的發展

依內政部 2018 年 4 月 30 日公告「全國國土計畫」內容，茲繪製如圖 8-1。由圖 8-1 所示，國土計畫最具規制效力者，乃就全國土地空間使用，劃設為國土保育、海洋資源、農業發展及城鄉發展等四大功能分區；再依各該國土功能分區編定類別，設定國土的「合理使用」歸屬。此項政治工程依國土計畫法之規定，應在 2020 年 5 月 1 日前完成；質言之，臺灣的國土合理使用將於 2022 年 5 月 1 日前，始完成公告，並據以嚴屬執行「合理使用」國土的功能設定。

雖說國土功能分區的劃設，本係依各該地區的地形地貌所為的土地空間使用合理設定；亦即係全國國土計畫所為國土功能分區劃設基準的操作化，應無劃設比例多寡的問題；更不該責怪主其事者的作為是否公正或偏頗。但土地所有權人及所轄行政首長基於土地係財產之所繫，一旦地方完成國土功能分區圖的製作，已能清楚了解各該所在地的嗣後土地使用規則(regulation)。其可能有利於土地所有權人的處分；亦可能對土地所有權人的處分增加諸多負擔條件，形成對各該土地的處分限制。因之，就行政區劃的首長為維護土地所有權人的既有權益，以及地方的政經發展考量，必然有其政治反應；亦可能提出改設功能分區的對策需求。上揭直轄市、縣(市)國土計畫之公告及其國土功能分區圖

---

[10] 固然憲法第 108 條第 1 項第 1 及第 2 款分別規定「省縣自治通則」及「行政區劃」為中央立法並交由中央或地方執行事項。唯 1998 年精省時，本即將行政區劃法草案主要內容併入地方制度法草案成為該法草案第二章，因主管司另有疑慮而未納入，否則即是憲法法之重要內容，固不待言。

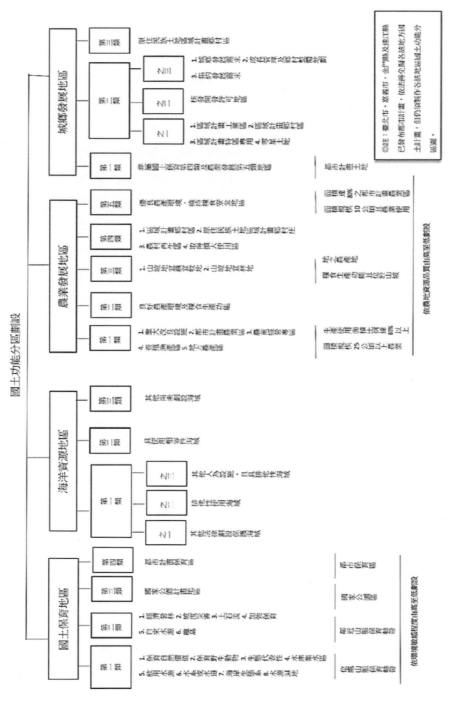

圖 8-1 國土功能分區劃設

資料來源：本研究整理

之劃設，執政之民進黨團已提案延遲；如獲修正通過將分別延遲至 2021 年 5 月公告直轄市、縣(市)國土計畫及劃設國土功能分區圖至 2025 年 5 月實施[11]。

1. 國土保育地區劃設比例偏高的反應與對策

設若各該地方行政區劃範圍內，因位處海拔高的山區，經地方劃設國土功能分區執事者劃設為國土保育地區，其如原屬國家公園(national park)或許反彈較小，甚至不致有所反彈，因已能習慣於國家公園法對劃設國家公園地區的土地使用限制，而且尚可因國家公園管理機關的土地使用管理，而使土地安全性提高，有裨於提高週邊土地的合理使用率；反之，如本非受到土地開發限制的地區，因考量土地使用安全，而改劃設為國土保育地區類型的土地使用類別編定，即使是較低度限制的第四類(都市地畫保育區)[12]，亦不易獲致土地所有權人的認同。

對於此種因國土保育地區的類別劃設，所遭致的反彈行為，轄區的地方行政首長之對策，可能有下列的策略性因應：

(1) 認同土地所有權人的土地使用功能分區主張，允諾下次通盤檢討時及時修正，以保障土地所有權人權益，逐漸消彌反彈之聲浪。

(2) 不理會土地所有權人主張更改國土功能分區劃設的申請，即便是提出訴願，亦駁回為各該訴願之決定。此種處理模式，將可能是未來國土功能分區公告後的常態。行政救濟(administrative remedy)將是嗣後行政人員處理此類層出不窮申請行政行為之重要標的。

(3) 地方行政首長為其政治生命考量，針對國土保育地區經土地所有權人反彈後，即行調整類別編訂；亦即由第一類往第二類、第三類乃至第四類調整，以使其土地使用限制，由完全禁止開發至經申請許可後准予開發，亦係可能的處理選項之一。

---

[11] 詳見立法院議案關係文書院總第 336 號委員提案等第 24244 號(2020.3.25)。

[12] 都市計畫保育區依全國國土計畫規定，一律劃設為國土保育地區的第四類，此應係依法行事，但土地所有權人基於「城鄉發展」的期待，必然透過各種遊說管道，希望能更改劃設，列入城鄉發展地區的類別，以獲致土地的開發之使用。

2. 海洋資源地區劃設比例偏高的反應與對策

由於海洋資源地區係指國家 12 海浬領海的資源開發規制，最寬只能就 200 海浬的排他經濟區域(exclusive economic zone；EEC)海底資源開發加以管制，是以設想海洋資源地區比例偏高，在邏輯上應不太可能發生；設若有比例偏高，亦只能就其類別編訂。在從事漁業人員的呼籲下，由第一類的之一往之二往之三，乃至第二類或第三類調整。此就地方首長的行政區劃而言，關係亦不致太緊密。質言之，海洋資源地區劃設比例偏高，就邏輯的設想固然不能完全排除，但可能性不大，是以地方首長由行政區劃的考量所為之變動，亦是四種國土功能分區最小者。

3. 農業發展地區劃設比例偏高的反映與對策

由公告的全國國土計畫對於農業發展地區的劃設，係分為五類，且係以「農地資源品質由高至低劃設」區分為五類。報章雖有農業發展地區面積縮小的預測，但就公告內文說明，似不易了解究竟縮小多少農業發展土地面積。因之，農業發展地區的劃設，固然是相當敏感的政經議題，但在邏輯設想上可能存在疑慮的情況下，下列的反映與對策值得參考：

(1) 如在高等的農業發展地區比例偏高，則對土地所有權人的「農糧生產」期許，將使反彈情形相對減弱。蓋農糧生產產值因物價水準提高而大幅上昂，此對農民而言，即可增加收益，而使其反彈弱化。

(2) 如在低等則的農業發展地區比例偏高，則對土地所有權人的農產值小於城鄉地區的非商業區使用編訂，就可能有較顯著的反彈，以期許將農業發展地區類別，即行調整為城鄉地區類別，俾土地使用強度增加，以增加實質生產所得。

(3) 以 2018 年 4 月間全國國土計畫尚未公布前，即行傳聞雲林縣的農業發展地區比例偏高，而遭致前雲林縣長李進勇的強烈反彈言之，即因雲林縣本即是農業縣，農業面積比例高，如再因全國國土計畫的公告，即確認該縣的農業發展地區土地使用限制有所增加。雲林縣前縣長的公開呼籲，即在希望雲林縣增加城鄉地區的土地面積，以滿足土地所

有權人的「富有」土地價值之期許。

4. 城鄉發展地區劃設比例偏高的反映與對策

基本上，全國國土計畫公告後，城鄉發展地區的土地面積將相對減少。蓋全國國土計畫係有鑑於國土空間使用強度過高，影響住民生活環境品質所為之土地使用空間規劃。設若城鄉發展地區竟有此種比例偏高情形，即是說明國土空間過度都市化(urbanization)，將是一項務必排除的土地倫理問題，自當設法調整，始符劃設本旨。因之，在全國國土計畫公告伊始，固可有此種邏輯思維，但就國土功能分區劃設而言，應不致出現此種違背土地倫理的國土功能分區劃設。比例過高可能存在的劃設瑕疵，應係各該城鄉發展地區的類別土地編訂，有傾向第一類，而忽略第二類的情形，則可在通盤檢討時，適時修正為適當的土地使用類別之編訂。

各該地方之國土功能分區圖繪製完成後，行政區劃範圍內的土地究竟如何規劃使用，已昭然若揭，地方行政首長基於土地使用的強度不同，固有不同的政治態度之反應，但就國土的永續發展言之，地方行政首長面對所管轄區域的國土功能分區劃設，就行政區劃的未來發展，殆可有下列的積極作為：

(1) 不論國土功能分區如何劃設，其土地使用編訂如何為之，均宜以國土計畫的國家發展觀點去思維該項國土功能分區的劃設，始符國土計畫法所為的國土管理終極目標。

(2) 不論行政區劃是否有所調整，地方行政首長務必在行政區劃完成立法之前，即行責成主管機關研擬和分析區劃內之國土功能分區劃設方案，並且視為地方發展的任務，不僅重視而且態度上展現國土永續化的行動方案選擇。

(三)國土計畫宜重塑行政區劃合理劃分的思維架構

固然國土功能分區針對特定行政區劃如有任何特定功能分區比例偏高，在人性邏輯上皆有可能反彈，以為不予認同的意思表示。但各該國土功能分區的劃定，依國土計畫法及其全國國土計畫具法規命令效力位階的規定下，應係「自

然資源」的客觀配置而非人為認定的主觀設定。因之，行政區劃的合理劃分，應非力求各該轄區國土功能分區的比例平衡，而係依各該自然條件求其合宜的行政區劃劃分，諸如：

1. 大面積的直轄市、縣(市)為劃分單元應有所堅持，必要時調整各該大面積的行政區劃；亦即採大地方自治團體劃設原則

　　由於現行中華民國憲法及其憲法增修條文，已將行政區劃設定為省、直轄市及縣(市)三類，在精省工程於 1998 年 12 月 20 日啟動後，已僅賸「直轄市、縣(市)」二類，且平行對等。在憲法增修條文未加修正前，行政區劃法草案即依直轄市、縣(市)二類設定地方最高層級的行政區劃。事實上，地方國土計畫下國土功能分區劃分，即係以直轄市及縣(市)為單元設計。因之，配合國土計畫法施行伊始，以進行直轄市、縣(市)為單元的行政區劃，應係符合天時、地利、人和的「三合」土地使用空間合理劃分。

　　固然法國因應國土發展，係採取「大區」制，但大區制在臺灣有其不合理之處；即臺灣幅員已不大，如再於直轄市、縣(市)上另設立一層級的地方自治團體並不合憲下，自以直轄市、縣(市)現有土地面積的整併為原則，且係相互整併，或是酌加重劃，而非另行增加直轄市、縣(市)的單元數。此種行政區劃因較不受既有國土計畫國土功能分區影響或許顯得保守，但在大區劃不可行之下，應是最可能在國土功能分區圖繪製完成後始實施的必要行政區劃。

2. 大地方自治團體所轄的鄉(鎮、市、區)，應在最短期間內依國土功能分區進行全面的鄉(鎮、市、區)行政區劃重劃；亦即採大地方自治團體轄區優先調整原則

　　如完成直轄市、縣(市)大面積的行政區劃重劃或暫不進行直轄市、縣(市)大面積的行政區劃重劃，亦宜儘速在各該直轄市、縣(市)國土功能分區圖於 2025 年完成後，即行辦理各該轄區的鄉(鎮、市、區)行政區劃之重劃。質言之，行

政院於 2018 年 5 月函請立法院審議的新版行政區劃法草案，立法院本宜在 2022 年 5 月前即行公布施行，以利進行行政區劃之整備作業。目前鄉(鎮、市、區)劃分，除臺北市因已於 1990 年 3 月有所調整，本次或可不調整外，其他直轄市、縣(市)的鄉(鎮、市、區)，除離島縣如金門、連江，甚至澎湖係依「離島縣下的離島」設計，有其特殊的考量[13]，但此次所指涉的離島鄉(鎮)，係指離島縣因轄區的島嶼分布，而獨自設立鄉(鎮)者。此在澎湖、連江、金門三縣即有此劃設，但不視為離島建設條例的離島鄉。

　　地方政府基於鄉(鎮、市、區)資源的配置，加速鄉(鎮、市、區)特色的形成，而為必要的行政區劃重劃，本是行政區劃的基本任務。此次在國土功能分區圖繪製完成後，更能清楚了解各該地方的國土功能分區實質面貌，因而為較為合理的土地使用配置，以進行鄉(鎮、市、區)的行政區劃之重劃，應係時機最為成熟的重劃時點。嗣後如行政區劃法能適時完成立法，據以調整直轄市轄區的區，及縣轄區的鄉(鎮、市)或市轄區的區，應是本諸理性政策思考下的行政區劃作為。

3. 鄉(鎮、市、區)整併過程須依行政區劃法草案第七條第一款至第三款規定，由各該直轄市或縣(市)主管機關提出行政區劃計畫；亦即採由上而下提出行政區劃計畫原則

　　依行政區劃法草案第七條規定，行政區劃計畫可由二種途徑提出：一為由上級政府提出；二為由本政府提出。前者即係由上而下；後者為由下而上。提出機關不同，其程序亦有繁雜之別。就民主發展而言，或許採由下而上更顯得符合民主精神；唯如係配合國土計畫之發布與執行，為使行政區劃之提出及計畫之周延性與時效性；甚至全國同日施行鄉(鎮、市、區)級行政區劃之重劃或調整，自以由上級政府提出行政區劃之調整計畫為宜。

---

[13] 依離島建設條例規定，所稱離島除金門、連江及澎湖等三縣外，尚有屏東縣的琉球鄉及臺東縣的蘭嶼與綠島二鄉；亦即尚有三離島鄉。

行政區劃法草案第十條明定由上而下提出行政區劃計畫，該條第三項，略以：涉及鄉(鎮、市)行政區劃計畫，由縣主管機關擬訂者，應送相關鄉(鎮、市)公所徵詢意見；至涉及區之行政區劃計畫，應送該直轄市或市議會徵詢其意見。但涉及直轄市山地原住民區之行政區劃計畫，由直轄市主管機關擬訂者，應送該直轄市山地原住民區公所徵詢意見。受徵詢之鄉(鎮、市、區)公所，應徵詢該地方代表會之意見，併陳上級主管機關。由直轄市、縣(市)主管機關審議通過後報中央主管機關核定。

4. 鄉(鎮、市、區)下轄的村(里)，雖不在行政區劃法草案中規定，而另有自治法規規範，卻宜在鄉(鎮、市、區)行政區劃重劃時併同辦理；亦即採村(里)併同鄉(鎮、市、區)調整原則

依地方制度法第七條第三項規定：「村(里)、鄰之編組及調整辦法，由直轄市、縣(市)另定之。」因之，各直轄市、縣(市)均制定「**村(里)、鄰編組及調整自治條例**」，據以辦理村(里)、鄰之調整，自不用行政區劃法之規定；唯如因應各該地方國土功能分區圖之繪製，所為之行政區劃調整，不僅是全面調整，而且最宜同步施行。因之，鄉(鎮、市、區)下轄之村(里)如亦能併同進行調整，不僅可減少調整行政區劃龐大行政成本之支出，而且因同步完成之簡政便民行政措施，當能收到民眾肯認的政治支持效果。

質言之，行政區劃所以阻礙重重，即因民眾耽心擾民而不支持調整；反之，如能以不擾民之下完成政治工程，人民豈有不支持的道理？不論國土計畫或行政區劃均為政治工程。基本上，國土計畫的公告施行，其所為之國土功能分區劃設及其土地使用類別之編訂，其最值得行政區劃之參考者，即是對土地使用空間的合理設定，設若地方自治團體均能體認國土發展空間的合理使用價值，從而反應在鄉(鎮、市、區)行政區劃之劃分，甚至及於村(里)、鄰編組之通盤調整，則國土計畫之永續化，將可落實在行政區劃之合理劃分。

四、臺灣的國土計畫與行政區劃強化連結的可行途徑

對於國土計畫的啟動，如能惠及行政區劃的調整，乃推動國土計畫的附加價值(additional value)。因之，國土計畫與行政區劃的連結，就成為此次重塑國土計畫作業時，即須適時考量的國土發展作為模式。問題是如何連結以達致行政效能的提昇，允宜由下列途徑進行之：

(一)主管機關間的思維架構連結

由於政府各級部門皆有責任分工，而國土計畫與行政計畫之執事人員可能重疊，亦可能因人員與政策取向的不同，且有相互矛盾的現象；彼此間的相互支援何其困難。因之，政府既然已依國土計畫法辦理全國國土計畫的劃設，就宜廣泛性宣傳；尤其面對城鄉的差距，在食、衣、住、行的多元化宣導上，即應併同宣示鄉(鎮、市、區)的行政區劃之不敷事實需要，而設想更積極性行政區劃之重劃。此謂「思維架構」(thinking framework)係指推動政治工程的 SWOT 分析；既已看出 SWOT 的價值，就應儘量的往有利條件下推動最大可能的作為，以此喚起民眾認同，並且傾聽反對的聲音，以釋其疑慮，並且展現政治作為的優勢價值。此種政治工程的經驗需要延續的政治教育。因之，地方政府的相關部門應經由組訓過程，以強化協力合作，致能加速推動各該地方國土計畫規劃，諸如：國土功能分區劃設及其土地使用編訂作業，甚至國土功能分區圖的繪製，皆是政府團隊的協力成果；尤其推動行政區劃的有關部門，尤宜借重彼此之專長和經驗，以使地方政府執事人員彼此的思維不僅有交集，而且可以形成共識，相信嗣後的作業工程不僅可以減少各自為政的困難，而且因作業上駕輕就熟，以致後續行政作業即能水到渠成。此係此次全國性國土計畫上值得採取的行政作為模式。

(二)主事人員間的規劃作業連結

由於地方政府正如同中央主管機關，將國土計畫視為土地使用空間的管

理，由都市發展部門負責，行政區劃為行政區域的劃設，乃責成民政部門負責。[14]固然皆屬地方政府的內部單位，彼此業務往來不能說沒有，但各有執事人員；甚至主其事者更非同一人。在此不同行政環境下，地方國土計畫旳劃設思維，與行政區劃的劃分考量，或許就有很不同的差異。前者經濟考量大於政治考量，現階段可能環保考量還大於經濟考量；後者政治考量大於經濟考量，現階段亦不至於環保考量大於政治考量，足見彼此思維架構的顯著區異。唯就國土計畫將直接、間接影響行政區劃的現實情境下，如何磨合以使彼此思維差異中能有其共識，則需要在作業上的溝通和組訓。

地方行政首長允宜將各該地方及政府相關人員，包括：主管、主事者及其相關執行人員進行「思維架構同化性訓練」，不論定期或不定期的思維溝通皆至為重要，且時間上亦需充裕，以使相關部門各執事人員因有相當深入的業務發展了解，從而能充分掌握和體驗核心價值(core vale)，當有裨於各該地方國土計畫的如期如質完成。隨之，行政區劃的推動作業，亦因有長時間的參與國土計畫劃設的了解，應較能形成較具共識的思維架構；尤其能完全體會國土計畫的核心價值，再進行行政區劃的區劃作業，必然可以有諸多思維上的引導，甚至內化為工作的指導原則，自然國土計畫的核心價值，就可以在行政區劃中形成思維架構基礎。

(三)土地使用空間的功能連結

國土計畫常被都市計畫學者簡化為土地使用空間管理，但土地使用空間的價值，卻是有其主觀性和客觀性，所稱客觀性係指地形地貌所顯示出來的自然本性，而主觀性則是當事人對自然環境的期許和判斷。因之，土地使用空間的價值，並非彼此一致，以致土地使用空間的設計，即有所不同。面對全國國土計畫的「政策規劃」(policy planning)或「使用設計」(use design)，又因其具有法規命令之法效力，地方執事人員自然不可能置之不理。因之，國土計畫乃將

[14] 此次全國國土計畫係由內政部附屬機關營建署負責，至行政區劃則由內政部內部單位地政司，彼此業務往來因同屬內政部固然不顯生疏，但缺乏作業共事；其在相關法制上的差異，即昭然若揭。

全國國計畫的「行政指導」，一律視之為行政命令，但其與行政區劃又是另一個法制，以致國土計畫可能與行政區劃的思維模式完全缺乏「思維連結」(thinking connection)，而致彼此劃設有顯著的落差。

地方政府如不願此種思維架構落差存在或持續擴大，就當進行土地使用分區的「功能連結」(functional connection)。易言之，地方所劃設的國土功能分區及其圖說，在行政區劃作業能否成為思維架構，就在於行政區劃執事人員的土地使用空間功能認知，能否與各該地方國土功能分區的核心價值，形成連結而其內化，形塑為行政區劃的作業指導原則。這是一項心理建設，卻是影響此次國土計畫成敗的關鍵；祇要各該地方政府行政區劃執事人員能秉持國土計畫的國土功能分區之劃設原則，將其視為行為準則，則國土計畫與行政區劃的功能連結，即可視為已獲致或已成就。相信國土計畫與行政區劃的終極目標當可在彼此核心價值等同下，有其一致性的目標設定。

五、結語：善用國土計畫思維，以重塑臺灣的行政區劃

內政部推動國土計畫，在 2018 年 4 月底全國國土計畫公告後，已進入實踐國土計畫的前置階段；隨之，尚有各該地方國土計畫及其國土功能分區的劃設，其所可能引發的權益變更爭議，固然須在規劃階段即以戒慎恐懼的態度，促其零缺點之規劃，而使爭議降至最低，而擬延遲完成之提議，究竟效應如何，值得觀察。

相信國土計畫因各級行政人員的協力策進，如可在預期的 2022 年 5 月正式實施國土計畫，將是最適的政策作成。隨之，行政區劃法亦因完成立法，而得以因應國土計畫的國土功能分區劃設旨趣，而推動停滯半世紀之久的區劃作業。設若行政區劃果能因與國土計畫在功能上、作業上，以及發展上有思維架構的連結，並且各該地方執事人員能有作業上的共識，使其心理圖說就是國土計畫的縮影，從而啟動行政區劃，必然會使國土計畫與行政區劃的連結性成為

事實。

　　本研究花費諸多時間蒐集國外資料，發現法國的經驗正可以給予新近推動國土計畫的臺灣有若干啟示。歸結言之，行政區劃絕不是可以單獨作業的行政工作，其須參考國土計畫的邏輯模式，更宜將國土計畫所追求的核心價值，設定為行政區劃永續發展的基礎。

參考書目

(一)專書

石真語（2016）。《管理就是走流程：沒有規範流程，管理一切為零》。北京：人民郵電出版社。

林明鏘（2006）。《國土計畫法學研究》。臺北：元照出版社。

林六合（2002）。《2030臺灣國土計畫體系》。臺北：董氏出版社。

李永展（2004）。《永續發展策略》。臺北：詹氏書局。

紀俊臣主編（2006）。《都市及區域治理》。臺北：五南圖書出版社。

紀俊臣（2011）。《直轄市政策治理：臺灣新生直轄市的新生與成長》。臺北：中國地方自治學會。

紀俊臣（2016）。《都市國家：臺灣區域治理的策略選擇》。臺北：中國地方自治學會。

陳明燦（2006）。《國土政策與法律》。臺北：翰蘆圖書出版社。

陳維斌（2013）。《氣候變遷之國土空間策略規劃》。臺北：中國文化大學華岡出版部。

陳向明（2006）。《質的研究方法與社會科學研究》。北京：教育科學出版社。

廖俊松（2004）。《地方永續發展：台灣與大陸的經驗》。臺北：元照出版社。

鐘麗娜（2012）。《都市政治與土地政策之政經結構分析》。臺北：文笙書局出版。

謝哲勝（2016）。《國土計畫法律與政策》。臺北：元照出版社。

(二)學位論文

紀俊臣（1985）。〈臺北市單行法規的制定過程：臺北市土地使用分區管制規則為例〉。國立政治大學政治研究所法學博士論文，台北。

(三)報紙

紀俊臣（2017 年 2 月 16 日）。〈年改化除對立須重流程治理〉。《中國時報》，A15。

(四)網路等電子化資料

中華民國內政部營建署（2017）。國土計畫法法定工作事項，2017 年 5 月 28 日，取自：http//www.cpami.gov.tw/Chinese/index.php?option=com_content&view=articlele&id=101828Itemid=53。

中華民國內政部營建署（2017）。土壤液化淺勢區查詢系統，2017 年 2 月 28 日，取自：http://www.cpami.giv.tw/chinese/index.hph?=com_conten&view=article&id=19652&Itemid=53。

中華民國內政部營建署（2017）。國土功能分區繪製作業辦法（草案）機關研商會議簡報資料，2017 年 3 月 15 日，取自：http//www.cpami.gov.tw/Chinese/index.php?option=com_content&view=articlele&id=101828Itemid=53。

中華民國內政部營建署（2017）。召開國土計畫土地使用管制規則（草案）部分研商會議，2017 年 5 月 28 日，取自：
http//www.cpami.gov.tw/Chinese/index.php?option=com_content&view=articlele&id=101828Itemid=53。

中華民國內政部營建署（2017）。國土計畫法、國土計劃法施行細則，2017 年

2 月 28 日，取自：

http//www.cpami.gov.tw/Chinese/index.php?option=com_rgsys&view=rgsys&Itemid=201。

地球公民基金會（2016）。從區域計畫到國土計畫-光影互見的國土治理體制變革，潘正正，2017 年 4 月 18 日，取自：https：//www.cet-taiwan.org/node/2368。

經濟部中央地質調查所（2015）。地質敏感區相關宣導說明，2017 年 3 月 1 日，取自：http://www.moeacgs.gov.tw/newlaw/newlaw.htm。

維基百科（2017）。土壤液化，2017 年 2 月 28 日，取自：
https://zh.wikipedia.org/zh-tw/。

(五)西文部分

Balladur, Edouard(2009) *Il est temps de décider*, Fayard.

Braganza, Ashley, and Rob Lambert. (2000).Strategic Integration: Developing a Process-Governance Framework .*Kowledge and Process Management*, 7(3):177-186.

CESE, (2013). *La réduction inégalités territoriales:quelle politique nationale d'aménagement du territoire*?

Kidoloro, T., N. Harata, L.P.Subana, J. Jessen, A.Motte,&E.P.Seltzer,ed.,(2008), *Sustainable City Regions: Space, Place, Governance*. Japan:Springe.

Marcou,Gerard(2015), *L'État,La Décentralisation et Les Régions*, RFAP,n°156.

Rafael Paim & Raquel Flexa (2011). *Process Governance: Definitions and Framework, Part 1*, US: Enjourney, BPTrend. www.bptrends.com

Riddll, Robert, (2004), *Sustainable Urban Planning: Tipping the Balance*, Oxford: Black well Publishing.

Schooff, Peter, and Contributing ed., (2011). *Process Governance : Why it matters and How to do it right.* Retrieved March 15, 2017, from http://www.ebizq.net/topics/process_governance/features/13218.html

Sénat(2017). *RAPPORT D'INFORMATION*,n°565.

Kathy A. Long (2012). *A Gobal Approach to Process Governance, Work by the Rues*.

Retrieved March 15,2017, from

https://www.brcommunity.com/articles.php?id=b643

玖、國土計畫與城市治理之新思維：
臺中市治理機制之檢視與策進

紀俊臣

銘傳大學公共事務學系客座教授

一、前言：臺中市國土計畫具有指標意義，宜善加為之

臺中市顧名思義，就是位處臺灣中部之都會。其與其他五直轄市均為直轄行政院土地管轄的城市。由於現行臺中市係自 2010 年 12 月 25 日，始由臺中市與臺中縣經由合併組成的新生直轄市；其自然生態係有異於早先臺中市之純粹城市風貌，尚有土地面積遠大於早先臺中市的鄉村區域占居大多數的臺中縣所組成之新興城市。截至 2020 年 1 月，該市人口已越居臺灣的第二大城市，高達 **2,815,704** 人，僅次於新北市的 **4,020,572** 人；唯臺中市的土地面積 2,214.8968 人/km^2，則略大於新北市的 2,052.5667 人/km^2，以致臺中市人口密度 **1.271.26** 人/km^2，仍小於新北市的 **1,958.80** 人/km^2。在東方國家而言，此種人口密度，係一種頗適合人民住居的宜居城市(the most livable city)[1]。

就因臺中市係宜居城市，其軟硬建設正如火如荼進行，已達至世界級城市(world city)的時尚條件。唯就臺中市的都市發展而言，其都市治理(urban governance)乃在使宜居城市的定位能永續，用以提升該市民的生活環境品質。

----

[1] 美國有線電視網 CNN 於 2016 年 4 月中旬，曾在官網刊登文章，將臺中市列為臺灣最適合居住的城市，指出該市氣候怡人，自然資源豐富，藝文景點及美食創意，亦令人印象深刻。

但近些年來，臺中市卻面臨臺中火力發電廠的高汙染空氣肆虐，紫色天際令人不能久居，亦是一個不可諱言的病態城市信號。先後臺中市長林佳龍、盧秀燕二服務團隊正為此奔波，期許中央環保主管機關能嚴格控管相關國營事業，將空氣品質恢復宜居城市的最起碼條件，以使民眾得以安居樂業。

對於城市治理而言，市政領導人如何促進工商發達，又能維護生活環境品質，看似相互矛盾的都市經營目標，實有待主政者能以「動態均衡」(dynamic equilibrium)的經營哲學，規劃市政發展，在繁榮(prosperity)與健康(health)二者不可得兼時，將以確保民眾健康為優先治理事項。因之，城市治理的基本原則，就是以宜居城市為起碼服務條件，並以健康城市(healthy city)為努力目標，甚至將健康城市列為都市發展的充分條件。易言之，在當今推動智慧都市(smart city)的世代，健康城市仍然是最重要的城市治理目標。

究竟臺中市在宜居城市的市政建設中，如何邁向健康城市？理論上，宜居城市與健康城市是相輔相成，而且共生共榮。比較值得思考的經營課題，應係以何種經營計畫模式，始得確保宜居城市的永續，從而邁向健康城市。本研究在分析城市治理模式時，發現計畫作為不僅影響市政服務效能，而且關係治理城市最終目標之能否達成。就國土空間使用而言，政府正由都市計畫(urban plan)的經營概念，邁入國土計畫(territorial plan)的新思維。由於國土計畫將國土之空間使用(spatial use)進行適當功能分區。此種以積極性土地使用分區(zoning)，取代早年的消極性土地使用管制，將是一項劃時代的政治工程，各級政府自當積極配合中央政策如期如質完成各項國土空間使用策略規劃(strategic planning)。臺中市既已成為臺灣最適合住居的城市，其如能善用國土計畫的新土地使用概念，全力策進和劃設臺中市的國土計畫功能分區，以取代祇完成一半的臺中市都市計畫，將是發展健康城市好的開始。內政部已於 2018 年 4 月 30 日，發布「全國國土計畫」，並辦理說明會及公開展覽。此際，臺中市自當及時行動，展開各該直轄市國土計畫之規劃作業，以早日呈現臺中市的有機新風貌。

二、國土計畫衝擊城市治理之新思維

　　國土計畫係推動國土功能分區分類及其使用土地劃設的唯一法制，而國土計畫分為全國、直轄市及縣(市)二級；依法發布之國土計畫，具有法規命令之效力，且全國國土計畫係直轄市及縣(市)國土計畫的上位計畫；亦是過渡時期區域計畫或都市計畫的上位計畫。 因之，在 2016 年 5 月 1 日，總統明令公布施行國土計畫法以後，政府對於國土空間使用發展策略規劃，允宜依循該法制所規制的旨趣或稱核心價值，以審議國土空間使用規劃作業之申請方案，藉以和平漸進發展具有永續性國土空間的使用策略規劃，自不宜恣意違背國土計畫法所規制的「永續發展」(sustainable development)核心價值[2]。依照內政部規劃的進程，全國國土計畫已於 2018 年 4 月 30 日公告實施；至說各該直轄市及縣(市)國土計畫，依法遲至 2020 年 5 月 1 日前完成公告實施。在此期間人民或行政人員固得以「法律不溯既往原則」(the principle of non-retroactivity of the law)；即在公告實施前罔顧「該法制之核心價值」以使用國土空間。儘管此種規避法律的行為，雖尚無違法之處；但就國土不當使用，將肇致難以回復原狀的「頹敗」國土特質言之，各級土地使用主管部門在審核相關土地空間使用申請案時，即須有國土計畫的健康思維，而適時延遲各該申請案之核奪；甚至駁回申請，以達致土地使用有效管制的效果。設若在此種法制尚不完備，卻須遵守的土地空間使用規制，能成為當前國土計畫的前置作業，將是國土得以積極性保育的公益法則(the principle of public interest)之實踐。

(一)國土計畫係都市計畫之上位計畫

　　依國土計畫法第 16 條規定：

---

[2] 　由於國土計畫法所授權訂定之法規命令多達 21 種，目前已完成立法的法規命令截至 2020 年 3 月 26 日止，祇有 7 種。規定全部完成法規命令訂定和發布需時 4 年。但全國國土計畫的劃設作業，已在準備階段；此際如有重大計畫自當有所制約。

　　直轄市、縣(市)國土計畫公告實施後，應由直轄市、縣(市)主管機關通知當地都市計畫主管機關按國土計畫之指導，辦理都市計畫之擬訂或變更。

　　前項都市計畫之擬定或變更，中央主管機關或直轄市、縣(市)主管機關得指定各該擬定機關限期為之，必要時並得逕為擬定或變更。

此即說明國土計畫在國土計畫法授權並公告「全國國土計畫」及「直轄市、縣(市)國土計畫」取得「法規命令」法效力後，始得依各該國土計畫公告「都市計畫」，而致「國土計畫」(territorial plan)得以確立為「都市計畫」(urban plan)的上位計畫。此時都市計畫已非原都市計畫法之法規命令，應係法效力低於國土計畫的行政規則[3]。

　　就因我國國土計畫係都市計畫的上位計畫，在地方自治團體依國土計畫法第 15 條規定，於 2018 年 5 月 1 日前公告實施後，直轄市或縣(市)即須於 2020 年 5 月 1 日前完成各該直轄市、縣(市)國土計畫之公告。不論中央主管機關或地方主管機關在 2016 年 5 月 1 日至 2020 年 5 月 1 日，前後 4 年期間，務必依國土計畫法規定程序，完成國土計畫的擬訂、審核及公告各項法定程序，始符「依法行政」的法治作為，而達致國土計畫法效力之積極運作。

　　對於國土計畫本身的法效力形成，即是一項艱鉅的政治工程。內政部於 2018 年 4 月，公告「全國國土計畫」，以為辦理「公開展覽及說明會」之依據。該法律針對「計畫性質」(內政部 2017:8)，即認定全國國土計畫係國家管轄陸域或海域的「空間發展計畫」(spatial development plan)，「指導」直轄市、縣(市)進行規劃各該國土計畫之「空間發展配置」(spatial development layout))。事實上，全國國土計畫不僅與直轄市、縣(市)國土計畫有上下位階關係；即與部門建設計畫間，亦形成上下位階的互動關係。該法案曾指出：

---

[3]　依現行都市計畫法規定，各該地方自治團體所公告的都市計畫，既係依法公告自係法效力如同「法規命令」的行政命令；唯嗣後依國土計畫法所公告的都市計畫，則為法效力如同行政規則的行政命令。雖說國土計畫法第 16 條係以「指導」而非「指揮」或「命令」，亦宜以此法位階認定都市計畫之法效力。

　　全國國土計畫係為確保國土安全，保育自然環境及人文資產，促進資源與產業合理配置，針對我國管轄之陸域及海域，所訂定引導國土資源保育及利用之空間發展計畫；同時也指導直轄市、縣(市)國土計畫之空間發展配置，並規範國土保育地區、海洋資源地區、農業發展地區和城鄉發展地區等四大國土功能分區劃設，以達成引導國土空間合理配置目標。

　　而我國國家重大公共建設係由國家發展委員會統籌各部會計畫，透過國家發展計畫(四年計畫)、中長程國家發展(建設)計畫，秉持前瞻、務實原則進行規劃，以作為各部門編列預算之依據。

　　國家重大建設與全國國土計畫之關係，主要以已核定之國家重大建設計畫中涉及全國層次、跨縣市層次、影響重要資源之空間規劃及土地使用者(如航空城)，將整合納入全國國土計畫國土空間發展策略、部門空間發展策略之參考依據(圖 9-1)。

　　全國國土計畫發布實施後，後續如有新增國家重大建設計畫，依據國土計畫法第 17 條規定，應於先期規劃階段，徵詢國土計畫主管機關意見，以確保部門計畫與國土計畫無競合情形。

此項計畫行政的法效力設定，係執掌前揭計畫作為者務必充分認知之作為前提。

(二)國土計畫係城市規劃之準據模式

　　在國土計畫法未制定前的都市發展，除非地方建設須向中央申請補助，自當向中央主管機關提出計畫書；尤其目的事業主管機關之書面審查外，其他都市建設祇要「空間發展」皆依都市計畫法或區域計畫法，由中央主管機關依計畫合法性(legitimacy)程度加以審查；最多再依循「環境保護」(environmental protection)觀點，根據環境影響評估法進行「環境影響評估」(environmental impact assessment；EIA)。質言之，臺灣數十年來，對於都市發展向以各自為政的「獨立自主性」(independence and autonomy)作業進行城市規劃。儘管過去曾

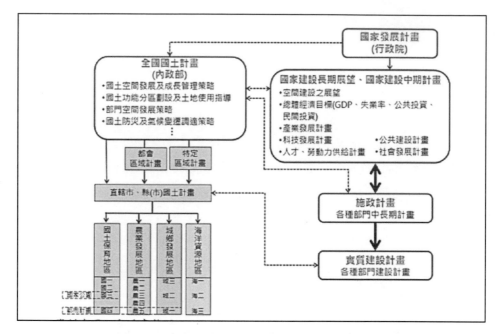

圖 9-1　國土計畫體系與部門建設計畫關係示意圖

資料來源：內政部(2017:8)。

有「國土空間發展策略規劃[4]」，因該規劃僅係不具對外拘束力的行政規則，對國家願景(national vision)的塑造貢獻有限；充其量祇在於展現地方發展之特色。

　　唯自國土計畫法公布施行，且經公告全國國土計畫後，即須依限完成直轄市、縣(市)國土計畫的擬訂，以及公告實施。嗣後各該城市規劃，即以國土計畫為最高指導原則；尤其國土功能分區分類及其使用地編定之劃設，皆須依公告之「使用分區管制」(zoning)規劃。此種國土計畫之強制性規制，對於國土空間的願景塑造，固然是一種保障；對於各該地方發展特色的形成，亦是一種強化。蓋國土功能分區可分為國土保育(四類)、海洋資源(三類)、農業發展(五類)、城鄉發展(三類)等四大國土功能分區，其示意圖如圖二。此項全國國土計畫之

────────────────

[4]　國土空間發展策略規劃係行政院於 2000 年 2 月 22 日核定發布，祇因該規劃並無任何法源；亦即非依法訂定之等同行政規則位階的行政命令。在其計畫行政之法效力偏低下，該規劃自不易成為具有強制性行政命令之機制規範。

擬訂，對於六個直轄市特色之建構，固然是一項劃時代衝擊，但究竟是正面或負面，就在於擬訂全國國土計畫之是否專業，以及當事者政治壓力之能否承受。

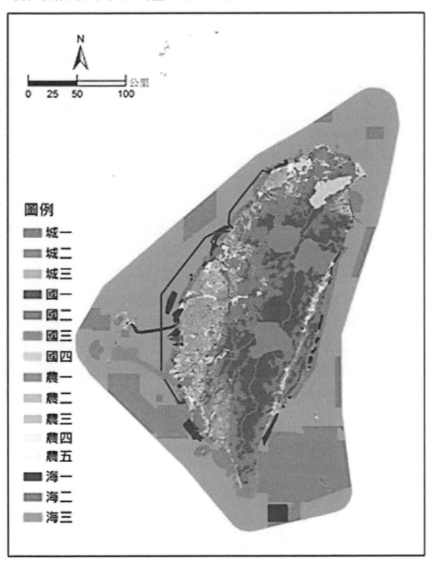

圖 9-2　全國國土功能分區示意圖

資料來源：內政部(2017:239)。

三、臺中市國土計畫之思維架構

臺中市於 2000 年 12 月 25 日，由原位階縣(市)級的臺中縣(市)合併改制為直轄市，係新生的直轄市(紀俊臣 2011:321)。此一位處臺灣中部的都級城市[5]，係臺灣南北的中繼站，已有諸多遷都的輿論出現(紀俊臣 2016:83)，旨在體現臺中市的政經發展地位。國土計畫公告實施後，臺中市的地緣政治(geopolitics)如能在確實依循國土功能分區的空間使用下運作，必然有更具競爭力的城市特質，以展現世界級都市的形象。

(一)臺中市生態發展

臺中市依全國國土計畫(內政部 2017:24)所載都市計畫共 32 處，計 53,886 公頃，其中市鎮計畫 20 處計 22,558 公頃；特定區計畫 12 處計 31,329 公頃；唯依臺中市政府都市發展局網站所揭示的都市計畫，如表 9-1 所示。儘管統計略有出入，但臺中市在 2,214.8968km^2，人口已達 **2,815,704** 人，人口密度亦高達 **1,271.26 人/km^2** 比較，顯然其自然生態的發展條件，係屬於尚待開發的新興城市。臺中市辦理國土計畫，其陸域面積為 221,489.68 公頃，都市計畫面積祇占 24.15%，至海域面積約 166,373.94 公頃，就因該市之都市計畫比例尚屬偏低，其依國土計畫法第 15 條第 1 項規定，須依全國國土計畫辦理該直轄市國土計畫的擬訂和公告。

---

[5]　臺灣媒體將直轄市設定為「都級」城市，在 2000 年 12 月 25 日前，臺灣有臺北及高雄二直轄市，謂之「南北二都」；同年 12 月 25 日後，臺灣又增加新北市、臺中市及臺南市成為五都，2015 年 12 月 25 日又新生桃園市。因之，臺灣目前有六直轄市，媒體通稱「六都」。

表 9-1　臺中市都市計畫面積統計

編號	項目	都市計畫區面積(平方公里)	計畫人口數(人)	現況人口數(人)	計畫人口數密度(人/平方公里)	現況人口數密度(人/平方公里)
1	臺中市都市計畫	109.4785	1,300,000	1,106,796	11,874	10,110
2	大里都市計畫	5.9233	100,000	82,290	16,882	13,893
3	大里(草湖地區)都市計畫	3.166	45,000	33,620	14,213	10,619
4	擴大大里(草湖地區)都市計畫	0.5385	7,400	5,018	13,742	9,319
5	太平都市計畫	8.6485	72,000	57,393	8,325	6,636
6	太平(新光地區)都市計畫	5.3384	75,000	68,868	14,049	12,900
7	霧峰都市計畫	4.2892	45,000	18,696	10,491	4,359
8	烏日都市計畫	9.095	52,000	42,801	5,717	4,706
9	大肚都市計畫	5.2659	35,000	11,417	6,647	2,168
10	中部科學工業園區台中基地附近特定區計畫	29.325	90,000	47,270	3,069	1,612
11	臺中大坑風景特定區	35.4619	15,000	7,043	423	199
12	高速公路王田交流道附近特定區計畫	12.3424	53,400	16,249	4,327	1,317
13	臺中港特定區計畫	196.6869	580,000	280,884	2,949	1,428
14	大安都市計畫	1.9475	4,400	1,437	2,259	738
15	大甲都市計畫	7.0533	60,000	32,884	8,507	4,662
16	大甲(日南地區)都市計畫	3.097	19,000	3,137	6,135	1,013
17	鐵砧山風景特定區計畫	1.3877	350	250	252	180
18	外埔都市計畫	1.3045	8,000	2,962	6,133	2,271
19	豐原都市計畫	22.4871	170,000	133,410	7,560	5,933
20	東勢都市計畫	10.0714	60,000	19,477	5,957	1,934
21	潭子都市計畫	5.7829	50,000	37,855	8,646	6,546
22	神岡都市計畫	4.6651	17,000	13,307	3,644	2,852
23	大雅都市計畫	5.9564	68,000	37,450	11,416	6,287
24	后里都市計畫	6.4836	36,500	24,977	5,630	3,852
25	新社都市計畫	2.3041	9,300	4,933	4,036	2,141
26	高速公路豐原交流道附近特定區計畫	22.0025	100,000	110,051	4,545	5,002
27	石岡水壩特定區計畫	7.4253	12,000	7,825	1,616	1,054
28	谷關風景特定區計畫	1.4244	800	1,894	562	1,330
29	梨山風景特定區計畫	1.3741	2,500	1,790	1,819	1,303
30	梨山(松茂地區)風景特定區	0.2145	600	268	2,797	1,249
31	梨山(新佳陽地區)風景特定區	0.1484	250	179	1,685	1,206
32	梨山(環山地區)風景特定區	0.1678	1,100	957	6,555	5,703
33	總計	530.8571	3,089,600	2,213,389	5,820	4,169

資料來源：台中市政府都市發展局網站(2017/11/1 下載)

　　依全國國土計畫(內政部 2017:293-300)所載之直轄市、縣(市)政府就擬訂各該地方國土計畫應辦及配合事項，即有擬訂各該**直轄市國土計畫、都會區域計畫、都市計畫檢討、劃定活動斷層兩側一定範圍並予公告、加強海岸地區保護、防護及利用管理、加強嚴重地層下陷地區利用管理、辦理農地分類分級作業、訂定地方產業發展策略、製作國土功能分區圖及編定適當使用地、加強辦理土地違規使用之查處，加強辦理查核未登記工廠土地使用情形、加強國土防災應變管理**等 12 項業務，應可知國土計畫的規劃，就地方自治團體言之，亦係積極性的國土空間使用管理前置作為，或可稱國家空間發展的成長管理(growth management)。事實上，國土計畫應在政府、民眾協同合作的「公私協力」(public-private partnership)成長治理(growth governance)下始有好的開始[6]。

---

[6]　依國土計畫法及內政部公告之全國國土計畫草案，未來四年的國土計畫規劃作業係內政部及地方政

　　內政部所揭示的直轄市政府規劃作業事項，臺中市政府因都市計畫尚未全部完成，依法無一可免除，是以臺中市政府對於國土計畫的規劃，自應以全力投入的心態，責成都市發展部門積極展開各項規劃作業。國土計畫雖以國土功能分區分類及其使用地之劃設，最受各界關注；但就臺中市政府的規劃作業而言，其不僅須重視國土空間發展所為國土功能分區的劃設外，尤應注意生態環境(ecological environment)的綠化。臺中市就其原屬臺中縣轄區的非都市土地使用分區的劃設，務必結合民間資源，共同形成有形和隱形之規劃團隊，以調查農業土地的使用或編定等功能分區作為。此外，活動斷層的調查，乃至環境敏感地區的管制，不僅國土計畫公告後務必嚴格管制；即在公告前亦宜依其他法制管制，始無崩壞環境之永續憾事。

(二)臺中市空間使用

　　依據臺中市區域計畫(2017 年 5 月)所載，臺中市目前面臨之空間發展議題，如表 9-2 所示，而上節說明臺中市因尚未完成都市計畫，依法須全面公告該市國土計畫。所公告之市轄國土計畫，應以維護宜居城市，乃至健康城市之生態環境，為其首要之都市發展前提。在此一生態環境下，已公告之全國國土計畫，已有頗為詳盡的行政指導(administrative guidance)[7]（內政部 2017:241-275)，該市政當局允宜諒解(understand)和執行(implementation)。

表 9-2　臺中市目前面臨之空間發展議題

類型	議題
整體層面	1.都市蔓延形成中心衰敗與空間結構混亂。 2.人口成長與結構變遷趨勢下，目前之相關計畫缺乏回應。

府的權責。但該項涉及人民財產及生命安全的國土空間使用，務必以 3P(public-private partnership)理論推動規劃作業，始可順利開展。

[7] 全國國土計畫在未經行政院核定並公告前，固無法規命令之法效力，但就提供各該直轄市、縣(市)規劃所轄國土計畫言之，其至少具有行政指導性的行政作用。地方自治團體如能體認此一行政作用，該法律即能發揮指導的積極功能。

	3.合併升格，卻未臻理想的都會治理 。
環境敏感層面	1.為落實國土保育，亟需依據環境敏感類型進行分級管理。 2.面臨極端氣候變遷，整體治水政策有待調整。 3.臺中市地貌多變，具豐富之生態資源，然隨著都市發展擴張，生態棲地逐漸減少，不利維持生態多樣化。 4.經濟發展未考量坡地森林容 受力，與環境保全政策相違背。 5.隨著環境保護意識的覺醒，產業與土地發展面臨調整規劃。 6.隨著環境保護意識的覺醒，產業與土地發展面臨調整規劃。 7.為促進海岸地區永續發展，並兼顧海岸地區資源之保護、利用與管理。
產業發展層面	1.全球化競爭下產業發展面臨威脅與轉型。 2.二級產業用地供給方針面臨檢討。 3.觀光休閒資源豐沛，然缺乏串接且知名度有待提升，吸引遊客有限，無法擴大整體產業規模。
上地使用與 公共設施層面	1.未登記使用管理失序，造成城鄉環境管控失靈。 2.公共設施分布不均且質量尚待調節，形成城鄉差距。
交通運輸層面	1.海空港發展定位不明，未全面發揮其應有功能。 2.大眾運輸服務有待重新檢討、強化與整合。 3.公路路網系統層級不明，且臺中市東半部地區道路連結相對不便，形成交通紊亂現象。

資料來源：臺中市區域計畫，2017 年 5 月。

　　既然臺中市國土計畫有較為廣表的規劃範圍，甚至可說除已發布之都市計畫地區依國土計畫法第 15 條第 1 項規定，皆以城鄉發展地區第一類劃設，國家公園地區則劃設為國土保育地區第三類外，其他行政區域皆須辦理國土計畫之規劃作業。質言之，臺中市國土計畫在功能分區劃設上，已有部分地區業已確定土地使用分區。此外，再依下列原則劃設國土功能分區之分類：

1. 都市計畫地區以外既有發展地區以及原依區域計畫法規定核發許可地區，其人口及產業活動聚集達一定規模，已具備城鄉發展性質，劃設為城鄉發展地區第二類。
2. 有關原住民族土地，如所轄和平區屬原依區域計畫法劃設之鄉村區，得劃設為城鄉發展地區第三類。

3. 臺中市所轄原為臺中縣轄區部分，農業用地占居絕大多數，依下列原則劃設為農業發展地區之類別：

    (1) 具優良農業生產環境，能維持糧食安全，或曾擬建設重大農業之地區，劃設為第一類。

    (2) 具良好農業生產環境與糧食生產功能，為促進農業發展多元化之地區，劃設為第二類。

    (3) 具有糧食生產功能且位於山坡地之農業生產土地，即可供經濟營林，生產森林主、副產物及其設施之林產用地，劃設為第三類。

    (4) 鄉村地區內之農村聚落與農業生產、生活、生態之關係密不可分，劃設為第四類。

    (5) 農業生產環境維護良好，且未有都市發展需求者之都市計畫農業區，劃設為第五類。

4. 臺中市海岸線長達 38 公里；復因臺中港為臺灣第二大港。因之，海洋資源地區之劃設，乃該市國土計畫任務之一。其劃設類別為：

    (1) 針對特定範圍有進行保護(育、留)需求，依其他法律於海域劃設之各類保護(育、留)區，或因開發利用設置人為設施，致須限制其他使用利用該海域，而具排他性者，劃設為第一類。

    (2) 經許可公告或劃設，惟未設置人為設施之範圍，有條件容許其他行為共同使用或通過，而具相容性者，劃設為第二類。

    (3) 其他尚未規劃或使用之海域範圍，劃設為第三類。

5. 臺中市原屬臺中縣管理之山區地形險峻，坡度高尚者，本屬環境敏感地區，應以國土保育地區劃設者，包括：

    (1) 考量天然資源、自然生態、文化景觀或災害特性及程度，屬於亟需加以保護並維護其自然環境的狀態，為環境敏感程度較高者，劃設為第一類。

    (2) 允許有條件利用並儘量維護其自然環境狀態，為環境敏感程度較低者，劃設為第二類。

(3) 國家公園法管制地區，如：雪霸國家公園、玉山國家公園，劃設為第三類。

(4) 都市計畫保護及保育相關分區或用地係基於國土保安，水土保持，維護天然資源，保護環境及生態功能而劃設之區域，具有保育的性質，且為都市計畫法管制地區，劃設為第四類。

上揭事涉臺中市國土計畫之國土功能使用分區之劃設，在劃設時必因涉及土地所有權人或稱既得利益者之抗爭；臺中市執政當局對於該市之國土計畫劃設草案，允宜依內政部全國國土計畫積極展開規劃作業，並且公開作業過程，以及應用大眾媒體或社群網站，加強與業主間之溝通，促使劃設工程阻力能儘量降低，以完整保育國土之使用；對於政治壓力宜以事業行政觀點儘量排除。

(三)臺中市永續社會

全國國土計畫第四章揭櫫「國土永續發展目標」。質言之，國土計畫乃在促使國家土地之合理使用，直至永續。唯就社會永續發展，係指宜居城市的社會永續，但在發展過程中，就國土空間使用的規劃，必然影響土地所有權人的既得利益。因之，在劃設過程中，有下列事項務必貫徹：

1. **建立合理補償機制，確保發展公平性。**

依如前述，臺中市劃設為國土保育地區，因緊急復育需要而受限制發展之土地與建物，應予以合理之補償；對於安全堪慮者，除研擬復育計畫外，應研擬妥善安置及配套計畫，並徵得居民同意後，在安全和適宜之土地，整體規劃合乎永續生態原則之聚落，妥為安置，並協助居住、就業、就學、就養及保存其傳統文化，以確保社會之永續。

2. **擬定都會區域及特定區域計畫，均衡城鄉發展。**

有鑑於臺灣六都中以臺中市及桃園市人口之持續增加；尤其臺中市人口係社會增加大於自然增加。因之，臺中市都會區域之擴大，乃是必然之趨勢。但就一般都會係以250km^{2}為基準之都市成長設計言之，臺中市尚有將近1,800km^{2}處於鄉村地區，該等鄉村區的發展，固然因資訊的發達，已積極而有效縮減與

城鄉的差距，但在其他交通系統、服務機會或就業市場，乃至公共設施可及性仍將有所落差。臺中市除規劃都會區域外，亦須基於偏鄉、原住民族之土地使用，河川流域治理，而設定特別區域。此際如何達致均衡區域發展，則是屬於國土計畫的軟體規劃部分；尤需結合社會科學領域學者規劃，始可有較為符合「城市鄉村化、鄉村城市化」的理想型城市區域(city-region)發展模式。

四、臺中市因應國土計畫之城市治理模式

由於臺中市位處中臺灣，不論交通運輸或社經文化皆扮演新興都市的新時代機能，如能經由國土計畫的盤整與規劃，將是臺灣乃至亞洲地區很具競爭力的世界級都市。其城市治理(urban governance)的成就，勢將為臺灣展現國土發展而呈現新風貌。嗣後的城市發展，乃定位在如何善用國土計畫的「劃設」(division)機會。因之，本研究由都市治理在能達致善治(good governance)(何顯明 2015：6)的觀點，期許臺中市之善用國土計畫建設機會，以提出下列城市治理模式：

(一)永續由城市起始

國家永續，社會也要永續，事實上是城市才是一切永續的起始。質言之，城市的敏感度高，變遷大，文化混同更快。這是城市多元文化交流的可能結果，但文化本就可加操弄，國土計畫係土地使用規劃，正是文化操弄的工具。因之，國土計畫的模式，或將影響文化發展的取向。蓋城市聚落形成文化，而城市聚落受國土計畫的直接影響，是以永續發展即在於如何規劃符合文化主流的國土計畫；或說如不使國家永續，即在於如何破壞當時文化主流的國土計畫劃設。臺中市未來是否成為國家首都，固然是一個未定數，但臺中市際此全國國土計畫劃設之際，如能創造「發展圖騰」(develop totem)，固然是一項創舉，且可為臺中市發展設計「吉祥物」(mascot)，則是較為可行之事。本研究所以在國土

計畫的劃設，提出設計發展圖騰以為該市發展的標竿，主要是鑑於近些年來的國內政治發展，在朝野對立下，已看不到彼此有意願以形塑協力合作的夥伴關係。此種不友善的政治衝突氛圍，唯有建構一套不涉朝野對立思維的圖騰，始可團結意志，協同合作。臺中市在短時期內應無由創造可用以「發展」的圖騰，但設計都市發展及其努力的標竿，如吉祥物，即係尚屬可行的社會建設精神堡壘。

臺中市有其悠久的歷史，但欠缺城市共同合作的策進機制；亦即並無足供為人表率的代表性人物或動物。因之，經由篩選，選出可為努力標竿的吉祥物，以為努力的終極目標之所繫。此乃是一種精神鼓舞的作法，絕對不可視為迷信或封建。臺中市的國土發展模式，係新興都市的典範，其如何治理或治理如何，皆可能是未來都市研究的重要標的物。但如何使歷史成為人人記憶的影像，就在能塑造發展圖騰，也許發展圖騰可以依照 VR(虛幻實境)或 MR(實景實境)設計，但定像後經由媒體宣導即可形塑發展圖騰或先行設計吉祥物，以為未來形塑發展圖騰所準備。

本研究所稱發展圖騰或吉祥物究可如何發皇，則在於國土計畫的規劃是否成功；尤其該市的國土計畫規劃空間，足可與南北二都倫比。執事者對全國國土計畫如能詳加閱讀，從中汲取共同策進的靈感，即是圖騰形成之初始。

(二)發展由城市先行

國家現代化的受益者多以城市民眾優先；亦即城市現代化比較農村現代化快速，以致城市民眾的現代化生活，遠比農村民眾來的優先。對於城市的發展本有其先天上的優勢，是以臺中市的都市發展即宜採取周延而有其特色的機制設計。其在國土計畫的劃設過程中，即應結合民間資源以確立共同的思維幻境，或稱圖騰；然後再持續推動，即成為實境的吉祥物。

城市發展在中國大陸一向有所謂「先行試點」的作法。此種「試辦」的策略，本身即是一種預評估(pre-evaluation)。國土計畫雖無試點的規定，但政府推動改革的過程中卻有需要「試點」的規劃。蓋政策制定影響全國人民的生活模

式，務須審慎規劃和施行，以求意外或錯失之降至最低。此項城市可行性之試點特質，理應為都市經營者所接納；亦係都市在國土計畫的整備程序上，所當思維之所在。國土計畫既係國土使用的空間設計，其如何創造地緣特色，並不是都市計畫人所能獨力完成。因之，過去國土使用之計畫作為，往往由都市設計師或是都市企劃師執行。此等專業固然責無旁貸，但如能結合現代科技的概念；尤其資訊發達後的科技一日千里，亦當有所參與和應用。至說城市文化的展現，亦有待人文氣息的充實，相關專業亦當有所借重。

唯有城市能在「先行」的階段，發展新而可塑的治理式文化創新(cultural innovation)；或謂臺中市在國土計畫的規劃過程中，如能由行政首長結合各級執事者以組成規劃指導團隊，並責成相關規劃人員以建構新而可塑的城市治理機制，相信臺中市將在此次國土計畫中展現城市治理的成效，此乃一個難得的城市發展機會。

(三)使用由城市示範

由全國國土計畫內容，殆可了解國土計畫係落實「計畫行政」(planning administration)[8]的行政作為(administrative action)。質言之，國土計畫絕非僅具行政指導的行政行為。依國土計畫法規定，違反國土計畫者將依該法相關規定裁罰。因之，國土計畫規劃業務必審慎將事，此由行政院、內政部及直轄市、縣(市)均須分別組成「國土計畫審議會」，職司全國或直轄市、縣(市)國土計畫之審議言之，即可知國土計畫擬訂之慎重，要非其他施政計畫之制定可相比凝者。制定再慎重，仍有落失之處，是以城市所為國土計畫，不僅其空間使用頻仍，而且權益所反應的適用成效，亦最為明顯。臺中市係新興城市，依法須制定「**臺中市國土計畫**」，以為事涉該市國土計畫依法行政原則之貫徹。該國土計畫即是市民土地使用的最新法規命令，而該法規命令的良惡，自可供其他自治團體之參考。

---

[8] 依行政法學者對計畫行政之定義:為達成行政上之預定目標(包括抽象的精神建設或具體的創新之事實狀態)，於兼顧各種利益之調和以及斟酌一切相關情況下，準備或鼓勵將各項手段及資源作合理運用之一種行政作用(吳庚、盛子龍 2017:18)。

　　法治上，臺中市國土計畫公告實施後，對各該行政轄區土地使用狀況所反應的「計畫行政」作為，將是一種具有示範性的行政作用。蓋臺中市人口逐年增加，針對國土功能分區之分類及其使用地編定之劃設，將因用地強度趨高的現象，而呈現劃設的行政作用。如以 SWOT 分析，即可看出劃設是否達致「良善治理」的最終目標。計畫行政既係行政作用的運作，其如能成為典範，對於效能行政(performance administration)或許尚有探討空間，但就法制行政(legal administration)的執行，正是地方行政的機制邁入新里程。此外，國土計畫之規劃過程中，必然有諸多的政治溝通及衝突，如何以民主模式化解阻力，以完成國土計畫之擬訂與公告，本身即是政治性極為顯著的政治行為，是謂計畫政治(planocracy)的新發展。

(四)成效由城市檢視

　　由於城市國土計畫對於土地所有權人的限制，將遠大於鄉村國土計畫之規制，是以論及國土計畫實施後的成效，必然城市敏感度高於鄉村，以致檢視國土計畫功能分區分類及其使用地編定之成效，最可能由城市土地所有權人的反應以為準據。雖說以土地所有權人的好惡為各該國土計畫行政的檢視，本就有其主觀性，而失其客觀的評價；唯就國土空間的使用，除非事涉廣泛的土地使用機制變革，如全國國土計畫針對全國分級列管的 87 萬公頃農地，估計將有20 萬公頃的可能解編、重劃或變更使用項目，違章工廠、農舍將就地合法（內政部　2017：235-236），聯合報即以「**農地大面積解編須嚴防新一波濫用**」（聯合報　2017.10.30）為題發表社論，認為此舉「國土勢將面臨破碎化，農地更是其中之最」，籲請蔡政府妥慎籌謀，建立能確保不再有下一波違法占用農地的機制。此說明國土計畫之擬定，中央和地方政府的科學化建設，應是成敗的關鍵；至於其他小規模土地使用規劃輿論或媒體之社會監督（social control），已是比較不易見之報端，更遑論企求其積極貢獻。

　　臺中市係臺灣六都中人口占居第 2 的大城市；即使土地面積亦居六都之第3，僅次於高雄和臺南二直轄市。因之，經由各該直轄市國土計畫之公告實施，

以檢視成效，應是角色扮演和角色期盼之整合結果，乃至角色自認上的期許，皆屬合理的監督行為途徑。唯有城市民眾始有積極參與國土計畫劃設評價（assessment）的意願和能力。此項成效評價，宜發展成為制度化的機制。臺中市係臺灣六都中頗具發展潛力的新興都市，在未來都市中程計畫或是長程發展計畫，均將使用該轄區諸多國土空間，如何善用土地使用強度，以使土地使用合理化，並且成為其他直轄市或縣（市）評價的參考機制，則是值得期許的行政作為。國土計畫的完善規劃，中央公告的全國國土計畫係發展藍圖，直轄市的國土計畫才是落實土地空間使用的具體作為，其實施成效自然是必要檢視的計畫作為項目標的。

五、結語：國土計畫成敗繫於城市治理作為

臺中市對於國土計畫的規劃作業，固然因全國國土計畫公告伊始，尚不易看到具體的作業成效，但準備工作應已開始，則是國土計畫作業時間表上所明定的事項。因之，臺中市在內政部公告全國國土計畫，並在各地辦理說明會或座談會時，允宜以積極負責的態度，邀集各界人士；尤其針對向來關心和學有專精的學者專家，促其參與規劃作業。唯有專家學者的廣泛參與，始可減弱計畫政治的過度壓力，而因國內學者專家積極投入所形塑的專家政治（technocracy），始可在臺灣的行政作為上紮根。此種專業行政所為的城市治理，應屬國土計畫趨向完妥規劃的保證。

城市治理本在能公私協力以發展行政；尤其具有計畫行政機能的國土計畫的公告，應係城市治理上務必格外重視的城市公共事務議題，任何規劃作業過程皆須審慎作為，更當以「零缺點」（zero defect）自期，以使該項歷史任務能在國人期許中完成第一次的公告作業。國土計畫係計畫行政的重要標的，其成效關係國土空間使用的良窳，更是國家行政績效的普遍評價。城市治理的建構，國土計畫的劃設是難得的機會，臺中市在提昇城市競爭力的過程中，不僅

無缺席的理由，而且是展現優勢治理的最可能地方自治團體之一，自當自我期許和當仁不讓，以為城市區域治理的典範。

參考書目

內政部(2017)，《全國國土計畫草案》，臺北：內政部營建署。

王俊傑、吳信義、江日順(2017)，〈國土規劃與區域均衡發展〉，「臺中崛起與國家均衡發展」研討會論文集。

林明鏘（2006）。《國土計畫法學研究》，臺北：元照出版社。

林六合（2002）。《2030 台灣國土計畫體系》，臺北：董氏出版社。

李永展（2004）。《永續發展策略》，臺北：詹氏書局。

長豐工程公司（2017），〈擬定臺中市國土計畫及研究規劃委託技術服務案工作計畫書〉，臺中：臺中市政府都市發展局。

紀俊臣（1985），〈臺北市單行法規的制定過程：臺北市土地使用分區管制規則為例〉，臺北：國立政治大學政治研究所法學博士論文。

紀俊臣主編（2006），《都市及區域治理》，臺北：五南圖書出版社。

紀俊臣（2011），《直轄市政策治理》，臺北：中國地方自治學會。

紀俊臣（2016），《都市國家：臺灣區域治理的策略選擇》，臺北：中國地方自治學會。

何顯明(2015)，《城市治理創新的邏輯與路徑》，北京：中國社會科學出版社。

吳庚、盛子龍(2017)，《行政法之理論與實用》，臺北：三民書局。

陳明燦（2006），《國土政策與法律》，臺北：翰蘆圖書出版社。

陳維斌（2013），《氣候變遷之國土空間策略規劃》，臺北：中國文化大學華岡出版部。

廖俊松（2004），《地方永續發展：臺灣與大陸的經驗》，臺北：元照出版社。

鐘麗娜（2012），《都市政治與土地政策之政經結構分析》，臺北：文笙書局出

版。

謝哲勝（2016），《國土計畫法律與政策》，臺北：元照出版社。

國立成功大學（2016），〈國土與區域規劃及管制機制策進作為-現行土地使用分區檢討及調整方向期末報告書〉，內政部營建署委託研究。

內政部營建署（2017），〈國土計畫法法定工作事項〉，2017 年 5 月 28 日，取自：http//www.cpami.gov.tw/Chinese/index.php?option=com_content&view=article
le&id=101828Itemid=53。

內政部營建署（2017），〈土壤液化淺勢區查詢系統〉，2017 年 2 月 28 日，取自：http://www.cpami.giv.tw/chinese/index.hph?=com_conten&view=article&id
=19652&Itemid=53。

內政部營建署（2017），〈國土功能分區繪製作業辦法（草案）機關研商）會議簡報資料，2017 年 3 月 15 日，取自：http//www.cpami.gov.tw/Chinese/
index.php?option=com_content&view=articlele&id=101828Itemid=53。

內政部營建署（2017），〈召開國土計畫土地使用管制規則（草案）部分研商會議〉，2017 年 5 月 28 日，取自：http//www.cpami.gov.tw/Chinese/index.
php?option=com_content&view=articlele&id=101828Itemid=53。

地球公民基金會（2016）。〈從區域計畫到國土計畫-光影互見的國土治理體制變革〉，潘正正，2017 年 4 月 18 日，取自：https://www.cettaiwan.org/node
/2368。

經濟部中央地質調查所（2015）。〈地質敏感區相關宣導說明〉，2017 年 3 月 1日，取自：http://www.moeacgs.gov.tw/newlaw/newlaw.htm。

Braganza, Ashley, and Rob Lambert. (2000). Strategic Integration: Developing a Process-Governance Framework.*Knowledge and Process Management,* 7(3):177-186.

Kidoloro, T., N. Harata, L.P.Subana, J. Jessen, A.Motte,&E.P.Seltzer,ed., (2008), *Sustainable City Regions: Space, Place, Governance.* Japan:Springe.

Rafael Paim & Raquel Flexa (2011). *Process Governance: Definitions and Framework*, Part 1, US: Enjourney, BP Trend. www.bptrends.com

Riddll, Robert, (2004), *Sustainable Urban Planning: Tipping the Balance*, Oxford: Black well Publishing.

Schooff, Peter, and Contributing ed., (2011). *Process Governance : Why it Matters and How to Do it Right.* Retrieved March 15, 2017, from http://www.ebizq.net /topics/process_governance/features/13218.html

Kathy A. Long (2012). *A Global Approach to Process Governance, Work by the Rules.*Retrieved March 15,2017, from https://www.brcommunity.com/articles. php?id=b643

拾、孫中山與實業計畫：國土計畫觀點

紀俊臣

臺灣銘傳大學公共事務學系客座教授

一、前言：孫中山規劃實業計畫即係國土計畫之實踐

2016 年 5 月，臺灣的蔡英文政府主政，推動諸多激進的「改革」(reform) 措施，引起既得利益者的強烈反彈，如影隨形的陳抗，使得彼等在島內視察需要大陣仗的警力維護。為轉移民眾不滿，另提出「拚經濟」的「**前瞻基礎建設計畫**」，擬於 8 年期間編列特別預算金額高達新臺幣 8,900 億元。此項號稱依循國土計畫規劃經濟發展(economic development)計畫方案，雖以強勢且欠缺合法性下完成第一期特別預算案立法程序[1]，但餘波盪漾。

在中國近現代經濟發展史上最受學界關注的計畫方案，當推 1922 年由中華民國國父 孫中山先生在其國民革命面臨最艱困的政治環境中，閉門完成「**實業計畫**」的撰寫最受關注。孫中山在該部國家經濟發展巨著中；尤其重視區域經濟(regional economy)的經濟發展藍圖，其所體現的國土計畫，即係當今中國大陸的經濟建設思維架構(thinking framework)；其不僅已澈底實現，而且若干建設成就，尚超越孫中山在 100 年前的規劃(formulation)。孫中山對該部國際共

---

[1] 蔡英文政府為及早完成前瞻基礎建設計畫第一期特別預算案之立法程序，竟濫用「一事不二議」的立法潛規則(紀俊臣，2017)，強勢通過該項預算案之立法。國民黨與親民黨二黨團立委 38 人曾正式向司法院大法官請求「釋憲」，以釐清該立法之合法性。此係臺灣立法史上第二件因「立法爭議」所為的請求釋憲案，卻因其中一人在二讀時未出席，而為司法院不受理之裁定。

同開發的中國經濟發展計畫，係以「經濟框架」(economic framework)的觀點規劃，認為需要借重專業始得付之施行，足見孫中山對經濟發展的專業行政(professional administration)。曾予以高度肯定，絕無官僚上習見的「官大學問大」惡習。

首揭臺灣正在推動的前瞻基礎建設計畫，則以短促的拼湊方式，將已核定或未有任何前瞻規劃的建議方案，組合成「前瞻」(outlook)加「基礎」(infrastructure)的經濟發展計畫，如細閱該規劃內容，即知該項經濟計畫之瑕疵與欠缺所在。

本研究即以上揭基本認知，本諸國土計畫觀點(the perspective of territorial plan)比較分析之。所以採國土計畫觀點，係因該計畫既在政府明令公布於 2016 年 5 月 1 日施行國土計畫法(Territorial Plan Act)後發布，依法就其事涉國家重大建設計畫，皆須依據該法制為之規劃和施築。事實上，前瞻基礎建設計畫於 2017 年 4 月 5 日，由行政院核定[2]通過之計畫內容，在目標中即謂：

> 本計畫所稱前瞻基礎建設計畫，係挑選出具有前瞻性之建設計畫，優先納入有助區域平衡及聯合治理的跨縣市建設，以及過去成長動能不足地區之重要基礎設施，以加速國家經濟轉型、衡平發展及區域融合，需擴增預算加速辦理，達成下列建設目標
> —建構安全便捷之軌道建設
> —因應氣候變遷之水環境建設
> —促進環境永續之綠能建設
> —營造智慧國土之數位建設
> —加強區域均衡之城鄉建設

---

[2] 前瞻基礎建設計畫係行政院於 2017.4.5 院臺經字第 1060009184 號函核定通過。

The International
Development of China

By
Sun Yat-sen

With 15 Maps in the Text and a
Folding Map at end

G. P. Putnam's Sons
New York and London
The Knickerbocker Press
1922

　　即說明該計畫係以國土計畫為上位計畫。2018 年 4 月 30 日公告全國國土計畫，儘管直轄市、縣(市)國土計畫尚未發布，但國土計畫法所規制的重要旨趣自當遵守，始符法治行政的基本法則，應無疑義。

二、孫中山依國土計畫思維架構，已規劃區域經濟之發展藍圖

　　孫中山於 1922 年，所親自撰寫完成的 *The International Development of China* 係一本長達 241 頁的專著，曾花費 2 年時間始予定稿出版。雖說該書中譯本自序中，孫中山有謂：

此書為實業計畫之大方針，為國家經濟之大政策而已。至其實施之細密計劃，必當再經一度專門名家之調查，科學實驗之審定，乃可從事，故所舉之計劃，當有種種之變更改良，讀者幸毋以此書為一成不易之論，庶乎可。

但就實業計畫內文的論述，卻極具經濟學之專業；尤其在中國區域經濟的發展史上，孫中山應係第一人。此即因孫中山對國家發展的開發途徑，一向以「國家」(nation)或「國土」(territory)的開發(development)為前提，並且重視「計畫」(plan)或「規劃」(planning)程序理性，始有如此偉大的學術成就。孫中山「實業計畫」所以成為當前中國大陸發展國家經濟或稱發展國家區域經濟最重要的典範思維架構，主要的立論基礎，即因實業計畫係完整的區域經濟規劃，至多祇能說是傾向區域經濟的政治經濟(political economy)，絕非充滿一黨之私的經濟政治學(economic politics)。

(一)孫中山規劃實業計畫之政治環境

據孫中山政治顧問澳籍 William Henry Donald(1875-1946)回憶，1912 年 8 月，孫中山在顧全大局辭卸臨時大總統，並出任袁世凱全國鐵路督辦前夕，曾在六英尺寬的大地圖上首次披露宏偉的造路計畫，此即撰寫實業計畫的發想；隨之，此後六年中，經歷「二次革命」、護國運動和護法運動的失敗。1918 年 6 月 26 日，寓居上海法國租界莫利愛路 29 號(即現在的黃浦區香山路 7 號)，直至 1920 年 11 月離開，南下廣州。在 2 年半的有限時間內，先完成以哲學為著眼點，力倡「知難行易」哲理的「孫文學說」後，即將醞釀多年的全面振興中國經濟的思想進行系統梳理，撰成英文版實業計畫，於 1919 年在「建設」雜誌第一卷第一號上開始連載。

由上揭政治環境的概述，國人應可體會孫中山係以經濟發展的學術角度，規劃中國區域經濟的發展藍圖。其無畏以當時政治環境的險惡，戮力規劃中國的區域經濟模式，係以國家的經濟發展為前提，在策略選擇上則以發展「區域

經濟」為思維架構，然絕非僅以發展交通建設[3]之「運輸經濟學」(transport economics)為其立論基礎，乃係其經由多年實務觀察所為的應用經濟學(applied economics)之建構；亦可謂現代「交通經濟學」(traffic economics)的先驅。孫中山從事國民革命的艱辛過程，並非只圖政治權力的擁有，而係體認積弊已深的國度，如推動改革其途徑必然需要進行政治革命觀點，但改革藍圖的設計；尤其本諸國家發展的經濟發展，必然要有立論基礎。其對實業計畫的規劃一再強調尊重專業，並且認定科學依據係規劃的準繩。在在說明孫中山對於科學建國的執著，應係 100 年前的孫中山思想竟能歷久彌值珍貴的緣由所在。

(二)孫中山實業計畫之思維架構

　　細讀和深入研析孫中山實業計畫一書，殆可發現孫中山係本諸中學為體，西學為用的政策工具(policy instrument)，用以推動和實現中國「致富」(make money)的國家發展目標。此謂「致富」係「人民均富，國家富強」。在此最終目標下達致世界大同，至少中國步入小康的願景(vision)。因之，實業計畫係借重國際共同開發中國國家資源的途徑，以形成工具理性(means ration)，而非目的理性(end ration)。實業計畫就中國發展係政策工具，但就發展實業(business)而言，卻係目的理性，旨在規劃中國經濟發展的作為藍圖。

　　該部實業計畫應係孫中山在有限的時間；復以國事如麻，政局動盪下，所思維的國家經濟前置計畫。因之，內容傾向硬體設施(hardware activities)多於軟體規劃(software planning)。孫中山規劃實業計畫之主要思維架構，如圖 10-1 所示。

---

[3] 如通篇分析孫中山的實業計畫，當可知其係採廣義以軟硬體兼顧的「交通建設」(communication development)為其立論內容，而非只偏重硬體建設的狹義「交通建設」(transportation development)。此項合理推論，將是解析孫中山實業計畫(business plan)的基本思維前提。

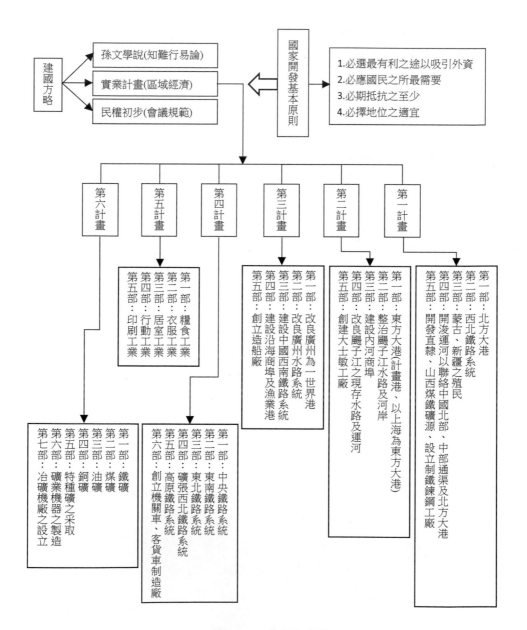

圖 10-1　實業計畫思維框架

資料來源：本研究繪製

孫中山在第一計畫開宗明義，即指出：

> 　　中國實業之開發應分兩路進行，（一）個人企業、（二）國家經營是也。
> 凡夫事物之可以委諸個人，或其較國家經營為適宜者，應任個人為之，由
> 國家獎勵，而以法律保護之。今欲利便個人企業之發達於中國，則從來所
> 行之自殺的稅制應即廢止，紊亂之貨幣立需改良，而各種官吏的障礙必當
> 排去；尤須輔之以利便交通。至其不能委諸個人及有獨佔性質者，應由國
> 家經營之。今茲所論，後者之事屬焉。此類國家經營之事業，必待外資之
> 吸集、外人之熟練而有組織才具者之僱傭、宏大計劃之建設，然後能舉。
> 以其財產屬之國有，而為全國人民利益計以經理之。關於事業之建設運
> 用，其在母財、子利尚未完付期前，應由中華民國國家所雇專門練達之外
> 人任經營監督之責；而其條件，必以教授訓練中國之佐役，俾能將來繼承
> 其乏，為受僱於中國之外人必盡義務之一。及乎本利清償而後，中華民國
> 政府對於所雇外人當可隨意用捨矣。於詳議國家經營事業開發計劃之先，
> 有四原則必當留意：
> 　　（一）必選最有利之途以吸引外資。
> 　　（二）必應國民之所最需要。
> 　　（三）必期抵抗之至少。
> 　　（四）必擇地位之適宜。

　　由上揭說明中，可以了解孫中山主張公私有企業並存的機制。此在近些年
的金融海嘯慘痛經驗中，已證明國有企業存在的必要性，但以私有企業為原
則，始可避免與民爭利，是以「**發達國家資本**」係孫中山政治經濟的例外，而
非原則。孫中山認為詳議國家經營事業開發計畫之先，有四原則必當留意，此
即：1.必選最有利之途以吸引外資；2.必應國民之所最需要；3.必期抵抗之至少；
4.必擇地位之適宜。此項「國家開發基本原則」，至少揭示下列市場經濟法則，
包括：

(1) 邁向國際化、全球化的經濟發展

孫中山早在 100 年前即有國際化(internationalization)的經濟發展思維；甚至已接近全球化(globalization)的政治經濟思維。此係孫中山所以主張公私有制並存的理論基礎。他認為經濟發展應以個人經營為原則，國家經營為例外；為避免個人經營的富可敵國，其主張以法律規範。此種公平交易(fair trade)的觀念，係市場經濟的基本法則，足以認定孫中山的經濟思想仍然是主張市場經濟(marketing economy)；其所以有被誤會為計畫經濟(planning economy)，恐係對其主張發達國家資本的曲解或誤解。孫中山所主張的實業計畫並非全盤國家經營，而是在個人經營有所不逮之下，不得不然的大事業，一方面可以避免富可敵國；另一方面亦可避免有如金融海嘯所發生的經濟危機。

(2) 國營事業係推動市場經濟的前置事業

孫中山所提出的實業計畫，包括 6 大計畫，再細分為 33 項經濟事業。該等事業在經營初期，不僅國人資金不足，需要借重外資，而且需要國家經營以吸引外資。國家建設基礎設施，係引進外資的重要條件，是以孫中山主張加速交通建設，而此交通建設亦由興修硬體設施開始，如興建鐵路、公路，促使貨暢其流。就因孫中山早有成本經濟(cost economy)的概念，其不僅有地緣政治的觀念，並且有區域經濟的思維。對於基礎建設主張滿足地方需求，符合民生福祉，藉以減少陣抗事件，加速地方發展。對於以首都為核心的交通網建設，固然有政治的考量，但經濟的貢獻遠大於政治的效應。孫中山的經濟理論係開放經濟(open economy)，而非一般獨裁政治領導人所主張的鎖國經濟(cosed economy)，因之，主張興修洋港，不論北方、東方或南方大港皆是加強國際貿易的必要區域建設，大陸所以有當今世界第二大經濟體地位，在以澈底實踐孫中山實業計畫的經濟發展藍圖，應是關鍵所在。

(3) 經濟發展應由民生開始，但不能無主權意識

孫中山的實業計畫殆可謂之「民生經濟計畫」，隻字未提國防工業，顯示孫中山係和平主義者(pacifist)，對國防工業固然並無任何主張，但絕未特加忽略。孫中山在國弱民貧之秋，能由民貧致富為經濟發展的基本思維，是因孫中山力倡民生經濟的基本邏輯。儘管孫中山未倡導國防工業，但認為吸引外資之際，應有主權(sovereignty)的意識。質言之，孫中山認為「商人無祖國」的觀念必須修正；國家不強，社會得不到保障；國家經營事業如能符合市場經濟法則，不僅不致於虧損，而且有龐大的利得，以改善國家條件。孫中山在國家極其不景氣的經濟生態下，主張發達國家資本，並由實踐實業計畫為主要途徑，其所執著的經濟理論，至今仍然為經濟學界所肯認。

(三)孫中山實業計畫係當前中國大陸之建設藍圖

2016年11月11日，中國共產黨舉行「紀念孫中山先生誕辰150周年大會」，會中國家主席習近平致詞，曾就孫中山在建國方略的成就，有如下的陳述：

孫中山先生在從事緊張的革命活動的過程中，一直思考著建設中國的問題。1917年到1919年，他寫出《建國方略》一書，構想了中國建設的宏偉藍圖，其中提出要修建約16萬公里的鐵路，把中國沿海、內地、邊疆連接起來；修建160萬公里的公路，形成遍佈全國的公路網，並進入青藏高原；開鑿和整修全國水道和運河，建設三峽大壩，發展內河交通和水利、電力事業；在中國北部、中部、南部沿海各修建一個世界水平的大海港；大力發展農業、製造業、礦業等等。孫中山先生擘畫的這個藍圖，顯示了他對中國發展的卓越見解和強烈期盼。當時，有的外國記者認為孫中山先生的這些設想完全是一種空想，是不可能實現的。

的確，在舊中國的政治經濟社會條件下，孫中山先生的這些宏大構想是難以實現的。今天，在中國共產黨領導下，在全國各族人民頑強奮鬥下，孫中山先生當年描繪的這個藍圖早已實現，中國人民創造的許多成就遠遠

超出了孫中山先生的設想。祖國大地上，鐵路進青藏，公路密成網，高峽出平湖，港口連五洋，產業門類齊，稻麥遍地香，神舟邀太空，國防更堅強。孫中山先生致力於建設的獨立、民主、富強的國家早已巍然屹立在世界東方。

孫中山的建國方略在此當指「實業計畫」部分，中國大陸在發展國家硬體建設上，究竟如何以孫中山實業計畫為建設藍圖，容有需要更為詳盡的資料分析，但就截至 2016 年以來的建設成就而言，中國大陸不僅大部分實現孫中山在實業計畫的經濟發展規劃藍圖，甚至有部分遠超越孫中山的理想型(ideal type)經濟建設框架。

中國國務院總理李克強於 2017 年 3 月 5 日在第十二屆全國人民代表大會第五次會議上進行「政府工作報告」，在文中指出「推動全面建成小康社會取得新的重要進展」。此謂「小康社會」(well-off society)即係孫中山對中國經濟發展的社會目標，終在將近 100 年後逐步實現，中國大陸 2016 年的國內生產總值(GDP)達人民幣 74.4 萬億元，增長 6.7%，名列世界前茅，對全球經濟增長的貢獻率超過 30%，居民消費價格上漲 2%，工業企業利潤由上年下降 2.3%，轉為增長 8.5%，單位國內生產總值能耗下降 5%，經濟發展的質量和效益明顯提高。中國大陸在硬體建設上，成就逐年加大加快，係有目共睹的事實，如 2016 年一年中即新建高速鐵路投產里程超過 1,900 公里，新建改建高速公路達 6,700 公里，農村公路 29 萬公里。城市軌道交通、地下綜合管廊建設加快。新開工重大水利工程 21 項，新增第四代移動通信用戶 3.4 億，光纜線路 550 多萬公里。

此外，中國大陸為減少污染而投入龐大資金，用以「加大生態環境保護治理力度」，採取加快改善生態環境，特別是空氣質量，應用科學施策，標本兼治，鐵腕治理，企圖大量節能減排，以符合巴黎協定之目標。該等建設自非孫中山規劃實業計畫時即能預料之經濟與環保兼顧所為的必要建設事項。

總體而言，孫中山在實業計畫所規劃的區域經濟思維，係超黨派的國土計畫思維。其本諸追求「頂層設計」(top-down design)的外部效應(externality)原理，

推動適合國家發展的區域經濟建設，不計個人政治利益，當非「行為經濟學」(behavioral economics)的主張，而係「發展經濟學」(development economics)的實踐。當前的中國大陸在國力富強，經濟發展已居於世界第二大經濟體的世代，本諸國土計畫觀點進行經濟建設，參考孫中山既有的發展藍圖，如以 SWOT 分析工具，必然可以發現有其相同之處；亦有相異之處。相同之處係基礎建設；尤其硬體設施。至相異之處，不僅政策工具可能不同，即就管理策略，經營方法；尤其在服務業，半導體工業上，孫中山做不到，亦未想到，甚至是不可能想到者，中國大陸已全面推進並有極其鉅大的政績，自不意外。

三、臺灣前瞻基礎建設計畫宜遵循孫中山之經濟發展思維架構

就因時制宜和因地制宜而言，孫中山在 1922 年所出版的實業計畫自然不適用於 2017 年後的臺灣前瞻基礎建設計畫，但就國家重大計畫；尤其事涉多年的連續性計畫，應有「計畫倫理」(planning ethics)的思維而言，自有其值得比較分析的餘地，先此敘明。

臺灣在蔡英文政府於 2016 年 5 月 20 日宣誓就職成立以來，即展開多項影響深遠的變革，就軟體而言，公教退休年金機制的改革，在法制上已完成立法，且已於 2018 年 7 月 1 日施行；在硬體建設上，則屬 2017 年 7 月經立法院強勢通過的前瞻基礎建設特別條例及同年 8 月通過的「中央政府前瞻基礎建設計畫第一期特別預算案」等二項變革或計畫所肇致的朝野藍綠對立，最受各界關注。本研究僅就前瞻基礎建設計畫部分，依國土計畫的倫理思維邏輯酌加分析之。

(一)前瞻基礎建設計畫之框架分析

依前揭行政院核定之「前瞻基礎建設計畫」內容，其建設計畫框架可如圖 10-3 所示；即以：1.建構安全便捷 2.因應氣候變遷 3.促進環境永續 4.營造智慧國土 5.加速區域均衡為該計畫目標。主要建設事項可大別為八項建設：1.食安建設 2.軌道建設 3.數位建設 4.因應少子化建設 5.人才培育建設 6.水環境建設 7.綠能建設 8.城鄉建設等事項。該等建設計畫在立法院經在野黨的強力杯葛下，執政多數黨就第一期特別預算案的立法過程，係以酌減預算額數的方式強勢通過。據 106 年 9 月 13 日總統華總－經字第 10600112941 號令，所發布施行的第一期特別預算案審查報告，所載計：歲出所需財源原列 1,089 億 2,476 萬 7 千元（分配數：2017 年度 160 億 7,857 萬、2018 年度 928 億 4,619 萬 7 千元），隨同歲出預算審議結果，減列 18 億 5,392 萬元，改列為 1,070 億 7,084 萬 7 千元（分配數：2017 年度 160 億 7,857 萬元、2018 年度 909 億 9,227 萬 7 千元），全數以舉借債務支應，並依據前瞻基礎建設特別條例第 7 條規定，所舉借債務不受公共債務法第 5 條第 7 項有關每年度舉債額度規定之限制。並且決議：「通案部分及歲出各款項下主決議部分，均通過列為建請之決議」。質言之，除酌減 1.70%(即新臺幣 18 億 5392 萬元歲出預算數)的特別歲出預算數外，其餘均依行政院所提第一期特別預算案通過，而且將在野黨在相關委員會審查所提出的各項具法律效力的「主決議」(main resolution)，改為不具法律拘束力的建議 (suggestion)，其旨在方便主管機關之預算執行。其實在總統所明令公布的第一期特別預算案審查報告中，皆就各部門有如下議決：「除予凍結百分之十外，其餘不再凍結，並俟計畫辦理情形向立法院相關委員會提出書面報告後，始得動支。」所以有此唐突的決議，係因前瞻基礎建設計畫內容過於簡略，而第一期特別預算案，亦祇有「總數」的預算數字，每項預算均無個別細目，以致在在野黨杯葛不力下，乃提出凍結之主決議或是其他具「負擔條款」的主決議，都因執政黨的強勢表決，並以一事不二議議事方式，排除或稱廢棄在野黨所提

出的預算刪減案，終使行政院所提出第一期特別預算案，得於 2017 年 9 月 13 日明令公布施行。

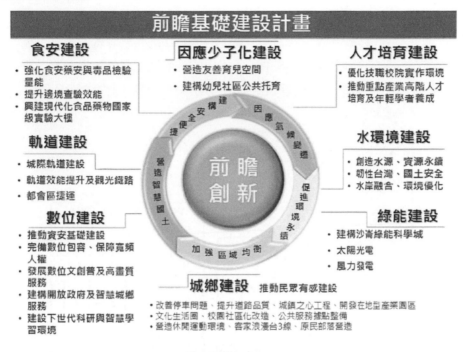

圖 10-2　前瞻基礎建設計畫分析框架

資料來源：國家發展委員會網站(2017.10.8 下載)

(二)前瞻基礎建設計畫倡導聯盟的倡提和反倡提大要

臺灣朝野之間透過立法院審議前瞻基礎建設特別條例及其第一期特別預算案之立法過程(legislative process)，殆可將贊成或反對，以公共政策制定過程；尤其針對第三代政策執行(policy implementation)所為整合模式(integrated model)，稱之倡導聯盟(advocacy coalition)理論為之分析。該公共政策理論建構係由 Sabatier 與 Jenkins-Smith 所提出，其思維架構如圖 10-3 所示。

儘管政策執行由第一代的由上而下，第二代的由下而上，各領風騷。但政策執行乃至政策制定(policy-making)，在過程中並不全然祇有由上而下或由下

而上，亦可能二者兼具。因之，如何整合政策次級系統(policy subsystem)的分歧意見，乃是政策能否和諧作成的關鍵因子。前瞻基礎建設計畫係蔡英文政府在短時間內所提出的「拚經濟」行動方案(programs)，內容草率，可由立法院預算中心的綜合評估報告概知一二。預算中心係立法院的一級幕僚單位，在執政黨控制立法院的政治環境中，該中心所提出的評估意見格外顯得重要。該中心曾指摘第一期特別預算案在編製上有如下缺失，包括：(立法院全球資訊網2017.10.8 下載)

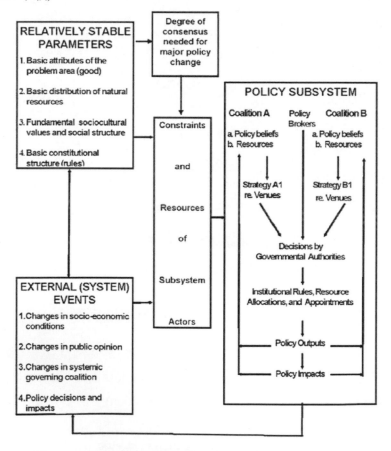

圖 10-3　**Diagram of the Advocacy Coalition Framework**

資料來源：Sabatier and JenKins-Smith,1999.

1. 前瞻計畫為近年來較具財政紀律控管機制之特別預算,惟每年度平均舉債流量比率之彈性規定,恐衝擊以後年度總預算債務舉借流量,債務舉借計畫允宜再行妥為規劃,執行情形則應充分揭露。
2. 歷年未列入債限之債務舉借數高達 1.46 兆元,部分年度甚至多於總預算債務舉借數,引發債留後代疑慮。
3. 排除債限之特別預算宜研擬償債配套措施,以維財政紀律。
4. 地方政府爭取前瞻基礎建設項目,允宜審酌財政狀況量力而為,並應遵守公債法自償性債務之規定,以維財政紀律。
5. 屢藉特別條例之制定提出特別預算案,已使特別預算常態化。
6. 以特別預算辦理各部會部分延續性計畫,致計畫經費分列總預算及特別預算,難窺整體計畫之執行全貌及效益,允宜建立併同管考機制。
7. 前瞻基礎建設計畫特別預算多為跨年度之重大投資計畫,允宜依預算法規定列明全部計畫內容、計畫期程、總經費及各年度分配額。
8. 為利政府整體資源得以妥善統籌分配運用,允宜謹慎評估規劃各項公共建設計畫,並應加強管控執行進度,以確保計畫如期完工。
9. 以往特別預算對公共建設效益重視度不足,且忽視完工後營運管理,允宜引以為鑑。
10. 歷次特別預算公共建設計畫修正次數較多,恐影響計畫之執行,允宜研謀改進,並避免重蹈覆轍。
11. 以前年度以特別預算推動公共建設存有閒置或低度利用情形,或因急迫及人力無法負荷,致發生浪費公帑情事,允宜檢討並避免類此情形再度發生。

　　以上係立法院預算中心就第一期特別預算案之共通缺失所為之評估;至個別二級機關的缺失限於篇幅從略。

　　既然該特別預算案已存在上揭顯著缺失,在野政黨的反彈或酌加刪減乃是相當理性的問政態度,但行政院結合執政的民進黨卻以不得大肆刪減為其黨團政治立場。此種強勢作風,甚至歸屬淺綠的時代力量亦多所質疑。

茲將倡導聯盟(即主張通過特別預算案的政治次級系統)以及反倡導聯盟(即主張退回特別預算案或大肆刪除該預算數額的政治次級系統)的政治主張概略摘述如下：

1. 倡導聯盟

一般公共政策在制定或執行時，政府一向採取不表態的中立態度，但該項前瞻基礎建設計畫，行政院卻積極表態，並主張該計畫在「經濟發展」上的重要性，力陳計畫內容的完整和可行，並不認為該計畫有在野所指摘的任何缺失。行政院長；尤其執政黨主席，即現任總統更強硬責成從政立委黨員務必在立法院臨時會通過。

2. 反倡導聯盟

此次特別條例或特別預算案在立法院審議過程中，學界及其他民間團體皆在報端、社群媒體有諸多批評，認為該計畫欠缺政策影響評估即編製高達 8,900 億元預算，而且所有財源均需舉債，必然債留子孫。由於計畫拼湊而成，不僅誤植，而且重複投資，甚至完全無精算的效益分析。此一聯盟在立法院係由國民黨團主導，其他在野黨團的反倡導力道有限。

由於倡提和反倡提之政治主張差異懸殊，立場亦相當顯明而堅定，肇致政策掮客(policy broker)毫無用武之地。或許因雙方毫無進行協商的空間，加諸執政黨的多數暴力傾向，該項法案和預算案雖已完成卻有嚴重瑕疵的立法過程，嗣後行政機關政策執行必然阻礙重重。

(三)前瞻基礎建設計畫宜依國土計畫理念，以充實各該計畫單元內容

究竟該項前瞻基礎建設計畫的缺失，如由孫中山經濟發展或是國土計畫的觀點，有何需要調整之處。本研究基於「計畫可行性」的立場說明如下：

1. 年度預算案與特別預算案宜分別編製和控管

經逐項查閱該前瞻基礎建設計畫，其最顯著的缺失，就是建設計畫有部分已在年度預算編列，且已執行中；卻又部分編入特別預算案內，形成混編情形。此種預算案編製係過去所未見，足見行政院或部會因時間倉促，為凸顯建設事

項的體系化，竟完全不顧預算法或預算編製慣例，乃至預算倫理。如此編列預算，未來執行績效如何評估；如有責任歸屬如何定奪，均不無質疑之處。因之，在執行過程中允宜先加釐清，乃是該計畫能否順利執行的前置程序。此外，加強 KPI 績效管理，乃是該特別預算案避免浪費公帑的必要管控作為。

2. 特別預算案未經政策影響評估的後遺症宜有替代方案

由於前瞻基礎建設計畫傾向硬體設施多於軟體建設，其在進行政策影響評估(RIA)；尤其環境影響評估(EIA)時，均可能因未獲通過，以致計畫不能執行。一旦計畫不能如期或如質執行，皆是國家資源的浪費或不當使用。因之，執政部門宜在執行預算之初，即研擬替代方案(alternative)，以利發生原定計畫不能如期如質執行時，可能的替代預算執行模式或執行作為方案得以即時為之，以促使財源能確實用在刀口上。

3. 依改善經濟投資條件酌予調整計畫內容

由於前瞻基礎建設計畫係以骨架立法(skeleton legislation)的模式編製計畫內容。其計畫的內容本有其彈性；復以特別預算案亦以相當抽象的文字表達執行事項，其本身的調整事項和幅度即已存在。因之，政府為拚經濟針對產業最關心的五缺(缺地、缺電、缺水、缺工及缺人才)，雖已有若干措施即將宣布，但五缺涉及的經費籌措問題，最簡便的途徑即是適時調整該前瞻基礎建設計畫；尤其第一期特別預算案業已完成立法並公布施行者。如能一本裡子優於面子的負責任態度，即時修正特別預算案的相關內容，並且產業五缺問題的加速處理，臺灣的投資環境改善時程亦能儘速縮短，不僅在大陸臺商可「鮭魚返鄉投資」，而且外資亦能投入臺灣資本市場，各該拚經濟的機會始能顯著加多。

4. 孫中山經濟觀可充實前瞻基礎建設計畫內容

孫中山的區域經濟已在大陸落實，臺灣儘管幅員較小，但北中南東及離島，既早經行政院於 2009 年 7 月，即核定為北北基宜，桃竹苗，中彰投，雲嘉南，高屏，花東及澎金馬等七大發展區域基地；現行國土空間使用策略規劃，亦依該七大區塊規劃和設計，孫中山的區域經濟理論不無可加參酌之處。設若

政府能有此區塊投資的經濟思維，直轄市與縣(市)的資源分配衝突，即可相對減少。過去幾家歡樂幾家愁的資源分配情境，依區域經濟規劃應可迎刃而解。

5. 國土計畫設定為前瞻基礎建設計畫的上位計畫

雖說國土計畫尚未發布，但國土計畫法已公布施行將近四年，政府推動任何計畫皆須本諸國土計畫列為上位計畫的指導原則，積極落實國土計畫具法規命令效力的規制旨趣。誠然國土計畫的規制標的何在尚有所不知，但依國土計畫法第 6 條所規定的國土計畫 11 項規劃基本原則以及第 20 條對於國土功能分區的分類及其劃設原則，皆是各該前瞻基礎建設計畫單元所當遵行的法制；亦係推動計畫倫理機制的濫觴。行政院在規劃前瞻基礎建設計畫時似有所忽略，自當在執行過程中酌予調整，以符國土計畫係都市計畫或區域計畫上位計畫的計畫倫理體系建構之規制效力。

對於國土計畫既為本研究論述之基礎，本研究在此略加補充前瞻基礎建設計畫允宜再加調整的基本立場。蓋政府國土計畫法既然公布施行，儘管相關子法需要 6 年的期程，始可逐項完成發布施行。但國土計畫的計畫倫理旨趣卻不宜再延宕運作，此係因臺灣對土地使用分區(zoning)的管制衹限於發布都市計畫地區，尚有廣大面積的非都市計畫地區，因土地使用編定的欠缺科學數據分析或是地方行政首長受制於選舉的考量，以致管制不力，濫墾、濫葬幾使山林變色。此時此刻衹有水土保持的積極作為，即在力行國土計畫的觀念。前瞻基礎建設計畫，如能嚴格要求遵守國土保育的國土計畫觀念，始可有所補救或搶救山林地貌，相信將有部分計畫需要廢棄或調整計畫內容，則是可以預料的必然結果。2017 年 10 月 10 日聯合報(社論)以「蔡政府不可不知的『外部性』」為題，有如下的結論可供參考：

> 各界對前瞻建設項目的批評甚多，但問題真正的癥結點，應是政府漠視基礎建設極需頂層設計架構的重要性，且忽略其外部性的特質，遂端出不是臺灣最迫切需要的基礎建設。而當政府與企業的政策供需有如此明顯的落差時，屆時執行成效不如預期，恐在預期之中。

四、孫中山實業計畫對國家建設計畫規劃之啟示

　　孫中山著作實業計畫除其寫實值得佩服之外，究竟就國土計畫而言，其有何值得標竿學習(benchmarking learning)之處？本研究試由下列層面分析之：

(一)落實計畫目標

　　制定國家發展計畫固然涉及層面有資本門亦有經常門，資本門尚可依計畫評核術(PERT)或稱網狀圖控制進度，進而達致目標的量化控管；但經常門則因係服務性多於消耗性或進展性，不僅網狀圖不易繪製，即使量化亦有其困難度。吾人閱讀孫中山的實業計畫固然以硬體建設居多，但大江南北，地形地貌何其複雜，數據的取得在當時又何等困難？孫中山卻能以量化的方法一一分析各該計畫的目標。當今中國大陸能肯認並實現孫中山的國土規劃方案，即因孫中山實業計畫係量化的分析所致。

　　在臺灣的中華民國政府對施政計畫，一向以高度抽象的「目標」；即在"goal"或"objective"流動，且多半是在執行計畫後始訂出量化指標。此應係施政計畫效能(effectiveness)不彰的主因。孫中山在實業計畫中殆多以量化方法分析各該計畫實施後的效益，此種科學分析能力，或許與孫中山醫學背景有關。當今世界各國在推動行政績效管理(performance management of administration)，多已採用量化的關鍵績效指標(KPI；key performance indicator)，但前瞻基礎建設計畫完全忽略管理工具之應用，在第一期特別預算案的決議文中，亦直接刪除在野黨的類似建議，恐係相當不智的立法作為。

(二)充實計畫標的

　　孫中山在規劃鐵路或公路系統時，對於各該交通網可說極盡詳細之能事描述整條交通網的站距、站位以及沿途的自然生態。據悉孫中山迄未到訪新疆或西藏，但在此二大區域卻能瞭若指掌的分析和規劃交通網；尤其對於沿途的天候、山形、地貌、河流，均有相當具象的描述。此說明孫中山在資訊尚不發達

的清末民初，已能善用既有學者專家的文獻；尤其日本、美國乃至歐洲的文獻，殆多詳加閱讀，始得以有此深入而詳實的分析與規劃。由孫中山在實業計畫所繪製的地圖多達 16 幅，即可知孫中山對於實業計畫規劃之用功，並且希望能以理服人，而非政客的以利(力)服人。

臺灣的前瞻基礎建設計畫經逐項閱讀後，直覺得該計畫的核定領導人應未詳加閱讀。不僅文字有欠精準，缺乏量化的 KPI 指標的設計，竟不知該計畫係國家計畫，而以「本局」或「本署」稱之謬誤，屢見不鮮。雖說該建設計畫法律依據已完成立法，自可便宜行事；但第一期特別預算案既已完成立法，如係硬體工程應即進行規劃(planning)和設計(design)，積極充實計畫標的。在數位建設(digital construction)部分尤須大幅修改計畫內容，若干採用英式縮寫的專有名詞，不僅應附原文，而且有中文說明，以使國人對數位建設計畫能有較為深入的了解，俾能知所應用。

(三)調整計畫過程

孫中山提出實業計畫之際，國土計畫法固然付之闕如，但孫中山係典型愛國主義者(patriotism)，其推翻滿清建立中華民國，旨在「恢復中華，建立民國」以使國家永續發展。因之，儘管政局動盪，個人政治生命有限，仍然獨力完成國家經濟發展計畫的規劃工程。其所堅持的是國家必須富強，社會必須安定，人民必須安康。孫中山一再謙稱實業計畫祇是書生之見，如要實行必須再延請學者專家詳加規劃和周延設計，始可付之實施。

孫中山對計畫作為的邏輯思維，正是當下臺灣推動前瞻基礎建設計畫所最感欠缺之所在。試想蔡英文政府於 2016 年 5 月 20 日就職視事，新政府人事全面改組，在短短六個月時間內，即可提出長達 8 年耗費新臺幣 8,900 億元公帑的特別預算案，其不是草率規劃，即是將既有的施政計畫重新組合或包裝而成，以致內容抽象，經費概括，而且欠缺量化服務目標。該項建設計畫完全忽略國土計畫的指導原則，以致計畫啟動伊始，即面臨桃園大潭天然氣廠，將因可能破壞世紀之寶的藻礁生態而為環保人士所疾力反對。政府設定建設基地自

當深入了解基地的自然和社會生態，而絕不宜恣意建設，竟置國家資源破壞於不顧的境地。蔡政府成立以來，在公領域發生草率行事或蠻幹行事的情形，時見媒體詬議。前瞻基礎建設計畫實宜責成國家發展委員會全盤檢視或酌加修正；即使調整計畫作為過程，亦允宜即時為之。

(四)調和計畫作為

孫中山實業計畫在 100 年前規劃，中國大陸在 100 年後逐項分年分段實現。此說明孫中山實業計畫係非一黨之私的「國土計畫」作為，其至少是以中國的發展或稱中華民國在大陸(ROC in Mainland)的國土思維規劃區域經濟發展藍圖。中國大陸在中國共產黨的主政下，亦不以非共產黨人的發展藍圖即予廢棄不用，始能在短暫的 30 年大體完成孫中山的實業計畫經濟發展設計藍圖。

此項計畫作為啟示，如援用至蔡英文政府是否可行?2017 年 10 月 6 日，臺北的聯合報頭條登載，中央研究院院士王平等人所發表的「**臺灣經濟競爭與成長策略政策建議**」一文，王文並在記者會上直指略以：臺灣經濟面臨關鍵轉折點，若不快解決法律、環評與對中國大陸過度保守等三隻經濟黑手，臺灣恐將落入「中所得陷阱」(middle income trap)，且未來十年至少會被 15 到 30 個國家超越[4]。因之，面對險峻的經濟環境，究竟由孫中山實業計畫可獲得何種心理啟示？本研究認為該計畫既然是政府所訂定，在計畫內容尚有所缺漏情況下，即宜酌加調和(integration)。按孫中山實業計畫係就中國經濟發展所擬百年大計，尤其由交通建設開始，正可供臺灣和大陸兩岸政治領導人一個新的思維；此即規劃兩岸間海底隧道。固然兩岸正陷入關係惡化或不和緩之全對抗危機，在此時進行此項高度敏感的「交通建設」計畫是否時機適合？

就蔡英文政府所規劃的前瞻基礎建設計畫而言，如能將兩岸海底隧道納入該計畫中，正可補充該計畫「前瞻性」有所不足的遺憾。王平指出臺灣對大陸過度保守，甚至可說完全「棄守」兩岸得來不易的和平契機。蔡英文政府此時

---

[4] 中央研究院院士王平等人所發表的「臺灣經濟競爭與成長策略政策建議」一文中，並未對中國大陸過度保守文字有所分析，且記者會聲明稿亦無類似說明。因此，對中國大陸過度保守，應係應記者探詢所為之答復說明而已。

如能提出順應輿情規劃興建兩岸海底隧道，亦可突破兩岸正陷於冷對抗的僵局。就技術面言之，兩岸海底隧道已有 17 年以上的發想和思維醞釀，經學者專家規劃的路線，如圖 10-4 所示；尤其 2017 年 9 月 21 日，國際海底隧道協會於福建平潭召開會議，與會兩岸及國外學者專家就北線：福清-平潭-新竹，長約 122 公里；中線：莆田笏石-南日島-苗栗，長約 128 公里；南線：廈門-金門-澎湖-嘉義，長約 174 公里進行研討。咸以北線距離最近，且兩岸均為重要都會，有其可行性和發展性。不僅可供公路而且是高速鐵路共構最佳路線。中國大陸所規劃之興建經費約新臺幣 2 兆元(即人民幣 4,000 億元至 5,000 億元)。質言之，此項兩岸交通建設不僅具高度前瞻性，而且有其龐大的政經利益。蔡英文政府至少可以南線為考量，先行規劃嘉義至金門的海底隧道，此對中華民國政府照顧離島的決心宣示，必然可獲得離島民眾的廣泛認同，從而由心防強固國家發展的力量。

圖 10-4　兩岸海底隧道路線選擇

資料來源：國際海底隧道協會網站(2017.10.10 下載)

本研究針對兩岸海底隧道的規劃興建，就國家發展的前瞻性政經利益略加說明如下：

1. 一旦兩岸協同推動海底隧道(cross-harbour tunnel)興建規劃，即顯示兩岸和平的曙光已現。此對兩岸在國際間的互動，不僅不再發生互挖牆角的問題，而是互相協同爭取國際友誼的最佳時機。

2. 兩岸海底隧道的開闢，係兩岸經濟發展網絡(network)的新世代，對於臺灣與大陸經濟發展將產生顯著的互補性，不僅產業成本降低，而且經濟產銷亦將邁入雙贏的新局面。

3. 兩岸直航的虞慮已因直航而消弭於無形，是以兩岸海底隧道的開闢，對於正面的投資環境改善，負面的共同打擊犯罪，皆將產生無可限量的積極效應(positive effect)。

4. 當前存在的文化差異，固然有時空上的影響，但在兩岸興築海底隧道後，必然會因海底工程的技術和材料持續互動和支援，而形成兩岸海洋工程團隊，甚至有更緊密的聯繫和交流，可消除在網路上小眾的排斥，以及不必要的猜忌或攻詰，所謂資訊安全反而可以確保。

5. 臺灣的經濟發展正面臨瓶頸，新南向政策所獲利益亦有限，比較積極的拚經濟就是內需的擴大，而兩岸海底隧道的興築，就臺灣而言，即是一個改善經濟環境的新機運所在。

五、結語：積極實踐孫中山計畫藍圖，以形塑孫中山之規劃現實與施築寫實

孫中山寓居上海法租界撰寫英文版實業計畫，其心中必然有諸多感慨。國土分崩離析，這是任何愛國之士都不能容忍的恥辱，孫中山忍辱負重，在租界規劃國家強盛、人民安康之道。其心理的旺盛企圖心正可由二年之內即完成建國方略三大名著得以體會一二；尤其實業計畫的規劃，如能細讀全文必然佩服

得五股投地。當今兩岸的領導人如能從中體會孫中山實業計畫所顯現的國土發展意圖，以及為國家經濟發展所耗費的全部心力，相信兩岸兵戎相見應可完全避免。在中國大陸已能澈底實現孫中山百年前規劃之時，本研究正期盼蔡英文政府能以孫中山為標竿學習對象，對於前瞻基礎建設計畫能再加斟酌而予以修正。在維護國土主權完整的原則下，推動各項具有前瞻性和發展性的長遠經濟建設計畫。

參考書目

中央研究院(2017)，〈臺灣經濟競爭與成長策略政策建議〉。臺北：中央研究院。

朱言明(2009)，〈2008 大陸鐵路公路交通建設與實業計畫之比較〉，《展望與探索》，7(6):51-68。

紀俊臣(2016)，《都市國家：臺灣區域治理的策略選擇》，臺北：中國地方自治學會。

紀俊臣(2017)，〈多數暴力扭曲一事不再議〉，聯合報，2017 年 8 月 30 日。

郭萍英(2011)，〈孫中山實業計畫在中國實踐與影響之研究：以交通建設為例〉，《孫學》，28, 20-30。

孫中山(1922)，《實業計畫》，《國父全集》，第一冊，臺北：國父全集編輯委員會。

魯炳炎(2007)，〈政策倡導聯盟架構之研究：以我國自由貿易港區政策為例〉，《航運》，16(3), 75-102。

Chirney, Paul,(2007), "Policy Concepts in 1000 Words: The Advocacy Coalition Framework" in *Politics and Public Policy*,.2017/10/9 網路下載。

Sabatier, Paul A, and H.C.Jenkins-Smith,(1999), "The Advocacy Coalition Framework: An Assessment", in Sabatier, Paul A.,(eds), *Theories of the Policy Process*. Boulder Co.: Westview Press,177-166.

Sun, Yat-sen(1922), *The International Development of China.* New York: The Knickerbocker Press.

Weible , Christoper and Paul A.Sabatier, (1999), "A Guide to the Advocacy Coalition Framework" , 123-136.2017/10/9 網路下載。

拾壹、烏石坑原墾區域的土地爭議事件與可行策略選擇

紀俊臣　銘傳大學公共事務學系客座教授

李錦煌　東海大學政治學系博士生

一、前言：烏石坑原墾地爭議事件宜儘速政策決定，以維護農民權益

　　烏石坑位處臺中市和平區自由里一帶，群山環繞，距離東勢區約 16 公里。境內有烏石坑溪，源自船型山。溪水終年不斷，尚未被汙染；流經村莊而納入大安溪流域。因烏石坑由多處臺地組成，因毗鄰摩天嶺、達觀、竹林等原住民部落，坡度 0°～15°約 40%；16°～28°占 30%。28°～45°占 20%，45°以上占 10%。海拔 670 公尺至 1,834 平方公尺，每年平均溫 18℃，係鳥語花香，風光明媚，自然景觀極為豐富的林墾地區。

　　日治時期，日人鑑於當地林相特殊，材質優良，遂在該林地伐木輸日，工人乃來此工作，並有客家在當地採集樟木製作樟腦為生。1945 年，臺灣光復，政府林業政策確立，不再砍伐林木。該等伐木工人乃改以墾植農作為生，是即原墾農之由來。因有 1999 年 9 月 21 日，「集集大地震」對於中部山區地形地貌分崩離析的衝擊，森林主管機關乃依據行政院院會之決議，令頒林地限制耕作措施，要求拆屋還地，並責令造林墾植等各項因應措施。事實上，當地原墾

圖 11-1　烏石坑地理位置

資料來源：和平區自由里長吳振福提供

圖 11-2　烏石坑區位

資料來源：Google Map

區農民長久以來，即依林務局規定，辦理墾植林地承租在案，並續租有年。茲以集集大地震山區受創嚴重，需要採取保育復育措施，強化造林相關事宜，原墾農民應無疑義；唯拆屋還地實有未妥之處，致生官民衝突，甚至林務局在未曾積極政治溝通下，即於 2009 年 6 月先後，採取不再續約的斷然措施；卻又任由原墾農持續耕植，形成原墾地使用不知何所適從之爭議。在此期間，原墾農使用國有地之爭議，究應如何妥善處理，實值得關注和探討。

二、烏石坑原墾地爭議事件的歷史背景

臺中市和平區烏石坑原墾地的土地使用爭議，就歷史發展言之，可分為以下幾個階段說明：

(一)臺灣光復前

臺灣本屬海島，原住民族生於斯，長於斯，對於土地開墾自有其貢獻，但就本研究所獲史料，發現清領時期，因清廷並未令頒類似「**土地使用規則**」之法令，以致清領時期，臺灣各地並未曾辦理土地使用之產權登記，烏石坑處於臺中州管轄山區自不例外；除非已有漢人前去墾植始有原墾業主。唯自 1910 年，日本在臺灣繼進行「**土地調查**」後，又於當年至 1914 年，進行「**林野調查**。所稱林野調查乃「指在普通行政區域內，前次土地調查時未曾調查之山林原野及其他土地予以調查，確定其為民有或官有，這個行政工作稱之。」(周茂春 2016：94)。這為期五年之大規模林野調查，係採分區分期方式進行，第二年及第三年進行臺中一部分。因之，烏石坑地區當在 1911 年至 1912 年間完成林野調查；如經該次調查而無人檢據證明曾在當地開墾，即視為無主地，而確認為公有地。烏石坑在 1989 年政府辦理臺中縣和南投縣國有地專案公地放領時，並未列入公地放領範圍，應可確認其屬林野調查時即列為公有地範圍，以致光復後，即歸屬國有地林區。

(二)臺灣光復初期

　　1946 年 11 月 26 日，行政院會議通過「**臺灣地籍釐整辦法**」，作為臺灣光復後土地地籍釐整之依據；亦即依該辦法辦理「土地總登記」。該項土地總登記手續簡化，且不收費用，致能順利完成土地總登記。烏石坑因屬國有地林區，其土地總登記自然不稍變更。

(三)九二一集集大地震之後

　　1999 年 9 月 21 日，集集 7.0 級大地震，重創中臺灣地理生態，最大的變革，即是對於「**國土保安計畫**」的實施。政府曾就屬於該計畫實施範圍之土地；尤指接近集集地震震央地區的國土保安山區，即採取各項禁制開發的行政處分措施。對於早先核准開發的管制區，即使是簽有行政契約承租在案，亦須通盤檢討而會勘保安地區的土地使用情形；如有違原生計畫之土地使用情形，或稱使用強度過高的情形，即要求改善並進行造林，始得續租。上揭烏石坑原墾地曾經獲得核准開放租用者，所以被要求拆屋改善並造林，其依據應係指依上揭意旨所訂定「國有林事業區出租造林地管理要點」。該要點法位階為行政規則，然依該規則簽訂行政契約(administrative contract)後，該行政規則即可視為定型化契約(standard contracts)的一部分；對簽約雙方當事人產生拘束力。

(四)國土計畫發布後

　　依國土計畫法規定，有關臺灣國土計畫之作業時程，將於 2020 年 5 月 1 日前，發布直轄市、縣(市)國土計畫。據悉臺中市國土計畫草案已於 2019 年 9 月公告閱覽一個月。本研究獲悉臺中市國土計畫草案，發現臺中市和平區為國土保育主要地區，劃設面積占和平區主要面積竟高達九成以上，且以國土保育地區第三類為主；而烏石坑地區可能劃設為國土保育地區第一類。按第一類係指國有林事業區內之自然保護區與國土保育區，其他公有森林區、自然保護區；此與臺中市區域計畫頗相一致(見該草案頁 6-9)。

表 11-1　臺中市國土保育地區分類模擬面積

類別	第一類	第二類	第三類	第四類	總計
面積(公頃)	48,255	18,820	42,873	1,360	111,238
比例(%)	43.38%	16.86%	38.54%	1.22%	100.00%

資料來源：臺中市國土計畫草案，頁 6-8。

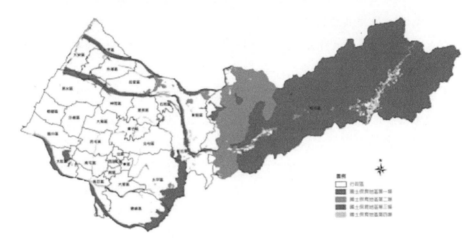

圖 11-3　臺中市國土保育地區分類模擬示意圖

資料來源：臺中市國土計畫草案，頁 6-8。

三、當前國家處分國有非公用地的可能模式

依國有財產法(2018 年 11 月 21 日修正公布施行)相關規定，諸如：

　　國家依據法律規定，或基於權力行使，或由於預算支出，或由於接受捐贈所取得之財產，為國有財產。

　　凡不屬於私有或地方所有之財產，除法律另有規定外，均應視為國有財產。(§ 2)

　　國有財產區分為公用財產與非公用財產兩類。

　　左列各種財產稱為公用財產：

一、公務用財產：各機關、部隊、學校、辦公、作業及宿舍使用之國有財產均屬之。

二、公共用財產：國家直接供公共使用之國有財產均屬之。

三、事業用財產：國營事業機關使用之財產均屬之。但國營事業為公司組織者，僅指其股份而言。

　　非公用財產，係指公用財產以外可供收益或處分之一切國有財產。(§ 4)

　　質言之，所稱「**非公用財產**」(non-public use property)，係指國有財產[1]中，不屬於公用財產而可供收益或處分者。原則上公用財產，包括：公務用財產、公共用財產及事業用財產，皆有其「公共使用」之用途，在未發生變更為非公用財產前，即不生處分財產問題。因之，本研究所指謂之「**國有非公用地**」之「**處分**」，係指國有非共用地之買賣、放領涉有產權移轉之國有地處理；唯因產權移轉的情形，尚不如租用情形所常見，本研究間亦論及借用或租用態樣。

(一)讓售或租售

　　依國有財產法相關規定，非公用財產類之不動產，在下列情形得以讓售：

1. 其已有租賃關係者，得讓售直接使用人。

2. 其經地方政府認定應與鄰接土地合併建築使用者，得讓售與有合併使用必要之鄰地所有權人。(§ 49)

3. 其為社會、文化、教育、慈善、救濟團體舉辦公共福利事業或慈善救濟事業所必需者，得予讓售。(§ 51)

---

[1] 公用財產或非公用財產除國有財產法有所明定外，地方自治團體亦得以「自治條例」加以規定；質言之，除國有外，尚有直轄市有、縣(市)有，乃至鄉(鎮、市)有及直轄市山地原住民區有之分。

4. 其經政府提供興建國民住宅或獎勵投資各項用地者，得予讓售[2]。(§ 52)
5. 其屬下列情形，得專案報經財政部核准讓售：
    (1) 使用他人土地之國有房屋。
    (2) 原屬國有房屋業已出售，其尚未併售之建築基地。
    (3) 共有不動產之國有持分。
    (4) 獲准整體開發範圍內之國有不動產。
    (5) 非屬公墓而其地目為「墓」並有墳墓之土地。
    (6) 其他不屬前五款情況，而其使用情形或位置情形確屬特殊者。

  此外，非公用財產類之不動產，基於國家建設需要，不宜標售者，得專案報經行政院核准讓售。(§ 52-1)

  至非公用財產類之空屋、空地，並無預定用途，面積未達 1,650 m² 者，得由財政部國有財產署辦理標售。(§ 53)非公用財產類之不動產，使用人無租賃關係或在 1993 年 7 月 21 日前未有實際使用，並繳清使用補償金者，國有財產署應收回標售或自行利用。(§ 54)

(二)借用或租用

1. 非公用財產得供各機關、部隊、學校因臨時性或緊急性之公務用或公共用，為短期之借用；其借用期間，不得逾三個月。如屬土地，並不得供建築使用。(§ 40)
2. 租用情形，包括：
    (1) 非公用財產類不動產之出租，得以標租方式辦理。但合於下列各款規定之一者，得逕予出租：
    ① 原有租賃期限屆滿，未逾六個月者。
    ② 1993 年 7 月 21 日前已實際使用，並願繳清歷年使用補償金者。
    ③ 依法得讓售者。(§ 42)

---

[2] 由於國民住宅條例已於 2015 年 1 月 7 日廢止，依現行住宅法規定(2017 年 1 月 11 日公布施行)，興建社會住宅對需用公有非公用土地或建築物者，得辦理有償撥用。（§ 21）亦得以出租、設定地上權提供使用。（§ 29）

(三)公地放領

依山坡地保育利用條例第 20 條規定，公有宜農、牧、林山坡地，得依「**公有山坡地放領辦法**」辦理「**公地放領**」(sale of public lands)；亦即國有林事業區、試驗用林及保安林地以外，經中央或直轄市主管機關參照自然形勢、行政區域或保育、利用之需要，就標高 100 m 以上或是標高未滿 100 m，而其平均坡度在 5%以上的「**山坡地**」(hillside)，就其山坡地範圍內供農業使用，經依法完成總登記，並依山坡地可利用限度畫定為宜農、牧地或已編定為農牧用地，且在 1970 年 9 月 24 日以前經依法放租之公有土地，在該辦法發布時(1984 年 11 月 7 日)仍繼續承租使用之農民，就其承租山坡地以 20 公頃為範圍內，申請公地放領，得經內政部公地放領審議委員會審議決定，依 1990 年公告土地現值之地價分期繳清後，取得土地所有權。

四、烏石坑原墾地農民在爭議土地的法律權益分析與政策取向訴求

經由烏石坑原墾土地農民與政府就土地使用所衍生的權益爭議，究竟如何適法之處理，可分為下列二個層面思考：

(一)法律權益分析

雖說烏石坑原墾地為國有土地，官民均無爭議，且為原農民依法承租在案，更不生「**所有權誰屬**」的爭議。就因原墾地農民承租國有林地已有數十年之久，甚至在 2009 年左右仍承租有案，政府片面以農民未依規定拆屋造林，而不再續約。此一政府作為，實不符行政程序法所規定，行政行為應符合一般法律原則；尤其下列原則：

1. 誠信原則

原墾農民之農舍係生活之所需要，其依現代化生活而改善農舍條件，並未曾破壞既有的農作或林作，現以未混植方式造林為由不准續約，全然是主其事者之偏執，實不符誠信原則。

2. 信賴保護原則

自核准承租國有林地以來，原墾地農民即從事農牧之耕作；尤其植栽經濟作物，即非常重視水土保持，不僅集集地震前的地形地貌不稍變動，就是地震後的地形地貌，亦多所維護，始有今日之優良作物品質。基於信賴政府得准續約之農民既有權益思維，該地農民實無法理解不准續約之理由何在？政府對於混植造林之要求，係地震發生後之要求，宜有過渡時期之規制，並宜予適當之行政指導，以使原墾農民知所遵行，始符法治國之基本原則。

3. 比例原則

政府行政行為應以適當性、必要性和衡量性三原則為基礎，所稱適當性係合目的性。農民無論從事何種經濟作物之栽植，皆以維護水土保持為前提，多年來烏石坑並未有嚴重的土石流情形，即足以證明原墾農民在水土保持或國土保育上的重視。農民從事農牧，絕不可能不顧國土保安，而致損害自身農作之成果。此可由多年來地形地貌的不稍變動，即可證明。

(二)政策取向訴求

針對烏石坑原墾農民之數十年農作經驗，殆可確認經濟作物與國土保育並非完全衝突的土地使用思維。土地使用應可經濟作物與國土保育兩全其美；甚至說在臺灣有限的土地上，唯有兩全其美的土地使用思維，始可確保國家的經濟動力，以及維持土地的資源活力。

臺灣近些年來的土石流重大災害，除氣候變遷的因素之外，就是土地使用強度過高的問題。烏石坑原墾農民對於土地使用，一向採取一年一作或輪作的方式，就是考量土地使用的適當休養，希望養地或輪耕，以達致土地的合理使

用。因之，過度的農作或完全忽略水土保持問題，絕對不是原墾農民的農作思維。

　　基於上揭考量，政府就烏石坑區域的國有林地，已核准承租者，實宜在政策上允准續約。如能體察民意取向，原墾農民自當在農作權益得到確保下，更加賣力經營林地，務必做到國土保育下的經濟產值提昇，而使農民生活得以改善，子女教育得到適當的栽培。

五、臺中市國土計畫發布後烏石坑原墾地農民權益保障模式可行性分析

　　由於臺中市國土計畫依法須在 2020 年 5 月 1 日前公告，市府主管局－都市發展局已完成「臺中市國土計畫草案」之研擬，且已在公告閱覽一個月後，函送內政部俾如期完成公告作業程序後實施。烏石坑原墾地農民對於該區域究竟如何規劃國土功能區分，必然格外關切。希望市府主管機關能重視農民多年以來從事農作的事實，而有適法、合理、重情的行政行為。

(一)視同取得原墾地優先購買權，依公告現值價購

　　不論烏石坑區域的國有林地，臺中市政府所公告之國土計畫，在國土功能區分上屬於國土保育或農業發展，甚至其功能分區的分類如何。農民所最高的期許，就是各該農墾林地，基於以往數十年的承租在案，政府能在政策上視為續租林地，而賦予農民優先購買權(rights of first refusal)，以使農民得以當年之公告現值價購。前揭國有財產法對國有非公用地的讓售規定，雖有若干限制，但就政策上如能視為續租農民，即可以其具有優先購買權，而得依法價購耕耘多年的國有非公用林地。此係解決土地爭議最根本的途徑之一。

(二)依公告地價，辦理原墾地公地放領

　　政府過去曾有三次的公地放領，此即 1951 年～1976 年的早期放領；1989 年專案放領；1994 年～2006 年續辦放領；其中以 1989 針對臺中縣和南投縣的國有林地之公地放領最受重視；按臺中縣和南投縣的國有林地，如以「**山坡地**」的相關規定而言，並未完全符合公地放領的法定要件，以致政府在李前總統登輝先生的「**政策堅持**」下，採取「**專案放領**」(project sale)的方式處理。不僅撫平當地民眾長年以來竹林運動的心理不平，亦達致林地的合理使用。該項專案放領係政府在農林政策上難得一見的理性決策(rational choice)。此類政策作為，如烏石坑國有林地亦能一體適用，相信烏石坑的經濟作物，將可再創生機；亦係「**地方創生**」(regional revitalization)的可行措施之一。

六、結語：政府宜儘速辦理適法可行之維護原墾地農民權益作為

　　以上針對烏石坑土地爭議事件，所為行政行為之學術性探討。至盼主管機關能體恤原墾地農民數十年來的林地耕耘，對於維護國土保育的貢獻。原墾地農民在數十年的歲月中，因為承租林地經營農牧，始有今天的烏石坑品牌蔬果。烏石坑農民有感於政府早年的照顧，花費一生歲月，重視水土保持與自然景觀，始有今天的美輪美奐烏石坑社區，成為網路上頗受青睞的觀光景點。

　　烏石坑因集集九二一大地震的影響，經政府列為土質敏感地區，區域計畫已有所限制；即將公告的國土計畫，亦可能列為國土保育或農業發展地區。不論歸屬何類的國土功能區分，均將又一次衝擊當地農民的生計。但政府政策宜加明確，現時的不出租或不再續租的決策作成，對於原墾地農民而言，必然是一項殘不忍卒睹的折磨。主管機關應再就上揭法令規範中，作出適法可行的決策，不是讓售就是放領，以使農民可以永續經營田園；亦能以最適性的方式經

營林地，相信水土保持會更好，經濟生活亦可多所改善，以展現烏石坑的新活力農園創生。

參考書目

林明鏘(2018)，《國土計畫法學研究》，臺北：元照出版有限公司。

周茂春(2016)，《臺灣地權制度變遷之考察(1860~1960)》，臺北：中國地政研究所。

徐永明、吳怡慧(2018)，《空間政治：空間分析於選舉地理與政治行為研究之應用》，臺北：五南圖書出版股份有限公司。

施正鋒、徐世榮主編(2013)，《土地與政治》，臺北：李登輝民主協會。

陳明燦(2018)，《土地利用計畫法導論》，臺北：作者出版。

黃健彰(2018)，《不動產利用關係上的優先購買權》，臺北：元照出版有限公司。

謝哲勝(2017)，《土地開發方式》，臺北：元照出版有限公司。

臺中市政府(2017)，《臺中市區域計畫》。

區域治理篇

拾貳、地方治理的理論發展與實務應用：臺灣經驗的檢視與展望

紀俊臣

銘傳大學公共事務學系客座教授

摘　要

　　本研究旨在檢視臺灣地方治理的治理價值，期以三年時間完成實證研究 (empirical study)，本研究計畫僅是該研究的初步研究規劃，未來三年如能率領團隊在各地方自治團體進行深度訪談，並舉行以縣(市)或直轄市為單位之焦點座談。在進行實證研究過程中，將可先蒐集和分析各地方首長的治理意圖；尤其在地方施政上府會關係、政黨政治等運作，皆屬重要的研析課題之一。

　　本研究將就臺灣地方治理的學術研究現狀；尤其重要治理理論的引進，以及行政部門如何活用地方治理模式，進行實證研究。除訪談地方政府行政首長及研考機關首長外，更將走訪基層，包括鄉(鎮、市)、里(鄰)及重要社區，以實施了解地方治理的成效，從而建構具有本土化的地方治理學術理論。

　　不論中國大陸或臺灣，流行之治理理論多源自歐美研究成果，但就中華政治文化屬性而言，中國大陸或臺灣的「學術本土化」或稱「學術中國化」至為重要；亦是兩岸加強公共管理研究的旨趣所在，爰提出本研究計畫，並先行概略分析以為論文述之。相信臺灣的學術單位將可為學術中國化，貢獻應有的學術智慧。

一、前言：地方治理的研究與應用宜有所省思與策進

　　大約在二十世紀九〇年代之後，治理(governance)的名詞，開始在臺灣的若干教科書上出現。當時常以「政府」(government)和「治理」做比較分析，但「政府」與「治理」兩個概念，在語意上完全不能混同或連結，前者係指「機制」(mechanism)，後者係指作為(act)。因之，學界乃有「政府」應係「統治」之誤譯[1]說法。儘管"government"與"governance"仍有不少的概念上歧異之處，但相對詞之形成對語意之理解，本就有其貢獻，固不待言。由於治理已為社會科學界所普遍使用，地方公共事務採用此一有異於上對下的不對等強制模式，而以對等的平行協商機制，並且結合社會資源，甚至避免政府與民爭利的情狀，而有委外、下放或民營化的服務概念，均是地方治理重要內含和實施方法。是以地方治理(local governance)已漸成為地方政府重要處理公共事務的模式；甚至兩岸已將地方治理視為地方發展的流行語。

　　目前海峽兩岸，乃至兩岸四地的地方發展學者殆多以「地方治理」為其研究的重要課題之一。就因為地方治理已是全球化；尤其全球在地化非常流行的公共管理學概念，嗣後如何將此一概念做一整合，務使兩岸四地的學界在基本認知上有其統一之概念，有如「政治」(politics)一詞者，當是華人社會研究地方學者最可共同策進的研究課題之一。

　　基本上，地方治理的研究，在理論上係援引社會科學的發展取向；且因公共行政(public administrative)深受企業管理(business administration)理論發展的影響，曾不斷引進企業管理的管理模式，而且結合自然科學的新發現，以致公共行政學已逐漸擺脫傳統行政學的看法，不僅擴展許多研究新領域，而且研究已有走向借重科學知識的傾向。此種科際整合(interdiciplinery integration)的發展，可說是地方治理作為出現後的重要特徵之一。就因為有此一發展，其理論發展與變遷皆非過去年代可比。總體言之，地方治理的發展，不僅是全球化

---

[1]　作者係臺灣學界最早指出，"government"不僅可譯為「政府」，亦得譯為「統治」的學者，相信對治理的理解有所助益；亦與大陸學界的看法比較接近。

(globalization)與全球在地化(glocalization)的對話，而且由此影響到實徵研究(empirical study)的課題選擇。此項劃時代的社會科學新領域，已顯著的影響實務領域，以致許多地方調研皆以量化研究為其旨趣所在。此項調研是否因重視程度不同，而且援用不同的科學研究方法，以激勵各該研究成果的日益充沛和豐碩，致有一激進式的現代公共管理理論的發展伊始，值得觀察和關注。

　　因之，本研究所期盼的，就是地方治理能成為一門研究方法力求科學化的社會科學新學科；它對促進社會科學的「理論發展」有其積極的貢獻，而就其在治理公共問題上如能有卓越的成就，更將是未來地方發展的重要改革政策工具。這是一個期許，但現階段的理論發展有無瓶頸；在實務應用上是否完美無瑕疵，即是一項值得探討的公共議題，爰針對臺灣經驗著手進行研究分析。此不僅可釐清臺灣地方治理的經驗，而且可以豐富地方治理的發展概念和積極作為價值。

二、地方治理是研究領域亦是治理途徑

　　究竟研究地方問題的學界如何看待這個已有 30 年以上的社會科學概念，姑不論概念如何，如單就地方治理在大學院校的課程安排而言，殆可分為二個層面：一是認定地方治理是地方研究上的研究領域；一是認定地方治理是地方發展上的治理途徑。

(一)研究領域趨向

　　就地方治理已為大學院校列為單一課程授課而言，其已是一種研究領域(researching field)。蓋社會科學的研究領域，就方法上有量化(quantitative study)與質化(qualitative study)之分，而在內容上有理論(theory)與實務(practice)之別。由於內容上有理論與實務之別，社會科學通常以「理論」為學科的分類基礎；近些年來，為呈現各大學辦學特色，始有應用科學(applied science)的課程，如數

學與應用數學，經濟學與應用經濟學，統計學與應用統計學。此種應用科學已因科技的長遠發展，而有應用成本科的趨勢；質言之，目前的應用科學已為新科技所替代，甚至因科際整合而有新學科的出現，如應用統計學、應用數學早已不能滿足學習的興趣，更遑論職場上的需要。因之，學科更佳多元化，如：大數據、資訊處理、資訊法制等。

依此分類邏輯，地方治理係社會科學分類下的學科，本可說在政治學、公共行政學，乃至地方政府學下的分類，但在地方治理成為地方發展的重要學科後，地方治理已成為與政治學、公共行政學、地方政府學平行的學術研究定位。就學界研究的專長和能量，地方治理已足可與上開社會科學並駕齊驅。事實上，研究地方治理所具備的多元化專長，已遠遠超過政治學、公共行政學和地方政府學。試問：地方治理的分類，即包括：地理學、歷史學、財政學、環境學、公法學、動力學和博弈論等學科所形成的理論整合，諸如：府際治理、跨域治理、流域治理、協力治理、流程治理；更遑論安全治理、環境治理、水資源治理、財政治理、社會治理、科技治理等尤需要相關學科之專業知能。

由於地方治理所可能牽涉到的治理情境，已非社會科學的早先分類學科所能完全涵蓋。因之，研究地方治理需要充實其他自然科學的基礎知能，始能由基礎知能中建構地方治理新領域所需要的發展知能；此項需求，實挑戰從事地方治理研究者的學習能力。就因為研究上不免力有未逮之處，嗣後的地方治理研究，將不僅是團隊合作，而且是需要跨學科的團隊研究，始克將地方治理的研究品質提昇。目前大學院校雖已有地方治理研究中心的設立，但參與者尚不夠廣泛，大多是社會科學領域的學者專家。此種偏於社會科學領域，甚至祇有公共行政學或政治學界的研究人力，已不足以勝任地方治理所涉多元層面的研究人力需求。此係研究上需要多所思考者；然而臺灣的教育主管機關，對於治理人才的培育，單就地方治理的人力需求，即可能囿於既有的知識判斷，而有嚴重的偏頗，以致公立大學成立地方治理研究中心聊備一格，不足為奇。至說私立大學如無政府的經費支援，地方治理能成為授課學科已難能可貴，遑論其他研究中心的成立，不僅難上加難；即使有此研究機構，亦僅是一人中心而已。

(二)治理途徑設計

翻開臺灣地方首長的議會施政報告，絕對可以輕易看到「**地方治理**」名詞，足見地方治理已成為地方首長在行政作為上的思維概念架構內涵之一。換言之，臺灣的地方首長至少在治理途徑上已有可以朗朗上口的「地方治理」思維。其實地方治理概念的形成，並不在於獨立成為一個學科，而在於如何提昇地方政府的治理能力，Gerry Stocker 在 *"Transforming Local Governance： From Thatcherism to New Lobour"* 一書，開頭即說：「地方治理是許多國家趨向轉型角色策進的陣痛[2]。」(Stoker 2004:1)。他指出在許多西方民主國家為改變福利國家的內容和漸進發展全球化經濟和社會，正由各該地方政府就其制度，包括：結構變遷、運作系統、政治實務以及對民眾的服務模式等進行改革，不僅需要多層治理(multi-level governance)，而且需要從中央到地方的論辯，甚至這項變革在英國已被定位為「英國變革」(British Reform)。由英國的經驗，即可清楚了解，地方治理是翻轉既有傳統模式的地方當局所為治理或管理新機制。其涉及多元制度變革，不僅有結構性的變革；亦可能觸及諸多非結構性的行政慣例之變動。

臺灣的地方治理，雖是地方自治法制化的後續作為。一般民眾或許感受不到治理途徑有何不同，但就地方首長四年一任，如連任一次，至少八年即有其結構性的變動。臺灣地方首長在教育普及下，固然可以網羅諸多國家精英到地方服務，但因受制於藍綠的政治對立，以至政治派系的糾葛，其治理上的變革遠遠超過想像。因之，在臺灣的地方首長經常一上任即提出「改革」的清單，希望引起大眾輿論的重視，並對其政治支持者有所交代。此種形式意義大於實質意義的地方治理，固係臺灣地方治理的特徵之一，但究竟成效如何，因缺乏官方評鑑資料，自有賴於學界的研究和分析。唯就若干大眾媒體所為的簡易民意調查，仍可發現地方治理在臺灣已有若干成效；尤其為展現「在地化」(localization)所為治理模式設計，亦已獲致若干政治效應和社會治理成效。

---

[2] Local governance is in the throes of a struggle to transform its role in many countries.

三、臺灣對地方治理的理論研究與實務應用

　　關於地方治理的臺灣研究，基本上皆是民間的，官方除非申請科技部和前身行政院國家科學委員會專題研究的補助外，就祇有中央或地方委託研究，始克進行較具規模或系統的研究。比較令人欣喜者，即馬英九政府曾責由行政院研究發展考核委員會編列經費多達新臺幣四千萬元的研究經費，委由臺灣大學政治學系成立研究中心進行專題研究；唯隨著政府組改，該中心已成為臺大自行運作的機構。

(一)理論研究與發展

　　基本上，地方治理的理論研究，由於引進者對"government"究係統治抑或政府的分際未能釐清，致使治理概念認知有所偏離治理本意；此對後來之理論研究不無影響。近些年來，臺大公共事務研究所和中國地方自治學會皆有以「**地方治理**」為研究主題之學術論文發表，不僅釐清治理概念，亦能將地方治理的多元科際整合多所分析和批判，此對於地方治理在臺灣的理論建構，不無貢獻。

　　至說研究發展，除需要多元的科際人才之學養整合外，最重要乃是龐大研究經費的籌措問題如何克服。前述行政院研考會曾花費四千萬元，委託臺大政治系進行理論與實務的研究，究竟研究成果如何，因政府組改而未能持續研究；早先的研究成果如何，亦因未見該中心公開發行研究專書，而致有不了了之的窘況。

(二)實務應用與修正

　　臺灣實施地方自治已長達七十年之久；即使以完成地方自治法制化為起點，亦已有二十六年不算短的歲月。因之，儘管臺灣參考歐美發展地方治理，亦須在地方自治的憲法制度性保障下實施地方治理[3]。就因地方主義(localism)

---

[3]　兩岸地方治理的制度性差異，就是臺灣係地方主義(localism)式的地方治理；中國大陸則是集權主義(centralism)式的地方治理，各有發展特色。

的存在事實獲有憲法制度性保障，以致地方政府研擬和規劃地方治理發展模式，皆須在地方自治為理論前提下進行和修正。就因為地方自治(local self-government)係地方治理的核心價值，是以臺灣在地方治理上係以堅持地方自治為核心價值，從而積極推動地方治理的新公共服務(new public service)機制。

地方政府除非委託學界進行「**地方治理**」之規劃，否則所稱地方治理模式，殆多傾向「**跨域治理**」(cross-boundary governance)或「**協力治理**」(collaborative governance)概念的認知和應用。至於深一層的府際治理，乃至多層次治理，在地方首長的思維架構上多係表面的、形式的，諸如前臺中市長林佳龍所揭示的「聯合區域治理」或「區域聯合治理」的概念應用；臺北市長馬英九、郝龍斌、柯文哲所持續推動的「北臺八縣市區域治理」；乃至雲嘉南，高高屏的區域治理，皆是「資源的取得」大於「資源的分配」。是以區域治理的「跨域合作」，亟待落實。

四、檢視臺灣地方治理的理論研究與實務應用

將近三十年的地方治理經驗，究竟在臺灣的實際成效如何?而在地方政府乃至中央政府的施政作為上，雖已有公共治理(public governance)的整體3P(public-private partnership)思維，但究能否成為國家發展的動力，尚待觀察。

(一)地方治理的理論研究成果省思

最近坊間尚能看到事涉臺灣經驗的地方治理專書，諸如蘇彩足主編的《**地方治理之趨勢與挑戰：臺灣經驗**》(蘇彩足, 2014)，對於臺灣推動地方治理的實際經驗，係於邀同學界發表論文後，編著成冊出版。此外，中國地方自治學會則於 2016 年 9 月，舉辦「**地方治理的過去、現在、未來：臺灣經驗的分析**」學術研討會，邀同學界分就地方治理的各個層面發表「**理論與實務**」兼具的論

文，並集結成冊，亦由財團法人臺灣民主基金會贊助出版在案。比較新近出版的，即是紀俊臣與邱榮舉編著《地方治理的問題與對策：理論與實務分析》(2018)，係就學術研討會之論文集出版，對於地方治理的各類議題皆由學者專家撰寫和分析，由致知學術出版公司出版。此外，早些由江大樹與張亞力編著《地方治理：變革、創新和實踐》(2016)，由元照出版公司出版，亦係具學術研究水準之地方治理專書。

如果比較國內外對於地方治理的研究；殆可看出臺灣學界對於各該議題的研究，似仍存在下列問題：

1. 基礎理論尚有不足

由於地方治理涉及層面相當廣荽，需要具備的相關學識知能，恐非既往研究政治學、公共行政學者所及，以致研究深度不夠。就以財政治理(financial governance)而言，設無財經本科背景，即無由深入探討地方財政變遷的因果關係。最近臺灣年輕學者曾出版《臺灣財政治理》(蔡馨芳 2017)，即是一本頗能相當深入探討「財政治理」的專書；因其具有財政本科的專業。質言之，地方治理的理論研究，在臺灣如能以科際整合的途徑，較能充實事涉地方治理基礎理論的研究能量。

2. 量化與質化互有偏頗

臺灣的社會科學研究有愈來愈重視量化的傾向，但量化卻仍停留在統計分析的階段，尚難見到採用大數據(big data)的研究成果。此外，質化研究亦多以深度訪談(in-depth interview)為主，能親臨其境以「田野觀察」(field observation)的論文，則頗為少見。足見地方治理的研究，尚處在學界的論述，較缺乏學界與實務界的團隊研究。此應係地方治理研究成果，流以廣度不廣，深度不深原因所在。此種似嫌膚淺的分析以致政府主管部門不予重視，有以致之。

3. 委託研究欠缺理論檢驗

不論中央或地方每年均編列龐大經費委託學界進行專題研究，其中事涉地方治理的委外案件，應非少數。但能由委外研究成果中，檢驗各該地方治理之理論者，可說少之又少。固然此係「委外研究」所不許者。蓋委外機關所以不

願意「委外」有理論檢驗的附加價值；即因委外機關誤認為委外旨在解決各該委外機關的問題，而不是純屬學術研究。其實理論係實務的檢驗和抽離；經由實務發現理論，而且檢驗理論，此乃理論形成的道理。未來如委外機關能把握整個研究過程，以其地方治理的研究成果，即可化為臺灣經驗之理論形成、累積和檢驗。

(二)地方治理的實務應用成效回顧

2016 年 9 月 24 日，作者在中國地方自治學會「**地方治理的過去、現在、未來：臺灣經驗的分析**」學術研討會專題演講中，曾指出地方政府施行地方治理的若干缺失，以檢視公部門之實施成效，包括：

1. 側重府際垂直治理

在單一國體制下，本不涉府際治理(intergovernmental　governance；IGG)；換言之，學界一向認為聯邦制下始有府際治理。唯就當今中央政府已能體察分權治理的發展情況下，其實地方治理已為單一國中央政府所肯認。臺灣最近所推動的治理模式，已以地方治理為主軸。由此分析政府在實施地方自治的過程中，對於地方治理的應用，發現府際治理仍係地方治理研究首要標的。所稱「府際治理」本可分為垂直性與水平性，前者指上下政府間的府際合作關係運作；後者則為地方政府間的協力合作而言[4]。事涉臺灣的中央與地方財政收支法制，就財政收支劃分法或地方稅法通則的規定和歷次修改比較言之，本即採用「**中央多分，地方少分；直轄市多分，縣(市)少分**」的分配原則，以及「**中央多舉債，地方少舉債；直轄市多舉債，縣(市)少舉債**」的舉債原則，以致地方爭取中央修改財政收支劃分法的意願非常強烈；尤其縣(市)爭取修法的意願更強於直轄市。地方在府際治理的形式作為上固係依法行事；但實質作為上則視「朝貢」為施政首要任務，以致地方每年用在爭取中央統籌分配稅款、一般補助款的公共關係費，絕非年度預算所可涵蓋。

---

[4]　中央政府各部會間的合作或是地方政府各局處間合作謂之機關間合作關係，不宜稱府際協力。

固然中央部會掌握國家政策，並且負責各該公共政策之合法化，地方如擬下情上達，除由中央下鄉考察、巡查以反應民意外，地方主動至各部會請見，以及在中央部會的「行政聽證」(administrative hearing)上呼籲中央部會支援地方建設，已屬常態。彼等請求事項不是成立特種基金，就是主張成立「專款專用機制」，以促使地方得由中央財源中，獲得額外的經濟支援。此種府際垂直治理至今尚屬必要的行為。蓋在臺灣的中央集權體制下，就地方的財政除非經由修法或專案補助，現階段除金門財政健全外，其他縣(市)，甚至直轄市皆有財政危機。此固係事實，但府際水平治理，何嘗不重要？其實地方治理以往偏向府際治理的模式，在地方發展的過程中，應祇是第一階段的治理模式；隨之，因時制宜的治理模式乃應時而生。

2. 忽視府際水平治理

地方行政區劃的結果，造成行政轄區固步自封之發展限制。設若行政區劃又長久不調整，其「自我封鎖」的情形，必然更加嚴重。當今臺灣的發展，就有此種現象。如何改變此種地方發展限制？固然行政區劃係國家幅員大的必要治理過程，但行政區劃卻不宜肇致阻礙地方發展的主要因子。質言之，府際水平的運作，正與行政區劃係一體之兩面，但臺灣的地方自治團體卻長久忽略此種治理模式的功能。學理上行政區劃係依山順水規劃，但山水因天然條件的變遷，人為努力的調整，亦可能變動下，府際水平治理的運作，如果不被重視，其他地方發展就將受到限制。新近財劃法修正案取向已改為直轄市、縣(市)依人口數分配財源，應係進步的財政治理思維。對於府際治理，已算邁向公平和穩定的治理途徑，允宜肯認。

就以臺北市與新北市而言，各屬臺北都會區的一部分。其資源分配與共享，乃是造就當今黃金雙子城的主要動力。固然雙子城仍有垂直關係，但二直轄市係在市、縣時期的協力合作而成就。由於過往縣(市)時期欠缺協力治理意圖，即使在改制後，仍可看到發展失衡的現象。此種現象，在縣(市)改制的直轄市算是歷史共業，但共業係「跨域治理」的相對詞，而不是同等語。在臺灣實施地方自治的初期，如能適時建立跨域治理的「府際水平合作機制」，相信

當今處處可見的蚊子館，或是藍綠不同調的政治對立；尤其派系政治的負面作用，皆可相對減少。當今國土計畫法已公布施行，全國國土計畫亦已在 2018年 4 月 30 日公布施行，依法在 2020 年 5 月 1 日前須完成直轄市、縣(市)國土計畫，2022 年須公布各該地方國土功能使用分區類圖。如能把握此一土地使用新設定，以調整或重劃行政區劃，促使管轄範圍益趨合理，對水平府際治理應有其正面發展意義。

3. 欠缺公私治理條件

雖說「公私協力」係治理一詞的原始意義，但公私協力卻是最困難的政治工程。固然「樂善好施，古有名訓」，中國人對於協助官方做事，一向視為功德，就是政府法制在所得稅法條之中；亦有「捐助」政府折抵所得稅捐的規定，為何本研究認為「公私協力」困難？此係因「公私協力」與「捐獻」或「捐助」語意並不相同。基本上，捐助或捐獻係無條件的貢獻，而「公私協力」則是經由行政契約(administrative contract)的程序，所為的契約行為，不僅是行政契約而且是屬於「雙務契約」(bilateral contract)；亦即簽約當事人雙方皆負有履行的義務。就「有權利，始有義務」的法治原則而言，其必然當事人雙方各享有權利和義務，固不待言。行政程序法第 137 條第 12 項規定：

> 行政機關與人民締結行政契約互負給付義務者，應符合下列各款之規定：
> 一、契約中應約定人民給付之特定用途。
> 二、人民之給付有助於行政機關執行其職務。
> 三、人民之給付與行政機關之給付應相當，並具有正當合理之關聯。

即是減少雙務行政契約的履行爭議。以往「公私協力」缺乏雙務行政契約的法治觀念，自然民間公益團體的協力意願很受影響。

在以往掌有公權力組織者自以為「公權力萬能」(omnipotence of public power)，祇要握有公權力即能為所欲為，以致橫徵暴歛，與民為敵。事實上，公權力是行使統治權的工具，其有法制上的限制；尤其現代的法治社會，公權

力受到「公民不服從」(civil disobedience)的挑戰。因之，公權力衹是行政作為的一種途徑；能不用公權力卻可達致大眾服務的終極目標，始為服務績效的最適作為。公私協力就是不用不對等的強制力，而是以對等的執行力發揮服務大眾的類似公權力效果。政府如能善用「公私協力」(public-private partnership)，不僅減少諸多公帑的需求與耗用，而且因民眾的參與得以增進政府與人民的政治認同經查。在地方自治施行初期，執政的國民黨即是錯估民意取向，不僅不能應用「公私協力」，而且是「公私合謀」。所謂「國庫通黨庫」，雖不盡然正確，但亦不能否認有所聽聞，以致「不當黨產」竟成為長年執政的國民黨財產之代名詞。唯有國民黨的「公私協力」觀念正確，始能排除「不當黨產」的污名化。

當前地方政府財政困難，中央亦不再呈現富有。解決眼前的財政困境，即是善用「公私協力」，而且檢討既有的「公私協力」機制。試想臺灣高速鐵路係以 BOT(build-operate-transfer；興建-營運-移轉)興築，但營運卻以公辦，致謂係「成敗各半案例[5]」。但設無 BOT 方式的啟動興建，高鐵至今可能尚未規劃動工；再說，政府如能及早開放電業輸電系統，或許核四廠早已興建完成，並已啟用多時。就上揭興築經驗，在檢驗臺北市興建小巨蛋(Taipei Arena)，興建初期即未能掌握 BOT 的商業價值，致未能採用 BOT，但在營運後卻以公辦民營方式，不僅減少政府維修成本的龐大支出，因地點好有利潤，當下申請使用率逐年提高；早先的興建目的，本在「棒球比賽」之場地使用，已不復存在。此外，臺中市前市長胡志強曾大力推動市地重劃，以抵費地興建公共設施，即是「公私協力」的成功案例。質言之，公私協力雖尚無完善的機制，但早已有成效卓著的案例。近些年來，臺北市推動若干 BOT 的案例，皆成為新任市長柯文哲所稱的「弊案」，不但移送該市府廉政委員會列案調查，而且肇致官商關係緊張，嚴重阻礙「公私協力」的治理模式運作。基於上揭成敗各有的經驗，政府宜就既有的相關法律，如促進民間參與公共建設法酌作修正；尤其行政計

---

[5] 本研究將臺灣高鐵列為 BOT 成敗各半案例，係因高鐵興建初期確採 BOT 模式，但在興建過程及通車皆已由交通部接管辦理。就前半段係成功伊始，就後半段已非 BOT 而是公辦。因之，BOT 後半段難謂成功。

畫法或計畫行政法更當立法，一方面保障行政計畫不因政治立場不同即可恣意興廢，而得以如期如質完成興建和營運，以呈現「公私協力」的經濟專業合作價值；另一方面將 BOT 的積極作用呈現國人眼前，促使不明究裡「為反對而反對」的公民團體主張，不致成為政府裁決公共政策的唯一判準。臺北市大巨蛋(Taipei Dome)係採 BOT 興建，至今爭議尚未完全落幕。若興建不因市長更迭而停工，相信世大運必可一如規劃在大巨蛋舉行，此對臺灣辦理國際賽事能力之提昇，自有很顯著的正面影響。嗣後地方政府經由「公私治理」興建硬體的情況，絕不可完全排除；至軟體方面以「公私治理」辦理，更將是節省公帑的最可行途徑，其機制之如何健全刻不容緩。

4. 計較跨域治理得失

臺灣過去對於跨域行政事務之處理，一向採取專業立法的方式，將業務移由中央相關部會管理，比如：國家公園的公告和管理，係經制定國家公園法及國家公園管理處組織通則[6] 為法依據，而責由內政部在各該園區設立「國家公園管理處」；或是制定發展觀光條例、各該國家風景區管理規則及國家管理處組織通則為其法依據，從而由交通部在各該風景區成立「國家風景區管理處」。此種有礙地方自治的國家治理模式，在地方制度法施行後，已可依該法第 21條規定禁制。因之，跨域治理不論中央或地方皆屬宜加依循和執行之公權力行政模式。

就既有機制施行情形言之，跨域治理如太計較施行得失，即不易永續經營。蓋跨域治理甚難注意到跨域事項共同辦理的優/劣量化績效；尤其相關計畫之財政支出的分攤。跨域治理的成效，如當今統計能力以量化分析績效固然可行，但行政執行能力的多寡，不是量化可以完全了解。在臺灣施行區域治理的過程中，即有一些藍綠意識形態特別堅持的政治人物，形式上以施行成效量化分析，實質上在能達致反對各項作為的政治目的。此在跨域治理上，尤其不宜採用完全量化的方式呈現行政績效。就以公共安全而言，社會治安採用區域聯

---

[6] 國家公園管理處組織通則已依中央行政機關組織基準法第 5 條規定，政府四級機關組織定名為命令，而另行訂定「國家公園管理處組織準則」；至該通則已於 2010 年 5 月 19 日明令廢止。

防，或是消防檢查採用聯合檢查，食品安全採用跨域檢查，其績效皆不易由數字中評量。就因量化評量不易，竟成為政治人物反對「聯合檢查」的行政作為之堅強理由。

目前事涉跨域事項，殆以硬體建設較受肯定，而得以順利興辦；至軟體則因利益分配不均，而致前朝倡導，後朝即已廢止。跨域問題的性質與域內問題的性質本就不同，不能一概而論，始為合宜的論斷。本研究一向主張「**地方治理係強調合作的實質意義**」。2016 年以來臺中都會區推動中彰投苗的區域聯合治理，本質上即係跨域合作。已有若干類似行政規則，以規範該機制的運作方式，以致區域內各地方政府合作標的尚不甚確定下，即能施行區域治理。嗣後除籲請權責單位擬定更具體的治理績效機制外，更當以「原則性」看待問題，以促使合作方案可以貫徹實行。2020 年初以來，肆虐全球的新冠肺炎 (COVID-19)，不僅地方間需要跨域合作，府際需要協力治理，國際間更需要跨國合作，即是跨域治理最具典範的案例。

5. 輕忽區域治理績效

由於地方首長不論幅員大小、人口多寡，皆以硬體設備須齊全為考量，致有大興土木、債台高築的情形。此種地方本位主義的想法，如在外島因與本島相距太遠，採取區域治理本有其困難，但在本島的直轄市或縣(市)，則顯得浪費或自不量力。就以國家發展委員會在行政院經建會時期，所發布的北北基宜、桃竹苗、中彰投、雲嘉南、高屏、花東及澎金馬等七大生活發展區域言之，除澎金馬為離島，花東幅員廣闊，欠缺高鐵或高速公路，須專案考量外，其他生活發展區域，即宜以各該生活區域為單元，積極推動「城市-區域治理」(city-regional governance)，並視區域治理為發展地方之重要途徑。

國內區域治理的條件，就交通運輸而言，已相當周全，所以不興此治理模式。主要原因有二：一是藍綠對立的考量；二是縣、市或直轄市的政治發展考量。因為臺灣的政治發展，多少還是有區域權力分配的斟酌。在同一區域的地方行政首長，為能在卸任後擠入執政黨或在野黨的權力核心，以期待受到層峯的青睞，就要突出自己的政績；肇致區域治理的團體政績，不易為地方政治人

物所特別重視；反之，地方政治人物最希望因本轄區的政績，而贏得同黨政治領導人的「關愛眼神」。事實上，區域治理與所轄行政區域的服務政績，不僅不衝突，而且得以共生共融。蓋區域治理成功，各相關地方自治團體亦有榮焉，豈有不提昇各該地方首長的施政滿意度者？此種正確思維，應是未來地方首長所當具有者。

當今中央財政趨於下滑，所能給予地方的一般性補助款，既有額度已甚難再提昇；財政收支劃分法就中央對地方的普通統籌分配稅款，固然已 21 年未修正，地方政府急切要求行政院儘快提出修正案，但中央之前所提的若干版本皆因地方間的對立，而難獲共識。際此情事或條件未曾稍改變，財劃法的修正短期間內恐難完成立法；即使完成修正法案之立法，亦不見得可以滿足地方之需求。因之，過去輕忽區域治理的心態務必導正；甚至宜就全國行政區劃，依國土計畫法的規劃取向，在最短期內積極進行檢討和重劃，期能實質上獲致區域治理的效果。此時區域治理的觀念，可由**社區治理→縣(市)治理→區域治理→國家治理**的「**多層次治理**」思維架構開始，當可擺脫長期以來過於「本位治理」的思維框架。

五、策進臺灣發展地方治理學術領域的作為與過程

對於臺灣乃至中國大陸如能推動「地方治理本土化」(localization of local governance)，應是兩地四地學界多所期待的學術發展[7]，究竟如何進行，略加說明如下：

---

[7] 2018 年科技部「人文學術專書」計畫，本擬提出事涉地方治理之專書寫作補助計畫，卻因不諳申請時限，致未能完成申請手續。

(一)研究作為

　　基本上，臺灣係華人社會發展歐美學術理論「本土化」的熱區(hot area)。蓋臺灣社會科學多援用歐美教科書，所受教育和專業養成皆是「美式教育」。其在幅員有限的民主參與社會進行專題研究，顯非中國大陸調研經常須符合既定條件，始可進行的情形有所不同。其實臺灣在歐美國家專業機構或個人的研究環境評估上，一向是優勢地區。此可由近些年來，臺灣曾進行若干大型研究的成果，可資佐證。

　　由於地方治理有許多規範模式，如表 12-1 所示，至少包括：地方主義者(localism)、個人主義者(individualist)、動員(mobilization)及集權主義(centralist)，而其發展目標，包括：對地方自治態度、對大眾參與態度、主要服務承受機制以及主要政治機制等層面，皆有顯著的差異。臺灣與中國大陸正好在兩個極端，如能由兩岸從事地方治理研究的學者組成研究工作團隊(research-working team)，以從事地方治理之調研，終致全盤了解和分析兩岸的地方治理模式，依調研成果分析以檢證歐美之理論建構；另一方面型塑華人社會的獨特地方治理理論基礎。此項地方治理本土化研究，將是一項偉大的地方治理學術研究工程。設若兩岸學界的研究團隊相互合作和策進，加上港澳，甚至新加坡學者協力研究，應是一項可以獲致成功的「治理本土化」(governance with localization)研究計畫。

表 12-1　地方治理及規範模式

模式	←範疇→				
	主要目標	對地方自治態度	對大眾參與態度	主要服務承受機制	主要政治機制
地方主義者	地方社區需求的意見表達與會商。	強烈贊同。	支持並優先賦予民選代表。	多功能民選地方當局。	經由地方選舉之代議政治。
個人主義者	確認個人選擇及服務反	為保護個人而有上層的	贊同消費者諮商，非議	專業服務提供者之	個人權利如同消費

	應。	介入予以傾斜性認同，並肯認需求。	大規模公民參與。	競業。	者。
動員	確認不利益和排他的更有效影響力，以建構變遷政治。	強烈贊同變遷的部分過程。	強烈贊同。	基層與分權結構。	發展參與政治。
集權主義者	維持國家標準及國家民主優先。	強烈反對。	有限價值。	永續發展中央控制的機關主體。	國家政府：立法、指導及控制(監督系統)。

資料來源：Miller et al.，（2002：29）.

(二)研究過程

對於兩岸協力合作推動地方治理本土化大型研究，就臺灣部分初步規劃如下：

1. 計畫名稱暫定為：兩岸地方治理中國化研究計畫

本計畫係三年連續研究大型計畫，需要多科際的整合型研究，不僅專業多元，而且除涉獵社會科學領域，包括：政治學、公共行政學、公法學、地方政府學等領域學者外，尚須延攬財政經濟、環境保護、公共衛生、甚至社會治安、福利服務等領域學者的參與。有些學者擔任研究規劃和計畫執行；有些學者扮演顧問、諮詢專家的研究協力角色。此外，大學院校碩、博士生參與調研，甚至協調研究團隊的進程，以及分析和整理研究素材，亦是關係本計畫成效的重要參與研究人力。

2. 研究方法與期程：三年連續計畫，採用量化為先、質化為後，大數據先行

地方治理研究團隊固然涉及公私部門，但研究標的主要仍在公部門。因之，在研究的第一年，即可以大數據研究方法，掌握地方治理的所有態樣

(style)，以及既往地方治理成效。隨之，進行量化分析。第二年即以該量化成果，設計深度訪談及焦點座談(core meeting)提綱，並在臺灣 22 個地方自治團體辦理上揭訪談和座談事宜。復經由質化研究方法，以了解地方治理成功案例的關鍵績效指標(KPI；key performance indicator)，並且論述失敗案例的關建因子所在。

第三年是兩岸合作推動地方治理中國化的關鍵年。蓋前二年獲致的研究成果，經由兩岸的學術交流，可以發現地方治理模式的可行性機制；如再經由學者的詳細比對或積極對話，即能建立兩岸共通的地方治理發展因子；亦能建構因地制宜的地方治理特別發展因子。經由兩岸學者的集體創作或分章論述，即可完成地方治理中國化的鉅著，此不僅可提供兩岸關心政府作為的執事者之參考，而且是一部流傳後代的治理大鉅著，當可想像。

3. 研究經費編列與籌措

近些年來，大陸各公立大學院校需要投入鉅資從事自然科學研究，在社會科學方面主持大型計畫的長江學者，將可獲得百萬甚至千萬人民幣的龐大經費。此顯然非際此經濟發展困境的臺灣公部門所可能支援的財政能量，但臺灣學界則可不計個人的實質研究所得，而積極投入研究的行列，希望兩岸政府公部門能全力策進和積極作為。

4. 研究成果成為兩岸公共財

此項需耗時三年，且耗資龐大的大型研究計畫，一旦完成研究，即將所有研究成果，以公共財(public good)的觀念，出版專書或專著，用以呈現臺灣學界就各該研究成果所為之分析和規劃，當為本次邀訪的相關學者所認同，中國大陸如亦能責成學者積極展開團隊治理，從而呈現大陸式地方治理成效；尤為兩岸學界所期許者。

5. 研究成果的出版規劃

三年完成的研究成果，自當設法出版。就中國大陸對公共管理專業的重視態度，如由大陸出版商出版，不僅發行量大，而且落實地方治理中國化效應，亦可較為顯著。當然研究成果究竟宜在兩岸何處出版，尚須考量各該論述內

容，如能風平浪靜出版，而無任何不必要的紛擾，亦是兩岸關注地方治理中國化的最高期許。

六、結語：地方治理學術研究本土化是兩岸研究公共管理的重要課題

　　一年一度的兩岸四地公共管理學術研討，已歷經十五年的漫長歲月；唯十五年來，能將兩岸四地學者論述集結出版，尚屬極其少數。主要原因或因論述受制於調研的條件限制，以致所為論文品質或有參差，但近些年來諸多大陸學者；尤其年輕學子多能應用新穎之研究方法，而促使兩岸的學術水平益趨接近。際此研究環境下，如何促使兩岸學者不僅持續加強交流，而且能將社會科學本土化，以成為嗣後協力合作的重要目標，則是一項既可萬分期待，又能滿懷成功希望的學術發展。

　　基於上揭學術認知，本研究提出地方治理本土化，亦可直謂之「**地方治理中國化**」(Chinese local governance)，即是考量社會科學；尤其兩岸公共管理領域學者對於地方治理學術研究，已有 20~30 年的研究經驗，成果豐碩，方法科學化，嗣後設能經由學術交流而組合研究團隊，以進行普及化的地方治理田野調查，並可應用現代研究工具以進行實徵研究，從而獲致地方治理中國化鉅著的出版，當是兩岸學者對未來殷切期盼之所在。

參考書目

江大樹(2006)，《邁向地方治理：議題、理論與基礎》，臺北：元照出版公司。
江大樹與張力亞(2016)，《地方治理：變革、創新與實踐》，臺北：元照出版公司。

呂育誠(2007)，《地方政府治理概念與落實途徑之研究》，臺北：自行出版。

林水波與李長晏(2005)，《跨域治理》，臺北：五南圖書出版公司。

李長晏(2007)，《邁向府際合作治理：理論與實踐》，臺北：元照出版公司。

李長晏(2017)，《都會治理》，臺北：元照出版公司。

紀俊臣(2006)，《都市及區域治理》，臺北：五南圖書出版公司。

紀俊臣(2011)，《直轄市政策治理：臺灣直轄市的新生與成長》，臺北：中國地方自治學會。

紀俊臣(2016)，《地方治理的過去、現在、未來：臺灣經驗的分析》，臺北：財團法人臺灣民主基金會。

紀俊臣、邱榮舉(2018)，《地方治理的問題與對策：理論與實務分析》，臺北：致知學術出版公司。

張慈芳(2012)，〈「治理」研究的過去與未來：國內外治理文獻之後設分析〉，臺北：銘傳大學公共事務學系碩士論文。

蘇彩足(2014)，《地方治理之趨勢與挑戰：臺灣經驗》，臺北：財團法人臺灣民主基金會。

蔡馨芳(2017)，《臺灣的財政治理：緊縮時代政治經濟、財政管理與公民課責之研究》，臺北：五南圖書出版公司。

Kettl, Donald F, (2002), *The Transformation of Governance*. London: The John Hopkis University Press.

Kidokoro, T., N. Harata; L.P.Subana, J.Jessen, A.Motte, & E.P. Seltzer, eds., (2008), *Sustainable City Region: Space, Place and Governance*. Japan: Springe.

Kossiman, Jan, (2003), *Governing As Governance*. London: Sage.

Kossiman, Jan, ed., (2015), *Modern Governance: New Government-Socirty Interaction*. London: Sage Publications Ltd.

Miller, M. L, et.al, (2002), *Models of Local Governance: Publi Opinion and Political Theory in Britain*. New York: Palarre Publishers, Ltd.

Jon, Perre, ed.,(2000), *Debating Governance*. New York: Oxford University Press.

Stoker, Gerry, (2000), *The New Politics of British Local Governance*, St. Martin's Press.

Stoker, Gerry, (2004), *Transforming Local Governance: from Thatcherism to New Lobour*. New York: St. Martin's Press.

Turner Mark& David Hulme, (1997), *Governance, Administration & Development : Making the State Work*. New York: Palgrave.

拾參、區域治理與府際關係

紀俊臣

銘傳大學公共事務學系客座教授

一、前言：區域治理首須營造和諧的分工合作府際關係

　　由於一般國家殆多有行政區劃，而行政區劃各自形成地方政府所轄的行政區域，或稱行政區劃，以塑造各自地方自治團體，形成既不同步(政策)又不同調(計畫)的政治體制。上揭不同步、不同調的地方自治團體，彼此間形成競爭的政體(form of government)，而致不易建構聯盟(alliance)或協力(collaboration)的合作關係(cooperative relations)。因之，二十世紀末葉以來的地方自治團體，已另行推出區域治理(regional governance)的概念，並且因城市群崛起，而有城市區域(city-region)的治理模式。但城市區域又有大小之別；且有核心、郊外之異，以致在互動上常有「不對稱」或稱「失衡」的衝突或不協調的現象。面對此種各自為政的政府機制，自然需要共同的「上級政府」(upper government)以統籌與協調方式，促進區域治理建置的可行性。此種上級政府與各自的地方政府間，可謂之府際關係(intergovernmental relations；IGRs)。唯府際關係分為上對下或下對上的垂直式(vertical model)與地方政府間的水平式(horizontal model)。因之，建構區域治理機制，必須塑造府際關係合理模式，至關重要。

　　如何說建構區域治理機制，府際關係的合理模式塑造，至關重要？此可由合作機制的前提，就在於彼此的互補性分工合作機制的形塑。蓋公共事務本就須一本權責各自施政；但事涉跨域事項(cross-boundary matter)如不能分工合

作，或是同步實施，既不易或不能解決，而形成「三不管」地帶。是以近些年來，祇要涉及跨域事項，即須由上級政府統籌和分配相關地方政府共同辦理。此種區域治理與府際關係之論述，殆多肯認分工合作的必要性和可行性，爰為之研討和分析。

二、當前的臺灣區域治理經驗分析

臺灣的國土規劃，原本主張區域計畫(regional plan)，將臺灣分為北、中、南、東四大區域：即係依 1974 年 1 月 31 日總統明令公布施行「區域計畫法」的政策執行(policy implementation)。質言之，在二十世紀中葉，臺灣已有區域治理的概念和施政取向。2009 年 6 月 23 日，內政部召開「縣(市)改制直轄市審查小組」審查會議，決議將臺灣部分縣(市)合併或單獨改制為直轄市，計有新北市、臺中市、臺南市及高雄市等四新直轄市，加上原已升格的臺北市，形成五都的都市國家(urban state)。在同月 30 日，行政院審查通過後，即由該院研考會發表北北基宜、桃竹苗、中彰投、雲嘉南、高屏、花東及澎金馬等 7 個生活區域。此係國家級官方發表「區域治理」的具體作為構想，2010 年 2 月，行政院核定「國土空間發展策略計畫」即依此生活區域構想，並在城市區域理論基礎上，規劃「國土計畫」（territory plan）。

因之，探討國家的區域治理經驗，至少宜了解國土規劃係由此取向著手，但經驗顯示區域治理績效仍待提升。蓋：

(一)學理研究多於實務分析

所稱「區域」(region)，就本研究而言，係指跨越行政區劃的大於行政區劃之區域，如鄉(鎮、市)間、縣(市)間或直轄市間；當然亦包含縣(市)與直轄市間。因之，區域治理係指跨鄉(鎮、市)間、跨縣(市)間或跨縣(市)與直轄市間，以及跨直轄市間之大區域而言。臺灣對於區域研究，除發布區域計畫的「土地使用

空間」外，主要是在自然科學部分，包括：氣候變遷、空氣汙染或水汙染等問題，對於公共衛生，從早年的烏腳病，到 SARS、登革熱或禽流感以致 2020 年的新冠肺炎(COVID-19)等。在社會科學部分，主要在流域治理、跨域治理，乃至協力治理方面，已趨向進行區域治理之全局或部分研究。就研究素材，雖已能針對個案進行研究，但就區域治理之理論研究，仍是主要的研究標的。雖說博碩士論文就區域治理已有多篇，但彼等仍然比較傾向理論之介紹和應用；就是以往行政院研考會、經建會所進行之委託研究，雖已屬於區域治理之個案分析，仍然不易進入實務核心之研究[1]。

由於區域治理不僅事務性質的差異，而且有生態、文化的不同，如不能採用「田野研究法」(field study)，以進行實地觀察(field observation)，儘管運用具統計學意義的實證研究(empirical study)，仍嫌有所不足或遺漏之處，其來有自。最近學界受到業界的影響，由統計的抽樣研究(survey)進入大數據(big data)的母體(population)分析，除因研究科技的精進；尤其載體的量存，已非過去所能想像外；主要還是實務的差異性或特殊性，絕非抽樣所能完全掌握，所不得不另闢蹊徑所致。區域治理面對此種研究需求，需要學界與行政部門的長期合作，就如同自然科學的跨年之連續性預算(continuous budgeting)支援，應是推動或發展區域治理的前提。

(二)中央策進強於地方需求

以往事涉跨域業務即透過制定專法，移由中央主管機關辦理，國家公園、國家風景區即在此一設想下，依國家公園法，發展觀光條例之規定，分別責由內政部(營建署)、交通部(觀光局)辦理上揭跨域業務，但在 1999 年 1 月，政府公布施行「地方制度法」後，為避免破壞「地方自治」，乃依該法第二十一條規定，跨域治理形成法定機制，同法第 24 條之 1～之 3，則訂定「跨域合作」的基本架構。事實上，臺灣在推動區域治理或稱跨域治理，當以中央政府之積

---

[1] 政府政務官之任用，雖多由學界就其專長用人，但在相關部門的成就多非如預期，以致新任蔡英文政府所擬任用之學界人士多半曾有過服務經驗為限。政務官由學界找人成就不如預期，主要在於彼等研究太偏於理論；尤其方法論所肇致。

極策進為推動主體。首由行政院經建會編列預算補助地方政府間辦理跨域合作業務，諸如：綠化經費、地方特色經費。在此方面所編列的經費雖非常有限，卻誘引北臺八縣市的區域合作，在經費分配方面已發生「篩選」的作用。

　　質言之，區域治理的論述雖已出現多時，但地方對此種有破壞地方自治之虞者，係以能避免則避免的態度，並不積極推行區域合作法制；唯在中央的輔導下，始有可能啟動治理新制。首先即由行政院經建會或研考會委託大學院校進行區域治理、跨域治理或府際關係之研究，各該研究報告多已完成，並送請相關單位參考。復由該會編列獎助推動跨域治理的有限經費，希望此種「拋磚引玉」的政策提示，有助於地方自動展開區域合作事務之推動。

　　其實在前臺北市前市長郝龍斌和前新北市長朱立倫時代，即有聯合推動的「黃金雙子城」十年計畫，其合作項目及架構皆相當完備，目前臺北市長雖已易人，但區域合作的構想並未中斷。臺北市長柯文哲與新北市侯友宜仍定期舉行跨域合作之會商，諸如：交通、教育、衛生等事項，成效尚稱良好。蔡英文政府在競選總統期間，即曾提出「中彰投」聯合區域治理概念，並由中彰投行政首長簽署合作事項。該項聯合區域治理正後加入苗栗縣，以形成「中彰投苗」聯合區域治理的概念架構；唯自 2018 年 12 月，臺中市長盧秀燕執政以來，第一年尚重視聯合區域治理，第二年以來，即較為鬆懈，有關計畫預算已不再編列，至為可惜！

(三)縣(市)期待大於直轄市倡導

　　由於臺灣長達 66 年未進行行政區劃之重劃，自然資源和社經發展的差異，促使縣(市)與直轄市的發展差距加大，但直轄市係區域發展的核心都市；尤其縣(市)的都市化地區如能與直轄市形成「城市區域」的多核心都市，對於各該區域之發展必可產生 $1+1 \geq 2$ 的綜效。目前的發展模式，即由直轄市倡導並扮演領頭羊的角色；復由縣(市)以互補相依的「依賴理論」(independency theory)推行跨域合作或區域合作。

就因縣(市)與直轄市在國家資源分配和組織編列上有顯著的落差,如能基於「互蒙其利」的合作觀念推動跨域合作,自可使區域治理的發展模式逐漸形成。臺北市與新北市自 1967 年以來,即由臺北市以直轄市的地位推動區域合作,且由硬體到軟體,由個案到通案形成合作機制,並為臺灣其他區域之合作典範。在國家發展委員會所建構的七大生活區域中,北北基宜與桃竹苗雖各有區域特性,但北北基與桃之合作,亦是未來重要的發展選擇之一。其他中彰投與苗的新區域治理組合,亦值得重視。此外,雲嘉南與高屏,亦有雲嘉南與高之合作;尤其高雄與臺南二直轄市採「雙子城合作模式」,亦是值得倡導的合作機制。

整體而言,當前係由直轄市扮演區域發展領頭羊的角色,其可能是區域治理成功的保證,但縣(市)的發展似較為重視與直轄市的區域合作機制,以致現階段值得運用的發展時機,就是結合直轄市以形成較佳條件,用以發展產業合作機制。在此合作過程中,以直轄市為區域治理的核心都市,周邊縣(市)則為區域治理的輻射區域,或稱腹地;亦是次核心都市的基地,則區域治理的成效將可逐漸形成。

(四)媒體主張優於民眾意願

雖然區域治理的概念化已行之有年,但就臺灣的經驗似乎媒體的新聞報導和分析,遠多於民眾的意願。就社會資源而言,各縣(市)為承辦全國運動會不惜動支龐大經費興建運動設施,唯運動會結束後如何使用則乏人問津;各縣(市)甚至為維護經費之籌措,而有嚴重排擠其他經常事務經費的編列情形。當下區域治理固然勢在必行,卻因民眾的「輸人不輸陣」個人主義,各縣(市)行政首長為選舉考量,致不敢採用區域治理的觀念,而浪費諸多公帑。嗣後地方政府應多以「社會行銷」(social marketing)的途徑,將區域治理的核心價值,在「政治社會化」(political socialization)的過程中,形成地方發展的共識。相信區域住民的概念能內化成為區域公民的生活思維,而得以共享區域建設成果,卻又能避免各行政區域各自為政的負向思維和作用。

三、建構區域治理的府際關係模式

為因應區域治理模式之運作，既有的府際關係應有所調整，爰提出下列模式建構，包括：

(一)由父子關係至兄弟關係調合垂直關係

雖然國家法制上有明確的府際關係，如垂直的法律上府際關係，其在基本上是上下監督的法律關係(legal relations)，但就政治關係(political relations)而言，則宜有所變動。蓋在傳統的垂直府際關係，殆多以「監督」(supervision or control)為基礎，就有如父子關係，父親對未成年子女有「監護」之權。因係強調監督或監護，自減弱下級政府的「自主性」(autonomous)，而凸出上級政府的「裁處性」(discretionary)，甚至是「羈束性」(restrictive)。儘管垂直的府際關係，必要的行政監督(administrative supervision)仍然存在，但在自治監督(autonomous control)的範疇中，係秉持檢視下級政府是否依法行政的適法性監督或稱合法性監督(legitimate control)，而非檢視下級政府的作為績效所為的普遍性管制(general control)所呈現的適當性監督(proper or suitable control)。因應上下相互支援的合作需要；尤其政府關係宜有所調整。比較可行的調整模式，就是建構兄弟關係。儘管父不在時，兄可代父，但在一般倫理關係上所稱兄弟關係，乃在強調互相協同、協力作為的關係運作。因之，設若上下政府間的府際關係，能建立在各本權責，各依職能的分工合作上，用以促進公共事務的完成或公共議題的解決；即是強化分工合作的府際關係。如 SARS 發生期間，各級政府應用「層理」(hierarchical governance)或「共理」(co-governance)的治理模式，將 SARS 的防治建立標準作業程序(SOP)，各級政府在其職責所在戮力完成使命，即是可行的新型府際關係之建構。

(二)由競爭關係至合作關係整合水平關係

就水平的府際關係，本係著眼於地方政府間所稱「下級同級政府間」的府

際關係。依地方自治團體的公法人法律地位，地方政府間因有行政區劃的限制，其在所轄區之政治權力運作上完全獨立和自主；即屬於各自為政，不容許互相制衡。但在國家政治權力的取奪上，卻有競爭的作用。質言之，地方政府間形式上雖係封閉性的獨立自主關係，但在政治資源的分配上卻具有潛在競爭關係(competitive relations)。就因該項極具政治性的競爭關係，不僅同黨籍地方首長有其政黨地位的競爭關係，不同黨籍地方首長亦有政治聲望的競爭效應；尤其面對地方財政困難，多賴中央撥配中央統籌分配稅款，以及大量補助款時，更有顯得緊張的競爭關係之存在。設若為發展區域治理，乃至僅為解決跨域間的共同辦理事項(mutual working matter)，其既有的競爭關係就宜整合為合作關係(cooperative relations)。質言之，地方政府間涉及共同辦理事項時，即應以共同規劃作業，共同分攤經費和共同分擔責任。此種「共同性」(mutual)與「公共性」(public)，係指行政主權政策取向之一致性或稱一體性(integration)，而非僅就不特定多數人的利益之思維。此種一體性行政在議會政治的民主社會，係一項非常困難的挑戰；易言之，地方政府間的跨域合作或協力治理，並不是一項容易推動的公共行政行為。跨域治理已然如此，更遑論區域治理之需要全局性的考量治理模式。過去為簡省整合過程的困難，多半經由修法移由上級政府辦理，但在地方自治為國家制度性保障的憲政基礎上，逕移由上級政府辦理係違憲的行為。因之，克服地方政府間的競爭心態，而具有合作的意願，乃成為區域治理的先決條件。經由臺北市與新北市的「雙子城」合作經驗，發現地方政府間絕對有合作的必要性及其可行性之整合機制，用以促使區域治理成為地方發展的績效治理模式。

(三)由地方主義至區域主義協合區域治理作為

在發展地方治理模式時，有所謂「地方主義」(localism)的模式；意指地方發展務須堅持實行地方自治；亦即經由地方自治發展區域治理。所謂「區域主義」(regionalism)係指區域為地方發展的可行選擇模式，而區域治理則是推行區域主義的核心概念。設若地方自治團體能運用實施地方自治的模式；即以由地

方自治團體為治理主體，以推行區域合作的治理模式，共同策進區域發展，即是臺灣民主社會可行的區域治理機制。臺灣實施地方自治的長久經驗，已建立成熟的民主生活，自不允許為推動區域治理而變向改為中央主義或稱集權主義(centralism)的區域合作機制。區域主義(regionalism)係充實地方主義的條件，而非變動地方主義的基本價值；唯有區域主義係意含地方主義的「自治原則」(autonomous principle)，始為當今民主國家所推動的區域治理施政模式。

此說明地方政府間實施區域治理時，須將地方公共事務分為地方自治事項、委辦事項及共同辦理事項。對於本屬地方政府各自轄區的自治事項，仍以由各自地方政府自行依「地方自治模式」辦理；對於上級政府委辦事項，除非適合於跨域間或稱區域間共同辦理外，仍由各該地方政府自行辦理為原則。至於事涉區域間的共同辦理事項，以及適於區域間共同合作分享建設成果的事項，始由區域政府(regional government)[2]或是地方政府間協力完成任務。至於區域治理的模式，應依公共事務的性質；尤其依循當地的政治文化，以建構合宜的組織治理機制。

(四)由城市主義至區域主義統合城市區域理論發展

以往都市治理係以個別的都市發展為基地，此即城市主義(urbanism)的基本意含。但都市的發展固然宜有其獨特的發展願景（vision），卻不是單靠個別的都市即可呈現特色，而是需要結合各該都市周邊的城鎮或鄉村所為之發展成果。此種發展觀念，不僅有事實的依據，而且是都市化的本旨。質言之，城市主義係偏頗的、狹隘的。在都市與鄉村的相互依賴理論下，城市主義宜結合區域主義；即以城市區域(city-region)的觀念，建構新區域主義(new regionalism)，一方面凸顯城市的發展係結合周邊城鎮或鄉村的資源；另一方面肯認城市間的互補性，乃至城市與鄉鎮之互補性。就因有其互補性之存在事實，區域治理始成為地方治理之可行模式。

---

[2] 區域政府係為處理區域間共同事項，如河川、教育或公共衛生，乃至交通所成立的專責行政組織。始符合政府層級精簡的政府改造理論發展。

在建構區域治理模式的過程中，城市群的最佳組合，就是形塑具有核心價值的都市，或是組成次核心都市，以建構城市區域。此時區域的發展主體，就是各該城市以及城鎮或鄉村的自治體。城市區域係臺灣身為都市國家(urban state)的特色；亦是臺灣在地方主義的理論基礎上，所建構的城市區域發展機制。因之，本研究針對臺灣的城市區域特色，發現應係運用各該城市區域的發展基地，以塑造區域治理的模式。然而，臺灣的地方首長卻不太注意此項區域治理經常門的必要支出。嗣後地方首長宜秉持「自給自足」的區域發展理念，將區域資源合理性的分配或是合理化的應用，以使既有資源不致於浪費，而且可以科學化的公共管理，或是科學化的區域治理；亦即區域治理之真正意含，即是區域內各獨立自治體的再整合，以成為一更具競爭力的發展組織體。質言之，臺灣的區域治理，係因城市群的組合；復加上城鎮和鄉村的資源整合所形成的地方發展機制。

四、臺灣強化府際合作以推動區域治理的途徑

由上揭的分析，可以清楚了解臺灣的區域治理，宜應用府際合作的概念，以建構獨特的區域治理模式，包括：

(一)由硬體至軟體

建構臺灣的區域治理模式，應掌握臺灣的政治文化特質，即是合作是例外，獨立是原則。質言之，臺灣的政治文化並不是集體主義(collectivism)，而是各自為政的個體主義(individualism)。區域合作是就區域發展言之，以共享資源、共同興築為優先的利益衡量下，所為之特殊決策。就中彰投苗四縣(市)言之，如個別建築公共設施；尤其體育設施，必然所費不貲，而且龐大的維護經費，即便是身為直轄市的臺中市，亦不見得負擔得了。臺中市興建臺中歌劇院，在啟用後之所以即移轉由文化部經營與管理，即因臺中市財政不濟所為不得不

為的權宜措施。此謂由硬體的區域合作，至軟體的區域治理，主要即是區域治理的服務績效，本在於減輕地方財政壓力，一旦硬體(hardware)的使用區域化(regionalization)，在合作成熟後，甚至軟體(software)的合作，亦可隨之進行。臺灣區域合作在未來的發展，可能軟體的合作優先於硬體的合築；此係因全球化下的公共事務，所包括的事項，已由硬體至軟體,而且軟體的合作需求並不亞於硬體。如兩岸交流的事項，過去僅限於硬體的交易，但在當今卻以軟體的服務為其聚焦所在。蓋都市化帶來人口集中後，所可能衍生的社會問題，多屬於軟體事項，豈能不依賴區域治理，始可有較為澈底之解決機會。

(二)由個案至通案

華人雖不習行集體主義，但面臨重大事件時，仍有可能認同集體合作的必要性，舉如 2002 年 3-5 月，臺灣發生世紀重疫；此即嚴重急性呼吸道症候群(SARS: Severe Acute Respiratory Syndrome)。當時全國總動員完全符合治理的多層次模式，由自理(self-governance)、共理至層理，由鄰里社區治理(community governance)、城鎮、縣(市)至區域治理、大都會治理(great metropolitan governance)，甚至是全國性大區域治理(grant regional governance)皆已採取必要行動。結果世紀之疾得在短短一個半月完全控制，雖有 346 個病例、73 人死亡，但此次事件證明臺灣面對重大急難採用「區域治理」或「全國治理」(national governance)係必要的，而且人民多能認同和支持，並能行動一致克服危難。

由 SARS 的經驗，隨之而來的幾波重大世紀之疫情，諸如：H1N1(Novel Influenza A；又稱新型豬源人流感 swine-origin human influenza)、H1N5、H5N1、MERS(中東呼吸症候群冠狀病毒 Middle-East Respiratory Syndrome)，皆能排拒於境外；曾流行的伊波拉病毒(Genus Ebolavirus)。以及現正流行的新冠肺炎(COVID-19)，自亦須全民採區域治理的觀念，始能防杜於境外和治療於境內，以保全民之健康。

經由個案的區域治理經驗，檢視國人的區域生活方式，再進而推動通案的區域生活方式，應是建構區域治理的可行途徑。蓋區域治理的機制本與地方自

治機制有所競合，在民主自治意識高漲的公民社會，推行區域治理必然阻礙重重。因之，不僅區域治理須在地方自治的前提下實施，而且將適於各該行政轄區自行作為的事項，仍宜劃歸為各行政區域自行辦理事項。設若牽涉跨域或區域，甚至大區域乃至全國性的事項，始以立法方式授權成立區域政府或設置特定機關(構)辦理之；此時因已有豐富經驗，不僅硬體而且軟體亦可負荷，個案或通案皆宜依區域治理方式為之。

(三)由民調分析至大數據運用

以往對於民意取向，多以抽樣方式進行統計分析，因係應用電話號碼，所以分析的單元多半與行政區劃相結合。此種抽樣方法，在統計學的信度(reliability)與效度(validity)固然皆能接受，但在信息與通訊科技(ICT: information and communication technologies)產業發達後，採用電話簿抽樣將可能大量排除使用手機者的意向。因之，新近民意調查已不限於電話訪視，而試著採用手機的抽樣，將可獲致更具完整性的樣本，甚至成為大數據(big data)的分析模式。經由手機所獲取的資訊，雖未必能夠以大數據的方式分析，但其成果作為分析的基礎，則是可以肯定的，而且與統計抽樣相結合；在推行區域治理時，如能使用較符事實的樣本，或是根本就採用大數據，應可翻轉過去採用樣本式研究分析的瑕疵或統計盲點與謬誤。

(四)由七大生活區域至北、中、南三大生活圈

行政院既以北北基宜、桃竹苗、中彰投、雲嘉南、高屏、花東及澎金馬等七大生活區域為發展單元，就說明臺灣的「國土空間使用」係採取區域發展模式。不僅七大生活發展區域，而且可能擴大到北、中、南三大生活圈。此種區域主義或稱大區域主義，係著眼於高鐵通車後，臺灣民眾已習慣於全國一日生活圈的生活方式。此時辦理大型活動；尤其傾向群眾公共利益的活動，應有此治理概念，始可因應時代的發展趨勢。區域治理只要在府際合作的基礎上，即可有效應用國家發展委員會所規劃的「國土空間發展策略計畫」取向，以進行

區域規劃；尤其 2016 年 5 月 1 日，國土計畫法正式施行，四年後全國性國土計畫公告。此時區域治理，如確以「可使用土地」為範圍，排除「土地使用敏感地區」，將使區域治理邁入劃時代的新治理模式。對於區域治理由七大生活區域，擴大至三大生活圈，主要係著眼於臺灣的發展取向，過去「南北雙峰」各自成立直轄市，現在六個直轄市似有重北(三直轄市聯結)、輕南(二直轄市聯結)和忽視中(一個直轄市)。其實正因三大都之形成，中都可以充作南北二都的中繼站，而且因信息快速，三都在極短時間內即成為臺灣的「節點」作為模式；意即三都是最符合現實的區域治理，而三大生活圈正是三都治理的表徵。蔡英文新政府在進行國土規劃或國家治理時，宜有此區域治理思維。

五、結語：區域治理是建構和諧互動府際關係的必然過程

由上揭分析，本研究發現區域治理係調和縣(市)與直轄市資源爭奪的重要平台。蓋在臺灣地方財政自籌財源高達 15 單元，尚不夠支應各該地方政府人事費的既有法制架構下[3]，爭奪掠取中央統籌分配稅款唯恐落人後，以致直轄市與周邊縣(市)的友善和諧關係無由建立，更遑論區域合作正需要和諧關係之建構。然而正因區域治理的推動，資源共享成為治理的可能結果，以致區域治理不必然是須以縣(市)與直轄市區域和諧為前提，只要區域治理有其可行性和必要性，即可促動必要的區域治理。此時區域合作乃成為區域治理成功的必要條件而不是充分條件。

本研究深信府際治理係區域治理的先行程序。蓋府際關係的適當調整；尤其傳統上對下監督關係，固然不可能從制度中完全排除，卻可在施政過程中，

---

[3]　臺灣一級地方自治團體中，自籌財源占歲入超過 50%以上者，104 年度只有金門縣(66.04%)、臺北市(68.03%)、新北市(60.45%)、臺中市(55.66%)、桃園市(53.99%)及高雄市(51.82%)等一縣五直轄市。106 年度有金門縣(52.67%)、新竹市(54.47%)、臺北市(66.65%)、新北市(57.13%)、臺中市(55.11%)、高雄市(52.81%)及桃園市(61.02%)等二縣(市)、五直轄市，見「財政部 104 年度及 106 年度地方財政評比指標評核結果表」。

儘量採取互補的、對等的、平行的關係，以形塑彼此間的政治關係；此在垂直式府際關係上尤其需要如此布局。至水平的府際關係，直轄市於區域發展中須扮演核心都市的角色，而其周邊縣(市)則以次核心都市或都會發展的腹地、衛星都市角色，協同各該行政區域的整體發展，自可能形塑和諧的府際關係，終致區域治理成為各該大行政區劃的最理性公共選擇。

　　區域治理乍看似與府際關係並無必然的邏輯關係，但區域治理係人為的，府際關係係形成的。二者府際關係可再發展為府際治理(intergovernmental governance；IRGs)，並且因府際治理係當今地方治理的一種民主法治化態樣。設若府際間皆能設置調和資源的平臺，自可相對減輕地方政府間的政治衝突，而且可以地方政府間的協同合作，以為減輕地方財政分擔的基礎。唯有府際治理的適當運作，始可減弱地方財政的沈重壓力。因之，基於府際間關係的調和，而淡化既有的緊張法律關係，並且重構理想的政治關係，從而和諧的地方性區域治理，乃成為當今不得不然的地方發展可行模式。

參考書目

行政院經濟建設委員會（2010），〈國土空間發展策略計畫（中英文摘要）〉。臺北：行政院經建會。

周志龍（2014），〈大都會城市區域崛起與全球化：臺灣的多尺度治理挑戰〉，《人文與社會科學簡訊》，15(2):66-67。

紀俊臣（2004），《地方政府與地方制度法》，臺北：時英出版社。

紀俊臣（2007），《都市與區域治理》，臺北：五南圖書出版公司。

紀俊臣（2011），《直轄市政策治理：臺灣直轄市的新生與成長》，臺北：中國地方自治學會。

紀俊臣（2016），《都市國家：臺灣區域治理的策略選擇》，臺北：中國地方自治學會。

國立政治大學（2011），《中華民國發展史：政治與法制》，臺北：國立政治大學。

楊龍士（2012），《中臺區域發展推動委員會總顧問團隊及整體發展策略規劃執行計畫等工作成果（總結）報告書》，臺中市政府都市發展局委託研究報告。

臺灣省諮議會（2011），《臺灣省議會會史》，臺中：臺灣省諮議會。

檔案管理局（2011），《大道之行－中華民國建國一百年民主檔案專題選輯》，臺北：檔案管理局。

Kidoloro, T., N. Harata. L. P.Subana. J. Jessen. A. Motte. & E. P. Seltzer, eds., (2008), *Sustainable City Regions: Space, Place and Governance*, Japan: Springe

拾肆、臺灣村里基層治理與社區參與功能

紀俊臣

銘傳大學公共事務學系客座教授

摘　要

　　本研究旨在介紹臺灣已實施近 70 年的村里地方自治經驗,並與社區功能相結合,以探討村里基層治理的重要性,並為未來的發展尋求可行的轉型作為模式。基本上,村里係臺灣最基層的自治性政治組織,其因地方制度法並未賦予具有地方自治團體的法律地位,不具公法人資格,僅係鄉(鎮、市、區)的編組,但村里又係村里公民直選選舉產生的公職人員,在具民意基礎的條件下,形成村里長身分的特殊性以及對上級監督機關的互動治理不免陷於矛盾之情形。

　　由於臺灣社區發展工作綱要對社區的界定,有異於村里之政治組織,卻設定社區發展協會的施行範圍須於行政區為單元,以致社區發展協會的社區竟與村里可能相同或僅是村里之一部分,肇致權責不一,功能卻有競合之情形。面對此種情形,本研究提出相互融合的若干策略,藉以發展基層治理。

　　當前的基層治理發展瓶頸,就是參與意願。因之,本研究以激勵社區參與的可行途徑,提出研究心得,希望村里民眾本諸社區參與的社會角色與服務作為,積極策進年輕人的參與興趣機制,並且在老中青少皆感受到社區意識之存在下成長和永續,共同努力。

一、前言：村里基層治理需要強化社區參與功能

　　臺灣現行村里制度固然可溯及久遠的歷史發展過程，但就現行制度設計，則以 1950 年 4 月 22 日，由臺灣省政府發布的「**臺灣省各縣市實施地方自治綱要**」為準據。近 70 年並未在制度上有顯著的變革；唯就村里長的福利措施[1]，則有相當的積極性或建設性變革。儘管在法制上，村里祇是鄉(鎮、市、區)的編組，並不具有地方自治團體的法律地位，但在基層治理上村里卻是不折不扣的基層政治組織中的最基層(neighborhood)組織；即使村里下尚有鄰之編組，祇因鄰已完全非自治化，各該鄰長皆由所隸村里長遴聘產生，鄰實不宜再稱之自治組織。

　　村里基層治理的重要性，城市與鄉村地區截然不同。城市的里民對於社區參與(community participation)的途徑多元，比如守望相助固然仍屬地方服務事項，但城市之服務成效恐不及鄉村的守望相助功效，則是一般地方自治學者所長期觀察的普遍看法。但基層互動治理(interactive governance)係基層治理的核心議題。此項社區參與的強化，在多元社會的重要性，究竟如何作為？已成為村里的發展課題之一。

　　本研究即就村里基層治理的制度設計、運作績效和強化社區參與的重要性，以及強化社區參與既有途徑或新興社群參與的模式等事項，提供執事者參考。

----

[1]　依現行制度不論是地方制度法第 61 條第 3 項，或是地方民意代表費用支給及村里長事務補助費補助條例第 7 條第 1 項規定，村里長皆係「無給職」(no pay plan)或稱「義務職」(voluntary position)。因之，對於村里長的給與應視為福利措施。關於里長、鄰長福利可參見臺北市里鄰長法令彙編(2019/5/12 下載)。

二、臺灣村里組織與基層治理

地方制度法於 1999 年 1 月 25 日公布施行，20 年來的村里組織在基層治理上究竟成效如何？其正面意義如何？如有負面情形宜如何策進，始有裨於基層治理？皆值得觀察和提出可行發展策略。

(一)村里組織系統

臺灣村里組織系統 70 年來變革極其有限，茲依現行地方制度法繪製地方組織系統如圖 14-1 所示。

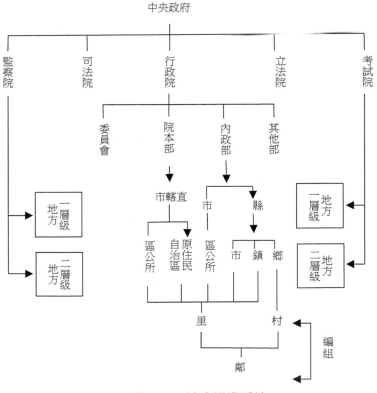

圖 14-1　地方組織系統

資料來源：本研究繪製

茲依圖 14-1 所示地方組織系統，就自治體及所轄編組說明如下：

1. 地方自治團體

臺灣現行地方自治團體係指具有公法人法律地位的公法社團區域自治團體，包括：地方一層級的直轄市和縣(市)，直轄市係直接由行政院(院本部)管轄和適法性監督的地方一層級政治組織；縣(市)係指隸屬內政部或同層級的部會所管轄和適法性監督的地方一層級政治組織。至二層級地方自治團體，包括：直轄市原住民區，以及縣轄的鄉(鎮、市)。其他區係屬行政區劃分類，且各該區公所為所隸屬直轄市或市之派出機關。

2. 地方自治監督

臺灣地方自治團體分別設有立法機關和行政機關，前者指直轄市議會、縣(市)議會、鄉（鎮、市）民代表會及直轄市原住民區代表會，議員及代表由各該地方自治團體公民直接選舉，採無記名不可讓與單記複式選舉制度(single non-transferable vote；SNTV)，相對多數(relative majority rule)產生。直轄市議員分為區域議員及原住民議員二類，後者再分為山地、平地各一類原住民議員。明定婦女保障名額，每選舉區當選四人以上，須至少婦女名額一人。立法機關係以同僚模式(collegial model)對各該對等行政機關自治監督，包含：適法和適當二監督，分別以個人質詢(總質詢、業務質詢)和立法(制定自治條例、審議地方總預算)集體二方式行使職權。

至後者之行政機關，包括：直轄市政府、縣(市)政府、鄉(鎮、市)公所及直轄市山地原住民區公所，直轄市政府由行政院進行適法監督，縣(市)政府由內政部或其他部會進行適法監督，鄉(鎮、市)公所由所隸縣縣長行使自治監督權；至直轄市山地原住民區公所，則由所隸直轄市長進行其自治監督之權。

3. 村里定位及村(里)長產生方式

里係直轄市、市所轄區、縣下所鎮(市)之編組；至村為縣下所轄鄉的政治組織編組，不具法律地位。村(里)長任期四年，由年滿二十歲之村(里)公民，就各該村(里)居住滿四個月以上，且年滿二十三歲之公民登記為候選人者，直接選舉產生，連選得連任。村(里)每年辦理一次里民大會或基層建設座談會，村(里)

下設鄰，僅係村(里)之編組，鄰長雖可辦理選舉產生，目前則由村(里)長就各該鄰公民中遴聘產生，任期四年，連聘得連任。

(二)基層治理模式

臺灣之鄉(鎮、市)長係由各該鄉(鎮、市)公民直接選舉產生，具有強烈的民意基礎，採官僚模式(bureaucratic model)指揮監督所組機關、暨及其所屬內部單位及員工。各該鄉(鎮、市)長依法對所轄村(里)應有行政監督之權，但村(里)長因係村(里)公民直接選舉的公職人員，具有相當民意基礎，其所監督多屬政治性監督。對於角色自認(role knowledge)方面一向以行政首長或至少民意代表身分自居；再加上總統、直轄市長、縣(市)長皆由直接選舉產生。基於接地氣及一人一票的庶民選舉考量，重視村(里)長長期在地方的政治經營，從而在主觀上更將村(里)長的角色提昇。

在此種政治背景下，看基層治理可有如下的思維：

1. 角色錯置的行政治理

因為村(里)長自認是行政首長或民意代表身分，其對所轄村(里)的治理，或與所轄直轄市、市之區公所、鄉(鎮、市)公所的政治關係，即顯得複雜，甚至指揮上級行事，不無角色錯置的情形。此種基層治理如再加村(里)長兼任社區發展協會理事長，因具有龐大的社區發展經費支援，即如虎添翼，更無視上級政府的指揮監督。由於村(里)長忽視任務編組的公務人員角色，從而形成特殊的政治角色，無視法律角色的定位；設若村(里)長或其家屬未能兼任社區發展協會理事長，則村(里)的政治爭鬥，有如政黨對決的政治組織的對立，甚至完全喪失鄰里民具有社區認同的社區意識(community consciousness)而明爭暗鬥，以致村(里)的政治氣候並不良善。

2. 角色期盼的基層治理

依地方制度法之原始設計，鄉(鎮、市、區)係地方自治團體的公法人，自當負起各該鄉(鎮、市、區)的基層建設；即使區僅為行政區劃，區公所是市的派出機關，亦須秉承市長旨意推動基層建設。質言之，村(里)長的角色，就制

度所為角色期盼(role expectation)言之，村(里)長主要任務就是上令下行，下情上達的「轉呈」或「轉發」之角色。即使依災害防救法的規定，村(里)居長可以勸告民眾撤離，亦是就潛在風險地區居民的民防措施，用以暫時安頓住民的公共空間之「緊急避難」作為。是以，村(里)長的角色，多在於敦親睦鄰的社會角色(social role)，而非恣意行使公權力的主管政治領導角色。

3. 直轄市里鄰長服務治理

　　雖說里鄰長以社會角色服務里鄰居民，形成「互動治理」(interactive governance)的服務模式，但依地方制度法第 59 條第 1 項規定：「村（里）置村（里）長一人，受鄉（鎮、市、區）長之指揮監督，辦理村（里）公務及交辦事項。由村（里）民依法選舉之，任期四年，連選得連任。」是以直轄市乃訂定「里鄰長服務要點」地方行政規則，促使里鄰長之服務作為趨向制度化(institutionalization)。

　　茲以臺北市里鄰長服務要點摘述重點，包括：

　　(A)里長受區長之指揮監督，辦理下列里公務及交辦事項：

　　　　1.里公務事項

　　　　　(1)里年度工作之策定及執行。

　　　　　(2)里公文之批閱及處理。

　　　　　(3)里民大會、基層建設座談會及里鄰工作會報之召開。

　　　　　(4)市政宣導及民情反映。

　　　　　(5)里長證明事項。

　　　　　(6)里幹事下里服勤之督導。

　　　　　(7)鄰長工作之指揮監督。

　　　　　(8)里內公共建設之推動。

　　　　　(9)里內緊急災害之反映及應變。

　　　　2.交辦事項

　　　　　(1)里辦公處公告欄之維護。

　　　　　(2)區民活動中心之協助維護。

　　　　　(3)基層藝文活動、區文化特色及體育活動之參與及協助。

(4)區、戶政工作站之協助推動。

(5)睦鄰互助及守望相助工作之推動。

(6)垃圾分類及資源回收之協助推動。

(7)滅鼠、滅蟑及防治病媒蚊、登革熱之協助推動。

(8)受虐兒童、婦女及里內獨居老人之通報訪視及救助。

(9)社會福利及急難救助之協助。

(10)鄰里公園之協助維護及發動里民認養。

(11)地區環境改造計畫之協助推動。

(12)其他區公所交辦事項。

(B)鄰長受里長之指揮監督辦理下列事項：

1.市政宣導資料之分送。

2.睦鄰互助、守望相助之協助推動。

3.里內環境清潔之協助推動。

4.緊急災害之反映及協助救助。

5.社會福利、急難救助之協助。

6.里民參加里民大會或基層建設座談會之通知及督促。

7.里鄰工作會報之出席。

8.鄰長證明事項。

9.市政宣導及民情之反映。

10.區公所及里辦公處交付之其他為民服務事項。

臺北市為進一步確立里長法律定位，曾於 2015 年 12 月起草「**臺北市里長自治條例**」，將上揭行政規則所規制之公務及交辦事項納入自治條例中；唯該自治條例草案送市議會審議迄未完成三讀立法程序。新北市亦有大抵略同的「**新北市里鄰長服務要點**」。

4. 縣(市)里幹事服務要點取代縣(市)村(里)長服務要點

如澎湖縣即訂定「**澎湖縣里幹事服務要點**」之行政規則，以取代訂定「澎湖縣村(里)長服務要點」，說明如下：

(1) 縣(市)一向不訂定事涉村(里)長服務之行政規則，反而訂定村(里)幹事服務行政規則，除表示村(里)長在地方的服務效能，因多屬社會角色之功能，旨在強化互動治理績效，而非如一般公務員著重於服務作為之能力績效，似不宜訂定行政規則加以規制。

(2) 村(里)長雖無服務要點之行政規則，卻有如南投縣訂定「**南投縣特優村里長績優村里幹事暨資深鄉長選拔表揚作業要點**」之行政規則。該規則即規定特優村里長之選拔特殊條件，包括：

① 熱心公益，具有「好人好事」事蹟者。

② 積極參與推動綠化、美化環境，消除髒亂，維護村、里環境衛生工作，著有績效者。

③ 推展村、里業務及執行交辦事項具有創新性之特殊表現，成績優異者。

④ 推行村、里守望相助，結合社會資源建立祥和社會，有具體事蹟者。

⑤ 積極參與救災工作，並對防災業務著有績效者。

⑥ 其他特殊優良事蹟，足為村、里長楷模者。

正顯示各該村(里)長服務事項，仍傾向社會治理或互動治理事項。

(3) 村(里)幹事服務事項，依澎湖縣所訂定要點，包括：

① 推行政令宣導、輿情反映。

② 結合及協調地方資源，辦理文康、藝文、睦鄰、體育及文化活動。

③ 配合辦理社會安全政策（社會救助、社會保險、社會福利服務及各項保護、協尋、高風險家庭通報業務等）相關業務。

④ 協助代繕各種申請（報）書（表）及核發村（里）辦公處證明事項。

⑤ 分送役政通知單、徵集令、辦理役男身家調查及兵役資料之查報。

⑥ 村（里）工作會報、村（里）民大會、鄰長會議之召開及執行，並作成詳細紀錄，以便查考。

⑦ 辦理各種公職人員選舉選務工作及公民投票工作。

⑧ 查報轄內各項公共設施應改善事項及其他建設事項。

⑨ 協助各項天然災害、農業災害現金救助案件之受理與勘查工作。

⑩ 辦理家戶訪問及建立轄內戶長資料（含戶籍資料更新）。

⑪ 協助發放重陽敬老禮金。

⑫ 公所交辦事項及其他依法令協辦事項。

　　上揭村(里)幹事服務事項多半需要村(里)長的協助，甚至需要村(里)長的鼎力協助，以及村(里)長親自處理，始克看到服務績效；換言之，這些村(里)幹事的下村(里)服勤事項，即是村(里)長的公共服務事項。

5. 村里基層治理傾向關係傾向或仕紳傾向

　　2019 年 11 月 24 日，臺灣「九合一」地方選舉，依中央選舉委員會官方網站發布資訊，臺灣 22 地方自治團體，368 鄉(鎮、市、區)計有 7,750 村(里)[2]，當日祇舉辦 7,744 村(里)長選舉。據統計，當選之 7,744 村(里)長中，男性 6,458 人占 83.39%、女性 1,286 人占 16.60%，是以基層治理領導人仍以男性居多數，但婦女已較 2014 年地方選舉占 13.95%，增加 2.65%，說明婦女已逐漸重視和參與基層領導的服務治理工作。就政黨傾向分析，中國國民黨籍當選人 1,221 人占 15.76%、民進黨籍 285 人，占 3.68%、無黨籍 6,230 人占 80.45%，可見基層治理並無臺灣 30 年來所出現的藍綠對決局面，而是無色政治(no-color politics)。此 種 政 治 現 象 反 應 基 層 治 理 領 導 人 產 生 係 候 選 人 取 向 (candidate-oriented)或稱關係取向(relation-oriented)。如再進一步分析，村(里)長學歷以高中和高中以下占居絕對多數有 5,640 人占 72.83%，平均年齡為 58.40 歲。此即顯示地方仕紳出任村(里)長比例占居多數，未滿 50 歲者有 1,214 人，僅占 15.68%。此種基層治理領導人政治生態，旨在顯示政治經營社區化的重要；如希望為基層社區服務者，就要長期投入社區服務，而且以其社區服務功

2　臺灣於 2018 年 11 月 24 日舉辦村(里)長選舉時，共有 7,750 村(里)，其中有 6 村(里)因候選人死亡等
　原因暫停選舉，致當日僅有 7,744 村(里)長辦理選舉。

績，始得獲致基層居民的多數認同，從而得以領導基層組織，而展現服務基層的熱忱和才華。

三、臺灣社區參與的途徑與功能

社區(community)的涵義，最原始的定義，就是「生命共同體」(common body of life)，但就社區的性質，應係指一個地理區位(geographic site)的設定，所為的生活聚落而言[3]。該社區發展工作綱要對於社區界定，似未能掌握社區意識(sense of community)和認同(identification)、社會化(socialization)的核心價值；唯文化部所草擬的社區營造條例草案第 2 條規定：「本條例所稱社區，指直轄市、縣（市）行政區內，就特定公共議題，並依一定程序確認，經由居民共識所認定之空間及社群範圍」似較符合社區的原始定義。因之，社區的規模不同，可指涉基層村(里)鄰、鄉(鎮、市、區)、縣(市)、直轄市，乃至國家、州、世界和宇宙；祇要彼此具有哲學的或稱神會的(ecclesiastical)和生態學的(ecological)生活聚落，即認定為社區。唯本研究所稱「社區」，係指社區發展工作綱要第 2 條第 1 項所稱「經鄉(鎮、市、區)社區發展主管機關劃定，供為依法設立社區發展協會，推動社區發展工作之組織與活動區域。」因之，本研究所稱社區參與，當指人民就鄉(鎮、市、區)所為共同生活之意識認知，以及共同積極投入關懷和互動的行為模式住居所區域。臺灣現有 7,750 里，分布在 368 鄉(鎮、市、區)內；唯經核准設立的社區發展協會指涉社區，依衛生福利部網站發布之最近年度統計，如表 14-1 所示。2017 年度統計，計有 6,839 社區發展協會，社區戶數為 7,901,928 戶數；社區人口數 21,574,353 人，以當年度臺灣人口總數 23,571,227 人計算，占 91.52%的絕對多數人口，皆已加入社區，唯據 2019 年資料，107 年度為 6,823 社區發展協會。如果社區服務皆能依如計畫，重視社

---

[3] 社區有兩個特性，一為哲學的或稱神會的(ecclesiastical)，即指依既定規則而共同生活的男女組合體"a group of wen and women leading a common life according to a rule"；一為生態學的(ecology)，即群聚一地的聚落"an assemblage of interacting populations occupying a given area"。2019/4/17 網路下載。

區參與、關懷居民生活、設立關懷據點；又強化社區營造、福利服務措施，相信臺灣人民的幸福指數(gross national happiness；GNH)必可相對提升。

表 14-1　2017 臺灣社區總數統計

區域別 Locality	社區發展 協會數(個) No.of Community DevelopmentAssociatio ns (Units)	社區戶數 (戶) Households of Communities (Households)	社區人口數 (人) Communitie s Persons of (Persons)
總計　Total	6,839	7,901,928	21,574,353
新 北 市 New Taipei City	450	1,352,730	3,429,750
臺 北 市 Taipei City	362	1,050,755	2,683,257
桃 園 市 Taoyuan City	264	609,262	1,707,678
臺 中 市 Taichung City	611	925,726	2,696,508
臺 南 市 Tainan City	677	642,927	1,781,146
高 雄 市 Kaohsiung City	775	888,250	2,277,042
臺 灣 省 Taiwan Prov.	3,570	2,393,987	6,861,652
宜蘭縣 Yilan County	240	168,666	457,564
新竹縣 Hsinchu County	186	193,168	558,507
苗栗縣 Miaoli County	279	187,083	560,058
彰化縣 Changhua County	555	360,865	1,177,596
南投縣 Nantou County	284	173,661	490,325
雲林縣 Yunlin County	433	218,101	644,973
嘉義縣 Chiayi County	361	182,794	509,215
屏東縣 Pingtung County	465	286,920	830,018

臺東縣 Taitung County	155	72,318	193,648
花蓮縣 Hualien County	176	112,512	295,862
澎湖縣 Penghu County	93	38,677	101,625
基隆市 Keelung City	147	147,616	359,517
新竹市 Hsinchu City	118	162,232	439,190
嘉義市 Chiayi City	78	89,374	243,554
福建省 Fuchien Prov.	**130**	**38,291**	**137,320**
金門縣 Kinmen County	110	35,868	124,323
連江縣 Lienchiang County	20	2,423	12,997

資料來源：直轄市及縣(市)政府。(官網 2019/5/14 下載)
說　　明：本表資料不包括未成立社區發展協會者。

(一)社區參與途徑

　　儘管臺灣已有占人口數的 91.52%人民參與社區，但在 7,750 村(里)中，祇有 6,839 社區，尚有 911 村(里)未有社區設置，占 11.75%。該等未設立社區之村(里)殆多位處偏遠山區或離島，正需要社區關懷或其他社區服務。因之，探討社區參與，除鼓勵基層民眾參與社區發展協會活動外，尚宜激勵村(里)民參與各該社區外之村(里)活動；乃至公寓大廈管理委員會的公寓民眾活動，皆是增強美好生活指數(your better life index；BLI)可行途徑之一。

　　學理上，社區參與程度如圖 14-2 所示，即如同公民參與方式，由未參與、象徵主義、公民權三階段的參與程度，再細分為：
1. 未參與：操作→治療
2. 象徵主義：告知→諮商→撫慰
3. 公民權：夥伴→授權→公民監督

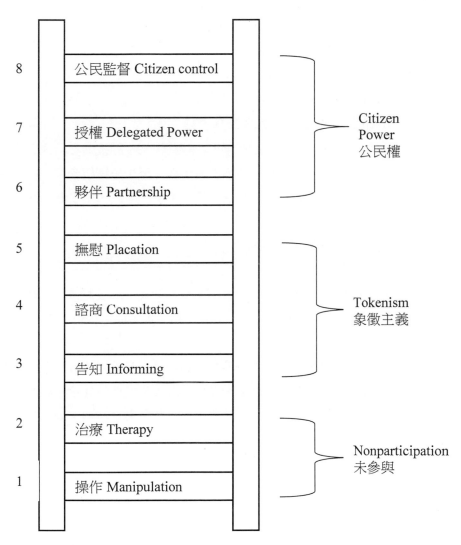

圖 14-2　公民參與階梯

資料來源：Arnstein(1969：217).

此即說明，身為社區公民，其參與程度即是其在所屬社區組織中的影響力表示。事實上，民眾在社區參與的態樣(types)，包括：

1. 被動參與(passive participation)
2. 資訊告知的參與(participation in information giving)
3. 諮詢參與(participation by consultation)
4. 功能參與(functional participation)
5. 互動參與(interactive participation)
6. 自我動員(self-mobilization) (網站 2019/5/18 下載)

　　上揭參與正可與圖 14-2 的公民參與階梯相互呼應；即被動參與往上提昇參與程度，如資訊告知→諮詢激勵，即屬於未參與；至少未積極參與。功能參與→互動參與→自我動員；即公民權的展示情形，由小至大、由少而多的參與程度表徵。

　　依社區發展工作綱要[4]第 3 條規定：

> 　　本綱要所稱主管機關：在中央為衛生福利部；在直轄市為直轄市政府；在縣（市）為縣（市）政府；在鄉（鎮、市、區）為鄉（鎮、市、區）公所。
>
> 　　主管機關辦理社區發展業務單位，應加強與警政、消防、民政、都市發展、國宅、教育、農業、衛生、文化、交通及環境保護等相關機關協調聯繫、分工合作及相互配合支援，俾利社區發展業務順利有效執行。

　　社區之劃定，即依鄉（鎮、市、區）的行政區劃所為之再劃分。其可能以村(里)為劃分單元；亦可能以跨村(里)劃定為大型社區，或是以村(里)再劃分為小型社區，但須以歷史、文化、地理、人口、生態、資源，乃至住宅、農、漁、工、礦、商之發展和居民之意向考量下作成。此即在於建構村(里)和社區等同

---

[4]　社區發展工作綱要因屬內政部訂定，卻未曾獲有相關法律之授權；即使 2014 年 9 月，由衛生福利部修正發布，亦復如此。因之，該綱要在法律位階上，僅屬中央「行政規則」。1990 年代，本研究作者參與該綱要的修正會議，曾建議制定「社區發展條例」或「社區發展組織通則」，卻未獲認同和支持。文化部在 2017 年曾提出「社區營造條例草案」，旨在強化以地方社區為主題的政府施政模式，並以法制化建構主體作為。

的「基層組織同一化模式」；不僅同一化而且有意識連結的生活空間。就因社區係重視生活空間的心理認同，其參與的積極意義，就在於造化社稷，促使社區居民能有認同生活在同一空間的心理連結，從而產生參與活動的意願，並且在能力所及下為同一生活空間住民做出積極的服務行為。

這些服務行為，即係針對**社區特性、居民需要、配合政策及社區自創**項目所為推動服務的事項。就配合政府政策之項目，即有：

1. 公共設施建設

(1) 新（修）建社區活動中心。

(2) 社區環境衛生與垃圾之改善及處理。

(3) 社區道路、水溝之維修。

(4) 停車設施之整理及添設。

(5) 社區綠化及美化。

(6) 其他有關公共設施建設等事項。

2. 生產福利建設

(1) 社區生產建設基金之設置。

(2) 社會福利之推動。

(3) 社區幼兒園之設置。

(4) 推動社區產業發展。

(5) 其他有關生產福利建設等事項。

3. 精神倫理建設

(1) 加強改善社會風氣重要措施及國民禮儀範例之倡導及推行。

(2) 鄉土文化、民俗技藝之維護及發揚。

(3) 社區交通秩序之建立。

(4) 社區公約之訂定。

(5) 社區守望相助之推動。

(6) 社區藝文康樂團隊之設立。

(7) 社區長壽俱樂部之設置。

(8) 社區成長教室之設置。

(9) 社區志願服務團隊之成立。

(10)社區圖書室之設置。

(11)社區全民運動之提倡。

(12)社區災害防備之演練、通報及宣導。

(13)其他有關精神倫理建設等事項。

　　就臺灣在社區服務方面，最受社區居民認同的參與事項，經多年的觀察和參與社區評鑑發現，應係社區照顧和活化社區活動中心最受關注和期許。據報載(聯合報 2019/5/14 新聞)，新北市政府已於 2019 年 5 月 13 日，在 29 區成立 50 處「**銀髮俱樂部**」，2019 年底再增 129 處，全市共有 621 處銀髮俱樂部。新北市 29 區中，已有林口、石碇、三芝、坪林、八里、金山、深坑、石門等 8 區達成「**里里都有銀髮俱樂部**」的目標。該市打造的銀髮俱樂部分成四階段，從 1.0 **共餐**到 2.0「**關懷據點**」的關懷訪視，3.0「**社區陪伴站**」的社會參與、預防及延緩失能的照顧，4.0 的喘息、智慧照顧。以分階段增加功能，全力協助每個據點提升服務能量。該等銀髮俱樂部係分別由「里辦公處」及「社區發展協會」承辦，足見里與社區係基層治理一體之兩面。關於社區活動中心的福利服務，就整體觀察，臺北市可為全臺灣之典範，在寸土寸金的臺北市，除經由公務預算或市地重劃、都市更新等途徑，興設區民活動中心或社區活動中心外，並提供未設有活動中心之里，申請補助以里為單位成立「**里活動場所**」。各該受補助成立之「里活動場所」，提供一週至少 70 小時的免費活動空間，舉辦各該項藝文、休憩及增益智能之活動，深受里民歡迎和讚譽；此對社區功能或里政功能增益匪淺。

(二)社區參與功能

　　對於社區參與的意願，可能與社區的類型有關；如將社區加以分類，可分為：

1. 區位基礎的社區(located-based community)

2. 認同基礎的社區(identity-based community)
3. 組合基礎的社區(organizationally based community)(Wikipedia 網站 2019/5/18 下載)

所稱區位基礎的社區，就是以地方行政區劃所建立的社區；又稱地方社區(community of place)；認同基礎的社區，就是因文化、族群、宗教所成立的社區，在臺灣通常稱社群；組合基礎的社區，即是經由政治、經濟或專業的組織所籌設的社區，在臺灣稱社會組織或社會團體。此三種社區，當以第一種參與意願較低，後二種；尤其第三種社會團體之參與意願最強。

　　本研究祇以區位基礎的社區進行研究，以符合社區發展工作綱要所指涉的社區定義。因之，本研究在進行訪談和評鑑後，可整理社區參與的功能，包括：

1. 建構社會關係

　　一般社區居民參與社區活動，就是在於建構社會關係。蓋人是群居的動物，住居里鄰是生活空間之部分，人生有 1/3 時間在住居生活中渡過。如能經由參與社區活動，必然增加個人及其家庭在鄰里間的地位，或說是認同該等社會關係的建構模式。此種社會關係的建立，可使社區的意識及社會化功能之服務能量，能深化為治安社區的精神力量。

2. 豐富生活情趣

　　社區居民在上班時間多半在公私部門服務。在其單調的生活中，需要透過休息或渡假時間去豐富生活內容。不僅可將個人寂寞排遣；亦可以因加入社群而認識更多鄰里朋友。此種增添個人生活的情趣，尚有心理治療的功能。對於個人生活言之，實係健康的永續基礎。

3. 展現倫理價值

　　參與社區活動，就外在環境的改善，促使社區呈現美好的生活空間，更能引導個人及其家庭重視住家的公共衛生，乃至美化、綠化門庭。此種生活教育或稱社區教育，不僅個人倫理，包括：家庭倫理及社會倫理皆能有所形塑和實踐，而且展現社區治理的成效。

在臺灣社區服務本是人民主動自發的團體性公益活動，自然需要社區發展協會理監事、總幹事及其他志工的精心規劃和熱忱服務，始能見到社區的正能量所呈現的「幸福社區」或「健康社區」、「長青社區」，乃至「綠社區」的成效。因之，對於社區參與的功能，每年均定有「**卓越社區選拔**」計畫。根據「2018年度社區發展工作金卓越社區選拔報告」，對於社區未來的發展，曾提出若干策進事項，諸如：

(1) 解決社會問題唯有不斷關注生活所在社區，介入對居民和家庭有影響力的社區，推動以社區為基礎的服務方案，培養居民自助和使用社區的服務，才能解決問題和滿足居民的需求。

(2) 部分社區發展的重點特別重視永續的概念，有的社區不僅是環境生態的永續，也強調與兒少青年進行文化的永續，社區人力的永續，更是彌足珍貴。

(3) 社區福利服務經費採取共同挹注模式，並未完整發揮 $1+1 \geqq 2$ 的效果，隨著不同社區發展協會的承載能量差異，反而影響其他，包括：兒少、婦女、身心障礙等人口有需求卻缺乏福利服務；也影響既定提供社會福利服務的用意之落實。

(4) 關於偏鄉社區人口大幅減少，社區志工人力老化，社區對政府經費依賴度過高等問題，需要地方政府強化整合性社區工作，進行跨局處跨組織的整合，且不應侷限於社福資源，而是要關注社區需求，以社區為主體，進行不同部門之整合，扮演相互借力使力，以發揮事半功倍的效益。

四、臺灣強化村里基層治理並善用社區參與的可行途徑與積極作為

臺灣的村里政治組織，因有具民意基礎的民選村里長主持基層治理；其在

具公務人員身分的專職村里幹事輔佐下，如能善用社區發展協會的組織治理(organizational governance)正能量，促使社區居民多能積極參與所屬社區之活動；未來其服務成效，應可更加顯著。

(一)可行途徑

2018 年 11 月 24 日，臺灣辦理「九合一」地方選舉，因國民黨籍候選人韓國瑜在艱困的高雄市競選，竟能因採用「接地氣」[5]的庶民語言，論述庶民經濟(popular economy)，終致一戰成名，高票當選高雄市長。此種「韓流」(Han flow)已成為臺灣政治人物的政治思維參考架構。這將有助於嗣後臺灣政治的庶民化(popularization)。設若基層治理由接近民眾日常生活的村(里)社區做起，經由基層組織的公私協力(public-private partnership；3P)連結，國家公部門的行政資源與民間的公益組織社會資源的結合，形成最具夥伴關係的正能量，用以推動各地方之社區發展(community development)或稱地方發展(local development)。

嗣後如為落實接地氣的庶民政治基層治理模式，David Wilcox 所提出的下列策略性參與模式值得參考：

1. 了解參與階層(level of participation)
2. 推動創新和發展過程(initiation and process)
3. 有效監督(control)
4. 合理授權與設定目標(power and purpose)
5. 體現實務者的角色(role of the practitioner)
6. 尊重利害關係人與社區的權益(stakeholder and community)
7. 力行夥伴合作關係(partnership)
8. 適時檢討評析(commitment)
9. 具有所有人的概念(ownership and ideas)
10. 彼此信任與發揮能量(confidence and capacity)

---

[5] 所謂「接地氣」(down to the earth)，意指思維或論述係以民意為準繩或依歸，不走貴族政治路線，以人民的看法去建構施政藍圖，達致苦民所苦，福民所福。

　　這十種參與的關鍵思維(key ideas)，就是在參與階梯上，社區成員可就資訊、諮商、集體決策、集體行動及支援獨立社區利益等分別做出貢獻，以誘引社區居民之激起參與意願。在推論創新和發展過程中，須把握創新→準備→參與→持續的四步驟，以使創新理念有在社區活動中實踐的機會。由於創新者常有較大的權位，導致弱化監督的必要性。這在社區治理上宜加避免；亦即適當的監督作為必不可少。過程中應予尊重賦予社區發展的權力，俾能及早達致社區目標。創業維艱，守成不易，身肩社區開拓者(practitioner)，乃至工作者的角色，務必堅持原先的發展理念，持續不斷增進。社區工作務必尊重各該利害關係人在既有社區基地上的既得利益，從而形成夥伴的合作關係，適時並適當檢討社區績效。社區成員應有「所有人」(ownership)的慨念，將公務視同己出，自然會珍惜社區工作的倫理價值。在彼此信任和各自發揮能量的過程中，促使社區發展成為預定的健康社區(healthy community)和幸福社區(happy community)。

　　此種由社區參與的觀念引發的參與途徑思維，如用在政治組織的村(里)基層治理上，亦應有其可行性，以 SWOT 分析如下：

1. 優勢(Strengths)

　　村里社區是居民日常生活的地方，居民對其服務機能，在鄉村的需求遠大於都市。如能善用地方資源，並有效宣導基層服務的倫理價值，或可大幅提昇社區居民的參與意願。

2. 劣勢(Weakness)

　　村里社區的民眾，如因農忙可能參與意願不高；但農閒時卻又無處可去。此種矛盾現象，在農村遠比都市嚴重。因之，如何降低農村民眾參與社區的心理排斥，需要周延的規劃，並且要有耐心和誠心的接納多元社會的社區居民。

3. 機會(Opportunities)

　　村里社區經過評鑑後，如可發現平時努力的成果，將影響彼等對未來社區工作的參與和努力意願；亦正好可安排社區基層民眾去了解努力的成果，自然興起對社區服務的熱忱，而且服務社區或村(里)，對其家人亦可共享健康環境

的樂趣；尤其近些年的評鑑，模範社區或村里的大額獎金，對於充實地方軟硬
體設施，已有極顯著的誘引功效。此從參加選拔的社區數或村里數之大幅增
加，即可得到若干佐證。

4. 威脅(Threats)

這些年的村里資源明顯不足，除政府經費受到限縮外，經濟景氣不佳，捐
輸意願下降，均直接間接影響社區或村里活動的參與或舉辦意願。社區發展開
辦經費的如何穩定成長，將是基層治理成敗的關鍵，所在社區必須及時克服可
能的不足，始克永續經營。

(二)積極作為

面對村(里)長平均年齡已達 58.40 歲，社區發展協會理事長不論兼不兼任
村(里)長均有同樣高齡化之傾向；復以少子化時代來臨，嗣後對於基層社區的
參與，首要任務即是爭取年輕社區居民的參與社區服務事務。此項任務固然相
當艱鉅，但祗要村(里)間政治組織能減少藍綠政治對立，並且使社區發展協會
多所重視青年人的數位學習及新近科技，如：AI、AR、VR、MR 等資訊科技
的新知，並推動社區事務之全面資訊化和大數據化。當下宜強化知能之充實，
誘引年輕人的「知能學習」興趣，而能積極投入社區教育，相信社區的功能，
將可再擴大，終致成為社區居民的適宜活動空間。

對於社區活動需要有足夠開辦的必要經費，固然社區發展工作綱要第 18
條至第 20 條已明定社區發展協會為辦理社區發展業務，得設置社區生產建設
基金(第 18 條)，但社區發展協會係民間公益團體，其經費是來自民間捐助，籌
措已感拮据，遑論成立基金需要龐大經費，更感困窘。因之，未來社區發展基
金宜由主管部；即衛生福利部編列年度預算支應，此外，社區發展協會的適當
轉型正是時候，俾得以符合地方發展之實際需要。

基層社區的服務事項未來似宜規定為免費提供事項，或是較其他團體支出
經費來得少些。這些經費固然不宜完全由民間籌措，但地方政府對於地方社區
經費為能避免有過多或過少分配不合理的情事，自當提早規劃和決定。此外，

對於社區通案經費宜有周延的通則性預算規範，以促使地方社區之基層服務經費，可在適當而穩定下編列，俾年前規劃的發展性計畫預算得以如期如質施行。

此外，對於村里或社區的活動內容，亦宜依各該地方特色規劃。如為排除浪費得來不易的發展經費，在規劃下年度活動時，允宜與當地的人民團體、機關、學校；尤其村里協調，以使活動不至重複，而且老中青少皆有適當的安排。對於區民活動中心、社區活動中心、里民活動場所皆做總體的規劃，促使具有意願參與的人員，可以依其需求或興趣參與，當可使辦理活動的志工感受到社區居民互動治理的成就感和滿足感。

五、結語：村里展現基層服務倫理與社區發展成就

臺灣的村里基層治理，係依地方自治(local self-government)為核心價值所推動的地方治理(local governance)模式。經過 70 年的發展，由命令式的地方自治，已趨向完全合憲化的地方自治；尤其在地方制度法施行 21 年以來，已可清楚看到村里的社區主義化運作成果。這將是未來村里政治組織轉型的最好選擇方向；尤其在區位又與民間組織的社區發展協會，乃至公寓大廈管理委員會(紀俊臣 2008)相連結之組織環境下，正是整合基層治理最適當的時機。

設若此項基層治理的政治結合工程，可以在有心人的策劃下，執事者樂觀其成，甚至鼎力相助中促成，將是臺灣在基層治理的發展新里程。本研究數十年來的觀察並實際參與基層治理的制度設計，深信下列作為將是臺灣基層治理再見亮點的必要作為：

(一) 鼓勵年輕人參與村里公共事務，並且適當安排為社區組織的志工幹部，一方面傳承社區治理的倫理機制；另一方面呈現轉型以符合時代社群發展的新基層治理模式。

(二) 村里與社區組織的結合，將是嗣後村里社區發展的可行模式。此項整合治理(integrated governance)；如能譯為複合式治理，更能顯示基層治理的資

源活用價值與功效。

(三) 地方發展須由基層做起，基層治理倫理價值絕不宜輕忽，而致治理上存在頭重腳輕的不平衡治理情形。就總統實施民選以來，臺灣已能逐漸看到「接地氣」的重要性。希望中央主管機關能編列基層服務的必要經費，促使基層服務人員不必為無米之炊，而犧牲多數決原則，從而更可永續經營基層的公共事務。

這些作為並非難事，唯有主管部及地方政府之合作無間，始可達成。

參考書目

中央選舉委員會(2018)，〈村里長選舉統計資料〉，網站下載 2019/5/17。

王婉貞(2016)，〈國民幸福指數統計〉，網站下載 2019/5/18。

紀俊臣(2000)，《瑞竹地區的領導系統與權力結構》，臺北：時英出版社。

紀俊臣(2004)，《地方政府與地方制度法》，臺北：時英出版社。

紀俊臣(2008)，《臺灣基層治理整合之研究》，臺北：內政部委託研究報告。

紀俊臣(2011)，《直轄市政策治理》，臺北：中國地方自治學會。

紀俊臣(2011)，《縣(市)、鄉(鎮、市、區)行政區劃研析工作》，臺北：內政部委託研究報告。

紀俊臣(2011)，《縣市升格後北臺區域治理之研究》，臺北：臺北市政府研究發展考核委員會。

紀俊臣(2016)，《都市國家：臺灣區域治理的策略選擇》，臺北：中國地方自治學會。

紀俊臣(2019)，《村里組織與社區治理資料彙編》。

曾于軒(2013)，〈衡量幸福的幸福指數〉，(網站下載 2019/5/18)。

黃源協、蕭文高、劉素珍(2005)，〈社區意識及其影響因素之探索性研究〉，行政院國家科學委員會專題研究計畫，NSC94-2412-H260-006-SSS。

詹火生、蔡緯嘉(2012)，〈臺灣「國民幸福指數」指標建構之評析〉，臺北：財團法人國家政策研究基金會。

臺北市政府民政局(2019)，〈臺北市里鄰長各項法令彙編〉，(網站下載 2019/5/12)。

衛生福利部(2017)，〈社區發展工作推動現況〉，(網站下載 2019/5/16)。

衛生福利部(2019)，《107 年度社區發展工作卓越社區選拔報告》。

Ako, Joshua, Ndip, (2017), "Participatory Development : A Study of Community and Citizen Participation in Development and Policymaking in Stockholm, Varmdo and Bortkyrka Municipalities in Sweden.", (網站下載 2019/5/18)。

Arnstein, R. Sherry, (1969)," Eight Rungs on the Ladder of Citizen Participation ", (網站下載 2019/5/18)。

British Dictionary Definitions for Community. (網站下載 2019/4/17)。

Israel, Aryuro, (1990), *Institutional Development* , Baltimore: The World Bank.

Morris, John C., and Katrina Miller-Stevens, (2016). ed., *Advancing Collaboration Theory: Models, Typologies, and Evidence*, New York: Routledge.

Wilcox, David, (1994)" Community Participation and Empowerment: Putting Theory into Practice", *Issue*, 21:78-82.

拾伍、六直轄市的市政規劃與臺灣區域發展取向

紀俊臣

銘傳大學公共事務學系客座教授

一、前言：臺灣的直轄市市政規劃，影響嗣後國家區域發展取向

　　臺灣自 1967 年，因臺北市人口已達一百萬人以上，乃依直轄市組織法第 3 條之規定，由行政院會議通過改制直轄市，是即臺灣第一個直轄市；1979 年，高雄市亦因人口已達一百萬人，復依上揭法律規定，在行政院會議通過後改制直轄市，為臺灣第二個直轄市。2010 年，臺北縣、臺中縣(市)、臺南縣(市)及高雄市與高雄縣，依地方制度法第七條之一規定程序，經行政院核定改制為直轄市，分別訂名為新北市、臺中市、臺南市及高雄市；2014 年，桃園縣亦經行政院會議通過後核定改制為直轄市。因之，臺灣已由二個直轄市，擴增為六個直轄市，俗稱「六都」，已使中華民國在臺灣有發展成為「都市國家」(urban state)(紀俊臣 2016:29-31)的生態特質。

　　針對臺灣的六個直轄市空間規劃策略，政府在國土規劃的政策取向和最適規模上理當有所釐定：一方面展現六直轄市的各自特色；另一方面因六直轄市的亮點，而呈現臺灣的全球化節點(node of globalization)。此應係設定六直轄市的積極意義所在。質言之，各該直轄市在全球具世界級都市的競爭力，應如何

提昇和如何充作臺灣在全球化的發展平台，則是二十一世紀初期，行政院與直轄市間的共同合作議題。六直轄市的都市化(urbanization)成就，係臺灣在全球化爭得一席地位的保證，而六直轄市的都市治理模式(urban governance pattern)，亦是臺灣推動地方治理的理論依據。臺灣未來如何具備「都市鄉村化」(city with ruralization)或「鄉村都市化」(village with urbanization)的都市國家特質，亦是現階段六直轄市的發展課題。是以各該直轄市之治理，將影響國家發展願景的塑造與實踐，乃是相當理性的邏輯思維。

二、當前臺灣的六直轄市政經生態分析

　　雖說臺灣六直轄市的發展如圖15-1，係依直轄市組織法(已廢止)和地方制度法相關規定的「依法行政」審查結果，在先並無特殊的政策指導。但六直轄市的政經生態(political& economic ecology)並不一致，其在全球化的都市競爭力，亦有諸多差異之處；尤其在創稅能力(the highest tax capacity)，如表 15-1 所示更有明顯差異。因之，本研究乃先就各自的都市政經生態略加分析後，再進一步探討可能的和可行的都市發展取向。

圖 15-1　臺灣六直轄市區域發展

表 15-1　【改制後】縣市稅務概況重要統計指標，依期間，縣市與指標

	稅捐實徵淨額
2015	
總計	2,023,879,137
臺灣地區	2,019,123,047
新北市	246,632,933
臺北市	761,829,461
桃園市	196,023,500
臺中市	159,953,093
臺南市	74,201,516
高雄市	171,494,896
宜蘭縣	14,560,434
新竹縣	50,983,103
苗栗縣	34,927,999
彰化縣	40,441,223
南投縣	9,523,727
雲林縣	48,803,828
嘉義縣	8,830,916
屏東縣	25,928,005
臺東縣	3,696,067
花蓮縣	11,908,163
澎湖縣	1,186,668
基隆市	49,339,336
新竹市	101,170,117
嘉義市	7,688,062
金門縣	4,510,193
連江縣	245,897

資料來源：中華民國統計資訊網(2016/10/18 下載)

(一)臺北市扮演首都圈的主導角色

依 2016 年臺北市雖然人口祇有 2,704,810 人，土地面積 271.7997km^2，但其人口密度高達 9,951 人/km^2，係人口極其稠密的都市化城市(urbanization city)。臺北市在臺灣的政經地位，乃其他直轄市無可取代，諸如：

1. 為中央政府所在地，扮演首都(capital)的國家一級城市角色與定位。
2. 就地方創稅能力分析；即以 2015 年全國稅捐實徵淨額為 2,023,879,137 千元(新臺幣以下同)，其中臺北市為 761,829,461 千元，占全國 37.64 %；復以中央統籌分配稅款言之，臺北市 2016 年獲撥 396.5 億元，較次高之新北市 290.7 億元，多達 95.8 億元，已足以說明臺北市在臺灣的經濟地位，絕非其他直轄市可諸競爭者。
3. 臺北市在臺灣係扮演首都圈(capital circle)的主要角色。所稱首都圈涵蓋北北基；即臺北市、新北市和基隆市。其中新北市和基隆市的 2015 年人口密度，分別是 1,934 人/km^2、2,803 人/km^2；其稅捐實收淨額分別為 246,632,933 千元、49,339,336 千元，均不足以與臺北市相提並論。
4. 唯就臺北市當前的發展瓶頸，即在於土地使用強度過高，以致住民的生活環境品質每下愈況，且又無海港可發展海洋事業，明顯「影響」此一世界級都市在城市競爭力之逐年提昇。

(二)新北市爭取首都圈的平等地位

新北市係臺灣人口最多的城市，2016 年即達 3,974,911 人，土地面積 2,052.5667 km^2，人口密度 2,052 人/ km^2。在 2007 年由於人口已達改制為準直轄市的條件，乃逕行宣布改制；復於 2010 年正式改制直轄市。首任市長朱立倫主張該市為第二個首都；意指該市客觀條件優於臺北市。中央政府已有部分二級機關(部會)或三級機關遷至該市，逐漸形塑該市以成為第二個首都。其實朱立倫所堅持者，應在於新北市與臺北市得處於平等地位，同等分配財政資源，同享首都圈的特殊政經優勢權益[1]。新北市現階段的城市經爭力固然難與臺

---

[1] 由於位處首都圈，其政經地位格外重要。就政策制定而言，其對中央具有明顯的影響力。本研究所

北市比擬，但因人口多，土地面積如同日本東京一般規模，其未來經濟發展力
較之臺北市有其優勢；其願意多分擔國家責任，促使國家和城市競爭力提昇，
應是新北市的一貫初衷。整體觀察，新北市(原稱臺北縣)自人口達一百萬人以
後，其發展更加快速；尤其臺北市在臺北都會區的建設，特別重視與新北市間
的交通、自來水及公共衛生、社會治安的一致性或同步化，此種跨域治理互動
作為，即是新北市快速崛起的主要動力。新北市企圖與臺北市在首都圈爭取平
等地位，如能續獲中央大量資源，有如 2016 年中央統籌款全國第二，當有助
於該市在發展上的積極作為。

(三)桃園市邁向北臺灣的聯盟成員

桃園市係臺灣六個直轄市改制最晚的新興直轄市，2014 年由桃園縣的準直
轄市改制為直轄市，其經濟產值即是最受肯定的改制條件，就創稅能力全國第
三。桃園市在國家國土規劃策略，係以「桃竹苗」為同一發展區域，但基於直
轄市的優勢，以及現實的發展走向，卻都以「北北基桃」視之，甚至提出首都
圈成員的努力企圖。質言之，桃園市因位處國際空港的優勢經濟地位；尤其族
群融合的治理經驗，係發展上很具競爭力的強勢條件。就北臺灣八縣市區域發
展平台，桃園市應屬於僅次於首都圈的兩大直轄市之後而已。因位屬第一級或
第二級之地方自治團體，如能就發展願景：「捷運城市、樂活城市、生態城市、
產業城市、文化城市」多所策進，促使「**桃園各項建設能夠迎頭趕上雙北，發
展桃園的特色，讓桃園成為六都中的新亮點，成為桃園人共同的認同與驕傲**」
(My Go New 2015-2-25)，則是桃園市結盟首都圈的最有利時機。

(四)臺中市試圖中臺灣的領頭機能

臺灣於 2010 年啟動增設新直轄市的原始政治動機，就在落實馬英九政府
「三都十五縣[2]」的政策目標。臺中市原有面積僅 163.2056 km^2，人口一百萬人，

稱特殊政經優勢權益，即指在公共政策制定和公共事務參與；尤其中央資源分配地方所為比例分配
設計時，首都圈常給予特別考量；目前臺北市及新北市分別為第一級和第二級。

[2] 作者在聯合報座談會中提出「三都十五縣」的行政新區劃主張，經馬英九列為競選 2008 年總統政見；

規模上不符單獨改制直轄市的人口 125 萬人條件(地方制度法第四條)。因之，經由增修地方制度法的途徑，加速臺中縣(市)的合併改制。2010 年，臺中市係以最受全國民眾認同的新生直轄市以建構「第三都」。其改制計畫有謂：

> 臺灣雖已有北、高二直轄市，從平衡國土規劃及區域經濟發展的角度來看，中部地區的確需要一個具「磁吸效應」的直轄市來帶動經濟發展。透過整體規劃及資源整合共享，不僅可促進中部都會區域的整體發展，並可使北、中、南三個都會區域內各自治體均衡發展並趨一致，實有其區域發展上的特殊需要及急迫性。

臺中市在改制後，即積極推動區域治理(regional governance)機制，其「中彰投苗區域治理平臺」已發揮作用(紀俊臣，2016)；復與雲林縣簽訂合作備忘錄等作為，已使臺中市成為中臺灣發展的核心都市，並且是各該地方自治團體的領頭羊。理論上如假以時日，臺中市將可帶動中部崛起，從而積極厚植國家發展之動力。

(五)臺南市力主南臺灣的異軍突起

2010 年臺南市是在內政部審查小組建議行政院「政策性考量[3]」下，經行政院核定改制為直轄市。按臺灣六個直轄市中，以臺南市人口在原臺南縣(市)合併後至今亦祇有 1,885,541 人，尚不及二百萬人以上始得審查改制直轄市之規定。內政部審查小組在建議行政院的意見中，說明：

> 因審查委員無法形成共識，經深入討論，基於考慮臺灣文化的軟實

後即成為馬政府的政策計畫。所稱「三都」係指三個直轄市，或即謂北、中、南三個直轄市(或指三個都會型直轄市)。因之，臺中市結合臺中縣成為中部第一個直轄市，應係最適新區劃藍圖。

[3] 2009 年 6 月 23 日，內政部由前部長廖了以召集「內政部改制直轄市審查小組」。在會前曾決議原則上須參酌準直轄市人口需在 200 萬人以上，始得准予改制。臺南縣(市)合併後人口，並未達 200 萬人以上，其所以獲准改制係考量臺灣南北的區域均衡發展，所為有條件的准予改制(紀俊臣，2011)。

力，為形塑臺灣文化主題性及宜注意臺灣經濟發展之現況、實力，內政部
將審查委員之正反意見併陳行政院核裁。

行政院核定文中，即指出：

> 臺南縣(市)合併改制案，經考量臺南為開臺首府，擁有豐富的古蹟、
> 歷史建築、考古遺址、民俗文化、傳統工藝等文化資產，可提供發揮臺灣
> 文化主體性與文創軟實力的優越性動力；境內並有七股潟湖、四草濕地等
> 國際極重要濕地，具有吸引國際觀光旅遊的充分條件，其積極推出「打造
> 臺灣的京都」，極具創意巧思；且近年來亦致力於培植創新研發產業的發
> 展。因此，從區域發展的角度觀之，雲嘉南地區如能在臺南的文化歷史及
> 科技研發基礎上，加上雲林、嘉義的農業特性，應可期待後續雲嘉南地區
> 能由合作進而邁向合併，逐步整併成臺灣文化、農業兼具的樂活區域。

臺南市改制近 6 年來，其 2015 年之創稅能力祇有 74,201,516 千元，為六直轄
市之末，但市府服務績效，頗受民眾認同，其市長賴清德在任滿前轉進行政院
主掌國政，並於 2020 年 5 月出任第 15 任中華民國副總統，更將可促進臺南市
在南臺灣的服務作為，為民進黨在南臺灣的政治發展打下穩固基礎。

(六)高雄市站穩南臺灣的霸主領導

1979 年 7 月，高雄市以人口達一百萬人以上，經行政院會議通過改制直轄
市。此後臺灣即成為北高二直轄市的「南北雙峰」國家發展。2010 年新生直轄
市時，即以「三都十五縣」的政策目標，將高雄縣與高雄市合併，形成「新高
雄市」，土地面積廣達 2,951.8524km^2，為六直轄市之冠，人口 2,778,918 人占居
第二，人口密度為 941 人/ km^2。高雄市 2015 年之創稅能力，如就稅捐實收淨
額為 171,494,896 千元，祇占全國稅捐實收淨額的 8.47%。北高差距 37.64/8.47
有 4.44 倍之多，南北發展尚未均衡，昭然若揭。儘管如此，不論陳水扁、蔡英

文綠色執政，皆對高雄市的發展寄予厚望，並且在建設上給予最大的支援；2016年中央統籌分配稅款，該市獲有 279.6 億元，僅次於雙北二直轄市。事實上，高雄市重大建設，諸如：高雄捷運、輕軌皆有賴中央的大量配合款，始得以如期完成興築。由 2014 年，市長陳菊的高票連任，即可看出高雄市綠色執政，在高雄市民的肯認和嘉許。高雄市因陳菊領導的服務績效，已使該市幾已成為「南霸天」的獨秀定位。

　　高雄市目前的發展，就學界的觀點，係因人才多集中在北臺灣，影響南臺灣創新人才的延聘。科技部南部科學工業園區雖早在中部科學工業園區前即已啟動多年，但工業產值卻未能提昇，甚至已落後中部科學工業園區，即足以證明南臺灣人才的延用困境。此外，高雄港的吞吐量逐年減少，年復一年，名次落後，矧且港市不同調，皆是高雄市政經生態中，亟待妥善調整和積極作為的課題。高雄市應以臺北市為學習標竿，發展環狀交通建設，並且以「**南臺灣港都**」的定位發展觀光，重振商機，達至名實相符的「南北雙峰」城市-區域(city-region)作為成就。

三、直轄市市政規劃對臺灣區域發展的影響評析

　　以中國大陸土地面積之大(9,672,018km^2)僅有四直轄市，而臺灣土地面積僅36,197.0520 km^2，卻有六直轄市，即可想像臺灣的直轄市，其都市發展取向必然不能限於各該行政轄區；比較合理的發展思維，應以「城市-區域」理論推動區域治理，或許是比較有前景的發展模式。唯臺灣的區域治理卻有下列的策略選擇(strategic choice)，甚至有所謂路線之爭(thought debate)。分析如下：

(一)九二共識或非九二共識區域治理的影響度

　　近些年以來，臺灣突然出現有無「九二共識」(1992 consensus)的爭議，諸不知有無「九二共識」，將影響臺灣人民西向發展的身分。蓋 1992 年 10 月，

中國大陸國臺辦委託汪道涵負責的「**海峽兩岸關係協會**」(簡稱**海協會**)與臺灣陸委會委託辜振甫負責的「**海峽交流基金會**」(簡稱**海基會**)，在香港舉行「**辜汪會談**」。就「**一個中國**」議題提出 13 項表述方案，會談中迄未曾達成書之文字的一致性共識，但在會談中曾有認同「一個中國」口頭表述；復由兩會之非正式協商過程，達致「**兩岸堅持一個中國原則**」的共識(大陸主張)，而「**一個中國，各自以口頭表述**」(**臺灣主張**)，確是祇「表述」而不「口述」的共識。此即前陸委會主任委員所創設「九二共識」一詞的內涵。而辜振甫將此一名詞姑謂之「**九二諒解**」(1992 understanding)。由於「九二共識」，已為 2015 年 11 月，兩岸領導人習近平、馬英九在新加坡歷史性會晤中確認。此項「**馬習會**」的九二共識確認，所顯示的政治意義，即是九二共識所意涵的「一中原則」，係兩岸和平發展的前提；而「一中各表」係兩岸內部政治運作的文書表達。

　　臺灣六直轄市的區域治理核心都市作為，形式上似與中國大陸無涉。事實上，六直轄市的區域治理，如認同「九二共識」，彼等與大陸城市的交流；尤其與上海、天津、廣州和福州的「**自由經濟貿易區**」的投資，即不是海外或稱國外投資，而是西向大陸臺商投資；自然在相關法律適用上有異於外商，甚至可說兩會所簽訂的 23 項協議，始能合法適用。反之，蔡英文在 2016 年 5 月 20 日，就任中華民國第十四任總統以來，即在就職或國慶演說中，避談「九二共識」，而獨語「九二歷史事實」。其在大陸解讀時，即有不承認「九二共識」之意，以致兩會正式交流中斷；國臺辦與陸委會負責人間的「熱線」(hot line)，亦完全停擺。此時六直轄市的兩岸活動，除臺北市長柯文哲因諒解「九二共識」；亦即承認九二共識，而得以續辦「臺北-上海論壇」外，其他尚有包含新北市在內「八藍色執政縣、市」赴北京，洽商陸客蒞臨各該八縣、市觀光的招商活動；其餘包含高雄市舉辦的「港都城市論壇」，獲邀的大陸五城市皆以「已讀不回」方式，未能應邀來臺灣參加盛會。基於上揭的事件發展，殆可看出九二共識與非九二共識，對於六直轄市推動的「**區域聯合治理**」，或將有直接、間接的衝擊；尤其是涉及海西或大陸城市間交流的「**境外區域治理平臺**」，將有至為明顯的正負面影響。

(二)一中同表或一中各表對區域發展的衝擊力

　　臺灣在國民黨執政時期所堅持的「九二共識」，係「一中各表」（one China，different interpretation）。因之，在官方文件上係述明「九二共識，一中各表」，本係相當平靜的政治發展，卻因 2016 年 5 月蔡英文執政後，對於「九二共識」隻字不提，卻承認「九二會談歷史事實」，而致兩岸的官方交流盡是「已讀不回」形同「中斷」的情狀。其實兩岸領導人所宜考量者，應係「九二共識」所意涵的「一中原則」；所稱「維持現狀」（sustainable status quo），就是在兩岸人民皆可認同和接受的最大公約數「一中各表」基礎上，發展「特殊關係」（special relations）。

　　最近國民黨內部有究竟「一中各表」和「一中同表」路線之爭。此項爭議若不儘早停止，勢必影響臺灣各直轄市在首都或其他重要城市間的交流，間接影響區域發展中的願景規劃。此因大陸在堅持「一中原則」下，如採「一中同表」，該一中即是現行大陸政權；而在臺灣，在一中原則下，如採「一中各表」；即可謂之「主權統一，治權分在」。此即東西德的特殊內部關係（張亞中 2016.10.17 中時）的翻版；亦將是實質現狀的維持。就二者比較似以後者較不易在臺灣內部引起爭議，且有裨於兩岸城市間的區域發展[4]。臺灣六直轄市的執政者雖有藍、綠之分，但現階段「一中各表」所顯示的政治意涵，則是各該直轄市的多數民意較容易接受的「共識」。一旦「一中各表」為兩岸發展的框架成形，勢必影響臺灣六直轄市重見交流的可行性。兩岸間儘管中央決策者各有堅持，但在「一中原則」下，地方間交流或是民間交流絕不能減少，而且更需要加強。「知己知彼，百戰百勝」，兩岸的終極目標就是「文化合體」（cultural integration），順其自然達成「經濟合體」（economic integration），乃至「政治合體」（political integration）。此係兩岸發展的歷史性工程，在工程作業上宜減少失誤，乃是上上之策。兩岸直轄市間或與大陸其他地級市間的區域發展，就由「一中各表」政策選擇下展開和策進，應是最適政治工程的作為前提。

---

[4]　區域發展(regional development)可分為內國或外國；如屬內國者，區域間或區域內的政經發展，或文教、人文社會之交流，皆屬區域發展上探討之範疇。

本研究深信，不論「九二共識」或「一中各表」，兩岸最可能的政治發展，就是在「一個中國」的前提下，發展正常的統一前交流關係；亦即兩岸人民皆承認同屬一個中國。至謂一個中國原則的內涵如何，則可有不同的詮釋。如在大陸是中華人民共和國，在臺灣則屬中華民國，各有不同的解讀，但簡稱就是一個中國，或稱一中，將是促動交流再起的通關密語；而六直轄市與大陸重要城市的「區域發展」，亦必將順利推動和發展。(參見 2016/10/18 中時刊載國臺辦前主任張志軍的論述不謀而合)

(三)異軍突起或區域治理對區域發展的貢獻度

臺灣六直轄市的政經生態條件不同，在區域發展上的貢獻度本就有所差異，但就其可能的積極作為；尤其對各該轄區之區域發展有更顯著的不同貢獻。比如六直轄市各自孤軍奮戰，而在異軍突起中爭取更多的行政資源，從而展現各該直轄市的優勢；或採區域治理的模式，致在新的合作環境中，扮演領頭羊的角色，共同打造一個具有區域競爭力，從而凸顯城市競爭力的亮點，則是一個發展策略選擇。

就區域發展所能產生的 1+1≧2 的「績效」(synergy)而言，區域治理應優於單獨策進的異軍突起。祇是區域治理的「團隊合作」(team cooperation)一向是中國政治文化的弱項；在臺灣當然亦不例外。因之，如何塑造區域治理的條件，乃是中央主管機關和地方政府首需共同建造的機制條件。地方制度法第 24 條之一，已明定「區域合作組織」的依據，內政部如能從善如流，以訂定「行政規則[5]」推動城市間交流，將是當下比較急迫的事項；其實中彰投苗區域治理平台或南高屏澎區域治理平台已正式運作，內政部理當參酌上揭二平台經驗，以訂定區域治理平台之設立機制，似無可推遲。

---

[5] 固然地方制度法第 24 條之一，已有成立「區域合作組織」的規定，但如何成立欠缺較為詳細的規制。在修法未完成前，宜以「行政規則」方式訂定機制，以供地方政府依循。

(四)威權管理或區域合作對區域發展的執行力

臺灣的都市治理(urban governance)一向重視「權威領導」(authoritative leadership)，以致都市發展的成就，皆以「市長領導有方」的超人魅力(charisma)呈現在大眾媒體上；此係相當不客觀的社會評價。都市治理固然須要市長卓越的領導，但市政服務團隊的「集體智慧」所呈現的團隊效能，亦是市政得否發展的關鍵因子。本研究經多年的觀察，發現臺灣的六直轄市在各該區域發展的「合作文化」尚有不足之處。直轄市長係所在區域的領頭政治明星，而區域內之其他行政首長，如不屬同一政黨的所在區域合作，就需要以合宜的角色來爭取合作的機會。中彰投苗區域治理平台係由民進黨籍的前臺中市長林佳龍策劃和推動，現今除彰化縣長係同屬民進黨員外，其餘南投縣長林明溱、苗栗縣長徐耀昌皆為國民黨員。彼等本有政黨衝突的潛在政治對立情形，林佳龍竟能將四位地方首長會聚一堂，而形塑中臺灣區域治理的芻形，此應係林佳龍當下主動拋棄直轄市長的優勢角色，贏得其他三位地方首長的認同，始能建立區域合作的平臺。

事實上，都市治理應以「人性管理」為基礎，而專業行政(technology)係強化競爭力的必要條件。各該都市領導人已不宜再以「家長式領導」(patriarchal leadership)推動市政服務；尤其在爭取毗鄰縣(市)合作的夥伴關係上，更宜以合宜的平起平坐的角色，建立「圓桌式機制」；此即同僚模式(collegial model)。絕不宜以馬蹄形的「官僚模式」(bureaucratic model)發展區域合作，始可克服「不善團隊合作」的行政文化羈絆，以達致集體創造的團隊綜效。

四、直轄市長的市政領導取向，對臺灣可能的區域發展選擇

由前揭分析中，殆可了解臺灣的六直轄市發展取向，將對各該直轄市的發

展構成絕對的影響。理論上，都市空間的發展可由點、線、面、體及能層面考量。茲以功能層面(function)分析六直轄市在區域發展的趨向，但如何決定市政發展取向，卻不盡然都是各該市長所可全然決定者。因之，本研究僅以市長的領導風格，推論區域發展的可能選擇，

包括：

(一)向西發展係最適選擇

臺灣不論直轄市位處何方，就地理區位而言，當以向西發展的策略選擇為最適選擇(optimum choice)。蓋向西即係跨海與福州等海西地區的各城市間的區域合作，如就 SWOT 分析，如表 15-2 所示。由表 15-2 中，即可看出 SO 是同文同種，易於建立合作關係。海西係大陸自由貿易基地，正符合兩岸合作需求；問題是兩岸政治立場，在蔡英文政府避談「堅持九二共識」下，已形成「冷對抗」的對立狀態；城市交流自受到嚴重影響；復以臺灣六直轄市領導人，除臺

表 15-2　六直轄市西向區域發展 SWOT 分析

A B	S 優勢	W 劣勢
O 機會	1. 同文同種易於建立合作文化。 2. 海西係大陸自由經濟貿易區，正符合兩岸合作需求。	1. 政府不承認「九二共識」，肇致兩岸熱線中斷，其他交流已是呈現困境。 2. 兩岸的合作條件，海西固然好，但機制資訊不足。
T 威脅	1. 台商在大陸市場雖有優惠條件，卻仍有失敗情形。 2. 跨海赴海西發展，官方或學校皆有不愉快情形之發生。	1. 政治立場嚴重對立下，城市交流必受影響。 2. 直轄市不是藍，就是綠。

資料來源：本研究整理　　　　　　　　　　　　　註：A：內部環境　B：外部環境

北市長係無黨籍傾向民進黨、新北市長為國民黨籍外，其餘四直轄市長皆是民進黨重要政治菁英，恐不易獲致大陸官方的信任；2018 年後除臺北市長無黨籍、臺南市民進黨籍外，其他三直轄市(新北市、臺中市及高雄市)，皆由國民黨籍人士出任，情況似有改善。城市交流勢必在「中共中央」的關切下停滯。是以，大直轄市固以西向發展為最適選擇，但客觀環境尚在變遷中，如肇致城市交流功敗垂成，殊為可惜。

(二)向東發展係可能選擇

臺灣的東向最鄰近地區，就是琉球的石垣島；亦即直轄市如向東尋求區域發展，就是向日本城市發展合作關係。近些年來，臺灣有部分「哈日派」力主與日本加強交流；尤其蔡英文政府成立後，不僅駐日代表改派民進黨前主席謝長廷出任，而且蔡英文亦曾赴日本訪問，就是一口「政治傾日」的外交行為語言。姑不論日本外交的一向「傾共」或「尊共」，蔡英文政府的盤算未必實現；即以現實的「模糊關係」(fusion relations)而言，日本與大陸的外交關係，係穩定的、正常的。因之，臺灣六直轄市的東向發展，就全球化經濟(globalization economy)而言，係可能的選擇，但變數乃在於民進黨的「傾日」企圖，不易受到日本高度政治的信服，甚至有被視為祇是少數「天然日」的「灣生」後代呼應。對於上揭敏感的政治問題，固然不易找到各方皆可接受的「均衡外交」(equilibrium diplomacy)，但就區域發展；尤其境外的區域治理，應是「經濟掛帥」，而不純然是「政治至上」(political supremacy)的策略選擇而言。六直轄市在權宜情況下，或是在西向發展中，亦宜考量「多邊合作」的可行性，而採取純經濟的「向東區域治理」模式。此對六直轄市擺脫現實發展困境，應屬「策略性夥伴關係」(strategic partnership)可能選項之一。

(三)向北發展係必要選擇

臺灣六直轄市向北發展「城市間區域合作」，係「城市外交」(city diplomacy)的典型模式。就其「北向」可能包括：南北韓、外蒙古、俄羅斯；尤其美國，

乃至加拿大等國家。當然一般所指「北向」係指美國而言，本研究則主張「彈性經濟」(flexible economy)，將上揭國家的「區域經濟合作」納入發展範圍。可惜臺灣至今為主，直轄市較傾向與美國城市之合作為主；各直轄市所簽訂的「姊妹市」(sister city)，即是如此。對於六直轄市所以必要與「北向國家」重要城市發展區域合作，主要基於下列之考量：

1. 臺灣長久以來，即與美國發展城市外交；就現階段加強直轄市與美國各大城市的區域經濟合作，應是水到渠成之事。所費不多，卻可有很明顯的進展。

2. 臺灣六直轄市如除美國大城市外，尚能就南北韓、外蒙古、俄羅斯或加拿大建立城市間經濟合作，或是其他文化交流，將能擴大民眾的國際視野，亦可強化政府間的「**活絡外交**」(flexible diplomacy)，可謂「國際間外交」的再擴充；亦是國民外交的附加價值。

3. 該六直轄市與境外國家重要城市的經濟合作，可由臺灣最具競爭力的 ICT(Information and communication technology)產業，或稱資訊與通信科技產業，以及其他先進軟體產業為主，並與其他城市間的傳統產業，乃至農業交換技術，鼓勵相互進出口。此在臺灣的區域經濟上必將是一項突破。

4. 每年臺灣的直轄市或其他縣(市)皆有出國招商的活動，多少已與上揭國家的城市有若干合作文件的簽訂。基於此一發展基礎，再輔以必要的配套措施。此種跨國間的城市「區域經濟」，應屬現階段必要的活絡經濟選擇。

(四)向南發展係可行選擇

　　蔡英文政府於 2016 年 5 月成立以來，即以「新南向政策」(new south-oriented policy)視為其經貿的新政策取向。蔡政府首任閣揆林全為落實此項政策，已在行政院成立「經貿談判辦公室」。針對 18 個新南向國家，包括：東協 10 國、南亞 6 國及澳洲、紐西蘭，設立「一國一平台」單一窗口，發展包括：「經貿合作、人才交流、資源共享和區域鏈結」的四大工作主軸，含蓋 15 項計畫，以建立南亞各國與臺灣之「**經濟共同體意識**」(consciousness of economic community)，促使臺灣經濟發展。該新南向政策成敗關鍵，就在六直轄市是否

積極參與和發展各該產業特色，以形塑「區域經濟之合作與交流」。基本上，六直轄市積極參與是必然的經濟發展策略選擇，唯因新南向經濟正在規劃階段。前揭行政院經貿談判辦公室和國家發展委員會、經濟部、農業委員會、教育部、僑務委員會等中央機關，在執行「新南向政策推動計畫」時，如何納入六直轄市的參與規劃和執行作業，應是當前全面啟動行動方案的市場必要思維議題。

　　本研究認為中央部會固可設想六直轄市推動「境外區域發展」的可行性，但其經濟效益及其他文化、社會效益，則宜加多所評估。最基本者，乃參與作業的可行性。當今國家發展經濟之落實機制，就在於「參與管理」(participant management)的施行。此外，過往南向政策的失敗經驗，乃至臺鋼在越南設廠延宕開場的政治因素，或是在其他國家投資失利的教訓，主政的國家發展委員會應加整理或分析，以供將來訂定該等國家新南向政策的重要參考。

五、六直轄市的市政規劃，涉入國際和兩岸視野的主要治理作為

　　經由上揭分析，臺灣的經濟發展，各該直轄市居於區域發展的核心都市，在策動區域縣(市)「雁鳥行」(bird fly)時，其所涉及的視野，可分為國際化和兩岸化二途徑。主要的區域治理作為，分為：

(一)全球化都市經濟

　　雖然國際間因難民問題的惡化，已出現反全球化(anti-globalization)的輿論，但就全球經濟的發展而言，全球化仍然是主流；臺灣的經濟發展更不能不依賴全球化經濟的永續化。六直轄市的境外區域發展，在經濟方面就當以全球視野推動。雖說各該直轄市各有不同的經濟發展亮點，且以「西向為最適選擇」，但中國大陸已由世界工廠邁向世界市場，且二者互有擅專。是以全球化

都市經濟的治理思維，應係六直轄市發展區域經濟，並且向境外發展的重要治理策略規劃。中國大陸民眾的生活品質正逐年提昇，在中華文化思維模式中，係以基本需求→溫飽→舒適→美觀的四部曲或三部曲生活模式，而有不同的產品需求與更換時機。六直轄市的行政規劃人員宜掌握需求時機的更動，而能適時宣導境外民眾的生活需求新模式，形成市場供應鍵的國家，而亞洲的其他重要城市，即在此一市場機能中找到合宜的定位，並且強化交流，以展現經濟自由化的經貿機制貢獻。

(二)國際化都市貿易

由於蔡英文政府的規避「九二共識」，而影響臺灣在實質國家機制的運作。為能突破當前國際經濟困境，即待採取城市經濟貿易(city economy &trade)的策略。此項策略選擇係「地方經濟」(local economy)的應用；卻是當前國際政經環境的可行模式，而六直轄市過去所為國際招商，即在此一都市貿易中得以全般落實。因之，主管直轄市的「產業經濟」(industrial economy)行政部門，已不僅扮演國內經濟，或是工業生產(industrial production)的行政角色，且宜增加在「國際貿易」(international trade)或是「產業行銷」(industrial marketing)的行政機能，始能勝任未來的經貿發展之事務處理。此項新興公共事務，對於各該直轄市固然是一項嚴峻挑戰，但祇要中央主管經貿部門能多所協助；尤其是在通關作業、安全檢查方面，能全力支援或協同完成各項作業手續，促使城市貿易能如同國際貿易；亦確係視同國際貿易進行，則六直轄市的區域經濟必然大有可為。

(三)兩岸化都市經營

由於西向發展係臺灣六直轄市的境外區域經濟的最適選擇，儘管眼前呈現若干不易克服的困難，但臺北市在「上海-臺北論壇」的若干彈性措施，已證明尚有諸多可行之處。其他直轄市似可酌加參考，以使兩岸間的都市經營，不致

出現斷層。臺灣的都市經營，雖不見得已達致高效能行政的預定目標，但就城市競爭力而言，大陸的直轄市或是其他地級城市當有不少可資借鏡之處。

姑不論臺灣直轄市的實施地方自治，就以「地方治理」的途徑(approach)或方法(method)而言，臺灣的人性化管理(human management)、目標管理(MBO；management by objectives)；尤其最近正在推動的建立關鍵績效指標(KPI；key performance indicators)的「例外管理」(management by exceptions；MBE)或「績效管理」(performance management)，皆是兩岸城市間加強交流，且以合作的對方城市視為學習標的，以致直轄市成為學習型組織；最近世界級城市皆朝向智慧型城市(smart city)發展，就是學習型組織的具體表現。兩岸城市間的新治理模式，即在彼此能以相互學習的開放心態中，共創雙贏的都市經營模式。

(四)在地化都市治理

當前臺灣的六直轄市最重要的都市治理工作，就是呈現各該都市「**全球在地化**」(glocalization)的特色，始能在境外區域合作中展現「競爭的本錢」或「合作的籌碼」。由於任何競爭實體(competitive entity)或合作實體(cooperative entity)的參與競爭或投入合作，皆以獲致實質效益為前提，城市交流亦不例外；尤其境外區域發展，如不能由對方獲致競爭或合作效益，即不易推動可長可久的區域合作。因之，直轄市的在地化特色須加以「行銷管理」(marketing management)。此項行政工作，固然已漸獲各該市政當局重視，但就本研究實地了解，仍有積極充實之發展餘地。比如：各直轄市網頁；尤其各局處網頁，即使是中文部分都不能將各自的業務法令和服務績效，整理為有系統的行政資訊，並且轉換成體系的數位資訊，在網頁上登載和流通。此較歐美都市的網頁設計上實明顯略遜一籌；歐美城市對當地的基本資料，多能妥善整理，以供國內外人士的參考。至於外語的城市資訊網頁設計，在直轄市已加速國際化之際，自當線上作業(line up date)。

　　對於直轄市的在地化治理，在直轄市改制初期，即須列為市政規劃重點工作。此因城市競爭激烈，如何在諸多等級同位的都市中勝出，就是依靠行銷的技巧和策略運用之完妥與積極。此係在地化完成的最後階段，絕不宜半途而廢。當然都市在地化經營管理，係一項事實或稱現狀的表達。就事實而言，行政部門如何篩選；就現狀而言，如何認定，皆是一項艱鉅任務。但在地化畢竟是城市本身的作為成果，城市執政當局自當義不容辭，而為合宜的網頁製作，以提供民眾既可靠又新穎的市政資訊。不僅是宣傳市政，而且肯認宣傳成效。在地化固然需要創造，但宣傳亦是必要作為過程。唯有如此，其都市治理始可看到成效。

六、結語：六直轄市區域化規劃，應有國際和兩岸視野

　　都市經營，就是都市企業化管理；此就都市行政而言，一向是國內公共行政部門所欠缺的觀念。在新公共管理學者提出「企業型政府」後，已成為都市管理的主流。事實上，都市需要企業型政府，但都市管理並不是企業型政府的同位語。質言之，企業型政府的行政績效，祇是市政管理的部分內容；其他尚有公民意識的尊重，公民參與和議會政治的整合，此即新公共服務的理論建構。

　　臺灣六個直轄市的新生，代表臺灣走向都市國家的道路儼然形成，但都市國家的市政發展環境，亦宜逐漸國際化；此即全球化世代的都市發展取向。由於臺灣的政治環境，在蔡英文政府成立以來，已出現一個與馬英九政府並不相同的嚴峻國內外政治環境，以往不可能發生或是發生情形在以前認為可完全排除的政治現象，正在紛至沓來；唯 2016 年 10 月 24 日，蔡英文政府釋出大陸生與僑外生同享健保待遇，係兩岸新發展的契機。此際正是六直轄市本諸在地化特色，彼等在境內強化與鄰近縣(市)的區域治理；在境外則以城市合作的理念，策進全球化都市的形成；尤其是兩岸間的直轄市交流，與大陸地級市間的合作與競爭，皆是六直轄市當前的重要發展課題之一。

　　當前政府為強化臺灣六直轄市的國際都市競爭力，以及增加與大陸重要城市間的區域合作貢獻度，各該直轄市的市政規劃取向，自當由境內為主，改弦易轍為境外附加價值的市政規劃走向。市政當局之各級市政服務人員，自應體認此一世代的正在來臨；積極充實人才之國際視野，而且將兩岸區域合作，列為當前最重要的重點工作。希望能最在短期間內，即能由「冷對抗」改為「熱合作」的局面，且將合作藍圖，視為走向國際化的心理圖式，全力策進之。

參考書目

沈榮華(2013)，《昆明樣本：地方治理創新與思考》，北京：清華大學出版社。

紀俊臣(2004)，《地方政府與地方制度法》，臺北：時英出版社。

紀俊臣編著(2007)，《都市與區域治理》，臺北：五南圖書出版公司。

紀俊臣(2011)，《直轄市政策治理：臺灣直轄市的新生與成長》，臺北：中國地方自治學會。

紀俊臣主編(2014)，《2014 臺灣城市區域國際學術研討會論文集》，臺北：中國地方自治學會。

紀俊臣(2016)，《都市國家：臺灣區域治理的策略選擇》，臺北：中國地方自治學會。

紀俊臣主編(2016)，《地方治理的過去、現在、未來：臺灣經驗的分析》，臺北：財團法人臺灣民主基金會

柯志昌(2014)，《地方治理思維與政策工具運用之研究》，臺北：韋伯文化國際出版公司。

張亞中(2016)，〈橫看側看都是兩國論〉，中時 2016/10/17。

蘇彩足主編(2014)，《地方治理之趨勢與挑戰：臺北經驗》，臺北：財團法人臺灣民主基金會。

Kidokoro, T,N. Harata, L. P. Subana, J. Jessen, A. Motte,& E.P.Seltzer.eds.(2008),
   Sustainable City Region: Space, Place and Governance, Japan: Springe

Riddell, Robert, (2004), *Sustainable Urban Planning*, Oxford: Blackwell Publishing

拾陸、城市區域與核心都市：臺中市的角色與功能

紀俊臣

銘傳大學公共事務學系客座教授

摘　要

　　本研究旨在針對臺中市在中臺灣的城市區域定位，就其角色和發展加以探討和分析。臺中市在中臺灣五縣、市扮演核心都市，雖然前臺中市林佳龍市長曾提出「區域聯合治理」的執行方案，但人存政舉、人亡政息，在盧秀燕市長就任以來，在此一議題的執行，自宜持續加以推動；事實上已有相當的調整，恐將影響未來進展。因之，本研究本諸檢討過去，策勵來茲的發展思維，提出區域治理之角色再設定可能性和功能再設計可行性，以供臺中市執事者策定該市未來推動城市區域為基礎的區域治理平台之參考。

一、前言：臺中市的角色與發展

　　臺中市於 2010 年 12 月 25 日，由具地方制度法縣(市)(country/city)地位的臺中市與臺中縣，合併改制為具直轄市(municipality)地位的新興都會型(metropolitan)規模的全球都市(global city)。臺中市依地方制度法規定施行地方自治，是以該市為臺灣現制 22 地方自治團體(local autonomous body)之一。由

於臺中市位處臺灣中部 5 縣、市(包括：臺中、彰化、南投、苗栗及雲林)的區位中心，又為交通和運輸、金融和經濟的輻射中心，可稱之中臺灣(Mid-Taiwan)的核心都市(core city)如圖 16-1 所示；又因臺中市本身土地面積 2,214.8968km^2，截至 2020 年 9 月人口已達 2,815,704 人，人口密度為 1,271.26 人/km^2，是臺灣人口數第 2 大城，土地面積為第 3 大城，人口密度占第 7 位。臺中市除為中臺灣 5 縣、市的核心都市外，其因幅員大，本身即可以市政府所在的市中心向外輻射，成為次都市(包括：大里、太平、豐原)的中心都市；再因運輸及金融的中心都市地位，可成為彰化、苗栗、南投、斗六等縣(市)中心都市的都市核心。此即臺中市具有城市區域(city-region)角色與功能的組合模式。

　　因之，探討臺中市的都市發展(urban development)，或可由城市區域與核心都市兩種角度分析之。

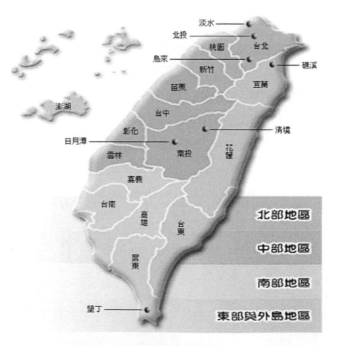

圖 16-1　中臺灣的行政區劃

資料來源：本研究由 google 下載(2019/10/6)

二、城市區域的理論建構與發展

　　城市區域的概念，遠在 1950 年代即在歐洲成為都市研究的課題之一；尤其英國對於城市區域的理論建構和發展，曾在學術上扮演舉足輕重的角色。

(一)城市區域的理論建構

　　所稱「城市區域」(city-region)的定義，係都市發展的類型之一。早期在北美謂之「都市延伸」(urban-sprawl)，乃指郊區亦具有高動力經濟極(economic pole)。其實城市區域係由大眾化(popularization)和漫延(widespread)的語詞使用的結果，在 1950 年代的英國逐漸發展，但成果並不如預期；尤其 2000 年以來的「新地方主義法」(new localism act)，對於城市區域更有諸多評議。本研究所以採用此一都市發展名詞，係因我國的國土空間規劃係以城市區域為基礎，在論述上可以貫穿分析之。

　　事實上，在 2000 年代初期，國內學者即以城市區域為主題所為論述，已不在少數。諸如：
1. 陳小紅以「在以城市競爭與區域治理」為題之專題演講中，即指出[1]：
　　它一定是在一個中心都會的區域，還有周邊尚未完全發展成熟的腹地；它往往是在空間上重疊或交集的區域(spatially overlapping or convergent urban areas)和其腹地，一般又以城市群(conurbation)名之；就像我們談「珠三角」就會想到以廣州向四周延伸出的一個城市群；談到「環渤海」，當然也會想到北京、天津暨其周邊河北省的保定、石家莊等地所構築的一個城市群。

　　陳小紅對於地理空間上原來並不一定相連，卻經政治網絡實質發展關係所建構的空間組合，亦以城市區域稱之。
2. 周志龍在〈大都會城市區域崛起與全球化臺灣的多尺度治理挑戰〉一文(2014)，曾指出：

[1]　2006 年 12 月 5、6 日，元智大學舉辦「兩岸四地都市治理與地方永續發展」學術研討會，陳小紅教授應邀發表演講。(資料見網路下載 2019/10/6)

　　　　驅動大都會區域變遷的力量，除了區域內產業的經濟影響外，尚有來
自於多尺度的政治面的牽制與激勵。這個多尺度的影響，主要包括區域內
(intra-regional)、區域間(inter-regional)、以及超區域(extra-regional)的三個
層面，並牽涉到跨國的(transnational)、全國性的(national)、區域性的
(regional)，以及在地性的(local)等多重空間尺度的政治與制度文化治理。

周志龍認為都會區域最困難的治理問題，就是國家所主領的大都會再發展策略
的推動，難以在多尺度的政治治理連動間協調一致的問題。

3. 葉晉嘉與吳濟華在〈城市區域、城市競合與全球商品鏈〉(2007)一文中指出：

　　　　全球城市是一個網絡的節點，具有主導經濟與金融的中心。因此超大
城市、鉅型城市可能並不一定是全球城市。而城市區域的觀點不僅關注都
市規模（雖然他是重要的特徵之一），同時更加重視都市核心地區與周圍
地區共同對全球競爭之下的合作關係。

該文復指出：

　　　　從制度的層面而言，亦即是一種社會鑲嵌（social embedment）的網絡
關係，可見網絡成員之間的互動關係，可能存在弱競爭（weak competition）
與強競爭（strong competition）的兩種關係。弱競爭者利用便宜的生產要素
維持競爭能力；而強競爭者則依賴高技術能力、內隱知識、與廠商間彼此信
任的互動與合作。這種具備強競爭的地區才具備成為全球城市的要件。

4. 李長晏在〈城市區域的理論形成與運作模式〉一文(2014)，曾指出：

　　　　城市區域是伴隨郊區化過程，在原來的都市區域邊緣形成的一些具有
專業化職能的城市或城鎮。它使得原有的就業中心分散了，形成了郊區-

郊區、郊區-中心城市的通勤模式。城市區域分布廣泛，最經常的表現形式，是一個核心都市；市區加上較低密度的周邊腹地；另一種形式是空間上重疊或集聚的城市區域，例如組合城市，加上周邊的腹地。城市之間通過相互合作獲得發展，有些城市區域甚至超過了國界範圍，形成跨界城市區域。

　　李長晏更指出城市區域研究有三個方向：1.將城市區域視為國家與全球化的連續機制；2.將城市區域視為城市與國家的對話平台；3.將城市區域視為城市間跨域合作的機制。

5. 韓釗在〈城市區域系統治理：以食油風暴為例〉一文(2014)，曾指出：

　　　　基本上，多中心城市區域是一個多功能的節點區域，但在較小的尺度與較低的層次上，則同時包含了多個單中心城市(monocentri city)。每一個單中心城市，則在此多中心城市區域系絡中扮演著資訊與物流樞紐的節點的角色。因此，各個單中心城市即在這個多中心城市區域中履行其特定功能，在聚集經濟(agglomeration economy)與網路經濟(network economy)的基礎上，持續透過競爭與合作的互動過程，塑造出一個複雜的流動網路，而使傳統所著重的地點空間(space of places)概念，逐漸被流動空間(space of flows)概念所取代，進而亦使「在…之間(in-between)」的重要性，逐漸超越了過去所強調的「在……之內(within)」

韓釗於文中復指出：「**多中心城市區域基於其在區域系絡中所形成的網路結構，而使學者主張從網路治理的角度出發，建議採取城市協力或建立夥伴關係之方式，以處理跨城市領域的共同性事務。**」

6. 紀俊臣在〈中臺灣核心城市與區域發展的關係建構〉一文(2014)，曾引用前行政院經建會對城市區域之界定，指出：

　　　　城市區域(City-Region 或 city region)係由中心都市與鄰近縣市共同建

設成為一區域經濟體，彼此建立產業聚落、就業人力、公共生活機能優劣互補的空間夥伴關係，透過擴大基盤、消弭邊界的跨域治理，創造空間資源整合綜效。

經由上揭針對城市區域的意義界定，以及相關理論的建構，殆可將城市區域分為廣義和狹義的兩種界定模式。前者指在特定核心都市下所為運輸與金融系統之網路建構，各次級都市與核心都市間的空間組合。該空間組合尚包含各自都市的腹地在內；後者則指特定核心都市與其腹地間的空間組合，對於次級都市則非所問。該等城市區域對於資源的空間流動，具有重大貢獻。此外，城市區域的跨域公共服務，亦至為重要。此乃該城市區域對資源利用上流動的重要任務之一。

(二)城市區域的理論發展

關於城市區域的特質，可分為：(紀俊臣 2014)

1. **城市區域化**：即指城市向周邊非同一區劃或同步發展的農村地區擴展領地的新區域概念。

2. **城鄉整合化**：城市區域固然有其自然形成的過程，但政府可以經由國土計畫的手段，以使城鄉生活水準漸趨一致。此種整合過程，將是城市區域最根本的作為

3. **城鄉經濟化**：城市區域就是促動城鄉經濟生活的合理定位，所為差距縮小的城市化發展。

4. **城鄉資訊化**：城鄉的資訊現代化，以及數位化，甚至應用 AI、AR、VR、MR，以及大數據處理公共事務，將是城市區域未來發展的趨勢所在。

5. **城市在地化**：城市區域已在全球化的催化下形成，但全球化和全球在地化係城市區域提升競爭力的充要條件。是以前置程序應在於城市在地化的獲得認同。

基於上揭城市區域的特質，Kidokoro 指出城市區域理論的建構，係以區域

至城市區域的發展途徑形成；亦即 1980 年代，歐洲將區域視為僅次於國家規模的歷史、文化和經濟實體(entity)。1990 年代起，經常出現城市區域的概念，即在以經濟掛帥建構城市發展共識，用以引領地方區域、國家和歐盟為範圍之國際經濟發展。

其次美國興起「2050 運動」*(America 2050)*，認為在美國人口快速成長和經濟擴充下，鉅型城市(mega city)應孕而生。此種類型城市又稱鉅型區域(mega-region)的出現，必然衝擊生態環境，需要有因應的治理策略。

此外，城市區域的發展，促使跨國家的集合城市或稱城市群(conurbation)取得經濟的正當性，乃以廊帶／群聚的形式出現，此即全球化城市區域 (global city region)。

在城市區域概念化後的世界，需要具有區域治理(regional governance)的作為能力，以致 1980 年代起，歐洲興起政府與私部門協力合作的論述，認為協力(collaboration)旨在強化城市競爭力，以及激勵非政府組織(quangos)之與聞公共決策。事實上，歐洲區域治理的特質，就是主張落實「區域統合主義」(regional corporatism)，認為法人團體可以經由談判和對話，以形成公共政策。由於城市區域的規模通常大於市鎮，而且在各該區域範圍內，公司組織亦扮演動員資源的主體定位，以致在影響公共政策上能有較好的機會。城市區域的發展，帶動都市的成長；尤其在智慧型知識上，能有顯著的成就，甚至採取「智慧型成長」(smart growth)的概念，用以展現城市區域的網路發展之設計和機制。

(三)臺灣對城市區域的設計與發展規劃方案

行政院於 2010 年 2 月 22 日，核定「**國土空間發展策略計畫**」[2]。即於該計畫中指出：「城市區域對影響範圍內的產業及人才輸入影響甚距，可透過跨域治理機制平台的形成，創造空間資源整合綜效」，說明執行部門深信城市區域的正能量影響都市生態是正面的。是以，國土空間規劃者，宜有效應用城市區域的綜效，以發揮國土空間的使用功能。臺灣係以在全球「提升臺灣競爭力」；

---

[2] 詳見 2010 年 2 月 22 日，行政院以院臺建字第 0990002926 號函，核定「國土空間發展策略計畫」。

在國內則在於「均衡區域發展機會」自許。當前政府係將國土空間結構，規畫如表 16-1 所示；即分為四階層：

1. 國際階層：臺灣是世界網絡關鍵節點
2. 全國階層
   (1) 三軸：中央山脈保育軸、西部創新發展軸及東部優質生活產業軸
   (2) 海洋環帶
   (3) 離島生態觀光區
3. 區域階層
   (1) 三大城市區域：北部、中部及南部
   (2) 東部區域
4. 地方階層
   (1) 七區域生活圈：北北基宜、桃竹苗、中彰投、雲嘉南、高高屏、花東及澎金馬
   (2) 縣市合作區域：跨域平台之縣市合作區域

表 16-1　臺灣的國土空間結構規劃

國 土 空 間 結 構		
國際階層	世界網絡關鍵節點	在世界網絡中，臺灣在 ICT 研發製造、科技創新、農業技術、華人文化、觀光、亞太運籌門戶區位等領域占有重要關鍵節點地位(node)
全國階層	三軸、海環、離島	中央山脈保育軸
		西部創新發展軸
		東部優質生活產業軸
		海洋環帶
		離島生態觀光區
區域階層	三大城市區域及東部區域	北部城市區域
		中部城市區域
		南部城市區域
		東部區域
地方階層	七個區域生活圈	北北基宜、桃竹苗、中彰投、雲嘉南、高高屏、花東、澎金馬
	縣市合作區域	跨域平台之縣市合作區域

資料來源：國家發展委員會網站(2019/10/9 下載)

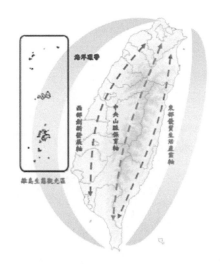

圖 16-2　臺灣國土空間結構(全國階層)：三軸、海環、離島概念

資料來源：國家發展委員會網站(2019/10/9 下載)

如以圖示，如圖 16-2，其中對於北、中、南等三大城市區域的規劃，係國土空間規劃成敗的關鍵。該計畫明確指出：具國際競爭力之城市區域，須整合及創造下列特點：

　　1.具高科技研發能力；2.高品質之生活及工作環境；3.高效率之空間發展及產業活動；4.有效的公共建設投資。基本必備條件，包括：1.國際聯結：擁有國際機場及港口；2.具有中心都市及學習區域；3.足夠的工商業腹地；4.區域內擁有便捷的交通系統。

　　北、中、南城市區域區位如圖 16-3 所示，至其發展構想，該計畫即明定：

圖 16-3　臺灣三大城市區域概念設計

資料來源：國家發展委員會網站(2019/10/9 下載)

(一)北部城市區域發展構想

　　其範圍包括：宜蘭至北苗栗區域。定位為國家首要門戶、經貿核心、創新與文化國際都會及高科技產業帶。核心都市是臺北都會地區(臺北及新北二直轄市)。經查北部城市區域內之城鄉發展已大致成型；惟蘭陽平原應逐步強化其區域核心的機能。區內產業活動興盛，各類工商服務發達，加上國際海空港運輸便捷、軌道運輸系統漸趨完善，各種文化設施走向精緻化發展，促使北臺城市區域整體服務機能漸趨完備；未來該城市區域的整體發展應以「提升品質」為要務。當前因東亞都市的競爭，以及中國大陸經濟興起後的重點城市區域快速發展，未來的獨特性應在展現國際競爭力。

(二)中部城市區域發展構想

其範圍由南苗栗至雲林區域，定位為優質文化生活中樞及新興科技走廊國際都會。核心都市為臺中都會地區(即臺中直轄市)。經查中部城市區域之城鄉發展區塊規模不大且結構較鬆散，未來在不大幅擴大發展區的前提下，可藉高鐵站區、主題計畫園區、海空港區等計畫，發展出數個新的次區域核心，並加強各核心，成長中心之間的運輸服務，強化城市區域內的整體網絡結構，並維持適宜的中小發展規模。該城市區域因位於中臺灣，鄰近臺灣地理中樞區位，長期以來因受制於彰濱工業區、麥寮之輕石化專區、臺中港特定區及彰化大城石化專區，致使海岸地帶佔滿重工業；往內陸側為中部主要城市之分布，祇有一市獨大，可以孕育出相對低密度、休閒且具人文氣息之生活風格；亦即可強化該核心都市與生活休閒相關的新產業發展。

(三)南部城市區域發展構想

其範圍由嘉義至屏東區域，定位為國際港都及文化與海洋雙核國際都會。其核心都市為高雄與臺南都會區(即指高雄與臺南二直轄市)。由於該城市區域具雙核都會特性，臺南以行銷精緻歷史文化空間、高雄以營造經貿與物流網絡為強項。雙核距離近，且有擴張趨勢，實有必要強化與引導雙核間的城鄉成長軸帶，以使南部城市區域的發展更趨緊密。經查其製造產業發展成熟，工業發展歷史久遠；惟製造業外移嚴重，區內製造與物流頗受衝擊；亦使高雄去工業化程度加速，而近些年高雄亟思轉型，以創業、數位軟體、水位觀光及利用高雄港與大陸新崛起之港口，成為港群，呈現既競爭又合作，為臺海二岸布局形成產業鍊。

三、臺中市在城市區域角色的檢視與策進

　　由前揭「國土空間發展策略計畫」，有關「城市區域」的規劃方案，殆可發現臺中市的城市區域角色，將略加檢視，並就國土規劃的觀點研提建議於后：

(一)檢視

　　自 2010 年 12 月 25 日，臺中縣(市)合併改制為具直轄市法律地位的地方自治團體以來，業已歷經胡志強、林佳龍及盧秀燕三位直轄市長的政治領導，就下列統計數字(如表 16-2)，殆可看出臺中市的發展情形：

1. 在中臺灣五縣市中，土地面積計有 10,506.8763km^2，臺中市土地面積僅次於南投縣的 4,106.4360km^2，達 2,214.8968km^2，占中臺灣總面積的 21.08%，人口於 2019 年 9 月為基準，臺中市有 2,812,507 人，占中臺灣五縣、市總人口 5,808,488 人的 48.42%，幾近一半，為五縣、市中人口最多的地方自治團體。由上揭二數字，已足以說明臺中市不僅是五縣、市中人口最發達的新都會之一，其人口密度為 1,269.81 人/km^2，應屬人口密度最高的中部城市區域的核心都市(core city)。

2. 在中臺灣五縣市中，祇有臺中市人口逐年成長，由 2011 年的 2,664,394 人，逐年成長，2015 年為 2,744,835 人，2018 年為 2,803,894 人，2019 年 9 月是 2,812,503 人。改制直轄市以來，平均每年皆有 16,547 人之增加，就其成長曲線為 2012 年增加 20,499 人，2015 年增加為 24,610 人為最高峯，以後即趨緩；此後 2016 年增加 22,794 人，2017 年增加 19,831 人，2018 年增加 16,824 人，2019 年 9 月僅增加 8,613 人；唯 2020 年 1 月，已達 2,815,704 人，則較 2019 年 9 月，僅 4 月即增加 3,201 人。此與國家人口少子化趨勢有關，但就與其他四縣之比較，皆成逐年下滑情形，似因人口社會移動至臺中市，致臺中市雖人口增加已趨緩，但其人口仍再成長言之，即是因位處國際大都會，受到容易就業影響，乃有農業城市向商業城市流動的社會增加情形有關。

表 16-2　中臺灣五縣市重要增減資訊統計

項目＼年別		2011	2012	2013	2014	2015	2016	2017	2018	2019
臺中市	A	2,214.8968								
	B	2,664,394	2,684,893	2,701,661	2,719,835	2,744,445	2,767,239	2,787,070	2,803,894	2,812,507
	C	102,877,561	106,908,223	107,556,315	111,868,318	113,555,985	126,350,200	126,771,143	129,683,243	124,656,476
	D	724.37	713.33	730.46	844.83	889.12	1,126.55	1,198.77	1,258.24	1,037
彰化縣	A	1,074.3960								
	B	1,303,039	1,299,868	1,296,013	1,291,474	1,289,072	1,287,146	1,282,458	1,277,824	1,273,130
	C	31,905,033	33,766,097	35,491,163	42,429,119	38,068,721	41,056,262	41,863,516	43,148,776	50,071,485
	D	209.97	233.09	236.47	238.53	238.31	248.72	261.08	264.19	236
南投縣	A	4,106.4360								
	B	522,807	520,196	517,222	514,315	509,490	505,163	501,051	497,031	494,692
	C	19,900,000	19,800,000	20,300,000	20,700,000	20,549,550	21,550,000	21,857,801	23,918,000	23,744,000
	D	176.45	173.90	178.97	167.42	176.81	160.67	142.12	121.91	105
苗栗縣	A	1,820.3149								
	B	562,010	563,976	565,554	567,132	563,912	559,189	553,087	548,863	546,093
	C	26,343,504	31,592,433	26,333,130	29,760,530	23,975,692	19,252,880	19,159,129	19,155,802	19,174,924
	D	341.29	397.34	401.59	398.10	392.86	252.15	385.55	382.40	379
雲林縣	A	1,290.8326								
	B	713,556	710,991	707,792	705,356	699,633	694,873	690,373	686,022	682,066
	C	26,204,065	26,060,000	27,786,000	26,692,000	27,115,586	27,790,000	28,297,377	29,281,181	34,942,069
	D	240.45	247.15	255.42	266.00	262.56	252.15	254.35	227.79	212
總計	A	10,506.8763								
	B	5,765,806	5,779,924	5,788,242	5,798,112	5,806,552	5,813,610	5,814,039	5,813,634	5,808,488
	C	194,963,148	209,613,805	212,350,218	208,394,615	202,859,152	213,983,177	213,320,306	223,170,455	234,416,789
	D	1,692.53	1,764.81	1,802.91	1,914.88	1,959.66	2,040.24	2,241.87	2,254.53	1,969

A：代表土地面數(km^2)　　C：代 表年度預算數(千元)
B：代表人口數(人)　　　　D：代表負債數(億元)

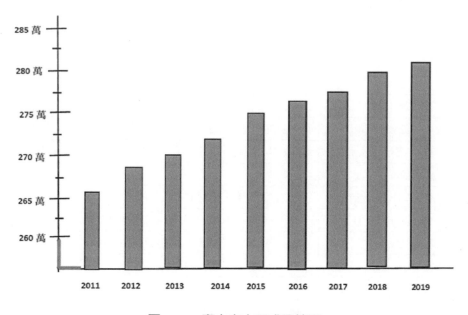

圖 16-4　臺中市人口成長情形

資料來源：本研究繪製

3. 中臺灣除臺中市以外的四個縣，人口數自 2011 年以來即逐年下滑，除苗栗縣外，其他 3 縣之下滑情形大體相同，彰化縣每年約以 3,323 人的平均數減少，南投縣 3,123 人，雲林縣 3,498 人。至苗栗縣平均每年減少 1,768 人。值得注意者，即苗栗縣財政最困難，就業亦未必比彰化好，但其人口減少情形，卻祇有彰化縣的一半。此可能與客家族群具有濃厚的安土重遷觀念有關。就因中臺灣的臺中市條件一枝獨秀，其所可能提供的服務業工作機會較多，以致其他 4 縣之住民多喜歡選擇前來臺中市就業。此對鞏固臺中市的核心角色更具意義。

4. 臺中市是中臺灣唯一的直轄市，在中央統籌普通分配稅款，以直轄市分配占 61.76%，縣(市)分配 24%，鄉(鎮、市)分配 8%的機制下，臺中市資源分配遠較其他 4 縣優勢，以致歷年預算年有增加。由 2011 年的 1,028 億 7,756 萬 1 千元，逐年增加，如：2014 年 1,118 億 6,831 萬 8 千元、2016 年 1,263 億 5,020

萬元，2018 年甚至達 1,296 億 8,324 萬 3 千元。2019 年是 1,246 億 5,647 萬 6 千元；一個市民平均分得 44,322.19 元，而 4 縣中以雲林縣民 51,229.74 元最高，南投縣民以 47,997.5 元居次，皆高於臺中市民。至彰化縣民 39,329.43 元，最低為苗栗縣 35,112.92 元。因之，就整體而言，中臺灣的資源分配尚稱平穩。此對推動以臺中市為核心都市的區域聯合治理，或聯合區域治理；即學術上之區域治理(regional goverance)不無幫助。

5. 就中臺灣的各縣、市債務部分：臺中市改制直轄市以來，其負債數即逐年增加，如 2011 年為 724.37 億元，2016 年為 1,126.55 億元，2019 年為 1,037 億元，市民平均債務為 36,871 元。至中臺灣其他 4 縣，以彰化縣負債最少，縣民平均 18,536.99 元，其次為南投縣民 29,225.32 元，雲林縣民為 31,082.03 元。負債最多的縣；即久負債名的苗栗縣民 69,402.09 元，經統計係為臺中市的 1.882 倍，最值得推動改革。就整個中臺灣的區域治理言之，中臺灣負債數，每人是 33,898.66 元，與臺中市民之負債此例相若(33,898：36,871 億元)僅有 3,000 元之落差數。

6. 由於中臺灣民眾的年度預算平均數為 40,357.62 元，5 縣、市債務之平均數為 33,898.66 元，二者相差數 6,458.96 元。正說明中臺灣各縣、市的地方財政狀況並不理想，需要各縣、市的合作，以創造經濟條件。臺中市做為中臺灣的核心都市，可經由該市的次級都市，如豐原、大理和太平，以及其他 4 縣的彰化、員林、南投、草屯、斗六、苗栗、頭份的串聯，形成具競爭力的中臺灣城市區域，以發展地方、繁榮地方。

　　上揭表 16-2 所顯示出來的中臺灣 5 縣、市的發展條件，固然賦予臺中市扮演中臺灣發展的領頭羊角色，但 5 縣、市究竟如何合作，需要有建立夥伴關係的機制。在林佳龍市長任內推動的區域治理機制，盧秀燕市長於 2018 年 12 月 25 日宣誓就職後，第一年不僅未停滯區域治理的政策取向，並擬將區域治理擴大，希望在「得道多助」下，有更豐碩的城市區域之協力治理效應(effect of collaborative governance)。但第二年的情狀似未曾有更加強化的預算編列，不無令人對區域治理機制中斷憂心。

(二)策進

　　如以臺中市扮演中臺灣核心都市的輻射理論(radiation theory)[3]分析，其在中臺灣的定位，應是核心都市(core city)，而其在城市群的組合上，又是城市區域的核心都市或稱首要都市(prime city)。臺中市究竟如何扮演城市區域的領頭羊角色，下列領導思維可以充作策進的行動綱領：

1. 臺中市的國土計畫草案已於 2019 年 9 月 5 日公告，並預定於 2011 年 5 月 1 日前公告「**臺中市國土計畫國土功能分區圖**」。此項劃時代的國土計畫公告，將關係臺中市的未來發展；亦直接間接影響中臺灣的國土使用；國土使用的合理化，將直接衝擊國家的競爭力之增減。2010 年，行政院核定公布「國土空間發展策略計畫」，僅具內部行政法的「行政規則」定位；唯國土計畫係依國土計畫法規定公布的法規命令，其對土地使用的所有權、地上權人及租用人、管理人皆有其拘束力。一旦公告即應嚴格執行，但在規劃階段允宜傾聽民意，務必做到國土計畫不僅國土保安，而且庶民經濟繁榮、社會文化永續。此項任務對臺中市的領頭羊角色，具有鞏固而擴散的作用，有待市府主管部門審慎為之。

2. 臺中市政府正以「翻轉經濟，富強臺中」為主軸，推動各項建設。據 2019 年 9 月 20 日，臺灣競爭力論壇學會「2019 臺灣競爭力高峰會」，臺中市政府經濟發展局副局長李逸安專題演講，指出臺中市正以人口優勢：臺中為全臺第二大城；交通區位優勢：臺中位於東亞樞紐、中部節點及產業聚落優勢：大臺中產業走廊完整串聯產業鏈，如圖 16-5 所示。

1. 前店

(1) 制定招商策略：前端的銷售通路窗口，不僅帶來錢潮，進而吸引全世界人流來臺中會展商務觀光。

---

[3]　輻射定律（law of radiation）或稱 Planck's radiation law，起源於古典物理學理論，預測在某溫度下，其光譜輻射能率密度（u(λ)）隨波長而變。

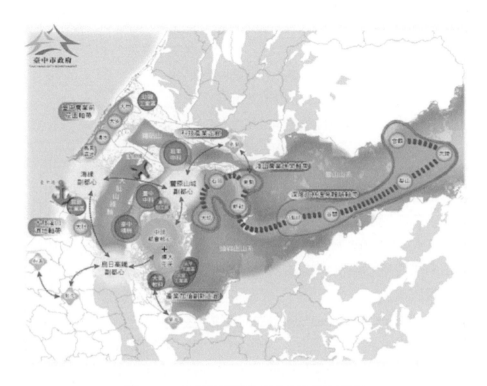

圖 16-5 大臺中產業走廊完整串聯產業鏈

資料來源：臺中市政府經濟發展局副局長李逸安專題演講（2019/9/20）

(2) 加強國際行銷：透過技術整合、產業升級、智慧製造等，提升臺中眾多成熟產業聚落的技術能量。

(3) 興建國際會議中心：結合臺中交通樞紐與地理優勢，成為與全世界企業對接門戶。

2. **後廠**

(1) 開發產業園區：以打造產業聚落，強化技術能力，讓臺中市的機械業、加工業、農產品及文創業等各式產業轉型和升級，讓產品配合訂單進行客製化的加值。

(2) 引進產業類別：批發及零售業、住宿及餐飲業、運輸及通信業、金融及保險業、不動產及租賃業文化、運動及休閒服務業等支援性產業。

(3) 正在進行專區：a.精密機械創新園區產業區

b.潭子聚興產業園區

c.神岡豐洲科技園區二期

d.大里夏田產業園區

(4) 規劃未來產業園區：

a.擴大神岡都市計畫產業園區申請設置案

b.新訂大里塗城都市計畫規劃案

c.烏日溪南都市計畫規劃案

(5) 打造產業聚落園區：中臺灣電影推廣園區計畫

3. 自由港

臺中市政府宜指定結合海港、空港及高鐵三者優勢必推動下列作為：

(1) 應用臺中港自由貿易港區「境內關外」及「賦稅優惠」等利基，促使廠商營運資金及銷售策略應用更靈活，以提升企業進駐意願。

(2) 「臺中-澎湖」大型高速客輪「雲豹號」開航，促使臺中–澎湖航線能在國際旅遊、國民旅遊上扮演更重要的角色。

(3) 爭取兩岸城市包機開航

(4) 爭取多元交流行銷臺中

上開促銷臺中市措施，其區位如圖 16-6 所示。

正如輻射理論所為輻射長短，與其光譜輻射能率密度有關，臺中市唯有強化本身的發展條件，始有能力照顧周邊縣。盧秀燕已將區域治理平台範圍擴大，其成功的條件，就在於臺中市的發展條件是否健全，以及上揭規劃能否落實。質言之，翻轉臺中係臺中市推動區域治理能否成功的關鍵因子。

圖 16-6　結合三港優勢積極行銷臺中相關區位設施

資料來源：「臺灣競爭力高峰會」，臺中市政府經濟發展局副局長李逸安演講
　　　　　(2019/9/20)

四、臺中市在中臺灣區域治理的可能角色與可行功能再規劃

2018 年 12 月 25 日，盧秀燕宣誓就任臺中市第三屆民選直轄市長後，即以

前任市長林佳龍所推動的「中彰投苗區域治理平台」為基礎，擴大邀請新竹縣、雲林縣及嘉義縣加入該一區域治理平台，以使中臺灣的區域治理合作機制聲勢更加滂沱。

(一)臺中市在區域治理角色再設定

盧秀燕於 2019 年 4 月 12 日，邀集彰化、南投、苗栗、雲林及新竹等五縣縣長及嘉義市長共同簽署「**中臺灣區域治理合作宣言**」，應係象徵中臺灣區域合作之邁入新紀元。由於此項擴大之區域治理平台，可涵蓋人口多達 6,596,343 人，占臺灣總人口數 23,593,783 人的 27.96%，土地面積廣達 11,994.4463km^2 占全臺灣總土地面積 36,197.07km^2 的 33.14%；亦即無論人口數或土地面積數，中臺灣 7 縣市確具有臺灣 1/3 的強勢條件。該七縣、市係針對「空污環保」、「經濟發展」、「交通建設」、「觀光旅遊」及「農產行銷」等議題進行分工合作，期能持續展現中臺灣區域治理之亮麗合作成果，藉以締造中臺灣民眾的共同福祉。

據臺中市政府研究發展考核委員會所管考之「**中臺灣區域治理平台歷次決議事件**」如**表 16-3** 所示。

表 16-3　中臺灣 7 縣市區域治理平台處理情形統計

組別 事件類別	空氣 環保	經濟 發展	交通 建設	觀光 旅遊	農產 行銷	合計
跨縣市合作	5	2	2	3	3	15
請求中央協助	3	2	3	1	2	11
計	8	4	5	4	5	26

資料來源：臺中市政府研考會列管(2019/10/12 下載)

屬於「跨縣、市合作」事項，計有 15 項，其中空污環保議題最多，達 5 項，經濟發展及交通建設各 2 項、觀光旅遊與農業行銷亦各 3 項：請求中央協助事項共 11 項，空污環境及交通建設事項各 3 項，經濟發展及農業行銷各 2 項，觀光旅遊 1 項。由上揭區域治理平台議決事項，即可清楚看出當前中臺灣區域治理上的公共議題，包括：

1. 空污環保是中臺灣最艱困的區域治理議題

　　以往涉及環境保護(environmental protection)議題，總以為是南臺灣的事：尤其高雄市，但在政府推動綠能產業，並以封存核四廠，部分核一廠停機以來，火力發電成即成為臺灣電能主力，如圖 16-7 所示，2018 年電力容量結構火力占 71.1%，其中為臺中火力發電量最大，CO_2 排放量為世界各發電廠之首位，

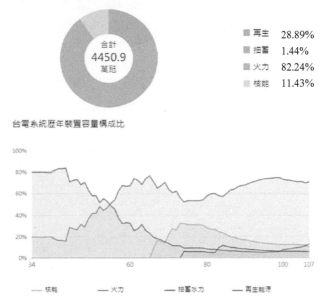

圖 16-7　台電系統歷年裝置容量構成比

資料來源：台灣網站(2019/10/13 下載)

其對中臺灣的空氣污染應有顯著的衝擊。埔里及竹山列為臺灣四大酸雨(acid rain)地區，其來有自。該火力發電廠所所排放 CO_2 的空氣污染，即使對臺灣亦有顯著影響。蓋臺灣細懸浮微粒(PM2.5)境外來源占 34~40%、境內污染占 60~66%；其中移動來源占 30~37%、工業源占 27~31%，其他占 32~43%，是以臺中火力廠就其排放 CO_2 的影響，昭然若揭。

對於此項可能影響整個臺灣的火力發電，所肇致的空氣污染問題，盧秀燕係以列為重大政見處理。其在當選後即奔波協調降低污染源，但成效有限。當下處理空污問題，除中央主管機關責無旁貸外，地方政府之加以監督和協調，亦是重要除污政策作為。盧秀燕除建議中央依職權改善外，亦須協同中臺灣 7 縣、市，依其法定權責加強移動源的管理服務。此係中臺灣當前最重要的公共議題之一；唯有經由宣導和取締，始可達致減排 CO_2 的政策設計。據聯合報 (2019/10/16)，英國近年能源占比變化如圖 16-8，說明英國在 2012 年燃煤占 42.3%，但 2018 年已降至 5%。英國能，中華民國有何不能？火力發電造成的空氣汙染宜有更積極的防制作法。

圖 16-8　英國近年能源占比變化

資料來源：聯合報(2019/10/16)

2. 交通建設是中臺灣展現正能量的區域治理議題

臺中市因有臺中港、臺中清泉崗國際機場及烏日高鐵站，可謂三港匯聚的大城市，對中臺灣的發展具有「城市區域」的核心都市角色；唯因加速城市區域的區域流動，其在交通建設上的需求尤其殷切。以發展軌道建設；尤其捷運系統(trainsit system)的建構，不僅臺中市轄區需加速建設，就是連接彰化縣及南投縣的次級都市核心(彰化市、南投市)，乃至雲林縣的斗六市、苗栗縣的苗

栗市，亦可帶動中臺灣的經濟發展。

此項區域治理課題受限於中臺灣各縣、市地方財政的困難，極需要中央主管的府際間夥伴關係建立，以推動諸如：BOT 的建設。中央主管機關似較傾向臺中市捷運線南延至彰化市的海線建設，而忽視南延南投市的山線建設。此對中臺灣資源的開發不無影響。比較可行的策略規劃，應係中臺灣開放捷運民營化，由中央主管機關融資藉以激勵民間投資和經營，應可衝出一道建設彩虹。

3. 經濟發展是中臺灣未來努力的區域治理資產

臺中市以領頭羊角色帶動中臺灣經濟發展的優勢條件，就是科技部中部科學工業園區(Central Taiwan Science Park)，共分為臺中、雲林虎尾、臺中后里、彰化二林及南投中興等五大基地。白 2003 年 3 月開放廠商進駐，進駐廠商包括：半導體、光電、精密機械、生物科技等產業，2008 年營業額為新臺幣 7,248.82 億元，僅次於成立已有 40 年的新竹科學工業園區 1 兆 755.14 億元，但中科成長率 25.56%遠遠超過成長率僅 5.56%的竹科，足見中科的科技發展潛力極其驚人。科技部已因應科技發展新趨勢，擬將中科以打造國際旗艦型的 AI 智慧機器人製造者基地為目標，以引領臺灣智慧人產業發展，並加速臺中園區擴建計畫，協助半導體產業 7 奈米先進製程技術研發量產。

由於，臺中市一直是世界級精密機械的製造基地，臺中市有鑑於此，於 2005 年 7 月，即依「促進產業升級條例」報編「臺中市精密機械科技創新園區」，勘選台糖公司山子腳農場約 124 公頃土地，闢為精密機械科技創新園區基地。目前已分一、二期各有 124.79 公頃及 36.9 公頃的基地，供廠商投資建廠，以使臺中市精密機械王國歷久不衰。此對一向標榜半導體產業的臺灣工業，具有促動多元化科技發展「群聚產業」(cluster industry)的群聚經濟(cluster economy)作用。

據朱雲鵬在「2019 臺灣競爭力高峰會」，就「宜居城市優化經濟：中美貿易戰帶來的危機與轉機」專題演講中(2019/9/20)，指出近些年臺商因中美貿易戰，而回臺投資的數額，已高達新臺幣 5,767.77 億元，其中中彰投資 39 件，僅次於桃竹苗 57 件，已達 1,450.98 億元(如表 16-4)。此說明中臺灣的投資環境

係臺商「鮭魚返鄉」的家。

　　經由上揭分析，幾可看出臺中市在經濟發展的優勢條件，如再有妥善的規劃以及與其他縣產業的行銷上下游聯合，應可呈現中臺灣產業新機運。

表 16-4　臺商近些年回臺區域投資情形

方案 地區	臺商回臺			根留臺灣			中小企業		
	金額	件數	就業	金額	件數	就業	金額	件數	就業
北北基	221.95	10	3,046	0.00	0	0	12.88	1	200
桃竹苗	1,930.39	57	18,173	0.00	0	0	20.93	4	201
中彰投	1,450.98	39	11,320	18.00	1	63	58.88	11	279
雲嘉南	765.32	31	7,920	17.00	2	378	20.10	4	184
高屏	1,384.13	19	10,090	0.00	0	0	22.25	4	408
宜花東	15.00	1	60	0.00	0	0	0.00	0	0
總計*	5,767.77	129*	50,609	35.00	3	441	135.04	22*	1,272

備註：同一廠商投資縣市可能為1個以上，廠商家數總計欄位已扣除同一廠商不同地點之案件數。

資料來源：朱雲鵬在「2019 臺灣競爭力高峰會」：「宜居城市優化經濟」專體演講(2019/9/20)。

4. 觀光旅遊是中臺灣現階段亟須強化的區域治理作為

　　中臺灣除因臺中火力發電廠帶來嚴重的空氣污染外，其地理環境可以「好山好水」的「宜居環境」(livable environment)視之，臺中市已是美世(MMC)「全球城市生活品質」排名第 101 名的宜居城市。此就觀光旅遊言之，應是具有誘引效應的觀光吸引力(attraction)。中臺灣的彰化縣國定古蹟全臺數僅次於臺南，南投縣自然景觀；尤其日月潭名聞遐邇，苗栗縣客家文化皆是頗具行銷能量的觀光資源。臺中市如能善用區域治理平台，一方面跨縣、市合作推動「主體觀光」(subject tourism)或「深度旅遊」(in-depth tourism)、「定點旅遊」(fixed point travel)；另一方面協調交通部、內政部及教育部發展玉山及雪霸二國家公園、參山、日月潭、彰濱等國家風景區及溪頭、惠蓀二大學實驗林的「生態旅遊」(eco-tourism)，乃至其他名勝古蹟的一日遊。對於中臺灣的「庶民經濟」(civilian economy/untouchable economy)應有其貢獻。

5. 農產行銷是中臺灣將來最具經濟價值的區域治理成就

在全球氣候變遷異常的情況下，糧食危機(food crisis)隱然出現。因之，農產品將是二十一世紀下半葉愈來愈重要的經濟高價值作物。鑑於臺灣在亞熱帶氣候下本是糧倉所在，卻因溫室氣體效應，導致其農作物生產，將如同世界其他地方，正面臨嚴重的生產量減少情況；但在氣候異長尚可掌控的二十一世紀上半葉，政府對於「農產行銷」(product marketing)的工作，則須積極宣導，以使臺灣的農產行銷得以大幅增加農民收益。

中臺灣的農業生產，不論彰、投、苗皆是國內農產的最重要產地。上揭農業縣固皆設有農業主管機關，允宜就農產價格合理化，就其主管單位立場多所掌控，應不宜任憑市場供需決定農作價格，始可確保農民之合理生產利潤，從而願意務農及鼓勵子女從事農耕，以維持一定比例的農業人口。中臺灣的農業人口比例較高，是確保糧食生產利多的重要國家資產。臺中市應結合中臺灣其他縣市推動農產行銷聯盟，將農產高價格行銷至世界有需求的城市或其他已開發國家。

臺中市除持續推動科技經濟(technology economy)外，對於農業經濟(agricultural economy)發展，在中臺灣的區域治理平台上，應扮演市場規劃和市場銷售的角色。就規劃角色言之，臺中市可如同胡自強市長任內，帶領中臺灣地方首長至中國大陸，乃至日本、新加坡行銷；就銷售角色言之，臺中市宜設立大型農產品銷售機制和展示中心，以為銷售和展示農產品作出具體的區域治理綜效（synergy）。

(二)臺中市在區域治理功能的再設計

中臺灣七縣、市地方首長在 2019 年 4 月 12 日，聚集臺中市簽署「**中臺灣區域治理合作宣言**」後，於 6 月 27 日召開中臺灣區域治理平台 2019 年第一次七縣市副首長會議，即於次日通過「**中臺灣區域治理平台運作機制**」。此項歸屬內部行政命令，規定該平台組織架構、年度平台各式會議召開順序，分別繪圖如圖

16-9、16-10。就該區域治理平台組織架構言之，其區域治理平台係依專業分工[4]設置。就因區域治理平台係各該縣、市所屬專業行政(technocracy/tech-administration)的局(處)配置分工，在議題篩選上較易取得共識，成立一年即有 26 項決議，責成各縣、市政府跨域合作或請求中央部會依權責協助辦理，原因在此。

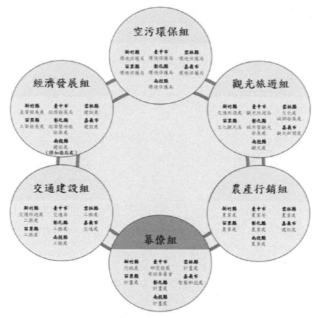

圖 16-9　中臺灣區域治理平台組織架構

資料來源：中臺灣區域治理平台運作機制(2019/6/28)

該區域治理平台係以三階段的會議形式處理，由各縣、市政府提出的跨域合作議案：

第一階段：

由各該議題組針對時需研擬跨域合作提案，而議題組即由縣、市政府主管單位組成，並經幕僚組審議。因之，在專業行政下研擬相關提案，係以問題導向提出事屬跨域合作事項，經副首長會議確認後，進入第二階段。

....

[4] 中臺灣區域治理平台由中彰投苗等 4 縣、市不同政黨的地方首長組合機制，至擴大為中彰投苗雲新嘉等 2 市 5 縣的地方首長皆屬國民黨籍，而排除民進黨的新竹市及嘉義縣。外界不免有相同政黨結盟的政治聯想。因之，以各縣、市的主管單位為平台對口單位，應屬排除不必要政治臆測的合理機制設計。

第二階段：

本階段旨在就各該跨域合作議案，經議題組就執行途徑(即歸類跨縣、市合作或請中央協助二途徑)研議後，再由幕僚組討論，始移交副首長會議審議。

第三階段：

本階段即由各縣、市政府首長親自研商處理模式，以達致公共議題處理途徑之共識。

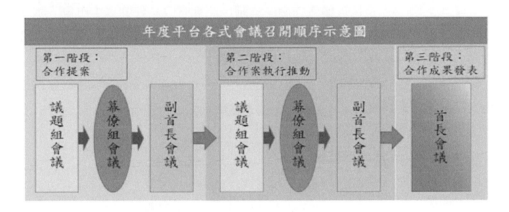

圖 16-10　中臺灣區域治理平台會議程序

資料來源：中臺灣區域治理平台運作機制(2019/10/14 下載)

質言之，臺中市政府對區域處理平台的運作煞費周章，期望議案研擬審慎將事，不必要之提案絕不宜提出或研擬提出，以使平台服務儘量做到適時和需要，始予研提的原則。該區域治理平台一年來即有 26 項議案的豐碩績效，就是因為經由三階段的審擇時宜考量，不僅經費可用在刀口上，而且可適時解決跨域公共議題。此在區域治理上實有新設計的思維。

唯就該平台運作機制，在未來區域治理觀點上仍存在下列問題，值得關注：

1. 區域治理平台法制化

由於地方制度法第 24 條之一，對於區域治理平台機制的設計略嫌簡略，以致至今未聞地方政府間成立的區域治理平台，明定依該條為法源成立。是以

區域治理平台的設立法制，竟衹是「行政規則」，而不具較高的法制效力。嗣後區域治理的業務，衹會增加，不會減少；如無法制化的區域治理平台，其所能作為者，僅係「道德勸說」或「訓示規定」而已，如何發揮 1+1≥2 的綜效？因之，政府當及早修正地方制度法，賦予訂定法規命令之權，以充作規範區域治理平台的法依據。

2. 區域治理平台經費分攤合理化

　　區域治理平台多採取輪流擔崗的機制，此就財政良好的臺中市自不稍猶豫，但就地方財政困窘的苗栗縣就可能面有難色；復查區域治理平台之運作機制尚未就經費分攤有所規制。在此種不涉經費分攤的機制運作下，即很難想像該等平台能有多偉大的作為。因之，區域治理平台的經費分攤，宜依地制法規定，及早建構分攤的公式，並宜由中央主管機關編列特種基金，以支援區域治理平台運作之所需。

3. 區域治理平台幕僚專責化

　　鑑於多年來北臺區域治理機制所以運作順暢，即因臺北市提供經費聘請幕僚及顧問團，有以致之。此在臺北市財政好，本不生問題，但就臺中市是否可以如此提供資金，以挹注人事及業務支出，恐成問題，更遑論幕僚人力的專責化。設若區域治理平台未有固定業務的人員擔任幕僚，而是隨著輪辦的方式一年一換幕僚，如何將其經驗傳承？不僅行政經驗不足，妨礙長期規劃，而且欠缺人脈，肇致協調費時費力。此對區域治理平台的運作自有不利影響，宜在機制上有所規制，始有裨於該平台行政效能之提昇。

4. 區域治理平台人員的協調能力優勢化

　　面對跨域的區域治理事項，本有其複雜性和衝突性，如何經由幕僚人員的折衝與調和，應係平台成敗的關鍵。但此種協調能力強的幕僚人員，固需要長久的培養和輔導，更需要給予適當的名分。此就需要在地方制度法相關條文中有所規制，始能依法賦予名器，以專責成。此項專責人力的聘用，係當前區域治理平台問題上最需要解決的事項之一。

5. 區域治理平台績效評鑑化

目前臺灣已有多起區域治理平台，究竟績效如何？因尚無評鑑機制，自不易了解其運作績效，甚至祇被賦予政治結盟(political alliance)的變相措施而已。嗣後宜建立公益法人的評鑑機制，始有益於中臺灣區域治理平台機制的良性循環。

五、結語：臺中市應善盡中臺灣核心都市的角色與功能

臺中市在中臺灣因其資源的優勢和中心的區位，已穩穩站有核心都市的角色。嗣後本諸城市區域的發展定位，臺中市在區域治理的角色將更加吃重；其所能推動區域發展的功能，亦將更受中臺灣各縣、市的期許影響。因之，臺中市宜本諸核心都市責無旁貸的自我期許，針對中臺灣的城市區域獨特的組織模式，採取最緊密的合作與協調機制，試圖依時間系列定出治理策略，並依可行方案做出效能行政的服務作為。臺中市與其他縣、市的夥伴關係，需要相關機關長久的經營；尤其府會應以一體化的政治工程，積極推展區域合作的各項建設方案，務使中臺灣政經翻轉，文化永續，社會安康。

參考書目

行政院經濟建設委員會(2010)。〈國土空間發展策略計畫(核定本)〉，臺北：行政院經建會。

李長晏(2014)。〈城市區域的理論形成與運作模式〉。《中國地方自治》，67(11 特)，1-28。

周志龍(2014)。〈大都會城市區域崛起與全球化臺灣的多尺度治理挑戰〉。《人文與社會科學簡訊》，15(2), 67-77。

紀俊臣(2014)。〈中臺灣核心都市與區域發展的關係建構〉。《中國地方自治》。
　　67(11 特), 201-225。

紀俊臣,（2004）,《地方政府與地方制度法》,臺北：時英出版社。

紀俊臣,（2011）,《直轄市政策治理：臺灣直轄市的新生與成長》,臺北：中國
　　地方自治學會。

紀俊臣編著,（2007）,《都市及區域治理》,臺北：五南圖書出版公司。

馬群傑(2014)。〈城市化趨勢下的六都縣市發展研究：美國城市區域的分析觀點〉。
　　67(11 特),42-59。

國立政治大學（2011）,《中華民國發展史：政治與法制》,臺北：國立政治大
　　學。

陳小紅(2006)。〈城市競爭與區域治理：兩岸案例探索〉。《國家與社會》,31-34。

楊龍士,（2012）,《中臺區域發展推動委員會總顧問團隊及整體發展策略規劃
　　執行計畫等工作成果（總結）報告書》,臺中市政府都市發展局委託研究報
　　告。

葉晉嘉與吳濟華(2007)。〈城市區域,城際競合與全球商品鏈〉。網站 2019/10/9
　　下載。

臺中市政府(2017)。臺中市區域計畫。

臺中市政府(2019)。臺中市國土計畫草案。

臺灣省諮議會（2011）,《臺灣省議會會史》,臺中：臺灣省諮議會。

檔案管理局（2011）,《大道之行——中華民國建國一百年民主黨案專題選輯》,
　　臺北：檔案管理局。

韓釗(2014)。〈城市區域系統治理：以食油風暴為例〉。《中國地方自治》,67(11
　　特), 29-41。

Frug,Gerald Ey(1999)。*City Making: Building Communities without Building Walls*.
　　Oxford:Princeton University Press.

Kidoloro,T.,N.Harata,L.P,Subana, J. Jessen, Motte,A.,& Seltzer,E.P.eds.,(2008),
　　Sustainable City Regions: Space, Place and Governance, Japan: Springer.

Rodriguez-Pose, Andres(2008). The Rise of the "city-region" Concept and its Development Policy Implications. *European Planning Studies* 16(8),1025-1046.

國家圖書館出版品預行編目(CIP) 資料

治理系說. 卷一：臺灣的地方法制 / 紀俊臣著.
-- 初版.-- 臺北市：元華文創,2020.07
面；　公分

ISBN 978-957-711-160-9 (平裝)

1.地方自治 2.地方法規

575.19　　　　　　　　　　　109002326

治理系說(卷一)：臺灣的地方法制

紀俊臣　著

發 行 人：賴洋助
出 版 者：元華文創股份有限公司
公司地址：新竹縣竹北市台元一街 8 號 5 樓之 7
聯絡地址：100 臺北市中正區重慶南路二段 51 號 5 樓
電　　話：(02) 2351-1607　　傳　　真：(02) 2351-1549
網　　址：www.eculture.com.tw
E - m a i l：service@eculture.com.tw
出版年月：2020 年 07 月 初版
定　　價：新臺幣 550 元

ISBN：978-957-711-160-9 (平裝)

總經銷：聯合發行股份有限公司
地　址：231 新北市新店區寶橋路 235 巷 6 弄 6 號 4F
電 話：(02)2917-8022　　　　　　傳 真：(02)2915-6275